U0123302

卑鄙的聖人

曹操4

王曉磊——著

挾天子以令諸侯，獨攬大權

目錄

【推薦序】

卸不掉的奸白臉

馮翊綱

「黑臉白臉」，這個比喻的典故出自於戲曲化妝，人們有時搞反了黑白的象徵，誤把「扮黑臉」比喻為「當壞人」。須知，黑臉者，包公，白臉者，曹操，戲台上哪個是壞蛋？

少年時代，恰與當時的領袖蔣經國先生同一愛好，得以在電視公司大播國劇節目的年頭，躬逢其盛，輕鬆地在電視字幕的輔助下，大量吸收從京劇傳來的訊息。其中，光是《群英會》，就看過各種媒體的多個版本，現場演出的（包括老師級演員或學生級演員）、劇場實況錄影的、攝影棚三機錄製的，以及那部珍貴的電影。

當諸葛亮與魯肅的船隊，大呼：「謝丞相贈箭！」從漫江霧中退去。氣呼呼的曹操在蔣幹的陪同下出台，一個大紅袍、烏紗帽的白臉奸臣，一個綠衣綠頭巾、臉畫豆腐塊的腐儒，巨奸氣魄與小人嘴臉，恰湊成一對兒說相聲的。曹操懊惱中計，遷怒蔣幹：「此事又壞在你手！」蔣幹委屈，明明用「亂箭齊發」之計退了東吳水軍，丞相卻不加升賞？「是了！」吊場加唱一句西皮搖板：「定為了小周郎不肯歸降。」

清朝戲曲，依據明朝小說進行人物塑造，《三國演義》丑化曹阿瞞，是空前絕後、他人難出其右的手段。羅貫中與繼來的京劇藝術家們，大大撐開了曹操的角色詮釋跨度。

最經典的版本，就是京劇電影《群英會》，夢幻大卡司！飾演蔣幹的是師傅蕭長華，演曹操的則是徒兒袁世海。近代戲曲表演家，呈現白臉曹操一角，多帶有批判態度、強化喜劇節奏，令其言語油滑、行為乖張。袁世海實為代表性人物，承先啟後，「活曹操」美稱，不是亂喊的。根深蒂固地創造了難以卸除抹煞的奸雄白臉。

「相聲瓦舍」則是抓到這個話頭，以蔣幹的觀點進行調侃，走出一系列的三國主題短劇。作者我對〈白鱀豚〉較為得意。赤壁鏖兵前夕，大軍駐紮江北，蔣幹從江裡撈來保育動物（在東漢時還是尋常物種）白鱀豚，一豚多吃，做成一桌酒席，進獻曹操。節目利用既有的《群英會》情節，後設表演、批判教育、關切自然環境。我就很樂於多利用曹操的負面形象，一流歷史人物！

曹操一生無所顧忌，按自己的意志施行各種計畫，大開大闔。因為他有看透的能力，早已確定，天下大勢必將按照他的規畫發展進行下去，生前不稱帝，更換來歷史的高度，帝號？兒子會給他追封。

要將一代豪傑寫回他的聖人原貌，自是困難！蓋世奇才羅貫中之所以加重卑鄙化，也因透視了一個事實：末世，大家都沒有什麼羞恥心，曹操做事毫不遮掩，只是風尚罷了。

（本文作者為「相聲瓦舍」團長暨藝術總監）

【特殊觀點】

誰是三國無雙的第一大力士

賴以威

《卑鄙的聖人：曹操》的場景描述相當生動，閱讀文字，彷彿真的化作旁觀者，站在三國群英身旁。讓我更能運用數學分析，解開許多疑惑，比方說：

誰是三國無雙的第一大力士。

《三國演義》中鮮少特別著墨武將的力氣，少數兩位是胡車兒跟周倉。

那胡車兒力能負五百斤，日行七百里，亦異人也。

五百斤是怎樣的概念呢？三國時期一斤約是二百二十克，換算起來五百斤約一百一十公斤，假設胡車兒體重接近一百公斤，同一個量級的世界舉重紀錄是二百三十三公斤。雖然以常人標準來看相當厲害，當個小賊偷偷典韋的雙戟也沒問題。但想冠上力士無雙的名號，還搆不著邊兒。

離此二十里有一臥牛山。山上有一關西人，姓周，名倉，兩臂有千斤之力。

關羽過五關斬六將後收服周倉。周倉直接比胡車兒多舉一倍的重量，能抬起二百二十公斤，逼近九十四公斤級的世界紀錄，非常了不起。難怪關羽前面遇到廖化，不願意讓他加入，但周倉就沒問題，想必是考慮到青龍偃月刀不是誰都能幫忙抬的。

說起力氣這話題，一定有人腦海裡想到：曹操的貼身保鑣，虎癡許褚。《卑鄙的聖人　曹操》中對許褚力氣有一段詳細描述：

> 他不取人性命，卻伸出大手一把抓住了牛尾巴，矬身往肩膀上一搭，拽著牛就往回跑！那頭大牤牛看樣子足有三四百斤，犯起性子來更是凶猛難當，到了黑漢子的手裡竟然一點兒力氣都使不出來了，生生被他拽得倒退。

水牛平常拉耕具犁田，生平第一次反過來，被人拉著往後跑！事實上，書中對這段情景還是客氣了，《三國演義》裡對這段場景只用一段帶過，不過許褚可是親口說了：「被我雙手掣二牛尾，倒行百餘步。」不是一頭牛，竟然是兩頭牛！說牛三四百斤也是客氣了。根據資料，成熟水牛重量可達五百到六百公斤。也就是說，許褚能拉動一公噸的重物。

有些人可能會覺得這還好啊，現在動輒是拉幾公噸卡車的大力士比賽，甚至還有人拉上百噸的飛機。不過要注意一件事，飛機跟卡車底下的是輪子，拉飛機也是在平坦的飛機場上完成。相較之下，許褚面對的是古代未經整理的步道，這還沒算上水牛抵抗的力氣。根據資料，不同的路面有不同摩擦係數。讓許褚吃點虧，假設他在比較好拉動的「鬆散碎石子路面」，摩擦係數只有零點四（同樣是石子路面，有摩擦係數高達零點八五的）。再來，水牛尾巴高度一百三十公分，許褚肩膀一百五十公分，牛尾巴長八十公分，則牛尾巴與水平面的夾角 θ 是

$$\tan\theta = 20/80 = 1/4$$

對應的 $\sin\theta=1/$ 根號 (17)、$\cos\theta=4/$ 根號 (17)。令許褚施力為F，則

$0.4\times(1000-F\sin\theta)=F\cos\theta$

可以求出許褚出的力氣高達三百七十五公斤！

不僅比周倉多了一百五十五公斤，更一舉打破二百六十四公斤的世界紀錄。這還是在兩頭牛都不抵抗，默默被拉的情況下。

三國無雙大力士，許褚絕對有資格競爭這個名號。

（本文作者為數學作家）

實權在握的虛位以待

「奉迎天子」或「自成軍閥」是東漢末年最不可避免的政治選擇，然而這兩者的利弊又是如何呢？「奉迎天子」之利在於「合法性」，不僅能盡情的封官（就是酬庸，能鞏固屬下忠誠），還可光明正大的侵略（皇帝在手，正道在我），同時王旗也是吉祥物（為多數世族和大賢心之所嚮），甚至讓諸侯彼此攻伐或調停（普天之下，莫非王土，率土之濱，莫非王臣）。但弊害也不小，尊王會掣肘諸侯的行為舉止，得隨時把表面工夫做足，還要小心皇帝和其他諸侯內外呼應讓自己垮台；再者，豎起這桿大旗就要有被諸侯爭搶的覺悟，戰火難以休止。反觀「自成軍閥」只要顧好利益，讓自己的兵力糧草充足即可；缺點就是難讓治世人才相助（當時只有世族才能受到良好的教育）做什麼事只能靠拳頭硬，沒有什麼合法性，戰勝改元就是英雄，落敗身死即成反賊（奉迎天子死了多半還留個好名聲）。但別忘了，亂世之中只有擁有兵馬的人才有選擇權。

漢獻帝當時好不容易從董卓殘黨的手中逃出，當然要向天下諸侯求救，當時天下有四個較強大的諸侯：袁紹、袁術、曹操和劉表，袁術從孫策手中得到傳國玉璽後，更加野心勃勃，想自己稱帝，自然不會去救，他期盼漢獻帝早日駕崩，自己好名正言順拿出傳國玉璽稱帝。劉表領地少有戰亂，他沒有什麼野心，只希望明哲保身、安處一方就滿足了。（劉表被稱為

「八駿」之一，但其中有六人死於「黨錮之禍」的鬥爭中，可能因此而趨於低調。）袁紹呢，只考慮了一下就回絕了，反之曹操則是趕緊奉詔，深怕皇帝被別人搶走。為何袁紹和曹操態度差異這麼大呢？

袁紹四世三公家族顯赫，海內人望所歸，根本不需要，也不想要天子來掣肘，奉迎漢獻帝對他而言，弊大於利；曹操是宦官之後，加上父親曹嵩的人品和為官之道頗有爭議，世家大族打從心裡就瞧不起他，奉迎天子能洗白家門，又可讓天下世族刮目相看，雖然副作用很大，但為了和袁紹分庭抗禮，還是要努力一搏，因此他必須搶先將天子迎回自己的領地。另外像劉備一直以中山靖王之後自稱，也是要用皇族血脈來讓自己具有「合法性」。

為了迎天子，曹操使出卑鄙但有效的計謀和手段，首先是接到皇帝的返程路上，謊稱楊奉、韓暹造反，將漢獻帝改迎到許昌嚴加看管，還名正言順除掉楊、韓二人；攻伐袁術時糧草不濟，曹操先令糧官改換小斛分糧，幾日後軍心沸騰，曹操卻宣稱糧官貪賄，私自苛扣糧餉，斬其首而安定軍心，最終一鼓作氣擊潰袁術；孔融所薦名士禰衡擊鼓罵曹，曹操因其賢名在外而強忍不殺，故意命人將他綁在馬上送去給劉表，最後被劉表部將黃祖所殺。

歷經千辛萬苦，曹操終於迎來漢獻帝，讓我們和他一起討張繡、滅袁術、擒呂布。

第一章

曹操決定把皇帝借來用一用

夜襲曹營

建安元年（西元一九六年）春，曹操剛剛戡平呂布、陳宮、張邈的叛亂，並接到天子詔書，正式擔任了兗州①牧。他更深刻地意識到朝廷和天子的餘威，進而放棄了攻打劉備、呂布的計畫，把營救天子東歸視為第一要務，於是用兵豫州②以掃除迎駕的障礙。

這是個春天的夜晚，空曠的平原上萬籟俱寂。一輪圓月在雲端若隱若現，因為是陰天，連顆星星都看不見，只有清冷的月光給曹軍大營罩上一層朦朧的白紗。雖然已到了春天，但仍是乍暖還寒的時節。俗話說八月十五雲遮月，正月十五雪打燈，恐怕近一兩天又要下雪了。

就在這片死寂之中，曹軍兵將似乎沒有注意到，有一支軍隊正匍匐著逼近他們的大營。這不是一支正規軍，兵丁沒有像樣的鎧甲，都是絹帕包頭，穿著形形色色的粗布衣，武器也只不過是砍刀一類的短傢伙，但人數卻著實不少——他們是豫州黃巾軍！說來似乎有些離奇，自中原動亂以後，豫州本沒有大規模黃巾，僅僅是在汝南的葛陂有一些營壘。此間先是遭受西涼鐵蹄的踐踏，後來袁術扶植孫堅、袁紹遣出周喁，兩家爭搶地盤反覆交戰。因為長時間的戰爭，城池郡縣遭到嚴重破壞，百姓逃亡田地荒蕪，就連黃巾餘黨也漸漸離開了這片土地。直到兩年前，袁術慘敗於曹操之手，一路奔逃如喪家之犬，失去了其對豫州北部的控制。袁術逃到壽春後，為了給曹操製造麻煩，不惜扶植黃巾勢力復歸豫州，提供他們兵器與糧草，鼓動其首領黃邵、劉辟、何儀、何曼各擁兵馬萬餘，趁兗州內亂占據汝南、潁川之地，阻斷曹操西進和南下的道路。

今夜突襲的帶隊之將，就是豫州黃巾的首腦人物黃邵。他完全沒預料到，曹操剛剛戡平兗州之亂就急著來打豫州，而且幾乎出動了所有人馬。懾於曹操幾度大破黃巾的餘威，黃邵的部下兵卒漸漸有了離散之意，這樣的情緒一旦蔓延開來，黃巾軍必然土崩瓦解不戰而潰。為了振奮軍心，他決定以身犯險，親自率兵夜襲曹營。

農民軍往往保持著日出而耕日落而息的生活習慣，最怕打夜戰，昔日曹操援助皇甫嵩以及平滅青州黃巾，靠的都是夜戰取勝。為了克服這個弱點，黃邵可沒少動心思，經過長期晝夜顛倒訓練，他在農民軍中培養出一支打夜戰的隊伍，專門用來對付曹操。在他看來，官軍絕對想不到黃巾也會搞夜襲。

在眾多黃巾首領中，黃邵可算是出類拔萃的，不但威望高、武藝好，膽識也過人。這一次他親自帶隊身先士卒，也是以絹帕包頭、嘴裡叼著大砍刀；與普通兵卒稍有不同的是，他穿著一身輕便的金縷銅片甲，這可是盜取諸侯墳墓時撈到的寶貝，生生從死人身上扒下來的。

這會兒他首當其衝匍匐在地，以肘當步窸窸窣窣往前爬，五千部卒緊隨其後。眼瞅著曹軍大營越來越近，敵人連一點兒反應都沒有，黃邵心中的喜悅之情呼之欲出，說不定今夜就可以取下曹操的首級。若不是他嘴裡叼著刀柄，這會兒恐怕已經笑出聲音來了。

---

① 兗州，在今山東西南部，河南東部。兗音演。

② 豫州，在今河南東部，安徽北部。

黃巾軍步步緊逼，離大營不足三十步之遙，曹營還是沒有動靜，只有兩個巡夜的兵卒靠著轅門一動不動，似乎是睡著了。黃邵按捺著激動的心情不再往前爬，張嘴放開砍刀，緊緊握在手中，低聲對身邊的人道：「傳令下去，所有人都看我的行動，聽我的指示。」這是黃巾軍的一大缺陷，因為旌旗盔甲不足，所以打起仗來往往缺乏明顯的指揮標記，統帥就成了決定勝負的致命因素。

口令低聲傳達下去，過了良久才恢復寂靜。黃邵覺得大家都已經被通知到了，忽然舉著大刀一躍而起：「跟我殺呀！」隨著吶喊他衝向了轅門，後面兵卒看得清清楚楚，一個個也跟著蹦起來，高舉著兵刃奮力向曹營奔去，喊殺聲可謂震天動地。黑暗中待久了，黃邵兩眼看得分明，只見曹營還是黑黢黢沒有動靜，兩個倚著轅門的巡夜兵似乎被嚇傻了，連動都不敢動一下，靠在那裡等死。

這還客氣什麼？黃邵奔至近前縱身躍起，瞅準了右邊那個兵，大刀劈頭蓋臉地砍了下去。耳輪中只聽「嘶啦」一聲，黃邵險些摔個大馬趴，那刀竟從頭頂貫入自胯下而出——是稻草人！

黃邵還沒明白怎麼回事呢，就見隔著柵欄門，一枝大戟已經刺了過來。他匆忙躲閃還是慢了，戟尖正中右臂，鋼刀立時脫手。這會兒後續的兵卒也趕到了，他們看了個馬馬虎虎，不明白首領為什麼無緣無故把刀扔了。

眾人正不知所措，一陣更響亮的喊殺聲忽然響起，黑黢黢的曹營霎時舉起了無數火把，將一切照如白晝。隔著柵欄門，只見營中密密麻麻排布著弓箭手。黃邵嚇得連刀都不敢撿了，抱住腦袋轉身便跑：「快撤退啊！」

只見密如飛蝗的箭雨已經過來了，那些衝上來的黃巾兵被射死一大片。多虧黃邵有一件鎧甲，連滾帶爬才沒丟性命，可雙臂還是中了幾箭。他指揮若定的沉穩氣魄這會兒喪失殆盡，抱著腦袋帶箭而逃：「快跑！快跑！中埋伏了！」首領都熊了，兵卒就更不行了，黃巾軍一片混亂，吵嚷著逃命。

可哪兒還逃得了？這時自東面猛然殺來一隊兵馬，為首者乃是樂進；西面也殺來一支隊伍，領兵之人是于禁；曹營轅門隨即大開，有小將軍曹昂督率弓箭手也追了出來。三面夾擊之下，黃巾軍又犯了以往的毛病，不聽將令四散奔逃，沒一會兒工夫便徹底潰散了。曹軍簡直不需追襲，只要等著敵人撞到自己跟前，拿刀一砍就解決問題了。黃邵急得似熱鍋上的螞蟻，也顧不上拔箭了，張著雙手邊跑邊招呼混亂的兵卒，設法叫大家跟著他逃。可是這會兒已經亂成一鍋粥了，誰還聽他指揮。

樂進一馬當先趟入亂軍陣中，手挺長槍，挨著死碰著亡。于禁則不慌不忙命令部下殺人，自己卻伏在馬上仔細打量被火把映亮的敵群。影影綽綽之間，正見一人連兵刃都沒拿，揮舞著帶箭的雙臂大呼小叫，披著一身銅片子，映著火光閃閃發亮。于禁心中大喜：此人必定是個頭目！想至此于禁生怕樂進搶功，連招呼都沒跟親兵打一聲，獨自催馬突入敵群，揮舞大刀撥打亂軍，直奔黃邵而去。那黃邵兀自呼喊著，猛然間見一員大將殺氣騰騰衝過來，他現在連兵刃都沒有了，不由得雙腿一軟跪倒在地：「將軍饒命！我投……」

黃邵一個「降」字尚未出口，腦袋已被于禁一刀斬飛在半空中，那副腔子手刨腳蹬噴著血倒在地上。一旁有個兵丁就勢接住人頭，于禁把大刀在那兵丁眼前一晃，冷森森道：「你敢搶本將軍的功勞嗎？」

「不敢不敢！」那兵嚇壞了，趕緊跪倒在地，將人頭捧了上來。

于禁，左手抓過人頭，右臂探出大刀，往黃邵腔子上一扎，生生將屍體挑了起來，大呼道：「黃巾賊眾聽真，你們首領已死，還不速速歸降！」他這麼一喊，曹軍兵將也都跟著嚷。那件亮閃閃的死人衣服還真醒目，不一會兒的工夫亂軍就都聽見、看見了。緊接著就是一陣鋼刀落地的聲音，黃邵餘部盡皆歸降。

曹操在卯時升坐大帳，典韋、王必左右護衛，文東武西列立兩旁。這邊是荀彧、程昱、毛玠、薛悌、滿寵一揖到地，那旁是夏侯兄弟、曹氏兄弟、朱靈、任峻叉手施禮。這次曹軍移師豫州可謂陣容齊整，除了留萬潛、呂虔、李典等人坐鎮兗州，其他能戰之將、善謀之士盡皆出動，而且曹操連妻子家小也全帶出來了。

曹操微一頷首表示還禮：「大家請坐……請三位將軍進帳！」隨著一聲招呼，曹昂、于禁、樂進大步踏進，方要單腿點地，曹操趕忙抬手阻止，「你們勞乏一夜，不必多禮。各位戰況如何？」

曹昂是曹操兒子自然不計較這些，樂進殺得血瓢一樣卻是兩手空空，唯有于禁低頭微笑道：「蒙將軍英武恩蔭，末將僥倖手刃賊首黃邵，所部餘寇懾於將軍之威盡皆歸降。」說到這兒他瞅了眼曹昂，又補充道：「人言虎父無犬子，昨晚一仗也賴小將軍指揮得當，末將才能得勝。」

「哈哈哈……」曹操明知這是馬屁，卻也禁不住大笑道：「文則忒過謙讓了，記你大功一件。」

「謝將軍！」于禁連忙道謝。樂進心裡不痛快，明明自己比于禁賣力氣，卻又叫他占了便宜。

哪知曹操話鋒一轉：「我看文謙一身血跡，足見殺敵奮勇，也要記一次大功。」樂進沉著的臉馬上露出了笑意：「謝將軍！」

至於自己兒子，曹操卻什麼都沒說，僅一擺手打發他坐下。功勞不功勞都是扯淡，歷練出一個好的繼承人才是最重要的。曹昂字子修，現年十七歲，乃劉氏所生丁氏所養，生得相貌清秀，頗得其母遺傳。他自幼飽讀詩書習學弓馬，也曾觀看父親所注的兵書，但此前未正式上過戰場。前不久傳來消息，有長沙太守孫堅之子孫策拓地江東。想那孫策不過二十歲，僅領著數千兵馬，竟然大敗揚州刺史劉繇，這可大大刺激了曹操。所以他立刻把曹昂帶到身邊，要藉此番出兵，好好歷練歷練他。

三將各自歸坐，曹操環視帳中，緩緩道：「此番出兵，諸位恐怕有些微詞，我多多少少也聽說了。但我絕非無故離開兗州，移師豫州所為有三，一者為掃平殘餘黃巾，確保順利迎駕；二者為震懾袁術，令他不敢北窺；三者為了護送家父、兄弟等人靈柩魂歸故里。」其實他還有第四層想法，但是現在還不能說。

平心而論，曹營諸將特別是曹家親信，都不大願意迎接聖駕。現在他們唯曹操馬首是瞻，若是憑空迎來個皇帝，那應該聽誰的呢？以後動輒就要上表，遵從皇命則自己的權力受限，不聽又要擔上違詔的惡名。再加上那些名士大臣也要摻進來，搗亂的人多了，爭功的人也會多起來。

曹操看出有些人臉色不好，有的還欲言又止，趕緊朝荀彧使了個眼色。荀彧會意，起身拱手道：「昔日晉文公納周襄王，而諸侯景從；高祖東伐，為義帝縞素而天下歸心。自天子蒙塵，將軍首倡義兵，徒以山東擾亂，未能遠赴關右，然猶分遣將帥，蒙險通使，雖禦難於外，乃心無不在王室，此乃將軍醫天下疾苦之素志也。今車駕旋軫，洛陽荊棘荒蕪，義士有存本之思，百姓感舊而增哀。誠因此時，奉主上以從民望，大順也；秉至公以服雄傑，大略也；扶弘義以致英俊，大德也。今天下雖有逆節，必不能阻擋將軍！若今不時定，必使四方生心爭搶逢迎，那時若再想迎駕，就不容易了。」他大順、大略、大德地講解一番，又耐心掃視帳中之人，大夥也無話可說了。

曹操鬆了口氣，連忙轉移話題：「迎接之事必然要行，不過當務之急是克復豫州。黃邵雖死，尚有劉辟、何儀、何曼，不知哪位將軍願意領……」

話還未說完，卞秉忽然報門而入，喜盈盈道：「啟稟將軍，昨夜一場大戰，黃巾烏合之眾肝膽俱裂。現有何儀、何曼遣使請降。」

「准降！」曹操連想都未想就把手一甩，「不過除了要他們繳械獻城，還要將降眾人等登記造冊，不允許隨意遣散士卒。」

「諾。」卞秉是先報喜後報憂，「還有……劉辟一部不肯歸降，率眾逃竄梁國境內。袁術已派部下袁嗣進駐陳國武平，似乎要給這幫黃巾賊遙做聲勢。」

程昱冷笑一聲：「袁公路真痴人，自己沒有本事敵對將軍，憑這些烏合之眾也想阻擋咱們的虎狼之師！這何須大兵出動，只要分兵遣將就能把劉辟收拾了！」

他這麼一挑，樂進頭一個蹦了起來：「末將願分兵前往追擊劉辟！」緊接著于禁、朱靈、夏侯淵也連忙請令。

「不忙。」曹操瞇了瞇眼睛，「劉辟小兒算不得什麼，我看倒是袁術心有不甘，想捲土重來跟我爭豫州。這次咱們既然至此，就好好陪他玩玩，我要把整個豫州都奪過來，再不容他北窺。劉辟的老巢不是在寧陵嘛，先放他跑，我倒要看看袁術來不來救，他要是敢來，就把他們一鍋燴啦！除去這個心腹之患，再迎天子就順利多了。」

帳中之人無不點頭贊同。

曹操拿起三支大令：「曹仁、于禁、樂進！」

「在！」三員將出班跪倒。

「你們分兵接收潁川、汝南的縣城，對待何儀、何曼千萬要小心，避免他們旋而復叛肘腋生變。」

「諾！」三將接令而去。

曹操還沒想好接下來該怎麼走，忽有報事的中軍官打斷了他的思緒：「啟稟將軍，東南來了一哨人馬，截殺劉辟一陣，帶著百餘顆黃巾人頭來拜謁將軍。」

諸人面面相覷，沒想到這時候會突然殺出一支友軍。曹操以為是地方土豪前來投奔，笑道：「有多少人馬，領兵之人又是誰？」

中軍答覆道：「只有五百兵丁，但鎧甲鮮明旌旗錦繡，很顯氣派。帶兵之人自稱梁國王子，名喚劉服，意欲入營求見。」

所謂梁國，地處豫州界內，是孝明帝劉莊之子、孝章帝劉炟異母兄弟劉暢的封國。當時的梁國原只有五縣，由於梁王暢與章帝劉炟的手足之情頗厚，因此將原屬兗州地界的睢陽、薄、甯陵、蒙四縣也劃到了梁國境內。這四個縣劃進來之後，它就成了天下諸侯國裡最富的一國。梁國王位父死子繼世襲罔替，至當今梁王劉彌，已經傳了六代；劉服乃梁王彌與王妃李氏所生嫡子，也是他唯一的兒子，這位王子服理所當然就是未來的王位繼承人。

曹操對劉服略有耳聞，微微皺眉，對眾人道：「我不方便出去，有勞諸位帳口列隊迎接一下……有請王子服！」看在宗室的面子上，他把「請」字說得很重。

按照朝廷規定，諸侯王家族雖然有封邑，卻不能隨便結交外臣，更不允許私自招募軍隊。王子服前來拜謁曹操，而且還拉著五百人的隊伍，這已經干犯國法了。但現在天下大亂，天子自身都難保全，這些條例自然也就睜一眼閉一眼了。況且人家帶著百餘顆黃巾人頭，更不能失於禮數。曹操礙於名聲，大致上還是要遵守法令，所以不便親自出去迎接，派帳中文武列隊逢迎，這樣折衷的禮遇倒也妥當。

曹操本人雖沒有出帳，但也恭恭敬敬站了起來，靜候這位不速之客。少時間隨著一片施禮之聲，諸人簇擁著一個年輕人，似眾星捧月般走了進來。

劉服二十出頭的年紀，身材高大修長，身披一件金燦燦的魚鱗鎧甲，左腕抱著紅纓兜鍪，右手扶著肋下三尺龍泉，那劍柄上還鑲著一顆殷紅的寶石，分外高貴奢華。再往他面上觀，一張容長臉，短鬍鬚，鼻直口正，唇若塗脂，大耳朝懷，一雙眼睛炯炯有神，黑眼珠多白眼珠少，左眉高右眉低，額頭上有一顆殷紅的朱砂痣。

曹孟德倒吸一口涼氣——好個盛氣凌人的貴相！

劉服進了大帳不跪不拜，微一拱手：「曹使君一向可好啊！」他雖是王子，但畢竟無官職在身，這樣打招呼似乎傲慢了點兒。

曹操笑道：「蒙王子相助，截殺黃巾，操受寵若驚。」

劉服卻蠻不在乎：「我可不是故意幫您，實是迎面趕上避無可避才動傢伙的。哪知這幫黃巾賊不堪一擊，三兩下就逃了。就這等烏合之眾，使君早就該一舉蕩滅，竟還和他們僵持半個月。」

這話甚是刺耳，曹操礙於他的身分也不便理論，只拱手道：「您說的是。快快請坐！」

「不坐了，在下有事與使君相商。」劉服倒是直來直往，「曹使君可有西進迎駕之意？」

曹操一愣，這樣的軍機要事是不便明言外人的，但是瞧劉服一臉認真，便轉而反問道：「此事無干王子您吧？」

劉服噗哧一笑：「我與使君坦誠相見，不妨直說了吧！今朝廷衰微天下不安，漢室天子大位不固。我父王深感黎民之苦，痛惜天子蒙塵，命我組織兵馬西去迎駕，好輔佐皇帝安定天下。」

就憑著五百兵馬就敢大言不慚，曹操心中暗笑，但還得給人家面子，客氣道：「王子不愧宗室子弟，果然胸懷大志。」

「使君莫要客套，我來找您是有要事相商。」劉服似乎不喜歡別人恭維自己。

曹操覺得他年輕氣盛又富貴驕縱，並不計較，緩緩落坐笑道：「不知王子有何指教啊？」

「我率眾意欲前往洛陽，可是衛將軍董承與袁術部將萇奴緊守成皋，不允任何兵馬通過。」

「什麼？」這可是曹操未曾聽說的消息。

劉服忿忿不平：「想那董承乃董卓舊將篡逆之本，袁術擁兵自重不似皇室，這兩個惡徒據守雄關，分明是有意劫持天子獨攬朝權。所以在下想與曹使君合併一處攻克成皋，進取洛陽勤王救駕。」

曹操雖然虛情敷衍，卻並沒把王子服這點兒人馬放在眼裡，他考慮的乃是董承、袁術的用意。思考半晌他才答覆道：「進取成皋之事本官自當籌措，王子乃是金枝玉葉，征戰之事過於凶險，若有閃失本官擔待不起。還請您率兵回轉，保護梁王才是您該做的。」

劉服頗感曹操小覷了自己，他探身問曹操：「您官居何職啊？」

曹操不知道他什麼用意，抬頭笑道：「王子為何明知故問，本官乃當今天子欽封的兗州牧。」他故意帶出「天子欽封」以示名正言順。

哪知劉服冷笑一聲：「梁國地屬豫州，不歸您兗州牧管！在下肯不肯收兵是自己的事情。」

這兩句話可把帳中文武全嚇壞了，生怕把曹操的火氣鬥上來。大家不敢說話，抬眼望著曹操，只見他早已臊了個大紅臉──朝廷承認的豫州刺史是身在徐州的劉備，論理講他絕沒資格插手豫州的事情。但是現在不是講理的年頭，他真有心把這個不知天高地厚的小子廢命在此，但王子服畢竟姓著皇上家的劉，如果在這個時候屠戮宗室，那奉迎天子的大事就幹不成了。

曹操記取當初誅殺邊讓的教訓，努力克制著怒火，反而強笑道：「本官不過好言相勸，為了您的周全著想，聽與不聽全憑王子定奪。您又何必出此刻薄之言？這話您是同我說，要是同袁術等輩言講，恐怕於您性命有礙吧？」

劉服略高的左眉忽然抬了一下：「我自入君之大營，生死已交與君手。人之結交全憑意氣相投，在下覺得您是個人物才敢直言不諱，若是袁術那等愚人，也不值得我與之講理。」

「哦？」曹操忽然覺得這位王子很有意思，其志向似乎還不僅僅是輔佐皇帝挽回漢室。他望著劉服，劉服也望著他，兩人對視良久同時仰天大笑。

劉服笑了一會兒，拱手道：「若使君不棄，在下能否相隨驅馳？」

曹操也不再推辭：「若王子不辭辛勞肯於相助，下官求之不得。」

「好！」劉服欣然點頭，「我那五百軍兵……」

「在我大營旁一同下寨。」

「所需糧草？」

「曹某供給支應。」

「事成之後？」

「表奏朝廷加封王子官職。」曹操是有問有答，全部應承。

劉服這才收起桀驁不馴的態度，後退兩步恭敬施以大禮：「末將劉服今後願效犬馬之勞。」

「我與你為友不為主從。」曹操繞過帥案將他扶起。

「軍兵尚在外面等候，末將先去安頓，待一切安好再過來聽您調遣。」劉服又施一禮，轉身大步而去。

帳中文武覷得面面相覷，夏侯淵忍不住嚷道：「就憑五百人也敢說合兵！此人太過狂妄，一個膏粱子弟能有何本事？」

「身分就是他的本事。」曹操捋捋鬍鬚，「他諸侯王世子的身分，要比五百軍兵厲害得多。」

夏侯淵冷笑：「天下已然大亂，莫說一個王子，就是鳳子龍孫又算得了什麼？」

「妙才休要胡言！」曹操不想當著大家的面說這件事，揮手道：「文若、仲德留下，其他人散帳吧！」

待大帳中只剩下荀彧、程昱二人，曹操才開言道出心中憂慮：「王子服雖摸不透是敵是友，不過五百人也掀不起什麼浪來。但袁公路假意兵進陳國，卻派萇奴串通董承把守成皋，他是不是要搶在我之前轉移天子呢？」

「將軍不必多慮。」程昱微笑道：「他袁公路沒有勤王之意。」

「何以見得？」

「太傅馬日磾之死便是見證。」

三年前長安城被李傕、郭汜攻破，西京朝廷差出太傅馬日磾與太僕趙岐持節安撫關東。不知為什麼，那老臣馬日磾一到袁術處便羈留不走了。前不久袁術搶走馬日磾的天子符節，把老頭子活活氣死。曹操當議郎的時候曾經與馬日磾共事，為了他的死還著實傷感了一陣，今天聽程昱提起這件事，忙問：「仲德此言何意？」

程昱娓娓道來：「那馬日磾乃漢室忠臣，之所以屈居袁術處三載，我猜老爺子就是想遊說袁術勤王保駕。可是結果呢？袁術不但不從，還搶去他的符節，使他憂憤而死，足見袁公路毫無迎駕之意。」

「如此設想確有道理……」曹操點點頭，「不過他既然不肯迎駕，又何必阻攔他人？無緣無故插這一腿幹什麼？」

「將軍，這您可就得好好參研一下袁公路的心計啦！」程昱笑呵呵站了起來，「袁術竭力拉攏江淮士紳、逼死漢使馬日磾、索取孫家拿走的傳國玉璽，他到底是想幹什麼？」

「做皇帝唄！癡心妄想！」曹操輕蔑地哼了一聲。

「不錯，但是如果有人迎走聖駕重整朝廷，士人重新歸心漢室，那他的皇帝還做得成嗎？」

曹操眼睛一亮：「難道他是要……」

「不錯！」程昱點點頭，「他要阻止任何人接近皇帝，想方設法使天子喪於亂軍之中。別忘了皇帝年輕尚無子嗣，萬一龍歸大海，皇家的直系血脈可就斷了。那時候天下無主，袁術就可以毫無忌憚地捧著傳國玉璽位登大寶了。」

「其心當誅！」曹操狠拍帥案，「看來咱們得加緊行事了。文若，你說呢？」

程昱剖析的時候，荀彧低著頭始終不插一言，這就是他與其他謀士最大的不同。荀彧只講道理大義，一向本著非禮勿言的宗旨，從來不談陰謀詭計的事情。這會兒聽曹操問話，他才抬頭，卻不說袁術的事情：「今衛將軍董承與白波諸將共同控制天子，他與袁公路並無合謀的理由。將軍不妨試著爭取董承，讓他敞開道路。」

「哼！」曹操輕蔑地一笑，「董承算什麼東西，當初不過是董卓帳下一員不出名的小將。我同徐榮、胡軫、楊定在堂上喝酒的時候，他得挎著劍在外面替我們把門！就這樣的人也配當開府建衙的衛將軍？」

「此一時彼一時也。」荀彧搖搖頭，「關內關外音訊不通，或許董承之輩立有大功也未可知。若以在下拙見，使君先不要忙著進取成皋，最好差人前往朝廷打探消息，知己知彼再作定奪。」

「也好。」曹操想了一會兒，「還是派王必前往，不但打探消息，還可以聯絡董昭、鍾繇、劉邈等人，讓他們也幫忙想想辦法。」

荀彧又補充道：「使君既然正式受任兗州牧，不妨修下一份謝恩表章，叫王必帶去，順便試探朝廷眾臣的反應。」

「這個辦法好，今晚我就修表。」曹操站起來伸了一個懶腰，「趁著王必入京的這段時間，咱們南下陳國拔掉袁嗣這顆釘子。袁公路既然用心不善，我就再給他一個教訓，把他的勢力徹底趕出豫州！」

「咱們打袁嗣，還要帶著那個劉服嗎？」程昱問道。

「這小子是個聰明人，會聽話的。有位王子在營中，頗能彰顯咱們是忠於漢室朝廷的，未嘗不是一件好事。兵至陳國以後，還可以利用他跟陳王拉一拉關係。日後咱們逢迎天子東歸，劉服說不定還有大用處呢！」曹操眼中閃過一道靈光，「禮多人不怪，有勞二位過營去拜謁一下劉服，順便摸摸他這五百兵的底細。」

「諾！」荀彧、程昱領命而去。

曹操本打算趁這會兒工夫醞釀一下表章，卻見程昱都已經出帳了，荀彧還站在那裡磨磨蹭蹭整理衣冠，便問道：「文若，你還有話說？」

荀彧停住手，又坐回到杌凳上：「將軍，您是不是想把軍府從兗州轉移到豫州啊？」

曹操一愣：「文若何出此言？」

荀彧苦笑道：「黃巾諸將算什麼大敵，還至於您親自前來？再說即便您親自前來，又何必把眾將盡皆帶出，還帶著家眷呢！還有，您拉攏劉服這幫豫州宗室又是何意啊？我早就瞧明白啦！」

話說到這個份上，帳中又再無他人，曹操終於吐露實言：「唉，唯有文若你是明眼人啊！兗州殘破凋敝，離天子遠，而且又被袁紹占走一東郡，實在不能再憑其作為根本了。我這次出兵是假，其實就是想找個機會轉移到豫州來。之所以不能明言，是怕大家反對呀！」這件事確實不可以公開明言，因為曹營中的兗州派勢力太大了。倘若曹操挑明了叫他們捨棄家鄉轉移豫州，反對之聲馬上就會鋪天蓋地而來，說不定還要重蹈陳宮叛亂的覆轍。

荀彧捋著鬍鬚道：「這倒不假。現在使君帳下之人兗州出身十占七八，文有毛孝先、薛孝威、滿伯甯，武有于文則、樂文謙，還有天天跟著您的典韋。此次沒有從軍的萬潛、徐佗、李整、李典、呂虔等人更不用說，他們連兗州地面都沒邁出過。剛才當著程昱的面我沒法說，畢竟他也是兗州人吶！」

「除了逢迎天子，另一件要務就是得想辦法分割兗州籍的權力。」曹操捏了捏眉頭，「我是沛國人，文若你是潁川人，咱們都是豫州出身，唯有你能幫我這個忙啊！」

「我也幫不了忙，這太難了。」荀彧不住搖頭，「喪亂以來咱們豫州的名士流亡在外，再想聚攏回來豈是易事？您想想吧，就連在下與使君您不也曾棲身於河北嗎？當初為了離開袁紹，咱們費了多少心機啊！我現在只能是有多大力使多大力，今晚修書一封至河北，請荀衍、荀諶二位兄長回來，要是方便的話，設法將郭嘉也帶過來。但是即便他們願意，袁紹放不放還在兩可呢！」

「唉……」曹操撇著嘴頗感為難，「天下這麼大，偏偏只能給我兗州豫州這兩個選擇，都是殘敗不堪四戰之地，沒人能幫我一把了嗎？」

「能幫您的只有當今天子。」荀彧喃喃道：「若有天子詔命在手，您想召誰回來就能召誰回來！只要能夠復立朝廷，咱們的內憂外患立時可解。」

曹操一把抓住荀彧的手：「好！咱們背水一戰破釜沉舟，一定要把天子迎到豫州來。」

荀彧提醒道：「謝恩表章您得籌措好啊！」

「放心吧！」曹操凝視著帥案上的筆墨，「我一定會讓皇上龍顏大悅的！」

「還有，您想讓王必找誰打探消息？丁沖還是劉邈？」

「都不是，丁沖現在是護駕近臣，劉邈年歲已高，他們都不合適。」曹操眯了眯眼睛，「聽聞張楊已派董昭覲見天子，他留在皇帝身邊擔任議郎，當初是蒙他幫助王必才得過河內之地的。董昭雖然沒見過咱，但是卻肯為咱幫忙，必定是想投奔於我。乾脆就讓王必去找他問計，董昭定會竭盡全力的。」

荀彧默默無語——他一直不喜歡這個董昭，當著朝廷的官，吃著張楊的糧，卻還在為曹操辦事。孔子有云，非其鬼而祀之，諂之諂！

董昭密謀

王必領了曹操之命，不敢攜帶從人，懷揣著表章單人獨騎混過成皋關。經過洛陽的廢墟一路向西，不到七天就趕到了天子暫時棲身的安邑，沿途一切甚是觸目驚心。

安邑不過一處小縣，也被西涼軍劫掠過，到處是殘垣斷壁。附近的百姓早已逃亡殆盡，田野荒廢無收，只有落難君臣在這裡艱苦度日。

因為縣寺殘敗不堪，皇帝劉協只能帶著皇后伏氏、貴人董氏棲身在一座荒蕪的宅院。皇帝召會文武的時候只能坐在空曠的院子裡，好奇的兵丁就扒在牆頭上嘻笑張望，一點兒體統都沒有。

皇帝還算是有地方住，可相隨而至的西京大臣們就慘了，根本尋不到遮風避雨的房子，只好帶著家眷屈居於帳篷之中，就像是一群難民。因為糧食不足，凡公卿以下官員必須自謀吃食，也就是說他們不得不自己動手挖野菜、摘野果。有些年邁老吏哪吃過這樣的苦，不是活活餓死了，就是被倒塌的殘垣砸死。更要命的是，幾路參與救駕的兵馬糧草也不富裕，也得自謀果腹之法。這幫人有白波賊、西涼舊部還有匈奴人，本就是強盜脾性，這會兒有糧食就是有命，當兵的可不管什麼官員不官員，只要有人敢跟他們搶吃的，當即亂刀砍死，尚書以下許多官員都命喪軍兵之手。

即便情況如此艱難，但大部分官員以及皇帝還是感到慶幸，因為在安邑吃苦，總比留在李傕、郭汜手裡強。自長安二次陷落以來，李郭所作所為簡直不如畜生。先是西涼馬騰、韓遂來襲，李郭與之火拚多日，然後又是他們內部鬧矛盾，李傕殺樊稠，郭汜又攻李傕。

李傕一氣之下劫持皇帝，郭汜不甘示弱扣留公卿，兩人爭強鬥勢屢屢在長安城內外交兵，弓箭甚至射到了皇帝的乘輿上，一代名將朱儁從中調解無效，竟被活活氣死了。多虧太尉楊彪、太僕韓融、侍中楊琦以及光祿大夫賈詡明裡暗裡的策劃，皇帝終於僥倖從這兩個土匪手中溜出，率領官員倉皇東逃。

道路艱難缺兵少食，李郭的兵馬還在後面緊追不捨，全依仗董卓舊將楊定、董承、楊奉竭力抵擋。即便如此，護駕軍還是屢戰屢敗，衛尉士孫瑞、大長秋苗祀、光祿勳鄧泉、少府田芬、大司農張義、侍中朱展、步兵校尉魏傑、射聲校尉沮儁等一干忠義之臣紛紛戰歿，就連最先開始保駕的後將軍楊定，也畏於形勢拋下皇帝叛逃。

無奈之下，皇帝劉協只能徵召白波軍首領韓暹、李樂、胡才以及流亡的匈奴左賢王去卑率部救駕。勉強逶迤至陝縣，憑藉一隻小舟渡過大河，聖駕乘著一輛牛車逃到安邑落腳，繼而得到河內太守張楊的幫助，這才擺脫了李郭的追趕。

這一路上各路救駕人馬也漸漸產生矛盾，白波部與董卓舊部爭執不休，韓暹、董承幾乎交惡。皇帝與群臣商議，只有將他們厚加封賞以安其心，遂封張楊為大司馬、韓暹為大將軍、楊奉為車騎將軍、董承為衛將軍，把三公以上的開府之職封了個遍，這才避免內鬥。

王必在殘垣斷壁之間遊移著，眼見四下都是面黃肌瘦的官吏，一個個深服破爛打著補丁，玉帶雕飾都被軍兵搶走了，有的手裡拿著鋤頭，有的乾脆就用笏板挖野菜，簡直成了一群乞丐。而城池廢墟之間，到處是帳篷，大大小小形形色色，軍兵幾乎與官員雜居一處，到處瀰漫著腐敗的氣味，根本分不清誰是誰。

這樣的情勢下，表章往哪裡遞，又到哪裡去尋董昭等人呢？王必腦子還算靈便，立刻想到去皇帝暫棲的院落等候，必定有官員進出來往，說不定就能遇到董昭等人。他也不曉得「行宮」在哪裡，鼻子底下有嘴，三問兩問總算尋到了去處。

這座淒慘的「行宮」院落倒是不小，但是外牆已經破敗，大門都沒了，有不少地方是用破木頭堵上的。在打滿補丁的「宮牆」周圍，還把守著不少軍兵。可笑的是這幫人絕沒有南北二軍五營七署的氣派，分明是一群雜牌軍。有的穿鎧甲，有的穿棉袍，有的穿青布衣，還有的身披狐裘，一望便知非是漢人。這幫兵丁分屬各個派系，都怕別人獨占了皇上，所以雜處在一起，誰也別想獨攬禁衛之權。因為沒有統一的管轄，兵糧又時而不濟，一個個滿臉懈怠；用心站崗的是少數，大部分都把兵刃一撇、倚著斷壁打盹，還有的扒著牆頭往裡張望。

王必見這幫人非是善類，便不敢過去惹麻煩，索性衝著大門尋了棵枯樹一靠，遠遠觀望動靜，仔細關注往來進出的人。

如此耗了半個多時辰，忽然聞聽裡面高喊「散朝！」緊接著雜亂的人群漸漸出現在大門口。這些走出來的人哪裡還像朝廷的股肱重臣？朝廷官員什麼時節穿什麼樣式的朝服是有明確規定的，可是現在春夏秋冬什麼顏色的朝服都有，有的補丁摞補丁，有的下擺碎成了布條子，有的髒得瞧不出原色。所有官員皆面有菜色、鬍子散亂，出了院子也不寒暄言語，耷拉著腦袋各自思量下一頓飯的著落。還有幾位老臣是被軍兵攙扶出來的，灰白的鬍鬚，顫顫巍巍，走一步一打晃。

王必伸著脖子瞪著眼尋找熟悉的面孔，但無論瞧誰都跟叫花子一般，熟人沒找著，眼睛都看花了。有心過去詢問，又怕問錯了人耽誤大事，正在慌亂之際，卻見董昭走了出來。

並不是王必的眼力好，而是董昭太引人注目了。別人都是衣衫襤褸，唯有他穿戴整齊。一身青色的朝服，頭戴通天冠，披著黑綬，手持一支短小的牙笏，足蹬厚底雲履。其實這不過是六百石散秩議郎的服色，在朝中低微得很，但如今混在落魄大臣裡，卻似鶴立雞群。

董昭年紀有四十歲左右，一張白皙雍容的胖臉，絲毫不像挨餓的樣子。他五官端正卻毫無特色，唯有上唇的鬍鬚茂密，就像是筆直的「一」字，頷下的鬍鬚也黝黑濃密，一看就是精心修飾過。這會兒他氣不長出目不斜視，雙手捧著笏板，規規矩矩垂著眼皮緩步而行，就好像不是身處破敗院落，而是從巍峨的殿堂踏著玉階下來一樣。途經之處，守衛的兵丁紛紛點頭哈腰，似乎都知道他是從張楊處來的，誰也不敢輕易招惹。

眼見他慢吞吞走出人群，已經離兵丁很遠了，王必這才迎上去，作揖道：「董大人，您近來可好啊？」

董昭微微抬了一下眼皮，隨即又垂下去，低聲道：「是你啊，怎麼又跑到安邑來了？」

「奉我家使君之命，前來送謝恩之表。」

「哦。」董昭隨口答應。

「另外，有一事相求……」王必瞧瞧四下無人，湊前一步把聲音壓得更低，「董承串通袁術踞險守關，不讓我家使君的兵馬西進迎駕。大人有沒有辦法打通關節，放我們兵馬入關呢？」

董昭腳步停頓了一下，又繼續往前走，緩緩道：「你跟我走，有什麼話回到我那裡再說吧！」

「諾。」王必答應一聲，不即不離地跟在董昭身邊。眼瞧著他不緊不慢邁著四方步，王必暗暗思量這個人的經歷。董昭字公仁，生於濟陰定陶，因為是兗州人士，所以對控制兗州的曹操特別青睞。他出仕其實很早，還在黃巾平定之初，先朝名臣賈琮任冀州刺史時，他就已經擔任癭陶縣長了，那時以清廉著稱。後來天下大亂，他投靠袁紹，擔任鉅鹿太守。黑山軍趁著袁紹與公孫瓚交戰的時機打破鄴城，殺死魏郡太守栗成，袁紹戡平後就讓董昭接任了魏郡太守。那魏郡是袁紹的根本所在，能把這樣重要的職位交給董昭，足見對他的器重。但這麼融洽的關係，卻突然出現了裂痕。董昭的弟弟董訪在張邈帳下效力，因為呂布的事情袁紹與張邈鬧出分歧，兩家漸漸為仇作對，董昭頗感不安，每每想起袁紹處死昔日心腹劉勳、張導之事便覺不寒而慄。他向袁紹編了一個瞎話，說是替袁紹去西京拜謁天子，卻轉身投靠了河內太守張楊。

張楊其人不怎麼成氣候，既無文韜也乏武略，為人卻很厚道，頗有容人之量，董昭便將就著在他帳下混日子。直到王必奉曹操之命往西京上表，半路被張楊扣留。董昭雖未與曹操見過面，卻極力為其美言，不但使王必順利通過，而且使張楊與曹操互派使者結成盟友。再後來天子擺脫追兵到達安邑，董昭又代表張楊前去拜謁，被任命為議郎。從某種意義上說，他有三重身分，既是正牌的朝廷大臣，又是張楊的屬下，還是曹操在朝中的代表。這三重身分完全是董昭自己營造出來的，可謂狡兔三窟，有不同的出路可以選擇。董昭絕對是一個聰明人，官場上歷練十餘載，自然曉得該走哪條路。不過他心細如髮，事情自然會做，但是話還是儘量少說為妙。

求人辦事總得客氣客氣，王必見他始終不言不語，只得沒話找話道：「董大人在這裡住得可還習慣？是不是苦了點兒？」

「還湊合吧，領到一處帳篷，權作休沐之所。」這叫什麼休沐之所，到了這步田地還一嘴文詞兒呢！王必想笑又不敢笑，接著問：「糧食可還有？」

董昭點點頭：「臨行之際張楊給了我不少糧食，全叫我分給其他大臣了，現在跟大夥一樣吃野菜羹。」

王必瞧了瞧董昭豐腴的面龐，這哪裡像靠野菜果腹之人呢！董昭根本沒看他一眼，就知道他不信：「你不信？不瞞你說，就是有珍饈美味我也不吃，本人食素二十年矣！」

「啊？」王必吃了一驚，「二十年……都吃素嗎？」

「你不通養生之法啊！」董昭邊說話，邊不緊不慢往前走，「把蔬筍野菜燉成爛爛的羹，這比什麼都好。」

王必是窮當兵的出身，喜歡喝酒吃肉的，一想到那綠油油的東西便覺得噁心。

董昭似乎是尋到一個自己喜歡的話題，打開了話匣子：「我早年曾見過南陽張仲景，與他討教過延年健體之道。若人能養慎，不令邪風干忤經絡，五臟元真通暢，便不會生病。清淡、少食、食素、食熱皆是大有裨益的……清淡者，利剋化助腎水；少食不傷脾胃；食素抑胃肝之火。至於食熱嘛，自燧人氏為烹，世人無需剋化寒食，這可是長生延壽之道。不信你也試試，取五穀雜糧與野菜合燉為羹，實在勝於神農氏良藥。」他說著說著笑了，謹慎的臉上露出一絲得意，「雖說大丈夫當勤於文武建立功業，但體質乃萬事之根本，不可不慎啊！」

王必可沒心思聽他暢談養生之道，但又不好打斷，只給他個耳朵，低頭跟著往前走。董昭邁著四方步不緊不慢的，好半天才帶著王必回到他的「休沐之所」。雖然是託了張楊的人情來的，但他也只是住在一個狹小的帳篷裡，一張床榻、一張几案、兩只杌凳，外加一箱子書簡筆墨，這就算是全部家當了，另有一個老僕照顧起居。

董昭一進帳就把老僕打發出去了，謹慎地放下帳簾，親自搬過杌凳，讓王必坐下。王必來了半晌，一點兒正經事還未商量，哪裡有心思坐：「董大人，您不必客氣了，咱們還是談談打通道路之事吧，您可有什麼辦法？」

「不忙不忙！我給你倒水喝。」董昭說著拿過兩只粗碗，又抱過一只罐子，一邊倒水一邊說，「這可不是普通的水，乃是半夏、厚樸浸泡過的，合張仲景之方，可以健脾胃防疾病。」

王必強忍著性子，瞧他慢慢悠悠把水倒完，才央求道：「大人，我一路而來著實不易，還請您多多幫忙啊！」

董昭沒答話，穩穩落坐，喝了口水才道：「曹兗州之表文何在，可否容我一觀？」

王必略一猶豫，還是笑呵呵道：「這有何不可？若非您前番相助，我家大人也不可能受封兗州牧啊！」說著從懷裡掏出表章交給他。董昭小心翼翼褪下錦套，展開竹簡觀看：

> 入司兵校，出總符任。臣以累葉受恩，膺荷洪施，不敢顧命。是以將戈帥甲，順天行誅。雖戮夷覆亡不暇，臣愧以興隆之秩，功無所執，以偽假實，條不勝華。竊感譏請，蓋以惟穀。

「妙哉！妙哉！」董昭撚著鬍鬚連連點頭，「此表文字雖不長，措辭卻周到至極。一者，表明心志不忘皇恩；其次，闡述征伐順天應人；再次，謙遜得體不顯傲慢……曹孟德果真不凡，不但精通兵法善於征戰，寫文章也是一流啊！」他看罷讚歎不已，卻不忙著捲起表章，順手攤在桌案之上。

王必可不想聽他這些廢話，急急渴渴催問道：「董大人，表章您也看了，究竟如何處置，您倒是說句話啊！」

「你忙什麼啊？」董昭都懶得看他一眼，兀自盯著那份表章，用右手手指在左掌中比比劃劃。

王必也拿他沒主意了，乾脆坐在一邊看著他。好半天董昭才比劃完，不緊不慢坐下來，端起碗來喝了一口水才道：「打通河南道路之事並不急於一時。如今幾家勢力明爭暗鬥，若不能將他們穩住，即便曹使君兵進成皋也不能總攬朝政。」

王必的心涼了半截，等了這慢性子半天，就得來這麼一句話，連連搖頭：「董大人啊，我知道您很為難，但此事就沒有迴旋餘地嗎？」

「你別忙啊……今護駕之眾大致可分為五派，咱們需要權衡利弊而行。」董昭晃悠著手中的水，娓娓道來，「首先就是張楊，他現在屯駐在野王縣，正忙著派人修繕洛陽皇宮。不過他似乎無意躋身朝堂，僅僅是救時而已，況且已經與曹使君和睦，縱然不會幫忙，也不至於給曹使君添亂。再有匈奴右賢王去卑，他到此間一是為漢廷出力，二也是因為部族內亂流亡於外，所以匈奴一派也不算什麼問題。」

說到這兒他忽然抬起頭來，話鋒一轉，「麻煩的是後面兩派。第三派是白波賊韓暹，如今他的兵馬最多，因保駕之功受封大將軍，兼領司隸校尉，他不但參與朝政，而且在河東還駐紮著其同黨李樂、胡才。這第四派是董卓舊將董承，此人自稱是永樂太后的族姪，莫看他兵馬不多，卻頗得當今天子聖眷，與國丈伏完關係甚好，皇上親口叫他舅舅，還納了他女兒為貴人。這兩派現在頗有實權，無論如何都是反對曹使君來分肉吃的，不過好在他們之間的矛盾也最大。」

王必已經沒耐心了，悻悻道：「說了半天，還是沒人能幫我們使君一把了嗎？」

「非也非也。能幫忙的我看就是最後一派——楊奉！」董昭把水喝乾，空碗往桌上一撂，「楊奉這個人有雙重身分，他早年也是白波帥，後來歸附董卓為將，與這兩派都有些關係，但哪一邊也沒拿他當自己人，所以只好自立山頭嘍！論實力他不及韓暹，論聖眷他比不上董承，要想有所作為就必須尋找外援，曹使君不妨暫時與楊奉聯合，牽制另外兩派。」

「這叫什麼主意，豈不是為別人做嫁衣？」王必白了他一眼。

「現在這個時候幫別人就是幫自己，多拉攏一個朋友就少一個敵人。張楊、去卑已經不成問題了，再拉攏一個楊奉，就可以專心對付董承、韓暹。只要他們之間出現一個公敵，事情就妥了。」

王必似乎明白一點兒：「您的意思是……」

董昭目光炯炯地望著他：「先拉攏楊奉，再把董承、韓暹這兩派的任意一支爭取過來，曹兗州就可以作為四派勢力的盟友領兵進駐河南。名義上是替他們對付公敵，實際上只要一入河南，憑曹兗州之才智，用不了什麼力氣，就可以把他們全收拾掉。你放心吧，時間夠用的。安邑小縣不是藏龍之所，過些日子聖駕必定要回轉洛陽，這一路上還指不定鬧出什麼變故來，叫曹兗州靜候時機好了。」

「成！」王必一拍大腿，「我將表章上交之後速速回轉，將此事稟報我家使君，請他儘快與楊奉溝通。」

董昭搖搖頭：「此事宜早不宜晚，你這一去一返太耽誤時間。還不如馬上前往梁縣拜謁楊奉，表明結盟之意，先斬後奏把這件事趁早辦成了呢！」

「瞧您說的，這麼大的事我豈能擅自做主？再說沒有使君的文書，他楊奉能信我的話嗎？」

董昭的鼻子抽動了兩下，白皙豐腴的臉上露出鄙夷之色：「王主簿，你是不是不敢去啊？」

王必一向是吃蔥吃蒜不吃薑，最怕別人瞧不起，眉毛一挑：「大人如此小覷我王必嗎？我披荊斬棘獨往西京都不怕，見一趟楊奉算得了什麼？只是沒有我家使君的書信表記，我去也是白去啊！」

董昭冷笑一聲：「現在若有一卷曹兗州的書信呢？」

「那我就敢去！」

「此話當真？」

「當真！」王必有點兒冒火。

董昭捋捋鬍鬚：「那我替曹使君寫一卷書信給楊奉，你看如何？」

「你是說……偽造？」

說寫就寫，董昭展開一卷空白的竹簡，又掃了一眼曹操的表章就揮筆寫起來。王必只見他下筆有力字跡剛勁，與曹操的筆體一般無二，看得冷汗都下來了。更可貴的是，董昭早已打好了腹稿，文不加點下筆如飛，語句通順入情入理，不多時一卷偽造的書信就寫成了。接著他忽然站起身來，似乎把全身力道都用在腕子上，筆走龍蛇般留了一個「兗州牧曹操」的落款。

「可惜沒有印……不過書信不加印更能顯出謙卑之意。」董昭說罷，從頭到尾默念了一遍，這才對王必道：「喏，你看行不行？」

王必都沒敢拿起來看，撅著屁股歪著腦袋讀道：

吾與將軍聞名慕義，便推赤心。今將軍拔萬乘之艱難，返之舊都，翼佐之功，超世無疇，何其休哉！方今群凶猾夏，四海未寧，神器至重，事在維輔；必須眾賢以清王軌，誠非一人所能獨建。心腹四支，實相恃賴，一物不備，則有闕焉。將軍當為內主，吾為外援。今吾有糧，將軍有兵，有無相通，足以相濟，死生契闊，相與共之。

通讀完畢王必已經汗流浹背，把這封信與表章仔細對比，不但字體筆畫難辨真假，就連語句措辭都頗有曹操的風格：「董大人，這封信足可以假亂真。您好……好厲害啊！」

「王主簿，既然有了書信，你就辛苦一趟吧，這可全是為了曹兗州好啊！」

「我去！」王必擦了擦汗，「沒想到您還有這本事。」

「這算不了什麼，偽造文書的事我幹了不止一回兩回了。」董昭搓了搓手，信口道：「當年袁紹任我為鉅鹿太守，郡中孝廉孫伉等人意欲叛迎公孫瓚，我就偽造袁紹的公文把他們斬首了。」

王必忽覺毛骨悚然：讀書人可不簡單，只要動動筆桿，就可以把人命玩弄於股掌之上！

董昭低頭又瞅瞅自己偽造的書信，時而點頭時而搖頭，似乎還有些細微之處不甚滿意，遺憾地喃喃道：「曹孟德筆跡蒼勁有力霸氣十足，這也是字如其人。吾能得其形，卻不能盡得其神……」

「我看這已經夠了，矇騙楊奉那等粗人足矣！」王必說著就要捲起竹簡。

「忙什麼！讓墨跡徹底乾透了。」董昭厲聲制止道。

「諾，聽您的。」王必徹底服了，趕忙撒開手，「是不是所有人的筆跡您都能臨摹幾筆呢？」

董昭在帳中來回踱著步子：「非也，非也。天下有三家筆跡，我董某學不來。」

王必見差事有了著落，便不再著急了，緩緩坐下喝著水問道：「哪三家呢？」

「頭一位就是先朝名將張奐和他的兒子張芝、張昶，他們父子的草書不亞於先朝孝章皇帝，恢弘流暢堪稱一絕，我親眼見過，連下筆之處都找不到。」董昭搖著頭，似乎心有不甘，「再有就是師宜官、梁鵠這對師徒。正篆寫到他們那個境地已經是登峰造極了，好到極致的東西往往看不出特點，越是沒特點越不好學。」

越是沒特點越不好學，王必聽這話倒像是至理名言，也來了興趣：「您方才說三家，還有誰？」

董昭卻笑了：「再有你就知道了，尚書僕射鍾繇。鍾元常的字自成一體，幽深無際古雅有餘，我幾度臨摹，可就是學不像。」

一聽到鍾繇，王必又想起了正事：「董大人，此番我家使君之事，是不是還要請鍾繇、劉邈、丁沖幾位大人參詳參詳？」這幾個人都曾為曹操聯絡西京出過力。

原以為董昭一定會贊同，哪知他連連搖頭：「我看不必了，大家要是都上疏美言，暴露的就太多了。現在多少雙眼睛互相盯著，決不能讓董承、韓暹覺察出曹使君在朝中有勢力。」還有一層意思不能點破，董昭可不想有別人同他一起在曹操面前分享功勞。

王必沒考慮那麼多：「說的也是，還是得藏一藏鋒芒……這墨跡已經乾了吧？」他生怕有人進來，想要將它捲起來。哪知董昭忽然攔住他，抓起墨漬方乾的竹簡往地上一扔，又踏上一足，用力搓了幾下。

王必看傻了：「好不容易寫出來，您這是幹什麼呀？」

董昭俯身將它撿起來，吹了吹上面的浮土，見竹簡已經有了斑斑劃痕，才滿意地捲起來，又扭身在桌案上擇出一個最破的絹套將竹簡裹好交到王必手裡：「此番到安邑，有人注意到你嗎？仔細想想。」

「沒有……絕對沒有！」

「很好。」董昭打量他一陣，緩緩道：「上表之事就交給我吧，你不必操心了……現在我要你在地上打幾個滾。」

「什麼？」王必以為他玩笑，但瞧他滿面嚴肅又不像說笑。

「給楊奉的信我故意做舊，你也得裝得狼狽一點兒。」董昭捋捋鬍鬚，「一來是讓楊奉看看你道路勞苦，更顯出曹使君的誠意。二來你也可編幾句瞎話，說不單是董承，連韓暹也阻攔你前行，蓄意破壞他和你家使君的聯合，給他們之間再製造點兒矛盾。」

「說這樣的謊話，楊奉一問韓暹不就戳穿了嗎？」

「你放心吧！」董昭冷笑一聲，「話由著你說，他敢去問嗎？即便敢問，韓暹能說實話嗎？即便韓暹說實話，楊奉他又肯信嗎？都互相提防著呢！」

「您真高！」王必連伸大拇指，這會兒真是心悅誠服了。

「你還不明了目前的形勢，我打個比方說吧！當今皇上好比是一只金碗，李傕、郭汜好比兩個無知小兒，楊奉、韓暹、董承等人就好比是一群市井之徒，而曹兗州就是一個正經的官人。現在有兩個無知小兒手托金碗行走在鬧市之上，只知其貴而不知其所以貴，結果引來一群市井無賴搶奪。這幫人越湊越多，你爭我奪大打出手，鬧得不可開交。最後從路邊走過來一個官人，把金碗一沒收，這幫無賴全部下大牢！然後……」董昭說著把手一揮，做了個斬首的姿勢。

「哈哈哈……這個比喻倒是恰當。」王必仰天大笑。

「不怕他們人多勢眾，人越多越好。莫說五派，十派、二十派才好呢！這些人都是跳梁小丑，根本沒資格跟曹兗州鬥，真正最難抵擋的對手是……」

「是誰？」王必關切地問。

真正的對手不是別人，就是當今天子。這個十六歲的小皇帝與以往的懦弱之主有天壤之別。劉協自幼無父無母，沒有宦官伺候，生於憂患之中，吃過苦、挨過餓、遭過難、見過仗，有著非凡的智慧與魅力，把一干西京老臣緊緊拉攏到自己身邊，而且頗知民間疾苦。

這樣一個皇帝，做過董卓的傀儡、李傕的傀儡，怎麼甘心再讓曹操凌駕於他頭上呢？他才十六歲，以後的機會還多著呢！董昭心裡似明鏡一般，卻不好對王必直言，只是搖了搖頭，苦笑道：「到時候你就知道了，難辦的事還在後面，叫曹使君作好心理準備吧！」

「哦。」王必不明就裡，便隨口答應了一聲。不過他對董昭其人卻看得很清楚——這個人絕不是傳統的士大夫，他擅長耍陰謀詭計，而且連曹操的面都沒見過就敢替人家謀私利，看似慢慢吞吞卻敢於弄險，在仕途上的野心遠遠多於對大漢朝的忠心。胸有城府之深，暗藏山川之險，就是指董昭這種人吧！

第二章

從黃巾軍手中搶回豫州

巧遇虎癡

隨著曹操大軍南下推移，豫州黃巾望風披靡。曹仁、于禁、樂進三路人馬勢不可當，許多城池倒戈投降，唯獨剩下劉辟還在頑抗。而袁術似乎根本沒打算來救援豫州，只顧忙著跟劉備爭奪徐州，搞得他的部下袁嗣一仗沒打完就投降了曹操。在這種情勢下，劉辟孤立無援，始終被曹操主力追襲，最終只有逃竄到他起事的老巢——新蔡縣葛陂。

葛陂乃豫州黃巾根基所在，這座大湖上承鮦水①、東通淮河，方圓達三十里，四圍坡地起伏險要。而就在湖中央的島上，儲存著自大半個豫州搜刮來的大量糧食，足以供給守軍吃一兩年，並且連他們的家屬也居住此處。黃巾軍為了保護這個地方，沿湖岸結營壘，大大小小不計其數，守備兵力超過萬人。

曹操一到此地便覺頭疼，這裡要是逐個營壘硬攻下去，得死傷多少人啊？而且黃巾軍掌握船隻，糧草隨時能夠自島上補給，可自己這一邊得從潁川運糧，長此以往耗下去，先斷糧的必定是自己。但如不拿下這個地方，以後劉辟還會反撲，豫州黃巾的禍根永遠剷除不掉。曹操只能暫時紮下大營，不敢輕易挑戰，等曹仁、于禁、樂進三路人馬匯齊再作商議。

此時此刻中軍帳裡格外寂靜，沒有人率先發言。夏侯淵、曹洪不見了平日的驍勇傲氣，荀彧、程昱的神機妙算這會兒也使不出來了，就連愛說愛笑的卞秉也不打趣了。眼看仗打到這種僵持的地步，所有人都提不起精神，而曹操的憂慮比別人更多幾分。這次出兵他可是連家小都帶出來了，後營中環氏、秦氏兩位夫人有孕，尤其是秦氏，都有些出懷了，再這樣耗下去，難道要把孩子生到軍營中？另一方面，王必自去安邑遞表章已一月有餘，到現在還不回來，莫非朝廷又出了什麼變故？還有，梁王子劉服自歸附以來，並不肯盡心相助，吃糧卻不做事，他到底有什麼居心？這些愁事攪到一起，使曹操越發鬧心。

就這樣靜了許久，薛悌忽然打破了沉默：「使君，大軍至此既然進不能取，咱們不如回轉兗州吧？」

曹操暗自打了個寒戰，現在最怕的就是有人提起這件事。這些兗州籍的人一旦提出回軍的建議，如果不答應，不滿情緒馬上就會蔓延開來，他轉移至豫州的計畫也會隨之失敗。曹操想劈頭蓋臉把薛悌駁回去，但是又一想，堵住他一人之口又有何用，軍兵裡有一半是兗州人，大家的嘴都能堵住嗎？想至此，曹操婉言勸道：「孝威，退軍之議還是不妥……若不拿下葛陂這個據點，袁術必定還會煽動這些黃巾餘寇作亂的。他雖不來攻我，僅以流寇擾我也足以為患了。」

「使君想左了。」薛悌笑道：「其實您無需求全責備。只要維持陳留西去之路，開成皋之阻，迎駕至兗州又有何難？袁術遠在壽春，即便有意劫駕也是鞭長莫及。」

曹操默不作聲，苦笑一陣：薛悌啊薛悌，你哪兒知道我想的是什麼呀！我根本不打算把聖駕迎

①鮦水，在今安徽省臨泉縣。鮦音同。

到兗州，那離袁紹太近了。咱與他實力相差懸殊，萬一袁紹過河跟我搶天子，咱哪裡抵擋得了？

大夥見曹操不說話，隨即低聲議論起來，幾個兗州人馬上對薛悌的言論表示贊同。荀彧心知肚明，見這等情形，趕緊開口為曹操解圍：「諸位稍安毋躁，且聽我一言。」他處事穩重，在曹營最有威望，一說話大家馬上安靜下來，「大軍遠道追襲至此，恰如十年鑄劍，不可因一時之難而棄磨礪之功。倘現在回轉，非但賊根未除，只恐何儀、何曼之眾旋而復叛。況兗州自蝗旱之害、陳宮之叛，民生凋敝糧秣不收，非數載不能復原。而葛陂之賊廣有囤積，若能克敵制勝可以盡收其糧，那時我軍便可補給無憂矣！」

聽荀彧這麼一說，不少人都點了頭，唯有薛悌還不大信服，喃喃道：「強取葛陂只恐得不償失，舉大兵而為小用，未免偏激了。」

其實薛悌說得沒錯，若是以兗州為中心而論，曹操此舉確實是舉大兵而為小用；可若是一切設想皆以豫州為中心，那平滅黃巾的意義就不同了。只不過現在沒到時候，曹操的這層窗紙還不能捅破，只能哄著這些兗州派的人。

這時外面傳來一陣嘻笑聲，似乎是兩個年輕人在玩笑，這可與帳中嚴肅沉悶的氣氛頗不協調。曹操聽出是曹昂的聲音，霎時火往上撞，把對薛悌的火氣都撒到兒子身上了，衝著外面厲聲嚷道：「何人如此大膽，敢在中軍帳外聒噪？」

此言一出立刻就安靜了，曹昂與曹德之子曹安民邁步低頭進帳，二人還未來得及躬身行禮，曹操便吼道：「出去！報門而入！」

軍中規矩，凡將領告見必由中軍侍衛通報，親信將領則可以直接入內，唯有罪將和俘虜才自報身分。曹操命子姪報門而入，明顯是要懲罰他們。二小不敢違拗，只得耷拉著腦袋轉身出去，在大帳口趨身抱拳、自保名姓。

「末將曹昂告見！」

曹昂高聲喊完了，曹安民卻半天不出聲，憋了好半天才扯著嗓門道：「小姪曹安民告見！」

軍營裡怎麼出來小姪啦？諸人想笑不敢笑，咬著後槽牙看著帳頂忍耐。曹操越聽越彆扭，但這也沒辦法，曹安民並無軍職，是隨家眷來的，報門也只能報這個。

「進來！」

二小這才進帳，但瞧此等情形不敢作揖行禮，很自覺地跪倒在地。曹昂身披鎧甲懷抱兜鍪，曹安民則穿著布衣頭戴皮弁。

曹操一拍帥案：「軍中要地豈容喧譁，拉出去各打二十鞭子！」

諸人怎能不勸，但還沒開口就叫曹操堵回去了：「誰也不准求情，我今天要整飭軍紀！」

畢竟二小是近親，說拉出去打，哪個兵丁敢得罪？誰也不上前，就連典韋都裝作沒聽見。曹昂是個厚道的，不願叫別人為難，便要起身出去領刑。曹安民卻忽然開口道：「小姪有下情回稟。」

曹操白了他一眼：「說！」

「小姪本不是軍中之人，軍法管我不著。」他一揚臉，笑迷迷看著伯父。

曹操心裡有氣，本來他也沒想治罪曹安民，畢竟曹德只有這一條根，打了對不起死去的弟弟。但是他愛面子，想等鞭子舉起來時再赦回姪子，可曹安民這麼一狡辯，倒把他的火勾起來了：「什麼管不著？你既不是軍中之人，就不應到中軍帳來。」

「伯父，是您……」

「住口！軍中沒有伯父。」曹操又一拍帥案。

曹安民假模假式給自己來個嘴巴，改口道：「將軍，我沒想進帳，是您叫我報門進帳的。」

諸人一聽他這樣狡辯，更是忍俊不住。曹操一擺手：「我叫你進帳是因為你在外面喧鬧，你在中軍帳門口嘻笑也不行。」

哪知曹安民聽罷越發高叫：「將軍執法不公！」

曹操氣大了：「胡說八道，哪裡不公？」

曹安民道：「將軍帶家眷入營本身就是干犯軍法，現在卻要治我的罪，您說這公道不公道？」

「這……巧言令色……」這句話倒把曹操給噎住了，「我說姪兒啊，你……」

「軍中沒有姪兒。」曹安民打斷道。

帳中之人哪兒還忍得住？夏侯淵第一個噗哧笑了出來，他一笑，夏侯惇、曹仁、曹純、任峻、卞秉這等近親全跟著笑了。他們都笑了，外人也憋不住了，程昱、薛悌、滿寵都是性情中人，大帳裡頓時歡聲一片，連素來穩重的荀彧都不禁莞爾。

曹操腦子都亂了，真拿他一點兒主意都沒有，把手一揚：「滾滾滾！滾回後營，等散了帳我拿家法處置你！」

哪知曹安民還是跪著不起：「將軍執法不公！」

曹操臉上紅一陣白一陣：「怎麼又不公？」

「既然小姪家法處置，子修為什麼要受軍法？」曹安民說完這句話，大夥不禁連連點頭：原來他是想幫曹昂擺脫罪名，這小子友愛兄弟倒也難得。

「他有軍職在身。」曹操也豁出去了，索性不顧身分與他分辯。

「但他是您的兒子，我是您的姪子，您不能厚此薄彼。要是這樣處置，小姪就該與子修一同挨鞭子。」

「好，那就一起打！」

曹安民把嘴一撇：「但是小姪本不是軍中之人，軍法管我不著。」

曹操兀自不覺：「既不是軍中之人，就不應到中軍帳來。」

「您叫我報門進帳的。」

「帳口也不准聒噪。」

「將軍執法不公！」

「哈哈哈……」這次大夥是放聲大笑了。曹安民兜個圈子，又把話繞回來了。眾人一笑，曹操也明白過來了，這樣爭辯下去永遠也辯不倒姪子，不禁也氣樂了：「你小子哪兒學的這一套鬼把戲？」

「您既然問我，我能不答嗎？」曹安民永遠有理，「要是不答就犯軍法了。」

「出去！」

「您還沒赦子修呢。」

曹安民也真夠莽撞的，用手一指卞秉：「從小跟舅舅學的。」

曹操白了小舅子一眼，又擰著眉毛瞪著姪子：「胡鬧！帳中不准隨便亂指，也不准喊舅舅。」

胡鬧了半天，曹操氣早消了，指著曹安民鼻子道：「看在文若的面子上就算了……下次不許！」

荀彧實在看不下去了，插口道：「將軍啊，姑且看在他們兄弟孝悌和睦的份上饒恕了吧！」

二小道謝起身，曹昂這才敢說話：「啟稟將軍，非是我等無故喧鬧，只因方才我與安民帶兵探查敵營，發現一件離奇之事。」

「你怎麼能帶他去探查呢？」曹操頗為不滿。這倆小子膽太大了，安民要是讓敵人傷了，他怎麼對得起死去的弟弟。

「是我非要跟著去的。」曹安民趕緊替兄長遮掩。

曹操懶得跟這能說會道的姪子計較了：「你沒有軍職，以後不許了……剛才到底發現什麼了？」

曹昂拱手道：「葛陂西邊有一座忒大的營壘，地處衝要之處，四圍磐石堆砌，頗為牢固，比其他的土壘大得多。我們以為是劉辟所在，便稍近些觀看。哪知此處高立『許』字大旗，另有鄉勇打扮的人在壘上把守，每當黃巾賊經過，守壘之人以飛石投擲，似乎視之為敵。那裡屯駐的必定不是黃巾賊。」

曹安民補充道：「這座石壘立於葛陂正西沿岸，方圓一里之內都沒有其他營寨，這可是個機會啊！」

這席話可把所有人的精神都提起來了。若是黃巾另有敵人在此，便可以爭取過來共同破賊，況且這座石壘地處衝要，若能借此在葛陂沿岸打開一個缺口，戰局立時便可扭轉。

「此言當真？」曹操手據帥案站了起來。

「軍機大事，小姪哪敢欺瞞伯父？」曹安民又失口了。

曹操這會兒也不管軍營裡有沒有伯父了，興奮地繞出桌案：「子修、安民帶路，點三百虎豹騎帶我前去觀看。」

「將軍不可以身犯險。」荀彧趕緊提醒——昔年在壽張，曹操與鮑信輕騎巡查地形，突遇黃巾襲擊，鮑信戰死陣中。自此之後，大家一直儘量避免讓曹操輕兵出營。

「不礙的！」曹操一擺手，「此一時彼一時也。現在賊人守備有餘，攻戰不足，此去料也無妨。」

曹安民又湊上前擠眉弄眼道：「小姪沒有軍職，不得相隨。」

曹操一拍他腦門：「好小子，暫授你軍中書佐之職。」

「謝將軍！」曹安民一改懈怠之態，跪倒在地。

「別磨蹭了，速速領路。」曹操笑呵呵掃視眾人，又囑咐道：「我不在的時候大家緊守營帳，不可鬆懈。」

「諾。」眾人起身領命。

曹操走到帳口，忽然又伸手喚過夏侯惇，耳語道：「你要好好提防劉服那小子。」

曹昂點的這三百虎豹騎可謂精中之精，盔明甲亮快馬長槍，更有典韋全身披掛，保著曹操父子趕奔葛陂西面。雖然知道敵人堅守不出，但小心起見還是捲起旌旗朝南面遠遠繞了個大圈子。直到那個獨特的營壘附近，才猛然轉過去，所幸正有一處密林土坡，曹操便命令大夥隱於林間遠遠觀望。

這座巨大的石壘方圓有半里多，正卡在葛陂西面的山坡上，周圍一里以內並無其他黃巾土壘；整體是用磐石堆砌，有一扇柵欄門，外設拒馬鹿角。雖然壘牆高度參差不齊，但最低處也有一丈五尺，這絕對是耗費不少人力才建起來的。石壘上端圍著木頭柵欄，有鄉勇模樣的人手握大刀把守，當中一杆錦繡的大旗，上寫斗大「許」字。

曹操看得分明，似乎不是黃巾的營壘。剛要回頭跟兒子說話，忽聽一陣喧鬧，打北面來了群黃巾賊，大約有四、五十人，還推著一輛大車，正奔那座石壘而去。

「好像是運糧的。」曹安民插口道。

「若是給這座石壘運糧，那他們就是一夥的。」曹操洩氣了。

「不會吧，剛才明明看見他們飛石打賊，怎麼這會兒賊人反給他們送糧食呢？」曹安民低聲嘀咕著。

只見那些黃巾兵來到石壘附近就不敢往前走了，可能真是害怕飛石投擲，有幾個兵抬頭向把守之人喊話。因為離得遠，曹操他們也聽不清楚，似是要叫什麼人出來。喊了一會兒話，那些運糧的黃巾兵又都坐下了。

看了一陣子沒動靜，曹安民可繃不住了：「將軍，他們坐下了。趁這機會搶他們糧，宰了這幾個王八羔子。」

曹操瞥了姪子一眼：「這樣的蠅頭小利算什麼？你沒看見把守之人少了一個嘛，這必定是去通稟什麼人了。」

叔姪正說話間，就聽嘎啦啦一陣響，曹操閃目觀瞧，險些驚下馬來——但見石壘柵欄門大開，二十個鄉勇手持棍棒雁翼式列開，當中走出個相貌猙獰的黑臉大漢。

此人身高八尺有餘，瞧不出多大歲數，腰大十圍，臂膀寬厚，大粗腿，穿一件玄色大袍，下面是兜襠緄褲，春寒料峭的天氣他竟敞著懷，露出一巴掌寬護心毛，黑黢黢的身子，肌肉一塊一塊倒似磐石般結實。再往面上觀，黑黝黝的一張寬額大臉，高挽牛心髮髻，闊口咧腮，濃眉毛大鼻子，二目突出眶外，眼珠子滴溜溜亂轉，壓耳毫毛連鬢絡腮，宛如一個遍體烏黑的怪物。

那人乍著膀子一出來，黃巾兵也嚇壞了，全都手握鋼刀站起來，你來我往與黑漢子說話。又過了一陣子，只見那黑漢子一招手，又有人自石壘裡牽出頭膘肥體壯的耕牛來。

「我明白了。」曹昂道：「賊人要拿糧食換那大漢的牛。」

正如他所料，黑漢子與黃巾兵說了半天話，似乎是在討價還價。按理說，一頭牛換一車糧食並不划算，因為一車糧有吃完的時候，但耕牛犁地可以有吃不完的糧。可現在兵荒馬亂種不成地，耕牛困在營壘裡就成廢物了，一頭牛宰了絕沒有這一大車糧食供應的人多，天氣轉暖牛肉也不好存放，倒不如換成糧食。這也能看出，黑漢子的壘中恐怕沒什麼糧食了。

少時間他們已經談妥了，牛趕到黃巾一邊，連糧食帶車都給了黑漢子，雙方笑呵呵的，似乎還說了幾句客氣話。黃巾兵哄著牛便離開了，黑漢子也叫手下推糧車，眼看著糧食慢吞吞進了營門——令人驚愕的事情出現了！

黑漢子忽然放開腳步，獨自追趕已經走遠的黃巾兵。曹操等人全看愣了，不明白他要幹什麼。

只見那黑漢子健步如飛，不一會兒就竄到黃巾群中，左一推右一撞，七八個人立時倒地。他不取人性命，卻伸出大手一把抓住了牛尾巴，銼身往肩膀上一搭，拽著牛就往回跑！

那頭大牤牛看樣子足有三四百斤，犯起性子來更是凶猛難當，到了黑漢子的手裡竟然一點兒力氣都使不出來了，生生被他拽得倒退。這牛本是哞哞低鳴的動物，這會兒也疼得嗷嗷高叫，聲音傳得老遠，牠瞪大著牛眼、甩著腦袋、四蹄亂刨，卻被大漢拽得前身著地站不起來，生生讓人家拖著往回跑。

前面還有牽牛的人呢，這會兒早嚇傻了，連撒手都忘了，也被拽了個趔趄。繩子似乎纏在手上了，怎麼也爬不起來，竟也如拖死狗般被拉了過去。黑漢子額頭青筋迸露，連連大吼繼續往回蹬，硬是拖著一頭牤牛、一個活人奔回百餘步，眼看就要到石壘門口了。黃巾兵可嚇壞了，呆立半晌才反應過來，趕緊提刀追過去。但這四、五十人誰也不敢靠近大漢一步，只虛晃著刀，走三步退兩步地喝罵。黑漢子把牛拽了回去，轉過臉來，瞪起鈴鐺般的大眼睛喝道：「不怕死的就過來！」這一嗓子彷彿打了個響雷，嚇得黃巾兵紛紛倒退，連林子裡的曹操等人都聽得清清楚楚。

曹家父子驚愕至極，隱在樹木間連一句話都說不出來。直到聽見大漢喊嚷，曹操才回過神來，與兒子對視了一眼——這是咱老家譙縣的口音啊！再次抬頭觀看「許」字大旗，曹操隱約想起了什麼。

這會兒可熱鬧了，隨著大漢那聲吼叫，石壘裡閃出一大群血氣方剛的小夥子，手裡刀槍棍棒什麼都有。那幫黃巾兵一見形勢不妙，也顧不得牽牛的同伴，撒腿就逃，不少人連刀都扔了。牛沒牽走，反倒白送人家一車糧食，還搭上一個兵，這筆買賣他們可賠大了！最可憐的是那個牽牛的，被拖了個半死，衣服也破了，滿臉都是血，被那些鄉勇綁了個結結實實押進營壘。

眼見黑漢子這夥人趨身撿那些兵器，曹操微然一笑，扭頭對馬旁的典韋道：「早聽說過倒拽牤牛，今天可開眼了，真天下無雙的力氣。」

典韋耷拉著大胖臉：「哼！什麼天下無雙，我也有這本事啊！」

曹安民一聽就來精神了：「典君，你敢不敢與他較量較量？」

「有何不敢？」典韋一努嘴，「大戟我可帶著呢！」

「那你去啊！」曹安民想鼓動他過去。

「我與他無冤無仇比劃什麼？」

「試試誰力氣大唄！」

「比這幹什麼？」典韋不屑一顧。

曹安民一揣手：「哦……你害怕了，不敢呀？」

「我敢去！」

「你就是不敢。」曹安民衝他輕蔑地擠擠眼，「不敢就算了吧！」

「我敢！」典韋見他輕視自己，頓時怒不可遏。

曹昂見安民故意挑唆，想要制止他胡鬧。曹操卻橫鞭攔住，似乎縱容姪子這麼激將。典韋本就缺心眼，曹安民的嘴比畫眉還巧，三繞兩繞就把典韋惹惱了，都顧不上曹操傳令與否，從地上拔起那對八十斤的大鐵戟，一猛子就衝出去了。

曹安民樂不可支：「快看熱鬧啊！這兩個傢伙膂力差不多，子修你猜誰贏？」

曹昂氣大了：「你當這是鬧著玩嗎？這是玩命啊……」

曹操一點兒也不著急，笑道：「吾兒不必緊張，那漢子也是個莽夫，頂多單打獨鬥，不會群起傷人的。」

典韋甩開大腳往前跑，肉大深沉，加上一對八十斤的傢伙，每邁一步就是一個大坑。眼瞅著那黑漢子就要回寨了，他一聲斷喝：「站住！你給我回來！」

他這嗓門也不小，把那一群人都給鎮住了，眾人扭頭一瞧，連黑漢子都嚇了一跳——見典韋身有九尺，比自己還高半頭呢！身披鐵甲，頭戴纓盔，手拿一對出了號的大戟；一張說黃不黃說綠不綠的大臉蛋，大眼睛，獅子鼻，菱角口，整個腦袋跟個大冬瓜一樣。手裡那對傢伙太扎眼，短戟見的多了，可沒見戟杆這麼粗大的。

「你、你……幹什麼？」黑漢子也矇住了。

「咱倆比比誰厲害！」

「我又不認識你，比什麼！」黑漢子一看就知道他不是黃巾賊，但卻搞不清從哪兒冒出這麼個傢伙。

「不認識也得比，你不就拉回一頭牛嘛，算得了什麼？有本事贏我這對戟。」典韋也真敢說，「不比就是他媽混帳王八蛋！」

大夥一看——這是個瘋子呀！各攥刀槍就要動手。那大漢攔住手下人，咯咯怪笑道：「比就比！以為我怕你了嗎……給我拿傢伙！」果如曹操所料，這也是個渾人。

黑漢子一說拿傢伙，倆小夥子扛出杆大鐵槍來。那槍桿完全鑌鐵打造，足有鴨卵粗細，壓得兩人直打晃；槍頭不是尖的，跟個大鏟子似的，掛著黑纓子。曹操可識得這路東西，喚作虎頭霸王矛，因為所需力氣太大，傳說自光武爺帳下雲臺大將姚期之後，便很少有人使用了。

那黑漢子伸手抓過大槍，雙手一挺似乎毫不費力，嚷道：「白大個，你說怎麼打？」

典韋哪管那麼多，舉起雙戟就砸：「黑大個，你接著吧！」

耳輪中就聽「哐」的一聲，雙戟已經砸到了大槍上，把黑漢子震得倒退好幾步，若身後無人擋著他就躺下了。

「好厲害呀……」黑大個穩住身子，跟著一擰槍桿，「瞧我的吧，看槍！」這路打法真新鮮，沒動手先告訴人家看槍。

說是看槍他可並不刺，而是向前兩步蹦起來舉槍來砸。原來這位是項羽那一路的本事，霸王摔槍式，硬砍實鑿地來！典韋見狀趕緊舉戟招架。耳輪邊又是一聲巨響，槍是架住了，可典韋站立不穩，一條腿跪在了地上。他有一身重鎧，在步下本有些吃虧，索性扔了左手戟，就拿著一戟跟黑漢子鬥。

那邊你摔一槍，這邊我砸一戟，兩個人旗鼓相當，鬥了個平分秋色。連林子裡面帶林子外面的人全看傻了，剛開始還張著嘴瞅著，後來就忍不住笑了——這不是打仗，這是打鐵啊！

兩個人乒乒乓乓打了二十多個來回，最後都累了，耷拉著手裡的傢伙吁吁直喘，兩對大眼珠子兀自互相瞪著。忽聞馬掛鑾鈴之聲，曹操一馬當先趟入陣中，手指大漢高叫：「君可是沛國譙縣許褚許仲康嗎！」

「啊？」黑漢子一愣，緩了口氣，「你怎知我名姓？聽口音……你也是譙縣人嗎？」

「哈哈哈……」曹操大喜，連忙拱手道：「許壯士，吾乃鄉人曹孟德，現居兗州牧之職，特來領兵平亂。」

哐啷一聲，許褚的鐵槍落地。他呆立了一陣，突然仰面號哭起來。就在他身後，那些生龍活虎的小夥子們也已經哭成一片……

平定豫州

許褚，字仲康，生於沛國譙縣，乃是曹操鄉人。他少時就以膂力著稱，行俠仗義好打不平，也算得地方上的一個人物。只因許家不是士族，與曹家的地位相差甚遠，而且許褚比曹操小了十歲，所以他與曹操互相聞名卻從未見過面。

初平之際天下大亂，西涼軍劫掠豫州，許褚便帶著千餘名沛國鄉人流落到汝南，在葛陂沿岸修築石壘，藉以躲避戰亂。後來西涼軍退入關內，豫州黃巾又起，浩浩蕩蕩開赴葛陂舊地屯駐。因人數相差懸殊，許褚只能放任他們修築土壘規劃農田。黃巾軍若是攻壘，許褚便帶人反擊。他凶悍過人，所率又盡是譙縣的勇士，就形成了長久僵持的局面。

許褚帶鄉人守著這座石壘，與黃巾打了又合、合了再打，屈指算來已經有三年多了。因為音訊不通，外面發生了什麼全然不知，眼看糧食就快吃完了，許褚都不敢奢望有人來救他們了。今天得知曹操來平亂，怎能不哭？

曹昂與曹安民也過來了，見這裡一片慘然，正不得要領。曹操卻立時間明白過來，扭頭道：「你們倆帶兵馬回營。」

「將軍您……」

「我到許仲康寨中商議破敵之策，軍中事務按老規矩辦！」曹操不在軍中時，夏侯惇擔當臨時統帥，這就是曹營的老規矩。

曹安民似乎不太放心：「伯父，非是孩兒信不過這位許義士，可若是黃巾賊突然包圍此壘，那您……」

許褚一抹眼淚，氣哼哼打斷道：「那又怎麼樣？他們三年都攻不下來，今天一晚上就能破了？留神我給你一槍。」

曹安民一吐舌頭，不敢言語了。典韋卻悻悻道：「黑大個，我也信不過你，我得留下來保護將軍。」

「若不放心就全都留下。」許褚一吹鬍子。

曹操把手一攤：「少安毋躁，此處尚在黃巾斥候眼中，都留下難免暴露軍機，我現在已經有破敵之策了。」

眾人都安靜下來，四下張望，果然有黃巾兵在遠處若隱若現。

「仲康，有勞你把我擒回營寨。」曹操低聲道。

「什麼？」

「做做樣子給黃巾耳目看嘛！」他又回頭囑咐典韋，「你見他擒我，就在後面緊追，跟著追入營寨。」

「諾。」典韋雖然不太服氣，可還是答應了。

「子修、安民，你們佯攻一陣馬上撤退，回營叫元讓放心守營，等候這邊的消息。」

「諾。」二小也領了命。

曹操長出一口氣，對許褚道：「來擒我吧，逼真一點兒。」

許褚道了一聲：「得罪！」緊接著故意大喊一聲，輕舒猿臂，一手攥住曹操大腿，一手探向曹操腰間。他手指好似五把鋼鈎，只這一抓一拉，已把曹操扛到了肩膀上。

「將軍遭擒啦！」曹安民扯著嗓子就叫。

許褚扛著人就跑，典韋舉著大戟在後面追。其他鄉勇一擁而上，把曹昂兄弟的兵馬擋住，兩邊假比劃一通。只待三人進了寨門，那些鄉勇也且戰且退，曹家兄弟揮兵就追。直追到寨門口，守壘之人可不幹了，他們還不明白怎麼回事呢！看見有人攻壘，一陣飛石就打過去了，這次不僅逼真，確實是來真的，曹軍險些被石塊打得人仰馬翻。曹昂兄弟就坡下驢，高嚷著：「將軍遭擒啦！快回營搬兵啊！」匆匆忙忙就撤退了。

曹操被許褚扛進石壘時身子都木了，雖然是假裝擒獲，可許褚的力道太大了。他小心翼翼把曹操放下，招呼身邊的人跪倒在地，眾人高呼：「草民拜見曹使君！」

曹操一聽這聲喊，心裡更踏實了——都是鄉音！

「快快請起，諸位鄉親們受苦了。」他將身邊的人挨個扶起。

許褚起身親自介紹，這營裡有男有女有老有少，譙縣好幾個家族的族長都在，有幾位曹操看著還頗為眼熟。這些百姓或居石室、或居草房、或居帳篷，什麼樣的都有，而且有農夫也有讀書人，甚至有官吏和三老，簡直就是臨時的譙縣縣城，父老鄉親們眾星捧月般把曹操請向一座玄布大帳。

這大帳還真有點模樣，外面纛旗高豎，帳口迎出來好幾員「戰將」，有穿盔甲的、有不穿盔甲的、還有光盔沒甲的，一望便知是繳獲來的。許褚一一引薦，其中有他兄長許定，還有段昭、任福、劉岱（後任為曹操幕府長史，與兗州刺史劉岱同名，非一人）、劉若等小將，大多是二十上下血氣方剛。大夥被困的時間太長了，見到曹操格外激動，寒暄哭泣了好一陣子才進入正題。

「叫使君見笑了。」許褚淒然道：「也是我等無能，不能擊退賊人，苦守三年眼看糧食都要吃光了。」

「你們只有一千餘眾，而且並非人人能戰，堅守住已經很不簡單了。」曹操拉住他的大手安慰道。

「將軍方才說有破敵之策，不妨講講。」

「昔日我有一位同僚，乃西園下軍校尉鮑鴻。他在中平年間就破過葛陂黃巾。」曹操娓娓道來，「當初他只有西園軍兩千，配合的郡兵也不過千餘人，對手卻有好幾萬。那時候黃巾也是沿湖下寨，糧草也是屯駐島上。鮑鴻趁夜突襲，燒毀了黃巾軍的船隻，敵人糧食不能補給，頓時軍心大亂，半日之工就被他全部擊潰。」

「這位鮑將軍真是個勇將！」許褚讚歎不已。

「勇將倒是不假，惜乎得勝還朝之日就被宦官蹇碩害死了……他還有三個弟弟，後來也都為國捐軀了。」想起鮑家兄弟，曹操不禁傷感，歎口氣繼續道：「也就是因為前番的教訓，這一回袁術煽動黃巾復歸葛陂，他們便沿湖修建大量營壘，堅固守勢。現在劉辟之眾不及當年，而我的兵馬盛於鮑鴻。之所以不能得勝，就是因為他們憑險堅守，加之糧道穩固。劉辟想逼我撤軍，日後再尋機會東山再起。」

「那今日之事又當如何應對？」

曹操拍了拍他的肩膀：「你知道劉辟有多少條船嗎？」

許褚沉思道：「劉辟這小子滑頭得很，為了防備有人奪糧，他只預備下二十條船，而且盡數停在島那邊，不運糧的時候根本不過來。」

「不出我所料。」曹操嘿嘿一笑，「仲康，你派人告知劉辟，說曹操已被拿獲，若是他肯運二十船的糧草來交換，你就把我獻給他。」

「什麼？」許褚沒弄明白。

曹操見他懵懂，解釋道：「劉辟自潁川一直被我攆著，他都恨死我了，一定會用糧交換的。你與他約定明晚三更交換，然後叫他把船駁到你這寨子後面的岸邊，到時候咱們突然襲擊，搶他們的船，斷他們的糧道，然後趁夜掩殺，葛陂之陣可破！」

「妙啊！」許褚等人聽聞此計興奮不已。就在這時候鄉勇來報，有大隊人馬在石壘西邊紮營，兵士過萬氣勢洶洶，直指營壘。眾人皆有些慌張，曹操笑道：「別忙，那是我的大軍到了。典韋，你今夜偷偷過營，告訴他們計策，明夜三更一起動手。」

典韋搖搖頭：「我得在這兒保護您，黑大個我不放心。」

「你不放心我，我還不放心你呢！」許褚一扭頭吩咐道：「段昭、任福，今夜你二人過營，省得這個胖子多心。」

曹操頗感好笑，這典韋、許褚倒像是一對人物，若是收在身邊，似乎比之昔日的樓異、王必更勝一籌。

這個計策果然奏效，已有黃巾斥候目睹曹操「遭擒」之事，劉辟再得到許褚的消息便深信不疑。如果能殺掉曹操，兗州大軍群龍無首，葛陂之危頓時可解。劉辟當即答應了條件，不過他也玩了個心眼，雖然備下二十隻船，卻用草囤包裹硫黃硝石，只在上面覆蓋一層糧食。他打算借搬運為名，衝入石壘縱火，順便把許褚這個糾纏三年的對手也除掉。兩邊各懷心機各做準備，直到次日夜半三更，二十艘小船舉著火把靠到葛陂西岸，劉辟早就騎著馬帶著五百兵丁等候在岸邊了。沒過多久，許褚也按照約定押著人出寨而來，身邊僅有百名鄉勇相隨。

劉辟只在幾次交鋒中隱隱約約見過曹操，並不識其相貌，這會兒藉著火把映照，只見許褚親手抓著一個俘虜。那人已經剝去衣甲，被打得遍體鱗傷，臉上血糊糊的，還堵著嘴，倒是個子不高、短鬍鬚、大眼睛……不過這真是曹操嗎？

許褚扯著嗓子：「你們這幫賊人看好了，這就是曹操，快給我們糧食！」

劉辟甚是奸猾，懼怕許褚突然襲擊，趕忙駁馬掩到了兵丁身後。他有意把許褚連曹操都殺了，但又忌憚許褚之勇，腦子轉了個彎兒，朗聲道：「許義士，你既然把曹操押來，我就履行約定，派人把糧食送到你寨子裡。但是你得帶著曹操留在這裡，待糧食運完才能離開。」他想一邊以兵馬圍困許褚，一邊賺開營壘，只要一進去就點燃硫黃硝石。

「不行！」許褚一擺手，「你們這幫人動手我不放心，得叫我的人自己去搬運！」他不等劉辟答覆就吩咐手下上船去搬，每條船上都派了五個人。

劉辟差點兒笑出聲來——這許褚是個笨蛋，手下要是都抱著糧囤，我下令截殺豈不是連還手之力都沒有了？想至此，他沒有吱聲，手中緊緊握著劍柄，就等那些抱著東西的鄉勇下船，便傳令殺人。

哪知一片昏暗之中，忽然有個鄉勇嚷道：「許大哥，這糧囤太沉了，我們搬不動呀！」

許褚破口大罵：「廢物，不會倆人搬一個嗎？」

那個人竟然還狡辯道：「動不動就罵我們是廢物，難道就你許仲康有能耐嗎？」

「他媽的！還敢跟我頂嘴，看我不宰了你！」許褚怒氣大發，忽然嚷道：「劉辟，曹操先給你。等我收拾完那頂嘴的小子，再跟你算帳。」黑燈瞎火的，劉辟直覺迎面飛來一個黑乎乎的東西。眾黃巾一片驚呼，他們看清了——許褚把「曹操」扔過來了！劉辟根本沒想到漫天飛活人，立時被「曹操」撞下馬去，眾黃巾趕緊圍攏過來攙扶。

就在這個時候，耳輪中只聞一片慘叫，二十個管船的都被許褚的人砍翻在湖裡。黃巾兵還沒明白怎麼回事呢，就見篙杆一陣亂捅，那些船全都離了岸。劉辟爬起身大喊道：「許褚！你要幹什麼？」

一片黑暗之中，只聞許褚的聲音自湖面上傳來：「姓劉的，你的運糧船歸我啦！」

劉辟氣得直跺腳，叫罵道：「姓許的你他媽給我回來，看我不蕩平你的寨子！」

許褚似乎已經走遠，聲音遠遠飄來：「沒工夫理你，我得去島上燒你的糧食啦！」

劉辟嚇得毛骨悚然，但是沒有船隻，現在想救都救不了。又有個軍兵跑過來道：「稟報將軍，曹操是假的！是前天牽牛遭擒的兄弟，剛才一摔還他媽斷氣了。」劉辟不愧是長年打游擊的滑頭，馬上意識到許褚已經投靠曹操了。他抬頭望瞭望漆黑的湖面，少時間只要許褚一放火，這沿岸大大小小所有營壘就全亂了，局面將無法控制。想至此，他低聲喃喃道：「葛陂完了……咱們快逃吧！」

「逃？」親兵一愣，「其他人怎麼辦？」

「顧不得他們啦，再不走全完了。咱們南下投靠袁術吧！」劉辟咬牙切齒，「曹孟德，等著瞧吧，老子以後再跟你算帳！」

為了避免被曹軍截殺，劉辟僅帶著五百人逃離了葛陂。他走後不久，湖中央的島上就燃起了大火。在茫茫黑夜之中，火光格外耀眼，黃巾各處營壘都知道糧食被燒了，而且連主帥都不知所蹤，人心惶惶一片大亂。而這把火也是曹軍發動總攻的信號，霎時間曹軍的吶喊聲鋪天蓋地而來，火把像螢火蟲一般，密密麻麻從西面湧來。

黃巾軍一見火起心寒了大半，哪還有能力打仗，不少土壘都主動投降了。少數負隅頑抗的也沒什麼效果，段昭、任福、劉岱、劉若等人早已經發散到諸營中為嚮導，他們在此待了三年多，領著曹軍辨認道路專攻各處要害，那些土壘已無險可言。三十里葛陂沿岸，到處都是戰火瀰漫，喊叫聲、喝罵聲、求饒聲響徹天際。僅僅一夜的工夫，中原黃巾的最後據點被曹軍鏟平了。而隨著這一仗的結束，整個豫州也完全換上了曹軍的旗幟。

曹操督著大隊人馬回到大營時，又有一個好消息。王必已經回來了，稟報了董昭偽造書信一事：楊奉得信大喜，其部下騎都尉徐晃也勸他馬上與曹操合作，結果楊奉不但同意與曹操聯合，而且親自上表朝廷，加封曹操為鎮東將軍、費亭侯。

滿營文武跪倒在地，向曹操道賀。而他卻全無笑意，把詔書往邊上一扔，提筆寫起表章，一邊向大家解釋：「想當年我祖父就因輔保孝桓皇帝登基受封費亭侯，現在朝廷又要把這個爵位給我。但我曹操之所以四處征戰，乃是上為天子下為黎民，不求封侯之貴。將軍可以當，這個爵位我不能領受！」話完筆起，一份讓封的表章已經寫完，他拿起來喚荀彧，「文若幫我過目吧！」

荀彧就在東邊首位，起身雙手捧過，低頭看起來：

臣誅除暴逆，克定二州，四方來貢，以為臣之功。蕭相國以關中之勞，一門受封；鄧禹以河北之勤，連城食邑。考功效實，非臣之勳。臣祖父中常侍侯，時但從輦，扶翼左右，既非首謀，又不奮戟，並受爵封，暨臣三葉。臣聞《易・豫卦》曰：「利建侯行師」，有功乃當進立以為諸侯也。又《訟卦》六三曰：「食舊德，或從王事。」謂先祖有大德，若從王事有功者，子孫乃得食其祿也。伏惟陛下垂乾坤之仁，降雲雨之潤，遠錄先臣扶掖之節，採臣在戎犬馬之用，優策褒崇，光曜顯量，非臣尪頑所能克堪。

通篇看罷，荀彧似有疑惑——「先祖有大德，若從王事有功者，子孫乃得食其祿」，曹操明明暗示自己受封爵位是理所應當的，為什麼忽然又說「非臣尪頑所能克堪」呢？荀彧偷偷瞅了曹操一眼，見他面有難色，立刻了然於心：他祖父乃宦官，因輔保孝桓帝劉志為帝才受封費亭侯，也正是因為劉志當皇帝，才有外戚梁冀禍害大漢天下十三載、宦官亂政黨錮之禍——封侯曹操本心是樂意的，但他不能接受費亭侯承襲祖恩。

「怎麼樣啊，文若？」

荀彧聽他發問，趕緊把表章放回帥案，答覆道：「大功未成先得爵位，似乎是有所不妥。不過日後使君建立他功再受別處之侯，那時再領受也不為過。」

真聰明。曹操知他了然，連連點頭。

許褚、許定兄弟領著段昭、任福、劉岱、劉若一干小將進帳跪倒。曹操親自起身相攙：「仲康辛苦了。」

許褚不肯起來：「我等皆是將軍鄉民，從今以後願意跟隨將軍效力沙場。」

「好！」曹操拍拍他肩膀，「你原來的兵馬仍由你統領。」

許褚搖頭道：「在下不過一勇之夫，當初為了保命才勉強帶著大夥在此據守。現在得歸明主，應該讓他們聽您的調遣。至於我嘛……」他抬頭看了一眼帥案後的典韋，「我就跟典韋一樣，在將軍身邊盡護衛之責吧！」

這提議正合曹操的心思：「汝真乃吾之樊噲也。我任命你為都尉，許氏家兵就由許定統領。段昭、任福、劉岱、劉若，你們幾個全部升任司馬，率領部下歸屬各營。」

「謝將軍！」諸人起身各露喜色，尤其段昭、任福等小將，他們原是白丁，現在一下有了司馬一級的軍階。其實最高興的是曹操，不知不覺間他已經將豫州籍的勢力釋放到各個軍營中。

這時又是一陣喧譁，曹仁、于禁、樂進三人率兵趕到，收復各縣的事情很順利，現在豫州六郡潁川、汝南、沛國、梁國、陳國、魯國都已經安定下來。曹操瞇著眼睛捋鬍道：「三位，你們克服豫州諸縣，哪裡的城池最為穩固未遭侵害呢？」

三人面面相覷，最後于禁上前一步道：「回稟將軍，潁川許縣最為穩固。」

許縣！既在中原可避河北鋒芒，又離洛陽不遠，此真天意啊！曹操微微一笑：「既然許縣穩固，我看那些歸附的黃巾家眷以及仲康你們的家屬，就暫且遷居此處吧！」

「遵命！」許褚說罷，已經站到曹操身後，與典韋一左一右。

曹操又想起一件事，轉身看著妹夫任峻：「伯達，既然豫州六郡已經安定，有勞你把各地糧秣也轉移到許縣吧！」

任峻雖在軍中，但從不打仗，專管曹營的糧草事宜。糧乃軍之本，曹操實際上是把大軍的命脈交給自己妹夫把持。任峻既是豫州人，又是曹操近親，自然瞭解把根基自兗州轉移豫州的計畫，他起身緩緩道：「末將自當效勞，不過運糧之事儘量要快，若有耽擱恐怕節外生枝。」他說話很隱晦，節外生枝既是指袁術輕兵來截，更是暗指兗州人可能會反對，「所以我想請將軍准我向元讓借兩個人用。」

「哦？」夏侯惇一笑，「伯達要誰只管說，就是調我聽用，在下也必當盡命。」

「不敢不敢。」任峻道：「可否將你營中棗祇、韓浩借與我用，若是我們三人各督兩郡轉運之事，可減時大半。」

任峻挑這兩個人可是經過深思熟慮的。棗祇乃豫州潁川人，曾在陳宮叛亂時救過夏侯惇一命，是曹家親信死黨；韓浩韓元嗣乃河內人士，自袁術帳下投靠過來的。用這兩個人管糧，皆與兗州人靠不上關係。

夏侯惇笑道：「這有何難，且叫他們歸你調遣便是。」

「好，你們三人去辦吧！」說罷曹操又歎息一聲，「昨晚一戰，燒了葛陂的存糧，實在是可惜了……」

許褚俯身在他耳邊道：「那些糧我沒燒。」

「什麼？」曹操眼睛一亮，「昨夜那把火……」

許褚憨笑道：「劉辟想用硫黃引火之物害我，我燒的是那些東西，怕火勢不大又搭進去五條船。」

「哈哈哈……把那裡的糧食一併運到許縣吧！」曹操大笑不已，許褚粗中有細，比之典韋更勝一籌。

夏侯惇又插口道：「將軍，您猜猜昨晚誰斬殺敵人最多？」

曹操掃了一眼夏侯淵：「必定又是妙才。」

夏侯淵搖搖頭。

「那是子廉？」

曹洪也搖頭，苦笑道：「惜乎此人不在咱們帳中。」

竟然是那位王子服……曹操頗感意外，似有所感悟，環視帳中文武：「天下大義何等凜然？諸君想一想，不論是王子還是百姓，不論是豫州人還是兗州人，只要為了天下蒼生，結為兄弟同生共死又有何不可呢？可見天下乃天下人之天下，不當因私利而廢公義。」這話暗含說教，意味深長。

「諾！」帳中所有人都躬身施禮表示贊同，答應的聲音很齊整。

這會兒再懵懂的人也應該參悟到，自兗州轉移豫州已經是無可更改的事實了。

天子歸京

就在曹操忙著安定豫州的時候，皇帝劉協也在群臣的拱衛下，回到了闊別六年的漢都洛陽。重返舊都，並沒有給他帶來歡喜，而是更添幾分惆悵。

洛陽再不是那個天下第一的都城了。雄偉的南北二宮、巍峨的白虎闕、滿藏歷代典籍的東觀、繁華的金市、高貴的名堂，都隨著董卓那把火灰飛煙滅，剩下的只有焦土、瓦礫和荊棘。大司馬張楊為了讓皇帝有個下榻之處，在南宮舊址勉強修建了一座正殿，但為了彰顯自己的功績，他竟然堂而皇之給這座宮殿起名叫「楊安殿」。

虎落平陽遭犬欺，皇帝劉協只能在這塊匾額之下苦苦隱忍，連皇后和貴人也別無他處安置。而公卿大臣的境況還不如在安邑的時候。安邑小縣畢竟還有幾處房舍給公侯老臣，可到了洛陽連這樣的條件都沒有，河南千里之內不聞雞犬，完全就是一片荒涼死地，一粒糧食都沒有。洛陽除了背負著大漢都城的虛名，已經不具備任何現實意義了。

劉協穩坐楊安殿上，聽著侍中种輯冗長的稟報。白波一派與西涼舊將的衝突終究無法緩和，韓暹領兵突襲董承一部，董承兵敗跑到野王縣去找張楊，接著又拉攏楊奉與匈奴，他們幾家要聯合起來跟韓暹玩命。這些情況雖然很要緊，但劉協聽著總是心不在焉。他的目光躍過种輯的頭頂，掃向大殿外長滿蒿草的宮院，所思所想皆是父皇劉宏生前的窮奢極欲，寵信宦官、征討鮮卑、暴虐百姓、濫建園囿、禁錮忠良……現在他卻要為父親的無道而承擔痛苦、償還罪過，這或許就是祖宗造孽報應兒孫吧！

侍中种輯跪在殿上雖沒有抬頭，但也感覺到皇上走神了，他不好出言提醒，便停住話語，低頭摳著磚縫。

過了良久，劉協才發現种輯不再說話了，清了清喉嚨道：「种愛卿，你別說了，速速退下吧！」

「呃？」种輯不禁抬了一下眼皮，隨即又低下來，「韓暹無故攻伐董承之事，陛下以為……」

「朕管不了。」劉協顫動著嘴唇，不厭其煩地揚了揚手，「朕誰都管不了……韓暹、董承，還有楊奉、張楊，他們愛怎麼鬧就怎麼鬧吧，朕累了。」

「可是陛下畢竟喚董承為舅，他還是董貴人的父親啊！」种輯口不擇言，急切地提醒道。

劉協理都不理他，緩緩起身；有虎賁郎見狀趕忙上前攙扶——宦官被何進的人殺絕了，宮女被董卓、李傕搶光了，侍御史被西涼兵殺散了，現在隨身侍駕的差事就得虎賁郎幹了。劉協任他攙扶著回轉後殿，快走到影壁時，忽然停住腳步喃喃道：「种愛卿，你與董承是同鄉好友，所以剛才的稟報一味偏向他，朕說的對嗎？」

种輯沒想到十六歲的小皇帝竟扔出這麼句話來，嚇得身子一矬，低著頭不敢再言語。好半天沒有動靜，他才戰戰兢兢抬起眼皮觀望，皇帝早已經走了……

劉協走到後殿幔帳處，對攙扶的虎賁郎道：「你給我退下，沒事別進來。」

「這……」虎賁郎似乎有些為難。

劉協冷笑道：「回去告訴你真正的主子韓暹，皇上現在老老實實的，不會插手他們的事情……滾！」見那虎賁郎哆哆嗦嗦走了，劉協提了口氣，這才邁步走進幔帳。

輔國將軍伏完、侍中楊琦、太僕韓融已經等候很久了，他們是扮作皇后的從人偷偷入宮的，一見皇帝回轉趕緊起身下拜。

「幾位老臣不必拘禮，都坐下吧！」劉協擺擺手，頗為隨意地坐到他們中間，「這個時候還講什麼君臣之禮了？我大漢朝就剩下你們這幾位忠良了。」這話既是褒獎又透著心酸，與他十六歲的年齡頗為不符，誰都沒有吱聲答覆。

侍中楊琦乃四世三公的弘農楊氏族人，孝安帝朝老太尉楊震的曾孫，當朝太尉楊彪族兄。在長安的時候，是他說動李傕部將宋曄反水，才為劉協東歸創造了條件。也因為此舉，劉協視他為絕對心腹。

太僕韓融是極有威望的老臣，當初他與少府陰修、執金吾胡母班、將作大匠吳修、越騎校尉王瓌一同安撫關東，其他四人盡被袁術、王匡殺害，只有他憑藉素有的威望倖免於難。逃得一命的他沒有避難他方，而是心甘情願回到皇帝身邊共擔風險，因此他也受到了劉協信任。至於輔國將軍伏完，他是皇后之父，乃當朝國丈，自然被劉協倚重。東海伏氏從不干預政爭，號稱「伏不鬥」，可是目前這種狀況，伏完也不得不站在朝堂之上了。但他當的這個輔國將軍只是個虛銜，手下不過是百餘名雜役，幾無戰鬥力可言，只能在危難之際充當皇上的肉盾。

楊琦捧著一卷表章遞到皇帝面前：「這是曹操寫的，已經是第三次讓封了，看來費亭侯這個爵位他是執意不要了。」

劉協接過來，略微掃了一眼：

不悟陛下，乃尋臣祖父廁豫功臣，克定寇逆，援立孝順皇帝。謂操不忘，獲封茅土。聖恩明發，遠念桑梓。日以臣為忠孝之苗，不復量臣才之豐否。既勉襲爵邑，忝厥祖考，復寵上將鈇鉞之任，兼領大州萬里之憲；內比鼎臣，外參二伯，身荷兼紱之榮，本枝賴無窮之祚也。昔大彭輔殷，昆吾翼夏，功成事就，乃備爵錫。臣束脩無稱，統御無績，比荷殊寵，策命褒績，未盈一時，三命交至。雙金重紫，顯以方任，雖不識義，庶知所尤。

「不要就不要吧，反正都是楊奉一廂情願。他已經占了豫兗二州，哪裡在乎這麼一個有名無實的侯位。」劉協把表章一扔，「韓暹與董承究竟怎麼回事？」他並非不關心董承安危，實在是宮中各派的耳目都有，無法在前面與种輯暢所欲言，還得扮出申斥的態度給人看。

韓融歎息道：「韓暹私自提拔白波部下染指禁軍，董將軍出面制止。韓暹領兵趁夜攻伐董將軍營寨，董將軍敗走野王，又致書楊奉與匈奴，約定合力攻打韓暹。」

劉協連連搖頭：「我這個舅舅倒是有保駕之心，但是全然不懂隱忍之道。這樣硬拚怎麼能成就大事呢？韓暹、楊奉是兩條狼，張楊是爛泥敷不上牆，匈奴更指望不上，咱們得想辦法脫身才是啊！」

韓融又補充道：「聽說董將軍已致書曹操，讓他也來洛陽打韓暹。曹孟德這個人，咱們似乎可以倚重。」

劉協身子一顫，又抓起那份表章仔細觀瞧：「功成事就，乃備爵錫……此人志量倒不小啊！曹操平過黃巾、討過董卓，倒是比楊奉、韓暹他們成事一些，但這個人……」他不禁想到曹操屠戮徐州的惡舉，還是搖了搖頭，「只怕能成事的人對朕的威脅更大。」

伏完插嘴道：「不論是福是禍，皇上只能試著用一用曹操。」

劉協一陣苦笑：國丈說話太委婉，現在不是朕試著用一用曹操，恐怕是人家曹操要試著利用朕吧？可除了曹操還能有第二種選擇嗎？河北袁紹嘛，最近剛剛擅自任命兒子袁譚為青州刺史，打得北海相孔融毫無還手之力，這個昔日滿口仁義道德的傢伙是指望不上了。淮南袁術嘛，最希望朕死的人就是他，找他無異與虎謀皮。益州的劉焉已經死了，如今他兒子劉璋是第二代土皇帝，位子比朕還安穩呢！荊州劉表倒是個不錯的選擇，可是去襄陽必要經過曹操之地……

思來想去似乎也只剩下曹操這一個人選，劉協歎息一聲，突然自御衣下襬扯了一塊錦緞。

「陛下，您這是……」

劉協拿過筆來：「朕要招呂布領兵前來護駕。」

「呂布？」三位老臣皆感意外。

劉協奮筆疾書，喃喃道：「呂奉先畢竟有刺董卓之功，而且他與曹操有爭奪兗州之仇，他們二人不和。」

「那陛下為何還要讓他來？」韓融頗為不解。劉協空洞的眼中突然有了光芒：「就因為他們不和，才叫他來制約曹操。一個人不好控制，兩個人就好多了。」說話間這份短短的密詔已經寫完，劉協把它交到楊琦手中，「楊愛卿，此事交與你辦，想辦法找人把它送出去。」

「這……」楊琦面有難色。呂布乃曹操手下敗將，還敢不敢再與曹操爭鬥呢？即便他敢，如今在徐州與劉備、袁術三家互相牽制，即便他想來，又能夠順利抽身嗎？

劉協自然明白這些，他捏了捏楊琦冰冷的手：「朕知道呂布未必能來……但現在朕只能隨著曹操而動。河南千里荒蕪難以立錐，只有先找到一個安穩的地方落腳，才能謀劃以後的事情。依靠曹操又不讓他專權，就只能找一個人與他在朝裡鬥下去，朕才可以從中漁利復興漢室！」說著他直勾勾瞧著楊琦，「朕雖是天子，卻不能決定天命，只能盡人事而已……」

與天子四目相對，是大大的失禮，但楊琦這會兒已經顧不了禮法了。他望著清秀憂鬱的劉協，心頭似刀割一般。如今這個皇上何嘗不是明主？當初在三輔，被李傕逼得自身難保還掛念著賑濟災民。有才有德，有情有度，惜乎就是沒有一統天下之福，才十六歲就遭了這麼多罪……先帝爺，你可真是造孽啊！

楊琦不由得老淚縱橫，伏完遞給他一條絹帕擦拭眼淚。韓融卻頗為憂慮地問道：「若是呂布來不了呢？」

「那就把這份密詔燒了，忘掉今天朕說的話！」劉協清瘦的臉上泛起一陣寒氣。

三位老臣盡皆默然：這件事無論成功與否，絕對不能讓即將進京的曹操知道。萬一走漏了消息，不但我們三條老命保不住，連皇上都要難以自處了。

第三章

連矇帶騙，拐走皇帝

洛陽見駕

衛將軍董承被韓暹打得無法在洛陽容身，只得屈居野王縣，試圖組織諸軍反攻。匈奴右賢王去卑算是半個客將，根本不想蹚這渾水；而楊奉、張楊雖然嘴上答應，卻根本沒有用兵之舉，無奈之下董承只能考慮離得最近的曹操。

連曹操本人都沒有想到，最終矯詔請他入京的竟然是曾經據關阻擋他的董承。為了避免夜長夢多，他馬上命令曹洪率領八千兵馬為先鋒討伐韓暹，自己督率大軍自許縣出發直奔洛陽。

韓暹自恃有救駕之功恣意跋扈，曹操起兵之日，朝廷舊臣也紛紛上書彈劾其罪，董承隨即率餘部反撲。韓暹驚得肝膽俱裂，不敢與曹軍交戰，僅帶百餘從人逃出洛陽。這次連他的老部下李樂、胡才都不肯收留了，他只得厚著臉皮跑到梁縣投靠楊奉。楊奉也真是個爛好人，當初上表封曹操，這會兒又念在故舊之情收留韓暹。白波帥與西涼舊將皆無長遠之略，各自忙著擁兵自重拉攏盟友。曹操大軍竟在毫無抵抗的情勢下順利西進，一路上不但未遭阻攔，在新鄭縣還受到縣令楊沛的歡迎，得到了糧草補充，順利到達洛陽。

曹操上次見到皇帝劉協，是在他被董卓扶立為君的時候。那時他才九歲，還是個乳臭未乾的孩子，如今經歷數不清的風霜磨礪，十六歲的他已經成一個頂天立地的男人了。

劉協的臉龐清癯且白皙，龍眉鳳目，隆鼻朱唇，還未蓄起來的鬍鬚毛茸茸附在頷下。他繼承了父親靈帝的文雅氣質和母親王貴人的俊美相貌。雖然龍衣補染過，冠冕已不是最好的珠玉，面前又少了傳國玉璽，所處更是一座不倫不類的楊安殿，但曹操依舊能感到帝王家高貴血統的威嚴，彷彿一股勁風迎面襲來。

曹操不敢怠慢，手持象牙笏板趨步上殿，慢慢思量著已經生疏的朝儀，按部就班跪倒參駕。而緊跟在他後面的是梁王子劉服，他雖沒有官職，兵馬不過五百，卻因為有宗室的血統而受到優待。

「卿家請起，遠道勤王勞苦功高。」劉協面露微笑，口氣聲音頗為平緩柔和，似乎沒有因為給呂布的密詔沒能順利遞出而流露出無奈。

「臣等救駕來遲，有負皇恩，死罪死罪。」曹操以退為進，先給自己扣上一個罪名。

劉協緩緩道：「曹愛卿，你有功無罪。董卓造亂日久，非是朝夕可定，昔日卿在酸棗孤軍深入，雖敗於汴水，然忠於社稷之心日月可鑒！因東西征戰未能迎駕於三輔，而兼兗豫之土滅黃巾之眾，這也是為大漢江山操勞驅馳啊！朕與群臣每每論及愛卿，未嘗不交口稱讚。」說到這兒太尉楊彪、司徒趙溫、司空張喜為首的大人盡皆點頭以示證明；劉協身子微微前趨了一些，越發和藹可親道：「曹愛卿，今朝廷雖已復立，然未嘗脫窘困，尚無糧草資財犒勞貴軍，朕還要請你多多原諒才是……」

這幾句話把曹操說得心裡暖洋洋的，趕忙叩首道：「為君分憂乃臣子應當之事，何敢求什麼犒勞，陛下羞煞微臣了。」

劉協一擺手：「愛卿無需謙讓，朕命你暫領司隸校尉之事，監察河南諸軍。」

「謝陛下！」這曹操可就當仁不讓了。司隸校尉有持節之權，掌監察京畿七郡犯法者。現在河南之地他的兵馬最盛，可是所居的鎮東將軍卻還不夠尊貴，受封為司隸校尉總算把他的身分拔起來了，即便是三公與衛將軍董承，也可以干問幾分了。

「哈哈哈……」劉協笑了，「曹愛卿快快歸班落坐吧！你鞍馬勞頓而來，還這樣長久跪著，朕心中實是不忍吶！」

曹操明知這是皇帝故意示好，還是頗為喜悅，施禮再拜緩緩起身。這才發現朝堂之上，座次在最前面的是衛將軍董承與輔國將軍伏完，至於三公反在他們之後，董伏二人中間空出一張坐榻，明顯是留給自己的。這樣的年月誰掌握兵權誰就尊貴，即便是朝堂之上亦是如此，他不及多想趕緊落坐。

劉協見曹操落坐，轉眼又看看劉服，微笑道：「卿就是梁王世子吧？」劉服並沒上過朝堂，只是刻意模仿曹操的樣子，生硬地舉了一下笏板道：「臣乃父王僅有的一子，並無兄弟。」

諸侯王子孫本是不能夠隨意入朝的，但現在不是錙銖計較的時候，他身為宗室子弟敢於來勤王，這就已經很不錯了。劉協見到他實比見到曹操高興得多，連忙問道：「梁王身體可好？」

「父王日夜牽掛社稷之危，不敢有疾。」劉服的嘴真是巧，既表明父王身體康健，又順口道出梁王心繫朝廷。朝堂忠臣無不讚歎，就連曹操都欣羨地瞥了他一眼：這樣乖巧的奏對虧他想得出來！

劉協眼睛一亮，甚覺劉服是個可用之人，掰起手指算了一會兒才說：「汝乃梁節王五代之孫，孝明皇帝之後。而朕自肅宗傳來已有六代，算起來你還是朕的同宗叔父呢！」

普天之下莫非王土，率土之濱莫非王僚。皇帝開口認一個皇叔豈是了得的事？劉服趕緊叩首：「微臣不敢當。」

「朕加封你為偏將軍，領兵在朝拱衛京師。」這愈加了不得，劉服不過是一個普通的諸侯王子，現在也成了將軍之位，雖然僅僅是個雜號將軍，但這也是破天荒了。

劉服自梁國起兵，為的就是這個時刻，但他心思還算縝密，瞥了一眼曹操，連忙推辭道：「臣本膏粱紈絝，疏少才德，自梁國起兵以來多蒙曹使……曹將軍提攜，實在是愧受此職，還望陛下收回成命。」

曹操鬆了口氣──這小子倒還知道感恩戴德。

劉協卻連連搖頭：「天下荒亂苗裔凋零，難得卿身為宗室不忘效命皇恩。朕念在你是同宗之貴，特意授予將軍之職以為宗族楷模，卿不可再推脫。」他對曹操十分客氣，對劉服卻頗為強硬。客氣的未必真客氣，強硬的也不是真強硬。

劉服算定他會這麼說，但還是低頭偷看曹操，見他沒什麼不悅的表情，這才半推半就拜伏於地：「既然如此，臣愧然受命，感謝陛下之恩。」起身後，已有殿中侍者為他安置的坐榻，權且位於末班。

曹操目不斜視傾聽朝奏，心裡卻冷一陣熱一陣的。誰都明白，所謂的朝會根本解決不了任何問題，所有矛盾只有在私下處理，大家不過是象徵性應個景而已。有人暢談李傕、郭汜之罪，但是現在朝廷卻無力平滅，僅僅是聲討一番罷了；有人提出偽青州刺史袁譚攻伐北海相孔融的事，但卻絕口不提其父袁紹的關係，討論結果是下詔召孔融入朝，這實際上是仗打輸了，不得不讓渡北海給袁家；接著又有人提出折衝校尉孫策私占江東，攻伐會稽太守王朗，但朝廷鞭長莫及想管也管不了；還有人覺得來了曹操腰桿硬了，參奏河內太守張楊以己名冠於殿閣實屬驕縱，但還是念在他有救駕之功不予加罪……總之都是些無關痛癢的廢話。文雅卻又空泛的朝會進行了一個多時辰，臨近午時才散。

曹操礙於特殊身分並未與任何人寒暄，只是暗地裡派王必請董昭過營議事。他優哉游哉剛回到營寨，就有人追來拜謁，卻是舊友議郎丁沖，趕忙請入大帳待以上賓之禮，夏侯淵、曹洪、卞秉也隨來相見。

「少跟我來這套虛的。」丁沖一進大帳便揪著曹操的鬍鬚戲謔道：「你可算是來了，怎麼這麼慢呀？我兄長文侯呢？」他問的是丁斐。

丁家昆仲當年與曹操共同舉兵，因為叔父丁宮在朝為司徒，丁沖單騎入關前去侍奉。如今老丁宮已經死了，他又當了朝廷議郎，所以曹操對他有了三分生疏。可這會兒一見他這般親密戲狎，便知昔日的情意絲毫未變，忙笑道：「他在許縣助元讓、子孝屯駐，待我將他速速召來，你們兄弟便可相見。」

「先不管他了，你這裡有酒沒有啊？」丁沖是有名的酒鬼，「這幾年可把我熬苦嘍！當初董卓的時候還有點兒酒喝，後來到了長安連飯都吃不上，更別說喝酒了。都快三年沒聞見酒味了，這不是要我的命嘛……」他說著說著竟留下兩滴眼淚。

曹操見他一臉饑困之色，卻還想著喝酒，不禁好笑：「幼陽賢弟，我這軍營裡可沒有酒啊！不過你別急，我可以命人在運糧的時候給你捎些過來。但是你得偷偷喝，如今河南顆粒無收，朝廷百官得我相助剛有口飽飯吃，你公然飲酒要犯眾怒的。」

「哼！你這人出手就不高！」丁沖一甩袖子，「若有氣魄就該帶著我去許縣敞開喝！」

曹操嚇得一哆嗦：這話是什麼意思？難道他已經預料到我想把朝廷遷到許縣嗎？

丁沖見帳中沒有外人，嘿嘿冷笑道：「河南遍地荊棘非是藏龍之地，何不帶著我與百官同至許縣痛飲？」

「哈哈哈……」曹操不禁大喜，「好提議！好提議！」

這時又有兵丁來報：「守宮令董昭已經請來。」

丁沖一愣：「你請了這個人？」

「我得以進入河南之地，多賴此人相助。」曹操直言不諱，「也是他說動楊奉，表我為鎮東將軍的。」

「我不喜董昭之為人。」丁沖把嘴一撇，「滿朝皆知此人玩弄縱橫捭闔之術，食張楊而與你謀，這也不是什麼光明磊落之事。」

曹操覺他有些迂腐，擺手道：「吾取其才而不取其德，無礙矣！昔日韓信乞食、陳平盜嫂，尚且可以輔保高祖成就大業，董昭不過是不得志而為之，我豈可因德行而拒之？」

「我可是朝廷的議郎，你曹營這些蠅營狗苟的事兒也懶得管，由著你吧！」丁沖戲謔著站起身來，「你與董公仁論你們的陰謀詭計，我到別人營帳中躲躲，即便沒有酒喝，混幾筷子肉吃總是有的吧？我可看見把門那一黑一白倆大個子啦，你們這兒的吃食錯不了！」

「你小子跑我們這兒打牙祭來了啊！」夏侯淵笑道：「就到我營中去吧，咱可得好好聊一聊。」

「好好好，」丁沖笑容可掬，卻突然伏到曹操耳畔低聲道：「還有件小事……我叔父於亂軍之中收留了一對落難母子，那位尹氏夫人言道，昔日得過你曹孟德的恩惠喲！」

曹操臉一紅——是何進寡居的兒媳尹氏！

「我將其奉為寡嫂禮儀相待，哪天把她給你送過來。她兒子取名叫何晏，年紀甚小，長得也挺愛人的，你就一併收養了吧！」說罷丁沖起身，笑呵呵拉著夏侯淵的手去了。

卞秉頗通世故，不好打攪曹操與董昭的悄悄話，趕緊拉起曹洪：「將軍，與幼陽數載未會了，我和子廉也過去聊一聊。」

「去吧！」曹操點點頭，見他們都走了，便把滿腦子尹氏母子的事拋在一邊，點手喚親兵請董昭進帳。

過了好一陣子，才見典韋、許褚揚起帳簾，一位衣冠齊整的中年官員趨身步入。曹操起身相迎：「公仁，今日總算可以相見啦！」

「下官拜見將軍。」董昭規規矩矩施禮。

「哪有這麼多禮節啊！」曹操一把拉住他的衣袖，引過帥案肩並肩地坐下。董昭倒是安然受之沒有推辭，只恭恭敬敬道：「下官謝坐。」

「在我這兒你不可言謝，該謝的人是我，未曾相見便三番五次相助，曹某心中有愧啊！」曹操不住捋髯，「昔日光武爺單騎見銅馬，人言推心置腹。我看咱們素未謀面，卻已推心置腹了。公仁不以我鄙陋，肯如此垂憐，操感恩戴德。」他的話已經謙虛到了極致。

「將軍言重了。」董昭略一低頭，「天下洶洶群雄擾擾，除將軍一人皆無長久之略，昭敢不驅馳？」

曹操說相助，他卻說驅馳，這兩者的性質絕對不一樣。曹操何等精明，已確定他的攀附之意，欣然點頭道：「當年黃巾初定，宦官收受賄賂賣官鬻爵，一代廉吏賈琮為冀州刺史，嚇得所有貪官汙吏聞風而走，唯有公仁你安居癭陶縣長之位靜候使君。那時候我就頗為欣賞你了，咱們彼此交心，且胸懷漢室，自當知無不言言無不盡。你說是不是？」

「諾。」董昭還是僅僅點頭稱是。

「自破張邈兄弟之後，令弟董訪現已歸於家鄉為長，荀文若、程仲德幾度厚贊其能，我也有意重用……」說罷曹操盯著他雍容的面龐，這才進入正題，「今吾已到洛陽，欲安定天下，以公仁之見當施何計？」

董昭聽他連自己的弟弟都照顧到了，總算安心獻計了：「將軍舉義兵以誅暴亂，入朝天子，輔翼王室，此五伯之功也。然此間諸將人殊意異，未必服從。今若留於洛陽匡弼社稷，恐事勢不便，唯有……」

「唯有什麼，你只管說出來。」

「唯有移駕幸許耳。」

「哈哈哈……」曹操捋髯長笑，「英雄所見略同啊！」

「不過……」董昭突然又把話往回收，「朝廷幾度遷徙流亡，新還舊京，遠近希冀一朝獲安。今復移駕，百官必有微詞。夫行非常之事，乃有非常之功，願將軍算其多者。」他把遷帝都許的利弊都擺在面前，要曹操自己權衡。

「我早在豫州備下糧草資財，遷都至許乃吾之本志也。」曹操毫不猶豫地作出了決定，「一旦遷徙可能會引起人心浮動，不過我寧要短痛不要長痛。」

若換作別人坐在對面，必然要說上一句「將軍英明」之類的話。可是董昭卻不用那一套，只是微微點頭。其實馬屁也有雅俗之分，他這一點頭已勝似千百句讚美之言。

曹操頗感振奮，卻不無憂慮：「董承兵馬大損不足為患。然而楊奉近在梁縣，聞其兵精，又得韓暹為佐。還有張楊尚在河內，不會有礙於我吧？」

董昭打開了話匣子：「楊奉在朝中缺少黨援，而將軍獨來覲見。將軍得封鎮東、費亭之事，皆奉所定，而且在您進京之際，他下令約束士卒不可為亂，足見他對將軍深信。您可以遣使者厚遺答謝，以安其心。就讓使者對他說：『京都無糧，欲車駕暫幸魯陽，魯陽近許，轉運稍易，可無乏糧之憂。』從洛陽至魯陽必過他的駐地梁縣，楊奉有勇無謀不會見疑，彼此使者往來，足以誆他中計。到時候將軍突然改道向東，他追趕不及焉能掣肘將軍？」

「妙計！就依公仁之言。」

「至於張楊，此人胸無大志，只想安享一郡之地罷了。前番在洛陽修下宮殿，卻不願在京主政理事，轉而又歸河內，足見其愚昧無知，誠不可與將軍爭鋒。」說這話時恐怕董昭都忘卻了，自己從袁紹手下逃出，也曾為張楊效力過一載。

曹操並不深究，連連點頭：「公仁所言句句珠玉。試問一旦天子至許，吾當如何收拾人心？」

董昭把手一拱：「賞有功、討有罪、矜死節，招賢納士歸攏兵權，百官總己為聽！」

百官總己為聽，此可真非常之語！曹操帳下也有諸多智士，荀彧莊重、程昱狡黠、毛玠深沉、滿寵率直、薛悌剛毅，卻沒有一個人敢說出這麼露骨的話，他詫異地看了董昭一眼。就是因為這麼一句「百官總己為聽」，奠定了董昭在曹操手下的命運——雖然會委以鷹犬之任，但絕不會被授予高官重用。

董昭也覺得剛才的話有些鋒芒太露了，趕緊不動聲色轉移了話題：「將軍遷都之意已決，然而目前尚不可以軍勢逼迫百官，在下深知議郎丁沖、劉邈與將軍相厚，尚書僕射鍾繇也曾在李傕面前力保將軍。您不妨請這幾位大臣散播遷都之意，遊說朝中文武，使他們甘願相隨。」

「丁幼陽吾之故舊，可謂莫逆之交。劉老大人在揚州之時就承其關照，改日我需親自拜會。至於鍾元常嘛……還請公仁替我美言。」

「自當效命。」董昭謹慎一躬。

曹操站起身來踱了幾步，語重心長道：「今朝中列公久負大義，隨天子出生入死，吾仰慕得緊，應該去拜會幾位老臣才是。另外昔日太傅馬日磾奉使而出薨於外，也應當迎回靈柩加以表彰才是。」

「報！」忽有兵丁隔著帳簾報事。

「什麼事，就在外面講。」曹操嚷道。

「諾！太尉楊公派人請將軍往他帳中飲宴。」兵丁回稟道。

曹操一愣——剛說要拜會幾位老臣，楊彪卻主動約請自己了。

他回頭瞅了一眼，卻見董昭緊皺眉頭，抬起雙手連連搖擺。曹操已明其意，轉身對帳簾道：「你去跟太尉使者說，我還有許多軍務尚待處置，改日再前往拜謁！」

「諾。」

「慢著！」曹操又囑咐道：「人家可是三公手下，說話要客氣委婉些。若敢怠慢分毫，留神你的腦袋！」

「小的不敢。」隨著一聲怯懦的答應，那兵似乎走了。

董昭點點頭，剖析道：「河南窮困已非一日，哪兒有什麼蔬肴美酒，更談何宴席？請您赴宴是假，欲加說教是真。」他剛才說了過激的話，所以這會兒便有分寸多了，其實說楊彪欲加說教還算好的，伏兵暗算也未可知。

即便他不點破，曹操也猜得出來。天子對他外熱內冷，一些大臣也對他滿懷戒心，離毛玠昔日所言「奉天子以討不臣」的目標還差得遠呢！曹操頭腦很清楚，路要一步一步走，飯要一口一口吃，這個時候必須戒急用忍。所有的小毛病先扔到一邊，先把朝廷遷到豫州許縣再說，以後的日子還長著呢！

移駕至許

建安元年八月庚申日（西元一九六年十月七日），也是曹操入京領司隸校尉的第九天，離劉協落腳洛陽還不到一個月，整個朝廷再次遷徙。據曹操等人事先說明，這一回的目的地是魯陽縣。

魯陽在荊州南陽郡，處於天下的中心位置，其境內又有魯山之險，乃春秋時楚國的北部要塞，離曹操的豫州治所許縣也不甚遠，轉運糧草相對便利。為了這一次遷徙，董昭、鍾繇、劉邈、丁沖等人都各自作了許多安撫，但大多數官員還是喜憂參半。固然南下可以解決缺糧問題，宮室條件也會改善，但劉表在襄陽、袁術在壽春，一旦遷徙魯陽，離這兩家的距離也拉近了。他們對天子和曹操將會是何等態勢呢？尤其聽說西涼張濟一部最近也出了廣成關到達南陽，弄不好又要與他開戰了。滿朝文武都在反覆掂量其中利害得失，卻絕少有人懷疑曹操遷都魯陽的真實性。

為了保障順利遷徙，曹操派使者兩番前往梁縣，假模假式與楊奉反覆參詳具體事務，又贈給他兩箱珍寶作為表奏鎮東將軍的酬謝。因為從洛陽到魯陽必須出太谷關路過梁縣，楊奉也開始忙忙碌碌作著接駕準備，命令軍兵修整驛路清掃街道，又派遣部曲北上關口迎候聖駕。可他的老夥計韓暹卻對曹操恨之入骨，建議伏兵截殺曹操和董承，將天子留於梁縣，今後由白波一派總攬朝廷。楊奉欲迎，韓暹欲劫，兩個人意見不合爭執一場，最後還是遵從了楊奉的主意。

昔日劉協從西京出逃的時候，文武百官圍攏皇帝奔走如同逃難，經過李傕、郭汜幾番追襲，不但馬匹坐騎損失嚴重，就連天子儀仗都丟失了，能執戈抵抗的虎賁士不足一百人。後來白波之眾前來護駕，韓暹、李樂、胡才等又放縱部下掠奪公卿財物，致使隨駕大臣一個個形如乞丐。為了擺脫追兵，天子自曹陽北涉大河，僅靠幾隻小舟爭渡，車駕盡皆捨棄，最後是坐著一駕牛車到達安邑的。

這一次遷移的情況可與當初大不相同了。曹操親帥一部人馬在前面開路，皇帝御駕與公卿官員居中而行，最尾則是曹洪統帥的大隊曹軍斷後護衛。整個隊伍浩浩蕩蕩，前面的都走過明堂廢墟了，後隊還未離開洛陽舊城呢！

曹操所作準備可謂周到至極，事先從許縣調集了大量的物資，給皇帝、皇后、貴人都趕製了車輦，又為三公九卿親信大臣提供了馬車衛兵。梁王子劉服以宗室偏將軍的身分率領五百兵馬親自圍繞御輦保駕，荀彧、曹純、丁斐等人也從許縣趕來陪行，與各自的朝中故友攀談解悶。最意味深長的是，曹操還把衛將軍董承請到了自己身邊並轡前行。

自出了洛陽城，曹操談笑風生，可董承卻絲毫都聽不進去。他眼瞅著四圍都是曹家的虎豹騎，一個個頂盔貫甲罩袍束帶、手握長槍腰掛佩劍，尤其曹操身後還跟著典韋、許褚兩個大個子，這對黑白雙煞相貌凶悍兵刃嚇人，瞪著虎眼還總往自己這邊瞧。董承跟西涼人打了半輩子交道都沒見過這樣的人，心頭顫抖得厲害，手裡絲韁都快攥不住了，哪兒還有心思與曹操閒聊？

「董國舅，您看見沒有，剛才路過的就是太學啊！」曹操不叫他將軍，而喚作國舅，話裡話外透著恭敬，「房舍廳堂雖然燒毀了，但外面石碑還在呀！昔日楊賜、馬日磾、堂谿典、蔡邕等博學大臣校訂六經立碑鐫刻於外，如今這幾位高賢已經先後作古，可惜啊可惜！」

「將軍說的是。」董承有一搭無一搭地回應著。曹操忽又伸手點指遠方一處山坡：「這地方我可熟悉，初登仕途為洛陽北部尉的時候，曾與橋玄、蔡邕，還有汝南王儁、南陽樓圭閒遊至此，得橋公教誨、聞廣陵之音，實是終生難忘啊！」

董承也不知道他說的是真是假，只是禮貌性地點了點頭，他總以為後頭的大戟、大槍要砸過來，禁不住回頭瞅典韋和許褚。曹操斜眼瞟了他一下，心中頗為得意，要的就是讓他害怕，清了清喉嚨明知故問道：「國舅，您怎麼了，為何總往後面看呢？」

董承臉上羞赧，怕曹操小瞧還得編瞎話：「我是看看御駕跟上來沒有，怕當兵的驚駕。」

曹操佯作不快：「國舅怎麼這樣講話，我的兵可是有規矩的！」

董承嚇得身子一斜：「在下失口……失口……」

「不過國舅真是幹國忠良啊！」曹操見他臉都白了，趕緊笑著奉承他，「時時刻刻都記掛著天子安危，操欽佩得緊。」

董承不敢擔當，故意自我作踐道：「不怕曹將軍笑話，我那小女為貴人，一身榮辱皆倚仗天子。只有皇上安然無恙，我那女兒才有好日子過呀！」

言者無心聽者有意，這番話引起了曹操的深思，他也有兩個女兒，不過年紀還小尚未及笄，如果自己能夠總攬朝權，將來何不也叫女兒侍奉天子，以求滿門富貴呢？

「國舅，現在沒有別人，我想與您說兩句知心話。」

「將軍請講。」董承哪敢阻攔。

「我久不在朝堂，疏於參拜，不知當今天子是何等樣主？」

這倒是一個下說詞的好機會，董承脫口而出：「當今的天子可比孝宣、孝順二帝。」前漢宣帝劉詢誅滅外戚霍禹，予民休養，一改武帝窮兵黷武奢侈虛耗之風；後漢順帝劉保抑制權閹，招賢納士，挽回北鄉侯頹敗之勢。這兩位皇帝不僅情勢相似，而且少年時都遭過苦難。宣帝乃漢武帝戾太子劉據之子，因巫蠱之禍流落民間，十八歲回宮繼位；順帝本有太子之分，因閻氏外戚逼殺其母失去帝位，後來孫程等十九位宦官政變，在十二歲時復得帝位。他們都是少年多難的皇帝，董承將劉協比之這兩位皇帝，就是暗喻他能度過災難重整社稷。

「哦？」曹操似乎沒當回事，「不知有何政績啊？」他這麼問其實很苛刻，劉協根本沒真正統治過天下，又談何政績。

哪知董承還真笑著說出來一件：「兩年前關中大旱田野不收，加之李傕、郭汜倒行逆施，人相食啖白骨委積，穀子一斛賣到五十萬，豆麥一斛也值二十萬錢。那時天子下令盡出太倉之糧，命侍御史侯汶督率兵丁為饑饉之民熬煮糜粥。可幾日下來餓死之人不見減少，天子懷疑賦恤有虛，命人在御座前量試作糜，結果發現水多糧少不能果腹。尚書令以下參奏侯汶之罪，但天子念及侯汶也是不忍太倉盡散，沒有治以重罪，僅僅杖責五十。自此之後賑災之人不敢作假，粥都稠得立得起筷子，百姓多得活命。這可算得起一件美談吧？」

這件事聽似簡單，其實大有深意。出太倉之糧可見劉協心懷百姓，不加侯汶重罪可見劉協體恤大臣，杖責五十可見劉協賞罰分明。此事處置妥當已頗為難得，更何況兩年前皇帝還不到十四歲呢！

曹操轉臉看著董承，似乎明白了什麼。眼前這個人美其名曰什麼永樂太后族姪，又什麼貴人之父，想當年不過就是董卓帳下一員普通部將罷了。西涼部將是何種德行天下盡知，他董承也未嘗能比徐榮、胡軫、李傕、郭汜之流好多少。可就是這樣一個人，在皇權衰微至極、虎賁士不滿百人的情勢下，拋棄舊惡轉而救駕……看來劉協這個小皇帝的魅力果真非同尋常。

「大漢天下凌遲之際，能有此聰慧之主，復興有望矣！」曹操不住點頭，看似漫不經心地感歎道：「昔日霍光、金日磾並受武帝託孤之意，輔佐孝昭皇帝安定天下。如今我與將軍亦當效仿古人，為天子驅馳奔走，復興漢家社稷啊！」

這個比方寓意頗深。昔日漢武帝是曾以霍光、金日磾為顧命大臣，不過霍光權勢甚重，金日磾雖為副手，卻幾乎連權力都沒有。今天比出這件事，誰是霍光，誰又是金日磾？董承聽得冷汗直冒，生怕禍不旋踵，趕緊拱手道：「承才力不逮，唯將軍馬首是瞻。」他嘴裡倒還算清楚，但因為心裡慌張，哆哆嗦嗦一鬆韁繩，不由得身子直晃，眼瞅著就要從馬上栽下去。

許褚就跟在他身後，搶過兩步，一把攥著董承鎧甲後領往上提，就像拎小雞一樣把他拎回到鞍之上。董承被提了個盔歪甲斜，嚇得差點叫出聲來。

「國舅，您倒是坐穩了呀！」許褚這一嗓子聲若洪鐘，驚得董承兜鍪落地，都顧不上去撿，戰戰兢兢道：「多謝將軍攙扶。」

「國舅！您的兜鍪！」又一個炸雷般的聲音自耳畔響起，董承扭頭一瞧，典韋掌中一枝大戟正挑著他的兜鍪遞到眼前。

接還是不接呢……董承犯難了。若是伸手摘下兜鍪，那大戟就勢捅過來，離著一尺可就是自己的咽喉啊！他瞥眼看曹操，曹操笑嘻嘻道：「國舅，還不把兜鍪帶上，君子死不免冠嘛！」

死不免冠？董承脈搏都快停了，嚥了口唾沫，把眼一閉伸手抱過兜鍪戴在頭上，做好了命喪於此的準備。等了好半天沒動靜，他再睜開眼瞧，典韋早已經退到曹操身後了，不由得長出一口氣，催馬繼續前行。曹操把他的舉動看得清清楚楚：行啦，這個人已經嚇破膽了！

兩人並轡而行接著趕路，再不說什麼話了。大約行了半個時辰，眼瞅著就快行至塢鄉，只要過了塢鄉就是太谷關了。突然有一隊快馬迎面奔來，為首者正是曹操內弟卞秉。他縱身至曹操馬前拱手施禮：「啟稟將軍，楊奉、韓暹蓄意作亂，於關口埋伏兵馬有意刺王殺駕！」

楊奉、韓暹反了？董承一驚，但隨即對此表示質疑：昔日同在關中救駕都不曾起過二心，怎麼會在這個時候幹蠢事？

「這些白波賊真是惡性不改！」曹操卻不問真偽，扭頭對董承道：「國舅，太谷關有埋伏不能走了，南至魯陽這一路凶險異常，倘若天子有閃失咱們擔待不起。若依在下之見，不如東出轘關，先到許縣落腳。您以為如何啊？」

董承明白了，這消息是曹操故意編造的，但現在已然出了洛陽，前後都是曹家的兵，哪還敢說什麼反對的話？他戰戰兢兢道：「一切全憑將軍做主。」

「國舅忒謙了。」曹操抖著韁繩喃喃道：「其實許縣也是不錯的地方，平坦開闊，可以營建宗廟，而且我已備下了充足的糧食……卞秉，快快傳令，在前面的路口隊伍轉向東行，加速前進！」

前面就是通向轘關的大道口，事情豈能這麼湊巧？看來一切都是事先安排好的……董承越想越害怕，真到了許縣便人為刀俎我為魚肉了。他試探著問曹操：「臨時改道非同小可，咱們是不是去請示一下天子啊？」

「哎呀，現在耽擱行程，倘被反賊趕上豈不麻煩？」曹操嘿嘿一笑，「我看這樣吧，咱邊走邊跟皇上說。可我在這裡督率前隊又走不開，那就有勞國舅您辛苦一趟吧！」

董承巴不得離開曹操這幫人，略一拱手打馬便往後跑，彷彿死裡逃生一般。行過川流不息的人群，遠遠望見了簇新的天子乘輿，羽蓋朱輪，鸞雀立衡，分外醒目。他縱馬就要往近處闖，卻被一個護駕的小校攔下：「站住！天子乘輿，不得擅自靠近！」

「某乃當今天子之舅，有要事稟報。耽誤了大事，你擔待得起嗎？」董承喝罵道。

那小校絲毫不懼：「我家王子乃宗室至親，臨出洛陽對我們說了，今天除了宗室劉姓之外任何人不得靠近乘輿，莫說你什麼國舅，即便是國丈也不行！」

董承腦袋裡「嗡」的一聲——曹操早與王子服串通好了！

知道多說無益，他趕緊掉轉馬頭欲尋其他大臣商議。抬頭再看，輔國將軍伏完、太尉楊彪、司徒趙溫、司空張喜乃至於太僕韓融、大長秋梁紹那些九卿一級的官員，都坐著曹操提供的馬車。莫看裝潢紋飾全按朝儀而制，可是連趕車的帶車邊護衛的，全是曹營的兵。

董承只得打馬又往後趕，繞過車駕來到其他官員的隊伍中。這些是侍中、議郎以及未上任的郡縣官員，由於條件簡陋車輛不足，都是策馬而行，三個一群五個一夥，邊走邊聊甚是熱鬧。大家看見他紛紛拱手問好，董承可沒心思與眾人寒暄，擠來擠去尋他的親信侍中种輯。來來回回找了好幾圈，終於看見种輯了——左邊傍著董昭，右邊陪著曹純，倆人說說笑笑把他也絆住了。

再往後看就是曹洪督率的殿後大軍了。黑壓壓一大片，馬上步下全都兵刃在手，彷彿是押著這些文武百官前進，自己那一丁點兒人馬也被裹在中間。董承的心徹底涼了，他前前後後忙活好幾趟，耗費了不少工夫，抬頭向前方望去，這會兒隱隱約約已經能看到轘關了。出了此關就是豫州地界，所有人都要落在曹操手裡了！

與此同時，楊奉、韓暹也聞知變故了。他們從一大早就安排著接駕事宜，把不甚明白的朝儀演練了一遍又一遍，生怕舉動失禮被公卿恥笑。哪知太谷關突然快馬來報，聖駕自塢鄉東轉奔轘關去了，倆人這才知道上當。

韓暹不住地責怪楊奉耳根太軟錯失良機，楊奉卻埋怨韓暹有意劫駕驚走了曹操。倆人吵吵鬧鬧點兵，吵吵鬧鬧上馬，吵吵鬧鬧離開梁縣追趕聖駕。吵架歸吵架，他們這次的目標還是一致的，得到消息還不算晚，只要出關追趕還可以攆上，到時候劫走天子乘輿，至於曹操且放任他回許縣，以後再作理會。

他們的白波軍大多是并州人，善於弓馬，又經過三輔的歷練，現在已經成為一支善戰的勁旅，實不亞於曹操的兵馬。兩人親自帶隊，十萬火急奔出太谷關往東追去，一路上滿地的車轍痕跡依舊分明，半日之工就趕到了轘關。眼瞅著雄關大開空無一人，驛路上塵土飛揚尚未落定，必定車駕就在不遠處。楊奉、韓暹心中喜悅，趕緊率眾突出轘關，剛要下令全速追截，忽然自兩旁山上滾下無數的大石頭。

「有埋伏！」楊奉險被巨石擊中，趕緊帶馬到大道中間。這時耳聽吶喊陣陣，左右各殺出一隊人馬——原來曹操料定他們會來，已派于禁、樂進埋伏等候了。

楊奉、韓暹是得到消息疾速趕來的，鞍馬勞頓並不清閒；可于禁、樂進卻是提前得到吩咐，領著隊伍到此迎駕的，而且用罷午飯還在山根底下小憩了一會兒呢！如此伏擊可謂以逸待勞，白波軍辛苦跋涉已經失了一著，見落石突襲又受了一驚，這會兒再瞧敵人伏兵四起，哪兒還提得起精神來？

白波軍幾乎沒有還擊就敗退下來，沿著來時的道路往回逃，曹軍得理不讓人，在後面緊緊追趕，被攆上殺死的著實不少。楊韓不敢後視，直逃到太谷關內，緊閉大門、垛口搭箭、檑石抬來、滾木備齊，做好一應準備，才發現曹軍已經不聲不響撤退了。

楊奉、韓暹這會兒也不互相埋怨了，琢磨好半天才明白過味兒來——皇帝遷走，北邊的洛陽早空了，還要這座太谷關有個屁用啊！繼而又想到，梁縣只有部下徐晃駐守，曹操奸詐多謀，趕緊率領殘兵敗將回轉。去的時候風風火火，歸來的時候垂頭喪氣。等他們回到梁縣時天都大黑了，一輪明月高掛空中。

「想必明天再行一日，聖駕就能到達許縣，再追也趕不上了。」韓暹仰望夜空不禁搖頭，低頭又看看他那位打打合合的老冤家，苦笑道：「唉……咱倆跟曹孟德玩心眼，差得太遠啦！」

「獲罪於天無可禱也……曹操此番劫聖駕而去，不但咱倆以往的救駕功勞一風吹，倒霉的日子也要跟著來了。」楊奉一點兒都笑不出來，「他曾言『奉天子以討不臣』，恐怕要拿咱倆試第一刀啦！」

第四章

獨攬大權，收留劉備

總己為聽

天子與朝廷百官在曹操大軍的「護衛」下到達潁川許縣。小皇帝劉協都沒敢進許縣，就先親自來到曹軍大營，當眾任命曹操為大將軍、武平侯，加節鉞，錄尚書事。曹孟德自二十歲入仕途，在四十二歲這年終於當到一人之下萬人之上的大將軍，獲開府建衙之權。雖然天下分崩，群雄割據一方，但曹操占據了名義上的優勢，從此之後可以理直氣壯「奉天子以討不臣」，所有征戰行動都將名正言順。

隨著天子在許縣安定下來，朝廷宗廟重新設立，宮殿衙署也在積極修建中。袁紹得到消息，又是慶幸又是嫉妒，但畢竟不能置之不理，派部下徐勳獻上一批財物；王子服也作了貢獻，准許曹操從先祖梁節王的陵寢拆伐上等木料營建新都。不少流亡的官員士人聞知這個消息，也動了回朝效力的念頭。僅僅在曹操擔任大將軍的第三天，就有兩位盼望已久的人物前來投奔。

「在下潁川郭嘉，拜見大將軍！」

「昔日袁本初帳下落劍驚眾人的郭奉孝，你小子可算是來啦！」曹操知道他生性詼諧，故意來了個玩笑，親手將他攙起，「昔日戲志才病逝，我問荀文若潁川之士還有哪位才智出眾可堪重用，他馬上就推舉了你啊！」

郭嘉扭頭瞅了荀彧一眼，笑呵呵道：「文若兄實在是過譽了，想我郭嘉在袁紹帳下名聲不顯，乃是姥姥不疼舅舅不愛的一介小書佐，何敢當智士之名？」

曹操略一擺手：「奉孝不必過謙，能入文若法眼者必非凡品，快坐快坐。」

郭嘉深施一禮飄然落坐。這個二十七歲的年輕人，留給曹操的印象很特別：柳葉眉，杏核眼，左目下有一顆小痣，隆鼻小嘴，兩撇修飾精緻的小鬍子，天生的一副男生女相，顧盼神飛之間愈顯瀟灑風流。雖是剛剛來投，坐在榻上卻很隨便，歪著身子、雙臂環抱左膝，顯得親和自然風度翩翩。

而與郭嘉同來的荀衍則拘謹得多，沉著一張長臉，留著長長的鬍鬚，正襟危坐目不斜視。潁川荀氏乃名門望族，家族子弟規矩頗大，荀彧已經很端莊拘束了，他這位年長五歲的三哥更是拘謹到了老氣橫秋的地步，與郭嘉的風流談吐形成了鮮明對比。

曹操方才與郭嘉說笑，生恐簡慢了荀衍，趕緊補充道：「今喜得奉孝，更喜得休若，荀氏兄弟共登我幕府，何愁大業不成？」

荀衍羞赧地拱了拱手：「大將軍莫要誇獎，我那四弟友若尚在河北，未肯前來輔佐您，實在是慚愧。」荀氏兄弟中荀衍字休若、荀諶字友若、荀彧字文若，三人本同在河北效力。其中荀諶曾遊說韓馥出讓冀州，頗得袁紹重用，與田豐、沮授、逢紀等人共掌冀州軍機。如今荀彧、荀衍都已歸屬曹操，獨荀諶不肯來，還是全心全意為袁紹效力。

「人各有志不可強求。」曹操表現得頗為大度，「友若受袁本初厚待，感知遇之情竭力相報，此乃人之常情。昔日微子去殷歸周，箕子遭囚而不易其志，兩者皆是大賢大德，不過各有不同罷了。」

將荀氏兄弟比作微子、箕子，這個評價太高了，荀彧、荀衍雖感安慰，也連忙攤手謙讓。郭嘉郤笑呵呵一拍手：「大將軍這個比方說得好，微子去殷商而輔佐武王、開宋國之疆土，那箕子苦諫商紂不從而有至酷之苦，誰昏誰明昭然可見矣！」

曹操暗自好笑，他不過隨便一比方未加詳思，郤把昏庸之名扣到了袁紹頭上。這固然很合他的心思，不過現在這個時候，他還沒有能力與袁紹翻臉。

郭嘉郤不管那麼多，優哉游哉道：「袁本初外寬內忌面善心狠，想必在座列公皆已知曉。昔日張導歃血遊說，使韓馥出讓冀州之地，但因受西京徵召、賜爵獲傳之故即被屠戮；劉勳忠孝兩全，郤因奉使逾時便遭殺害；呂布立有襲破黑山之功，雖放縱士卒疏於管束，但請兵不獲由他自去也就罷了，袁紹還要派人行刺。種種苛刻劣跡數不勝數，如此對待天下才士，豈能成就功業？」這幾句話口口咬在袁紹的脖子上，都是他舉事以來不可掩蓋的致命傷。

荀衍也附和道：「用人之高下即見於此。大將軍所用者若程仲德、毛孝先、滿伯甯、薛孝威者皆出身貧寒，擇其才而錄之，不以門第貴賤為慮。而袁紹本是四世三公之後，所用之人多豪強世家，以出身斷人難免偏頗，又專用河北之人，不恤遠道歸附之輩，故而難得人心。」這最後一句實是道出了心裡話。袁紹自入冀州伊始，就著手與河北當地士人合作，更替舊黨人物。因此像郭圖、辛評、荀諶這樣的外籍士人，受重用的不過是鳳毛麟角，大部分的位置都被河北本土人占據了。今荀衍到此，名義上是前往朝廷輔佐天子，實際上是鑒於河北已沒有多少發展潛力了，不可進取升遷才改換門庭投靠曹操的。

曹操聽他們把袁紹說得頗為不堪，心裡十分高興，郤故意揶揄道：「我與袁本初既為同僚，又是友人。昔日共舉義兵征討逆臣，這些年來互幫互助多相依賴，又何必有所生分呢？」

郭嘉知他皮裡陽秋，對自己和荀衍似乎還不太信任，歪著身子笑道：「在下試問大將軍，袁紹趁陳宮、呂布為亂之際索求將軍家眷為人質，後又搶占兗州東郡之地，這就是所謂互幫互助多相依賴嗎？」

曹操臉一紅，這才意識到自己的話有多虛偽。郭嘉見他變顏變色，起身施了個禮，笑呵呵明知故問道：「在下還有一事不明，將軍雖是豫州人士，然舉事於兗州，兵馬吏員多出於彼，如今奉迎天子，不肯遷帝於陳留，卻來至許縣立朝，這又是何種緣故呢？」

遠避袁紹之鋒芒唄！曹操一直把這個原因深埋心底，也從沒有人敢直截了當問過他，沒想到郭嘉一來就把話給挑明了。

荀衍見他不說話了，捋了捋鬍鬚道：「大將軍舉大義於天下，奉天子而征戰，必要盡收天下割據，掃滅四方狼煙。然袁紹今已占有冀、青、并三州之地了，唯公孫瓚苟延殘喘、黑山張燕冥頑憑險，皆不可與其爭鋒。將軍試想，多則三年少則兩載，幽州之土也必會盡歸其所有，到時候袁紹坐擁四州之地，難道天子一道詔令就可以使他解甲入朝交出兵權？將軍與袁紹早晚必有一戰啊！」

「唉……」曹操歎了口氣，「我雖有兗豫二州，然喪亂以來受損最重，且為四戰之地。又是西涼抄掠、又是袁術侵害、又是蝗旱之災，百姓十室九空，糧食不收兵源不足，城池損毀武備落後，憑這樣的實力如何能與袁紹一戰呢？」

郭嘉還是那麼笑容可掬：「大將軍勿憂，您未奉天子之際，實不可及袁紹之一二，今得天子則事半功倍矣。」他來回踱著步子，「公孫瓚困獸猶鬥，尚有餘威；黑山張燕游擊多年，狡猾異常。此二敵袁紹非朝夕可破，將軍趁此機會當南滅袁術、東取徐州、西定關中，亦成四州之勢，那時節便可與袁紹對峙於大河一決雌雄！」

「道理倒是頗為簡單，不過行之亦難也。」曹操站起身來，踱步至堂口，揮退了外面的守衛之人，這才扭頭問郭嘉，「以奉孝之見，諸家割據當先取何人？」

郭嘉摸了摸小鬍子，笑呵呵道：「宜先定南陽張繡！」

張繡是西涼舊部張濟之姪，官拜建忠將軍，原本隨叔父領兵屯於弘農。天子東歸之際，張濟亦善亦惡首鼠兩端，意欲從中調解，結果朝廷不念其好，李傕、郭汜也埋怨他不肯同心，加之弘農郡災害連連缺乏糧草，所部日漸衰落，他只得率師南下掠奪糧食。只因為京畿之地荒蕪殘破，張濟帶著隊伍出了廣成關，殺到劉表的地盤上劫掠南陽穰縣，結果在亂陣中被流箭射死，其姪張繡就成了殘餘軍隊的主帥。劉表非但沒有驅逐張繡，反而准許他率部屯駐宛城一帶，作為抵禦北方侵襲的屏障。

「你是說張繡小兒嗎？」曹操根本沒把他放在眼裡，「興師討逆當去大惡，何必與此小敵爭鋒？」

「將軍所言差矣。關中割據之將，有李傕、郭汜、段煨等不下十數，西涼更有馬騰、韓遂、宋建，牽一髮而動全身，況三輔荒廢，非是可取之地。徐州劉備勢力薄弱，兼呂布屯於下邳境內，兩家明爭暗鬥，更加之袁術時時欲加侵害，這三家彼此牽制，暫且不足為慮。將軍趁此機會應當先定南陽以解後顧之憂。」郭嘉說著伸出三個手指，「一者，中原割據之中唯張繡勢力最弱，柿子先挑最軟的捏；二者，張繡進駐宛城不久，根基不厚立足未穩；三者，南陽距離許縣最近，若不攻取，小疾難免養成大患。」

「好！」曹操已然聽得心悅誠服，「我看還有第四點，今初掌朝廷詔命，嘗試奉天子討不義，就拿張繡這小子試試刀子快不快……」說著說著，他似乎又想起什麼，「不過平滅張繡以前，還得把楊奉、韓暹除掉，這兩個人屯在梁縣，離許都咫尺之遙。不把他們滅掉，我便不能安心出兵。」

「此事將軍不必費心。楊奉、韓暹本是白波賊人出身，長於流寇劫掠而不諳屯駐，將軍發兵大造聲勢，一戰便可將他們驚走。」郭嘉笑得越發歡快，「取下張繡之後，咱們便可轉而再圖袁術。」

「袁術也是一勁敵，」荀衍插了嘴，「淮南之地富庶殷實，更兼其部下孫策勇猛善戰。那孫策先敗劉繇、又勝會稽王朗，豫章太守華歆也岌岌可危！」

郭嘉瞥了他一眼：「休若兄之言差矣，孫氏與袁家本非一體。雖袁公路視其為子，然孫策獨自開江東之土，心志日漲，豈能再居袁術之下？我料此二人必將分道揚鑣。」

荀衍點點頭：「慚愧慚愧，吾不及奉孝之見識啊！」

郭嘉卻一擺手：「君子懷德，小人懷惠。友若兄不屑這些忘恩負義之舉，足見您是堂堂君子嘛！」

曹操不禁一笑：這小子嘴真甜，明明駁了荀衍的話，還把人家哄得樂呵呵的。

「況且……」郭嘉兀自侃侃而談，「袁術暗藏傳國玉璽，潛懷自立之心，天下無人不知無人不曉。謀大逆者是為公敵，得道多助失道寡助，他的路只會越走越窄。說不定日後袁頹至極，大將軍都不必親自出馬，僅以偏裨之軍便可將其襲破，也未可知。」

曹操覺得他這是在奉承自己，捋髯笑道：「吾已奉天子重立朝堂，漢室社稷今後無恙，他袁公路還敢行悖逆自立之事嗎？」

「敢！」郭嘉一口咬定，繼而神神祕祕低聲道：「將軍還不知曉吧，那袁公路非凡人耳。」

「哦？」這可吸引了所有人的注意力，曹操忙問：「我與袁術也算是故交，不知他有何非凡之處？」

郭嘉搖頭晃腦一本正經道：「這世間有人與畜生之別。人者，知羞而不知足也；畜生者，知足而不知羞也；然獨袁公路者，不知足亦不知羞也！」

「哈哈哈……」曹操、荀彧、荀衍不禁大笑──這小子拐著繞罵人，豈不是說袁術還不如畜生嘛！

曹操揉著肚子，點指郭嘉忍俊道：「使操成大業者，必此人也！」

郭嘉把別人逗樂，自己反倒不笑了，聞聽曹操誇獎，恭恭敬敬拱手道：「大將軍真吾主也。」

曹操笑罷一拍大腿：「好！一切皆尊奉孝之言，咱們先定張繡、再圖袁術，繼而平呂布，最後再謀河北之地。」

「大將軍此言過早。定張繡、圖袁術、平呂布不過是咱們一時所定的計畫，計畫可趕不上變化。說不定日後咱們所作所為正與之相反，也未可知。」郭嘉說這話時，臉上再次泛起笑意，「所謂兵無常勢水無常形，咱們隨機應變就是。」

「還有一事大將軍不可忽視。」荀衍又插口道：「無論如何，將軍畢竟與袁紹共舉義兵，現在南向未定，不可與之爭鋒，還需令朝廷給予其高官厚祿以示安撫。」

曹操沉默不語——袁紹始終是他心裡最大的一塊心病，但其勢力遠勝自己，這個時候絕對不能夠招惹，雖然離開兗州立於朝堂，威脅依然不減啊！

這時程昱、徐佗抱著許多竹簡走了進來。郭嘉、荀衍見狀趕忙起身告辭：「大將軍還有公務在身，我等不便叨擾，暫且告退。」

「二位遠道而來暫且休息，待休沐之所安排已定，吾必將委以重任！」曹操說著親自送出堂外，見荀彧也要幫兄長忙居家之事，連忙喚住，「文若，你暫留一刻，我還有事與你商量。徐佗，把書簡交給文若，你去幫奉孝、友若二公處置家私。」

徐佗聽他這麼安排，心裡很不痛快。他跟隨曹操的時間也不短了，整天就是打理文宗辦些雜物，莫說不及荀彧、毛玠、程昱受重視，就連後來提拔的滿寵、薛悌、王思等人都比不上。現在郭嘉、荀衍剛從河北至此，寸功未立他就得先伺候著，徐佗心裡怎麼服氣？但不樂意歸不樂意，徐佗還是不敢違拗，只得把書簡往荀彧懷裡一塞，引著二人怏怏而去。程昱拿的這些竹簡是官員的名冊，曹操命他與董昭斟酌朝中有功有罪之人，欲要「賞有功，討有罪，矜死節」。程昱領命後忙了三天，又尋訪了不少人，才拿出一份詳細的名單。

「這就是護駕途中功績卓著之人？」曹操接過這份名單置於桌案上，「文若以為如何封賞？」

「晉封列侯即可。」

曹操低頭仔細看這份名單：

衛將軍董承，輔國將軍伏完，侍中种輯，尚書僕射鍾繇，尚書郭浦，御史中丞董芬，彭城相劉艾[1]，左馮翊韓斌，東萊太守楊眾，議郎羅邵、伏德、趙蕤。

他看完沒有說話，提起筆來在後面又添上一個「丁沖」，這才點頭道：「就是這十三個人吧！」

荀彧見他夾了個私黨，插嘴道：「丁幼陽雖忠心保駕，然畢竟未有大功，與這些人為伍合適嗎？」

「怎麼無功啦？」曹操反問道：「丁沖致書與我，首倡迎帝之事。現在許縣立朝本之於丁沖之策，這還不算功勞嗎？」

對於你而言當然算功勞……荀彧覺得他強詞奪理，但也沒說什麼。

曹操卻兀自有理：「鍾繇已經在裡面也就罷了，若不是董昭自河內而來，資歷太淺，我還想給他一個侯位呢！」

程昱可不似荀彧那般講理，提醒道：「老劉邈是不是也添進去？」

曹操擺擺手：「算了吧！劉老大人乃琅琊王之後，已經夠尊貴的了。再說那老頭子脾氣倔，我表奏其功弄不好馬屁拍到蹄子上。」這是一個能公開的理由，還有一個不能公開的理由——已經有一個王子服為偏將軍了，曹操可不想讓宗室勢力繼續膨脹。

「那咱們是不是送他些貴重之物？」程昱再次建議。

「堂堂宗室什麼好東西沒見過？他既看不上眼，還顯得咱們俗氣……我看這樣吧，咱給三公送一些兗州來的貢梨、鮮棗，然後給老劉邈也送同樣的一份。」曹操眯著眼睛得意洋洋，「老頭子重名節，要是知道自己與三公有同樣的待遇，準比得了十車金子還高興！」

程昱與荀彧對視一眼，心下佩服——曹孟德真把這些老傢伙的脈門掐準了……忽然又聽曹操問道：「有功的且放一邊，還要誅殺有罪的，找沒找到合適的人？」

說到誅殺有罪，這確實有點兒難。畢竟現在朝中的文武都是跟著天子九死一生闖過來的，哪個不算忠肝義膽之人？程昱遍訪群臣才勉強找出一個：「有罪者乃羽林郎侯折。王師敗於弘農的時候，射聲校尉沮儁與侯折被創遭擒，沮儁寧死不屈痛罵李傕被殺。侯折卻跪地求饒得以身免，後來趁亂逃歸。這個人的罪名該殺了吧？」

其實這個罪定得有些牽強，雖然侯折向李傕求饒了，卻保全性命回來繼續護衛天子，因為這點兒事就處死人家，似乎矯枉過正了。哪知曹操還不滿意：「侯折不過區區一個羽林郎，殺他能立什麼威呢？」

「依大將軍之見呢？」

曹操背著手溜達了幾步：「把官員名冊取來。」

不知誰又要倒霉了，程昱捧過幾卷官員名冊，曹操一把就拿了六百石以上的，展開看了半晌，終於露出笑容：「還真有兩個送上門來的。尚書馮碩、侍中台崇，這兩個奸佞小人還沒死呢，正好

① 由於戰亂，中央任命的某些行政長官不能順利赴任，彭城相劉艾、左馮翊韓斌、東萊太守楊眾等都屬於無法到任滯留朝廷的官員，他們並無實權。

叫我殺他們作法。」尚書馮碩、侍中台崇皆是靈帝朝鴻都門出身，昔日曾黨附宦官，細算起來曹操之父曹嵩花一億錢買得太尉，礙於聖眷還辟用過這倆人。後來何進被害，董卓旋而入京，袁紹、曹操等人，沒來得及找他們的麻煩，便天下大亂了。如今西京百官隨聖駕東歸，這兩個人竟也在其中。

「他們有罪嗎？」程昱資歷淺薄不明底細。

「這兩人早在六年前就該死了，殺他們一舉兩得，還能幫那些清流名士找找後帳，連帶整飭風氣。」曹操把竹簡一合，「就是這三人了，一個尚書，一個侍中，再加上一個羽林郎，足可立威了。」

「諾。」程昱乾脆領命。

「還有剛才提到的沮儁，正好矜其死節。」曹操提到這個人頗有些動容，「沮儁出身卑賤，十幾歲就當兵，硬是從北軍一個小司馬熬上來的，戰黃巾平叛亂沒少打仗，死得怪可惜的。既在弘農遇害，追贈為弘農太守，好好撫慰他的家屬。起草表章的差事，你與董昭商量著去辦吧！」見程昱也走了，荀彧才問：「大將軍留我還有何事？」

「我要你出任尚書令。」

「啊？」荀彧一愣。尚書令雖為千石官員，可實際職權比三公還大，主贊奏機要總統綱紀，是錄尚書者以下的首要官員，幾乎等同於曹操的副手。可俗話說現官不如現管，尚書令與司隸校尉、御史中丞合稱「三獨坐」，對朝中之事無所不究，曹操既然還要出去打仗，等於說荀彧就是朝廷的實際主宰者。

「你萬萬不可推辭。」曹操瞇著眼睛道：「今朝廷立足未穩，必須要有人在我出兵之時總理朝政才行。你出身名門，處事幹練，為人雅量，又在豫兗二地威望極高，尚書令這個位置舍你其誰？」

荀彧作揖道：「在下久不在朝中為官，資歷甚是淺薄，擔此要職何以為心！」

曹操料到他會推辭，低聲問道：「文若，既已迎天子至此，咱們不可放棄。你若不當這個尚書令，你覺得誰當合適呢？」

這一問可難壞了荀彧。倘若他不接受，結果無非兩種：一種是朝廷舊黨人物出來接任，到時候掣肘曹操削割兵權，諸將絕不會甘心；另一種就是曹操另派帳下別人，或是程昱之流，或是董昭之輩，那等心地狠辣的人占據此職，天子豈還有好日子過？

「怎麼樣？」曹操笑呵呵地看著他，「你還能找出一個更合適的人嗎？」

荀彧無奈地搖搖頭。

「既然沒有異議，那我明日就正式表奏你為侍中，領尚書令，專參乘之任。」這越發了不得，侍中雖無實權，卻拿二千石俸祿，是專供皇帝安置寵臣的，可以隨駕侍奉。最獨特的就是這個「專參乘之任」，天子出行有乘輿法駕，再從諸多侍中裡選一位學識淵博者與天子一起乘坐，順便講解地理掌故給天子聽。

一般來說這個參乘之人不固定，是按皇帝的心情而定，他想讓任何一位侍中伴駕都可以。但是自荀彧得了「專參乘之任」，從今往後除了他以外，別的侍中就都摸不著機會了。其實曹操這樣安排，除了給予荀彧足夠的榮耀，也有令他監視天子之意。

官位也有了，俸祿也有了，臉面也有了，可不知為什麼，荀彧卻高興不起來，僅僅深吸一口氣拱手道：「謝將軍栽培。」

「你無需為難，我知道有僭綱常禮法的事情你做不出來。」說著曹操自桌案上又拿起一卷表章，「我奏請丁沖接替我為司隸校尉、鍾繇為御史中丞，這『三獨坐[2]』的責任他倆替你分擔一二。」

「謝將軍。」荀彧心裡明白，曹操既迎天子就必須要專權。御史中丞管監察、司隸校尉管討罪，

---

② 三獨坐，尚書令、司隸校尉、御史中丞都有監察之權，在朝會時三人單列一席，不與其他大臣同列，故有此稱。

加之尚書令總領政務，這三大要職都換做曹操一派，恐怕京畿地方官也要換一換了。

果不其然，曹操又道：「只是還缺一個許都令，這天下第一縣令要誰來幹呢？」

「孝先如何？」荀彧第一個想到毛玠。

「不行！」曹操一擺手，「孝先已經任命為幕府東曹掾，專管選拔官吏人才，這個擔子太重，除了他別人挑不起來，不能動他。」

「那調萬潛來當如何呢？」荀彧又提出一個有德寬宏之人。

曹操還是搖頭：「萬潛在兗州資歷甚重，靠他能夠穩住當地人心，他也不能動……我看這樣吧，滿伯甯、薛孝威，兩者任取其一！」

荀彧的汗都快下來了，滿寵與薛悌都做事苛刻近乎酷吏。這樣的人來當天下第一縣令，能打擊權貴固然好，但是難免把事辦得偏激。曹操料到他不甚贊同，解釋道：「昔日我為洛陽北部尉，曾杖殺蹇碩之叔，一時京師治安大好。我看京師之地，必須要有一個鐵面無私的硬派人物才鎮得住啊！」

荀彧知他心意已決，乾脆兩者相較取其輕，選一個稍微心善點兒的吧！便道：「滿伯甯可堪此任。」

「好，就用他吧！」

「既然權責分明，那皇上的政令頒布也當有所控制。」曹操冷森森道：「調董昭出任符節令！」符節令雖為六百石的官員，卻不從屬於任何人，掌管印璽、使節、虎符，是朝廷政令發布的最後一關，也是替天子收藏玉璽之人。

荀彧不置可否，卻聽曹操又接著道：「七署諸郎死傷殆盡，所餘不過幾十人，我看光祿勳的位子咱們就不要搶了，留給西京舊臣桓公雅吧！」光祿勳是掌管護衛天子的，可如今南軍七署名存實亡，曹操拉攏過來也沒什麼實際意義。桓公雅名桓典，昔日鬥爭宦官，號稱「驄馬御史」，頗有名望，曹操用他不過是裝點門面罷了。

至此，荀彧為尚書令、丁沖為司隸校尉、鍾繇為御史中丞、董昭為符節令、滿寵為許都令，從朝廷中樞到京畿地方官全都換成了曹操一黨。他拉過荀彧的手拍了拍：「文若啊，以後咱們倆恐怕聚少離多了。惜乎軍中缺了你便又少一謀主啊！」

「奉孝不是來了嗎？」

曹操搖搖頭：「郭奉孝太年輕了，軍中還是要靠威望的。我想請你幫我請一個人。」

「誰？」

「令姪荀公達。」曹操到現在還一心念著荀攸。

荀彧臉一紅：「您這麼說，公達比我還年長兩歲呢！」

曹操笑了：「昔日我乃大將軍何進座上常客，那時候他府中盛友如雲，其中荀公達、蒯異度、田元皓堪稱智謀翹楚。如今蒯越幫了劉表、田豐輔佐袁紹，我希望公達能代你為軍中謀主。現聞他避難荊州，尚未屈侍劉表，我已修好一封書信，希望你與友若兄弟再寫一封信權作家書，請他來幫我。」

「這不算什麼難事。您就是不提我也早有此意，另外除了公達，我還想請仲豫也來。當今天子也喜歡詩書文章，仲豫來陪王伴駕再合適不過了。」

「哦？求之不得啊！」曹操甚為贊同。荀仲豫名叫荀悅，論起來算是荀彧的族叔，年紀卻不大。他十二歲便能做文章，精通《春秋》，乃不可多得的文學之士。曹操覺得這事越想越可笑，「我說文若啊，仲豫論起輩分是你的族叔，你又是公達的族叔，你們三人所差不過十一、二歲，名分上卻是三代人。倘若公達見了仲豫，難道真的開口叫叔爺嗎？」

「我們以表字相稱，不論輩分。」荀彧也笑了，「現今朝廷諸署台初見端倪，應該徵召一幫名士以長聲望才是。」

「這我想過了，當初在兗州就想過徵召山陽張儉，但那時我人微言輕，現在應該可以徵他入朝了。」張儉乃是黨人的領袖。昔日黨人中的傑出者有三君、八俊、八顧、八及、八廚之分。這些名士經黨錮之禍、黃巾之叛、割據之亂，如今只剩下張儉與劉表兩個人還活著。劉表正值壯年，而張儉已經七十歲了，曹操還是要把他搬出來撐門面。

「老人家歲數太大了，還是我來舉薦幾位吧！」荀彧不住搖頭，「昔日會稽太守王朗，豫章太守華歆，汝南許劭、許靖兄弟。」

「難啊！孫策橫掃江東，王朗戰敗、華歆受困，即便發出詔書也未必能來。至於許劭、許靖兄弟嘛……」曹操有些難以啟齒。當初他誆騙威脅許劭，換來「治世之能臣，亂世之奸雄」的評語，恐怕許劭早就對他厭惡至極了。

荀彧眼睛一亮：「昨日北海相孔融回朝了，此人久有賢名，何不援引此公委以重用？」

曹操不大高興。孔融與邊讓並稱一時，兩人頗為交好，現在邊讓被自己殺了，孔融必定難以相處，再說他是孔子之後，名聲響亮反而喧賓奪主。想至此他只是隨口道：「先任為將作大匠[③]，以後再遷任他職也不遲。」說著他趕緊轉移話題，又從堆得老高的竹簡中抽出一卷。

「這是辭讓武平侯的表章，你幫我看看有何不妥。」

曹操這次受封的武平侯是縣侯，比先前的費亭侯高了一等。荀彧聽到一些風言風語，說這次加封是曹操暗地裡鼓動董昭策劃出來的，而且為了彰顯威名，特意選了陳國的武平縣，取義武力平定天下。如果真是這樣的話，曹操又寫什麼辭讓表，實在是裝模作樣自封自讓。荀彧這會兒也沒多說什麼，拿過來就看：

伏自三省，姿質頑素，材志鄙下，進無匡輔之功，退有拾遺之美。雖有犬馬微勞，非獨臣力，皆由部曲將校之助。陛下前追念先臣微功，使臣續襲爵土，祖考蒙光照之榮，臣受不貲之分，未有絲髮以自報效。昔齊侯欲更晏嬰之宅，嬰曰：「臣之先容焉，臣不足以繼之。」卒違公命，以成私志。臣自顧省，不克負荷，食舊為幸。雖上德在弘，下有因割。臣三葉累寵，皆統極位，義在殞越，豈敢飾辭？

荀彧看得明明白白——「雖有犬馬微勞，非獨臣力，皆由部曲將校之助」——這不是想讓封，明擺著以退為進，還要為部下討恩典。「臣之先容焉，臣不足以繼之」——曹操的父祖又有何德行可言？這份表章從頭到尾透著虛偽，荀彧真不知該作何評價，只將表章遞回，揶揄道：「晏嬰的典故用得不錯。」

「是嗎？」曹操還真當一回事，拿過來又研讀半天，最後點點頭，「嗯，還算可以吧！我得再醞釀一下後兩份表章。《周禮》有云：『三讓而後入廟門』，讓三次再接受，別人就不會再說什麼閒話了吧！」

荀彧知道他想通過一次一次的辭讓把自己的功勞表露出來，順便坐抬身價，不過這麼幹實在是沒什麼意思。

「您現在已經受封大將軍了，打算封袁紹做什麼官呢？」荀彧問得很有道理，大漢自外戚竇憲平北匈奴受封大將軍以來，這個位子一直是百官之首，三公雖尊貴而無實權，再沒有比這大將軍更

③ 將作大匠，列卿之一，掌修作宗廟、宮室、陵園。此職容易出政績，一般作為升遷的過渡。

高的官職了。而袁紹從河內舉兵以來，一向以天下群雄之首自居，自稱為車騎將軍，替天子代行詔書，其實力也確實是最強的。現在曹操一屁股占上了大將軍，給袁紹什麼官呢？

曹操沉吟道：「大司馬張楊占著、衛將軍董承占著、車騎將軍楊奉占著，我看就給袁紹一個太尉，再領冀州牧吧！」

「太尉？」荀彧很詫異，「太尉不是楊彪嗎？」

「馬上就不是了。」曹操一陣冷笑，「那老傢伙在洛陽請我去赴宴，恐怕是心懷叵測。我沒有去他便自疑起來，昨天已經上表朝廷，稱年邁體衰，主動要求以疾罷免。」

荀彧提醒道：「楊震、楊秉、楊賜、楊彪，弘農楊氏也是四世三公。況楊彪此番忠心護駕，輾轉崎嶇危難之間，幾不免於害，不好隨便罷免他的官職。」

「這倒無妨，且轉他為諫議大夫，過些日子再說……這個我心裡有數。」曹操漫不經心道。

荀彧還欲再諫，滿寵突然走了進來。

「天下第一縣令來啦！」曹操笑呵呵戲謔道。

他以為滿寵必然奇怪發問，哪知滿寵充耳不聞，根本沒注意他說什麼，趨身施禮道：「啟稟大將軍，今有偽徐州從事孫乾、主簿簡雍前來覲見。」

「什麼？」曹操以為自己聽錯了，「那不是劉備的人嗎？」

「沒錯。」滿寵又是一躬，「恭喜大將軍，劉備來投奔您了！」

兩雄初會

就在曹操忙著控制朝廷大權的時候，他沒有想到徐州的形勢發生了天翻地覆的變化。

劉備本是幽州公孫瓚的部下，曾被派到青州任平原相。後來曹操以報父仇為名侵犯徐州，大肆攻城奪地屠殺百姓，兵鋒直指陶謙所在的郯縣。就在徐州生死存亡之時，劉備竟以一萬雜兵阻擋曹操近前，儘管被打得落花流水，卻雖敗猶榮，博得陶謙的信任，被表奏為豫州刺史。後來曹操因陳宮叛變、呂布入侵，不得不回救，徐州也隨之獲救。沒過多久陶謙病篤，臨死前將徐州托於劉備，別駕糜竺、從事孫乾、廣陵太守陳登以及北海相孔融共扶他接管徐州。與此同時，呂布、陳宮被曹操打敗，也投到了徐州地界。因為同是曹操的敵人，劉備慷慨地收留了呂布，允許他在下邳境內屯駐，而隨著形勢的變化，他們的主要對手卻由曹操變成了坐鎮壽春、自稱「徐州伯」的袁術。

三個月以前，袁術發大兵爭奪徐州，劉備領兵與其對戰於盱眙、淮陰兩縣，對峙一月有餘不分勝負。袁術見不能取勝，便致書呂布，許下糧食二十萬斛作為酬謝，請其突襲劉備之後。正逢劉備留守下邳的丹陽軍叛亂，引呂布領兵入城，使其反客為主占據下邳。劉備軍資糧草盡失，家眷也落到呂布手中，頓時軍心大亂，遂被袁術大敗，潰逃至海西縣，繼而糧草食盡，不得不忍著屈辱來向呂布請降。更兼袁術過河拆橋，不兌現二十萬斛糧食的承諾。呂布懊惱不已，立刻接受劉備的投降，不但釋放其家眷，還以迎接刺史的規格將劉備風風光光接回，命其屯駐在小沛，兩家重結舊好共禦袁術。

而僅僅兩月之後，袁術命部將紀靈統領三萬人馬再伐劉備。呂布既恐袁術滅掉劉備轉而圖己，又恐得罪袁術給自己招禍，便率兵馳往小沛與兩家講和，顯絕技轅門射戟，使兩家各自罷兵。但此後劉備為了自保不得不增加屯兵數量，這又引起了呂布猜忌。兩家二次翻臉，呂布領兵突襲小沛，劉備依舊戰敗，這次實在是走投無路了，只好厚著臉皮來投奔曹操。

聞知劉備前來許縣的那一刻，曹操心中的感覺真是微妙。

他懷著好奇的心理接見了打前站的孫乾、簡雍，允許劉備的幾百殘兵屯駐許都城東，供給適當的糧草，並約定第二日在曹操的中軍大營接見劉備及其屬下。

在曹操看來，劉備雖自稱中山靖王之後，占據徐州一時，但充其量也只不過是張超、王匡那一流的小角色，甚至還不如因救駕顯赫一時的楊奉、韓暹。但這個小角色卻有著獨特的魅力，他能夠鞭笞督郵棄官而走，他敢以一萬烏合之眾阻擋精銳大軍，他可以反過頭來投靠背叛他的呂布。另外曹操始終弄不明白，一個織席販履、百戰百敗的宵小之徒，為何能吸引這麼多的大人物傾心於他呢？盧植乃一代大儒，收他為弟子；公孫瓚北州驍勇之將，授他以郡國之任；陶謙徐州之主，臨終以地盤相托；孔融當代名士二目朝天，竟肯表奏其官職；糜竺乃徐州出名的豪強地主，卻心甘情願為之奔走。另外，劉備這個長腿將軍帳下竟還有幾員勇將，特別是那個敢率十餘騎突襲的紅面大漢，這兩年來始終縈繞在曹操的腦海中。

第二日清晨，曹操梳洗更衣，打扮得格外威嚴，坐著新造的朱輪馬車，出城來至大將軍行轅。為了給昔日的敵人一點兒下馬威，他命令軍兵高捲帳簾，謀士眾將列立帳外，又點二十名精壯親兵對搭長刀，布出十道冷森森的刀門；自己則端坐大帳之中，典韋、許褚手持兵刃緊緊護衛——這個陣勢確實夠嚇人的。

一切安排妥當，曹操才傳令請劉備入營。不多時就見中軍官引著兩個人當先而至，乃是劉備的從事孫乾、主簿簡雍。對於這二人，曹操昨日初次見面，印象就很深刻：孫公祐北海名門，端莊優雅風度翩翩；簡憲和雖小吏出身，口若懸河語帶詼諧。劉備用這兩個人為前站，一正一邪縱橫舌辯，倒是一對不錯的搭檔。

孫乾、簡雍行至刀門便不走了，互相低談了一陣，退至左右垂手而立等候他們使君。曹操暗笑這倆膽小鬼卻會討巧，睜大了眼睛伏在帥案上，倒要看看這個劉備是何等人物。等了好一陣子，才見轅門處進來幾個人，當先一位裝束甚是奇特：

此人身高約有七尺五寸，不著皮弁，卻戴一頂樂人裝束的建華冠，冠高七寸，鐵柱鐵梁，上掛九枚銅珠；雖然有冠戴，這人卻僅將前面的頭髮攏住，插著黑漆簪子，耳朵後面的頭髮卻不梳，任其披散在腦後，隨風起伏瀟灑飄逸；穿一身杏黃色田字領開襟衣衫，掐金邊走金線，上繡團花朵朵，內襯雪白的衫襦，上寬下窄嚴絲合縫顯出勻稱的身段。更加與眾不同的是大袖翩翩卻有三尺來寬，腰間繫一條半尺寬的玄布袋子，人家腰帶都圍得緊緊一絲不苟，他卻在肋下拴出個蝴蝶扣，長穗子垂到膝蓋——真是奇裝異服！

難道這就是劉備劉玄德嗎？曹操頓覺詫異，不知不覺間竟站起身來，繞過帥案走到了大帳口，典韋、許褚見狀也跟了出來——這可就算是出帳迎接了！

但見此人優哉游哉踱到刀門前，忽然站住不走了，就地跪倒施禮，高呼道：「在下劉備，拜見大將軍。」聲音清脆悅耳傳得老遠。

曹操這會兒也顧不得抖威風了，只想看看這位打扮怪異的傢伙究竟長什麼樣，揮手示意兩旁執刀的親兵退下，快步迎了上去——這可就讓劉備躲過了鑽刀門這一關啦！

「劉玄德，你抬起頭來。」

「諾。」他答應一聲抬起頭來，讓曹操看了個明明白白。

劉玄德生得面如冠玉、肌膚細膩；一對又黑又亮的眉毛，濃如墨染，似雁翼般展開，斜插入鬢；鳳目俊秀，長睫毛茸茸外翹，睛若朗星，黑眼珠多白眼珠少；隆鼻高聳，突兀有秩；寬頤大口薄嘴唇，好似塗脂；唇上一對精心修飾的小鬍子，梳得整整齊齊油油亮亮，鬍梢上翹，頷下的鬚髯修長飄逸，很自然地垂著；尤其引人注意的是，他生著一雙朝懷大耳，襯著刀裁般的鬢髮格外醒目，肉乎乎粉嫩嫩的耳垂都快耷拉到肩膀上了。

曹操半生奔忙，曾會過不少相貌出眾的英豪，像是袁紹、孫堅、鮑信、呂布，確乎沒有一個比得上劉備，打量了好半天才訕笑道：「劉使君快快請起吧！」當初劉備得徐州時，曹操視他為宵小，根本不承認他的地位；這會兒知他毫無立錐之地，則故意喚作使君，大有嘲諷意味。

劉備自然聽得出來，根本沒敢起身，低頭再拜道：「在下不知天高地厚，曾冒犯大將軍之王師。只因陶使君倉皇病逝，徐州百姓嗷嗷待哺，加之凶臣袁術心懷悖逆之意，屢屢興兵侵釁害民。備自不量力勉強受託，權且牧東土一時，所行者皆為保境安民效忠社稷，並非懷有他志。現今呂布、陳宮小人反覆，在下兵敗城失誠心來投，歸於朝廷聽從調遣，還望大將軍寬宏收錄。」

任你多大野心多大膽量，今天還不是得乖乖向我請罪？曹操頗感得意：「玄德休要再提以往之事，今許都初立百廢待舉，朝廷正在用人之時，你既誠心來投，本將軍豈肯拒之？」說著伸手就要攙扶。

劉備客氣道：「不敢勞煩大將軍。」自己起身站了起來，又引薦身後相隨的一位相貌端莊之人，「此乃徐州別駕，東海麋竺麋子仲。」

麋竺的名字可比劉備還要響亮得多。他是東海朐縣人，祖先世代行商，家中僕僮近萬，資財累計數億，而且善於弓馬騎射，行俠仗義揮金如土交友如雲。劉備乃是河北涿州人，在徐州缺乏根基人望，全憑著麋竺與其弟麋芳施捨錢財替他招攬人心，因此將麋氏昆仲奉若上賓。曹操久聞麋氏大名，今日一見麋竺面目俊雅，有長者之風，也拱手道：「久仰久仰。」

「何敢何敢！」麋竺話不多，又恭恭敬敬把頭低下了。

「請進帳講話。」曹操說著就往裡走，劉備、麋竺緊緊相隨。剛邁進大帳，就聽典韋喝喊道：「站住！你們是什麼人？大將軍營帳豈是隨便闖的？」曹操扭頭瞧了一眼，這才注意到劉備身後還有兩個小夥子。這二人身披軟甲、頭戴武弁，腰裡挎著刀，好像是親兵的樣子。難得的是，兩人都是細腰乍背、雙肩抱攏、眉清目秀、齒白唇紅，長相還有些相似之處，年紀不大倒似是一對銀娃娃，可眉梢眼角卻有尚武之風。

「大將軍營帳不得擅入，你們還不退下！」劉備連忙呵斥道。

「慢著，」曹操好奇地轉過身來，「他二人是誰？」

劉備倉皇拱手道：「此乃在下帳中兩員無名小將，如今無兵無馬，權且充作侍衛。本不叫他們來，他們偏要跟著，冒犯大將軍虎威萬請恕罪……還不快點走！」

「玄德且慢，」曹操知道劉備不希望自己多打聽他手下的人，但他越是不希望，曹操就越要問問，「兩位將軍怎麼稱呼？」

「在下常山趙雲。」

另一個道：「在下汝南陳到。」兩人一南一北，口音各異。

「跪下說話！」劉備又喬模喬樣呵斥道：「一點兒規矩都沒有。」

兩人趕緊齊刷刷跪下。

曹操瞧這一南一北兩員小將英姿俊朗，又看了看典韋、許褚，不禁感慨良多；雖說長相好未必就有本事，不過這天底下的漂亮人怎麼全讓劉備得了去呢？糜竺、孫乾、簡雍那般掾屬也就罷了，就連一對貼身護衛都相貌堂堂……想至此，曹操頗有愛惜之意，故意板起面孔道：「本將軍的行轅你們也敢來，膽子不小啊！不過你們忒小看我曹某人了，我堂堂大將軍豈會在帳中對你家使君不利？」

「那是自然，」劉備微笑道：「他們都是見識淺薄的小人。」

「也別這麼說。」曹操擺擺手，「為將者披肝瀝膽，他們倆也是忠心護主，其志可嘉……趙雲、陳到！」他已經記住了兩員小將的名字，「你們倆的鎧甲也太簡陋了，本將軍送你們一人一身鐵甲，以助二位小將的虎狼之威。」

劉備明知道曹操這是在拉攏自己的人，但如今人在矮簷下，也不敢違拗半分，只催促道：「你們還不快謝謝大將軍。」

「謝大將軍賞賜。」兩人拱手稱謝。

曹操笑呵呵拉住劉備的手，二人落坐；而曹營其他的謀士將領都還站著，尤其夏侯淵、樂進、朱靈那等脾氣大的都圓睜虎目，緊緊瞪著二人。劉備視而不見神情自若，糜竺雙目低垂溫文爾雅。

「玄德老弟……」曹操把稱呼更拉近了一些，「你久在東州，與呂布、袁術皆有交鋒，以為此二人如何？」

劉備似乎沒想到曹操一上來就會問這個，稍微遲疑了一會兒才道：「呂奉先乃世之虎將，胯下馬掌中戟天下無敵，高順、張遼為之先登，更兼并州驍騎百裡挑一，乃是強悍之敵。袁公路身負四世三公之名，坐擁淮南豐腴之地，然胸懷悖逆之心，實是大漢天下之賊。」這番應對很巧妙，他考慮到袁術與呂布都被曹操打敗過，把他們的評價抬高一些，就等於把曹操抬得更高。

曹操還真沒理會到這一層，他覺得劉備乃常敗之人，說別人才能高也是很正常的，笑道：「玄德所言倒也有理，不過呂布有勇無謀、袁術志大才疏，這兩個人皆非一等一的雄才。」

「是啊！」劉備慨歎一聲，雙目低垂若有所思道：「若能救黎民出水火，安社稷於天下，扶天子脫危難，復朝廷之權威，那才是真正的雄才大略之人，堪稱世之砥柱也。」所謂大智若愚，大巧若拙，拍馬屁也有高低之分。劉備並未說曹操一句好話，但是把他奉迎天子、復立朝廷的功績都摻到評價雄才的話裡面，還當面故意帶出一份仰慕神往的表情，這其實已經是很成功的溢美之詞了。

曹操也不是糊塗人，尤其是面對屢易其主之人的時候，自然會有幾分警覺。但今天這一切懷疑都被劉備那張英俊誠懇的臉，還有那深邃神往的表情淡化了。曹操覺得他或許是在有意獻媚，但是他對朝廷的嚮往、對天子的忠誠，以及對仕途的渴望確乎是真的，畢竟他出身不過是一個賣草鞋的，可是花了不短的時間才爬到一州之主的，或許他的徐州來得太容易，才丟得太馬虎。曹操沒有搭他的話茬，而是關切地問道：「呂布那廝如何奪了你的徐州，不妨講來叫我聽聽。」

「唉……」劉備未曾講話先哀歎一聲，「昔日刺史陶恭祖乃是丹陽人士，所以徐州有不少丹陽兵，這些兵馬依仗同鄉下邳相曹豹，橫行跋扈不服調遣。袁術突然領兵來戰，在下便帶兵出擄，不想留守下邳的曹豹、許耽等人突然作亂，雖然曹豹已被我的人誅殺，但丹陽兵已引呂布入城，這才失了徐州之地。」丹陽兵的戰鬥力曹操算是領教過了，昔日他攻打徐州時，陶謙就曾以丹陽兵相抗，軍無鬥志不堪一擊，但他們卻仰仗陶謙等同鄉官僚的勢力，壓制徐州本土人。陶謙對抗曹操的失敗，不僅僅是作戰不力，其根源在於沒有處理好外來勢力與本土勢力的關係。陶謙無聲無息死了，留給劉備的是個爛攤子，作為又一任的外來勢力，劉備面臨過去的兩個舊黨，比昔日陶謙的麻煩更大。

曹操聽他道出原委，竟起了一絲同情心，昔日他也被兗州舊部陳宮、張邈的叛亂搞得焦頭爛額，只是比劉備的運氣好一些。若不是有荀彧、程昱等人的力保，恐怕也像今日的劉備一樣，跑去投袁紹了。因而苦笑道：「玄德，你的事倒也值得人同情啊！」

劉備一咬牙：「丹陽兵叛亂也就罷了，呂布那廝以怨報德趁火打劫，實在是可惡。」

「不錯。」曹操勾憶起舊恨來了，「昔日也是他勾結兗州叛黨搶占濮陽為害的，你我之經歷如出一轍。」話講到這個份上，簡直有些同仇敵愾了。

劉備突然起身下拜：「在下深受呂布、袁術之苦，願追隨大將軍鞍前馬後，剿滅這二千國賊。」

糜竺也隨著跪了下來。

「哈哈哈……」曹操放聲大笑，「玄德無需多禮，咱們都是效忠朝廷的嘛！」這個時候不明底細不能輕易許諾，曹操含含糊糊不置可否，把朝廷抬出來作說辭，「這半年來與此二賊征戰，不知你餘部現在如何？」還有多大本錢，這才是曹操最關心的。

劉備起身羞赧道：「不怕大將軍笑話。呂布襲我下邳，在下糧草輜重盡失，家眷亦落入呂布之手。」說著指了指糜竺，「多虧子仲慷慨解囊，供我兩千奴客以充軍兵，又將舍妹許我為妻，才在海西勉強支持。呂布迎我到小沛之後，也是賴子仲兄弟金銀相助，徵兵約有萬人，卻被呂布那廝再次擊散。少數被迫投敵，大部分流落於徐州、豫州各地，一時間難以聚攏。」

曹操意味深長地瞅了糜竺一眼。如果說劉備自不量力的話，那糜竺就是一個敢於下注的大賭徒。他把億萬家財全賭在劉備身上，甚至還與之結成郎舅之親，那他想獲得的收益又是多少呢？恐怕至少是要掙個公侯之位才滿意吧！

曹操忽然意識到劉備的一大缺失，他這夥人或許是各具才氣有過人之處，但骨子裡缺乏對整個天下形勢的認識，沒有像荀文若、郭奉孝、戲志才那樣的智謀之士，只是靠著一股子闖勁去拚去爭去闖。即便心機深重曲意逢迎，雙目茫茫又能掀起多大浪來呢？但這股子闖勁卻似曾相識，或許那就是十多年前曹操自己在官場上奮力打拚的影子吧！

「玄德貴庚了？」

「哦？」劉備一愣，隨即笑道：「在下而立六載。」

這次驚訝的卻是曹操了——三十六歲，不過比我小了六歲，竟然保養有加，就像二十多歲的樣子！他呆坐片刻，直到覺得把這個人看清了，才笑盈盈道：「玄德，你先在許縣盤桓幾日，待我奏明天子再加封賞錄用。自沛縣一路行來，想必你也累了，回營休息去吧！」

劉備似乎對這次見面的成果頗為滿意，誠惶誠恐道：「謝大將軍體恤，備今日至此，如同回家一樣啊！」

嘴巴可真甜啊！曹操繞過帥案，親自將劉備、糜竺送出帳外，又特意叮囑道：「今朝廷草創，尚有諸多不便，還請你們多多諒解。營中有何需求但說無妨，可以直接到幕府來找我。」

「那我等暫且告辭了。」劉備一揖到地，忽然看見曹操嶄新的深服下襬蹭髒了一點兒，便隨手幫他撣了撣灰塵，起身笑盈盈帶著糜竺、孫乾等人去了。

這個不經意間的小動作引起了曹操極大好感。需知這樣細小的舉動僅僅發生在一瞬，若不是曹操一直死死盯著他，絕不會發覺他幫自己撣灰塵，甚至連站在身旁的典韋、許褚都沒有注意到。這絕對不是獻媚取寵，而是日常生活養成的習慣。奇怪的是，一個販夫走卒出身的傢伙怎麼會這樣的講求衣裝呢？但就衣裝相貌而言，曹操比之劉備是相形見絀的，即便是穿著大將軍的紫綬深服，依舊沒什麼出眾之處。劉備劉玄德，一個謎樣的人物，未見之前是個謎，見過之後依舊是個謎……曹操呆立了好半天，才吩咐備車回城。

朝廷禮制嚴格，什麼官員用什麼車頗有講究。大將軍、三公乘坐的馬車是雙駕皂蓋，朱漆大輪，赤色兩幡，金鹿扶手，熊紋橫木。曹嵩曾任太尉之職，雖然花錢買官搞得人說三道四，令曹操頗感不齒，但父親的馬車在他心目中卻是極為神聖的，當時老頭子甚至都不允許他隨便摸一下。如今他自己也有了這麼輛車，而且前面還多了白旄④、金鉞⑤，代表天子使命和生殺大權。雖然天下還沒有安定，但只要他坐上這輛車，一切的煩惱憂愁都會暫時忘記，找到至高無上的權威感。

曹操邁步上了車，點手喚道：「文若、奉孝，你們上來同乘。」

「多謝大將軍恩賜。」郭嘉受寵若驚，迫不及待笑嘻嘻地跨了上來。荀彧卻道：「大將軍安車，在下不敢僭越⑥。」

---

④ 白旄，天子使節的象徵，有代天巡查之意。旄音毛。

⑤ 金鉞，最高軍事指揮的象徵，有生殺之權。鉞音越。

⑥ 僭越，古時指地位在下的人冒用地位在上的人的名義或禮儀、器物。僭音劍。

「文若莫要推辭，你現在是侍中職位，天子乘輿尚可參乘，何況我這輛車呢？」曹操親手扶了一把郭嘉，又笑道：「瞧奉孝多痛快，你也快上來吧，我有話跟你們倆說。」荀彧見不好再推辭，便趨步自車後繞過，緩緩登上車落坐。

光鮮的馬車平穩前進，曹操目不斜視一言不發，似乎故意想讓他倆也感受一下這種至高無上的榮耀。郭嘉左顧右盼摸這摸那，荀彧二目低垂端正拘謹。走了一陣子，眼看快到許縣城門了，曹操忽然扭頭問：「你們覺得這個劉玄德何許人也，我可否予以重用呢？」

荀彧垂著臉，始終只盯著軾木：「吾觀劉備有雄才而甚得眾心，終不為人下，不如早圖之。」

「文若勸我殺人，這還真是開天闢地頭一遭啊！」曹操微然一笑，扭頭又問郭嘉，「奉孝以為如何？」

「不錯！我觀劉備是有英雄之志。」郭嘉直言不諱。

「那是不是應當將其殺死，以除後患呢？」

「萬萬不可！」郭嘉將曹操的心思揣測得很清楚，「劉備雖有異志，然將軍提劍起義兵，為百姓除暴，推誠仗信以招俊傑，猶懼英雄不至也。今備有英雄名，窮篤而歸，若輕易相害，將軍則背負害賢之名。那時智士自疑不復來投，回心另擇他主，將軍將與誰共定天下？夫除一人之患，而阻四海之望，安危之機，不可不察。」

「哈哈哈……」曹操捋髯大笑，「奉孝之言正是我所思所想，方今收英雄時，殺一人而失天下之心，不可為呀！」

「不過……」郭嘉嘻笑著又把話往回收，撫摸著雕鹿的金漆扶手道：「劉備其人反覆無常，將軍還需多加小心。」

「我心裡有數。」

郭嘉侃侃而論：「劉備本是幽州公孫瓚麾下，偽託青州平原相之職，歸於田楷調遣。將軍攻討徐州，劉備雖領兵往救，卻棄公孫瓚、田楷而投陶謙，此其一也。劉備曾助昔日北海相孔融破青州黃巾之危，入徐州後又多賴孔融扶持勉強繼任陶謙之位，兩家自此交往甚密；而後袁紹以其子袁譚為青州刺史，猛攻北海郡縣，當此時節劉備又捐棄舊好，不敢得罪袁紹，坐觀成敗，導致孔融無法抵禦歸至朝廷，此其二也。」

這幾句話已說得曹操心驚肉跳，但郭嘉兀自不止：「還不止這些呢！去年大將軍逐走呂布，呂布投靠徐州，又趁劉備、袁術相持之際奪取下邳，劉備非但不念奪地之仇，反而厚顏無恥失主為客前去投奔，此其三也。劉備既投呂布，又賴其轅門射戟之功保有小沛，就當款而相待，他卻賴糜竺資財暗地籌措兵馬，終被呂布發覺，以至再失立錐之地，此其四也。將軍可曾詳思，尚有昔日郯城之阻，劉備亦為將軍之敵也，今日卻趨身來投，言辭卑賤諂媚，此乃其五也！」

郭嘉一口氣說出劉備五次反覆之舉，並無誇大其詞，荀彧又補充道：「劉玄德兵敗潦倒，家眷失於呂布之手，卻不棄華麗衣裝，足見在其心中，結髮之妻尚不如一件衣服！況那奇裝異服既脫於禮法又不近世俗，可見其心志如何，物之反常謂之妖矣！」

曹操沉吟良久才緩緩道：「即便如此，還是不能輕易殺之，既已收錄旋而又害，豈不使我也落一個反覆之名嗎？」

郭嘉還是笑呵呵的：「在下雖然說了不少，但是以將軍之才、現今之勢，足以馭之。若依在下之見，他不是尚有豫州刺史之名嗎？將軍不妨再給他升一級，表為豫州牧，您看如何？」

因為現在的都城在豫州許縣，所有駐兵及地方官員皆由曹操直接掌控。即便劉備當上豫州牧也是形同虛設，根本調動不了軍隊。既沒有放出實權，又落了個厚待降者的名聲。曹操讚賞地瞅了郭嘉一眼：「很好，我就讓他當這個豫州牧。光當豫州牧還不夠，再把我當過的鎮東將軍也給他，以安其心。撥給他些糧草，卻不提供兵馬，讓他回沛縣重招舊部。咱們鞭長莫及兵力有限，反正劉備已經與呂布、袁術兩家都結下不解之仇了，我要讓他繼續在那裡鬥下去。只要他們三個爭得你死我活難解難分，我就有時間擺平張繡，回過頭來再把他們全收拾掉！」

「劉備可以放回，但須將糜竺剪除。」郭嘉又提醒道：「以防劉備再借其財力壯大。」

「嗯。」曹操點點頭，「過兩天討伐楊奉、韓暹，我要讓劉備率兵同往，順便看看他帳下將領如何。」曹操之所以這樣安排也是想了結一段心事，那個威風凜凜的紅面大漢可還沒看見呢！

第五章

挾天子以令諸侯，借漢獻帝打袁紹

許下屯田

建安元年（西元一九六年）十月，曹操準備兵發梁縣之際，又蓄意拉攏了另外一支部隊——匈奴。

中平年間，匈奴內部反對單于協助漢廷討伐幽州，因而爆發了十萬人的大規模叛亂，單于羌渠被殺。羌渠之子於夫羅自稱單于，流亡洛陽請求朝廷出兵協助戡亂。正逢董卓進京天下大亂，於夫羅輾轉大漢北州劫掠為生，後來以河東郡平陽縣為根據地，也開始與各地割據勢力縱橫捭闔。

三年前，袁術自南陽北上，企圖與公孫瓚南北合力消滅袁紹，順便拉攏黑山軍與於夫羅。曹操給予迎頭痛擊，在封丘大破聯軍，進而連逐三城，嚇得袁術轉移到了揚州。於夫羅戰敗後回到平陽，轉年病逝，單于的位子落到他弟弟呼廚泉身上。後來天子東歸，連連被李傕、郭汜追破，便招河東郡的白波軍救駕，呼廚泉也派麾下右賢王去卑率領一支人馬同往。

右賢王去卑自三輔救駕以來，保護天子至安邑、洛陽，最後一直跟到新都許縣，始終忠心耿耿，沒有參與董卓舊部與白波部的爭鬥，因此受到漢廷君臣的一致讚譽。如今去卑見漢天子已經安頓下來，一切朝廷制度都在逐步恢復，便主動提出「歸國」，也就是回到平陽，繼續輔保新單于呼廚泉。

當然，朝廷大事除了上表天子，還要提前請示大將軍曹操。因此去卑也規規矩矩來到大將軍府，曹操一見頗為歡喜，特意設擺酒宴相待。

匈奴部落在光武帝時期內遷，已在并州地區居住了一百五十多年，其生活習慣與語言都已經漢化。曹操眼望著這個身材高大、臥眼隆鼻的匈奴右賢王，實在覺得好笑，他的漢話是平仄柔和規規矩矩的中州腔，甚至比曹操自己的口音還純正呢！

「大王實在是勞苦功高，」曹操說著端起酒來撫慰道：「漢室不幸皇綱失統，危難之際多少牧守宰輔畏縮不前忘卻國恩，大王身為外族，肯出力相助，保我大漢天子無虞，難能可貴啊……我先乾為敬！」說罷仰面喝乾。

去卑也痛痛快快把酒喝了，操著中州腔又道：「這也是大漢天子昔日善待我族，我們才肯將心比心。這就好比昔日的秦穆公不計小過，放走三百名盜馬野人，才有龍門山秦晉大戰，三百野人助陣，秦師反敗為勝擒獲晉惠公啊！」

這個匈奴王竟還熟知漢家史事，曹操笑得前仰後合，頭巾都垂到碗盤中了，好半天才緩過一口氣道：「不錯不錯……但你們匈奴乃是堂堂正正的草原單于，比作野人也太自輕自賤了。」

「我們勝於野人，但大漢更勝於昔日之暴秦。」說著去卑站起身來，雙臂抱胸施了個胡人禮，恭恭敬敬道：「往昔我家前任大單于曾助袁術作虐，與大將軍為敵，還望大將軍寬恕我族以往之罪。」現在的局勢，寧得罪天子，不得罪曹操。

「於夫羅已死，這件事無需再提了。大王回歸平陽，可與如今的大單于言講，就說我曹某人必將興漢家天下、復往昔之疆土，咱們兩族和睦往來，一切如初。不過嘛……」曹操話鋒一轉，開始提條件了，「大王你善始亦當善終啊！」

去卑一愣，不太明白曹操何出此言：「小王有何失當之處嗎？」

「坐下坐下！」曹操笑著揮了揮手，「大王並無失當之處，不過既然前來救駕，就該收全功而返。現今楊奉、韓暹還在梁縣，大王與我一同出兵，待掃滅荼毒社稷之賊，再回轉平陽豈不更好？」

曹操兵馬盛於楊奉、韓暹，自然不缺匈奴派來的這幾百人，但去卑此番是與白波軍一起來救駕的，他們之間的關係可見密切。現在曹操把楊韓二人打為朝廷叛黨，而在河東還屯駐著李樂、胡才的白波別部，與單于呼廚泉離得頗近，似乎也有往來，有朝一日匈奴再與白波軍聯合起來也是個麻煩。如果去卑參與征討楊奉、韓暹，就等於代表匈奴與白波軍表示決裂，兩路勢力在短期內便不可能再聯手為害了。

去卑也是個精明人，自然知道曹操揣著什麼心腸。他低頭想了一會兒，把白波軍與曹操放在兩隻手上掂了掂，自然曹操的分量沉得多，馬上面帶微笑道：「大將軍既有此意，小王責無旁貸！」

「好，咱們一言為定。」曹操一拍大腿。

就在這時，有人來報：「荀彧、任峻、棗祗、韓浩告見。」

去卑一見此景，自覺有礙，趕緊起身抱胸：「大將軍有公務在身，小王暫且告退。」

該說的話已經說完了，曹操也不強留，挽著手將他送出大堂，回頭吩咐撤去殘席，請四人進來議事。

廳堂還未收拾乾淨，四人就到了。任峻看了看剩餘的席面，不禁搖頭：「現今糧食緊缺，這樣浪費不太好啊！」

「這破費不了多少，撤下去那些蒼頭小廝一準兒分了。」曹操微微一笑，「不過酒卻糟蹋不起了，前幾日丁沖一口氣拉走了二十甕，便宜了那醉貓，這會兒招待賓客都有些吃緊了。」

「實在不行就明令禁酒吧！」荀彧插口道：「迎朝廷百官至此，開銷倍增。而豫州產出甚少，葛陂抄沒之糧和楊沛供奉的不日將盡，還需速速自兗州調糧才是。」說著話他看了一眼任峻。如今荀彧當了朝廷的尚書令，與曹營將領的來往也少了。

曹操捋鬚沉吟道：「奉迎皇帝果然是有利有弊啊！雖然可得政令之便利，不過供養百官的花銷也太大了，葛陂得了那麼多糧食，眨眼的工夫就都沒了。現在我才明白，為什麼張楊明明有機會掌握朝廷，卻把天子拱手讓給了我，他養活不起啊！」

「哈哈哈……」任峻、棗祗、韓浩相視大笑。

「你們笑什麼？」曹操不解地問。

任峻拱手道：「我三人至此，正是為了給大將軍解此憂愁。」

「哦？快坐快坐！文若你也坐下。」說著曹操也坐下了，但是他沒有回歸堂上的正位，只隨隨便便與四人擠在了一處。

任峻笑道：「這辦法不是我想出來的，棗祗、元嗣，你們講吧！」

棗祗拱手要施禮，曹操把他的手一扒拉：「說正經事，用不著這套繁文縟節。」

「諾。」棗祗微微趨身道：「咱們可以試行屯田之法。」

「屯田？這行嗎？」曹操表示懷疑。屯田之法在古代就已經有過了，在漢景帝時期，晁錯上《守邊備塞疏》就主張過屯田自給，中興開國的伏波將軍馬援也曾在隴西屯田，而徐州刺史陶謙也以陳登為典農校尉，專門負責屯田。但是屯田這種形式只限於邊塞之地，主要是解決軍糧供應的問題，並不能應對整個朝廷的巨大花銷，畢竟國家課稅才是朝廷收入的主體。

棗祗解釋道：「如今天下混戰，民籍雜亂，更兼蝗旱災害頻繁，大部分地方有荒田而無民耕，而有民的安定之地又田畝不夠，更限於流民籍貫不能官府授田。單以豫州為例，戰亂以來百姓逃亡，十室九空幾無產出，可墾之地何止萬頃，不過是無人願意來耕種罷了。」

「這倒是實情。」曹操很無奈。

棗祇繼續道：「大將軍屢破黃巾，收青州之民百萬，壯丁近三十萬，雖然兗州叛變流散了一些，但大體上還是掌握不少流民的。還有在汝南破葛陂黃巾，又有歸附之民若干。那咱們不如改軍屯為民屯，募集他們來種田。」

「把荒田與流民都充分利用起來，這倒是個不錯的想法。」曹操瞇著眼睛不住捋髯，「不知你們有沒有什麼具體的想法？」

韓浩接過了話茬：「這件事以前沒搞過，咱們不妨先在許都附近試行。在下初步設想了一下，可以遷青州流民至此，然後組織墾荒種田。還按照佃科的老規矩，官府租賃耕牛，按耕牛數目適當收糧，剩下的就給那些流民自己分了。這樣既有了官家花銷，也解決百姓無糧之困。」

「行，咱就先試試看。」

任峻笑道：「自遭荒亂以來，官民皆受無糧之苦。諸軍割據並起，卻無終歲之計，饑則寇掠，飽則棄餘。因為沒有糧食，瓦解流離、無敵自破的勢力數不勝數。袁紹之師在河北仰食桑葚，袁術之眾在淮南捕食河蚌，民人相食，州裡蕭條。咱們當初逐走呂布，雖然是兵戎得勝，但深究起來，呂布當時乏糧怯戰，也是事實啊！」把平定叛亂的原因歸於呂布乏糧，這樣的話也就是任峻敢說。別人自不能隨便質疑曹操的戰功，可是任峻是他妹夫，說話便直截了當。

曹操心裡有數，昔日轉移到東阿的時候，糧食已經缺乏到極點。程昱誅殺叛軍，暗地裡將人肉晾成肉脯供應兵卒。所有人其實都心知肚明，說是牛肉，只是自己給自己解心寬，現在每每想起來都覺得不寒而慄。前不久扶風人王忠率領鄉黨跑來投奔，那一路上就是人吃人過來的，天理人倫何在啊！曹操歎息一聲道：「夫定國之術，在於強兵足食，秦人以急農兼天下，孝武帝以屯田定西域，此先代之良式也。」

「好處還遠不止這些呢！」荀彧忍不住插嘴道：「黃巾剿而不絕，根源在於無法自存只能劫掠；現在使其屯田耕種，也算有了營生。繳糧之餘歸自己所有，田地便與他們性命攸關，日後專事生產也不會輕易作亂了。還有，流民荒田數不勝數，即便朝廷不占，地方豪強也會侵占，不可讓土豪與朝廷爭糧爭地，那也會滋生不臣勢力啊！」

荀彧的分析更深入了一層，曹操頗為滿意：「此事咱們說辦就辦。任峻，我表奏你為典農中郎將，棗祗、韓浩協辦此事。」

「諾。」三人起身行禮。

曹操拍拍任峻的肩膀戲謔道：「妹夫，以後吃飽飯可全靠你啦！」

任峻沒心思同他玩笑，還是顯得憂心忡忡：「遷那些青州流民的差事怎麼辦？」

這倒是個問題，曹操想了一會兒才道：「交給李氏兄弟去辦。」

提起李氏兄弟，任峻長歎一聲：「大將軍，昨天剛剛收到萬潛的書信，李整身染重病，恐怕熬不了幾個月了……」

鉅野李氏對於曹操安定兗州出力不少。李乾曾隨他征戰徐州，後來因往乘氏一代安撫族人，被呂布殺死。後來其弟李進、其子李整、其姪李典都效力曹營，還在最困難的時候供應了一批糧草。李乾在定陶被呂布部將張遼重傷，不久去世。如今李整又病入膏肓，曹操有些動容：「英俊豪傑偏不長壽，我表他為青州刺史吧！」青州現在不屬於曹操的地盤，身染重病的李整也不可能去任上，這只是一種精神上的安慰。

「那遷徙流民之事……」

「交與李典去辦吧！」

「李曼成？」任峻一皺眉，「他是不是太年輕了？」

曹操擺擺手：「這孩子不同於其他豪強子弟，不但通曉詩書，而且少年老成，這個差事他一定擔得起來，只管放手讓他辦吧！另外，棗祗升任陳留太守，你去招募流民，幫李典的忙。」

「諾。」棗祗領命起身，他和任峻、韓浩見荀彧坐在一邊，袖子裡露出一份詔書，似乎是有什麼要事，便趕緊告辭出去了。

見他們走了，荀彧拿出詔書道：「您下令起草的這份給袁紹的詔書我看了，措辭似乎尖銳了一點兒。」說著他念了幾句，「地廣兵多而專自樹黨，不聞勤王之師，而但擅相討伐……這樣嚴苛的斥責，會不會激怒袁紹呢？」

「措辭尖銳？」曹操嘿嘿一笑，「這份詔書所言哪一句不是實話啊？他就是圖謀不軌。」

「話雖如此，不過……」

曹操沒容他說完，就打斷道：「我就是想試試他袁本初的肚量，看他是否已經視我為仇讎，摸摸這潭水究竟有多深。表奏太尉也好，領冀州牧也好，這不僅是朝廷的恩賜，還是我拱手送給他的。也讓他知道知道，現在有朝廷了，省得他拿著那顆『邟鄉侯』的印整天偽造詔書！」

荀彧還是不贊同曹操的論調：「現在絕不是招惹袁紹的時候，假若他不肯受命，那時您又該如何呢？」

「暫且走一步看一步，袁紹壓了我這麼久，也該我曹某人出口氣了！」曹操說著拂袖而起，口氣很堅決，「吩咐尚書再替我起草一份詔書，叫衛將軍董承、偏將軍劉服、匈奴右賢王去卑、豫州牧劉備與我共同起兵，征討楊奉、韓暹。我要讓世人都知道，普天之下只有許都這一個朝廷！不單單是天子，宗室、外戚、匈奴、士人都站在我這邊！」

梁縣之役

都說人生大起大落，不過對於楊奉、韓暹而言，境遇起伏似乎也太快了。他倆不過是靠造反起家的白波帥，本是把腦袋別在褲腰帶上跟朝廷玩命的。因為董卓進京、群雄割據、天子東歸等機緣巧合，造反之人卻成了救駕的大功臣。巔峰之時韓暹受封大將軍、楊奉為車騎將軍，帳下小頭目一個個也都是校尉或者騎都尉。

但轉眼繁華如夢渺，短短一年的好運，隨著遷都許縣而結束。官職、功勞一筆勾銷，二人從開府將軍又恢復了反賊身分。聽說大將軍曹操、衛將軍董承、梁王子偏將軍劉服、匈奴右賢王去卑、豫州牧鎮東將軍劉備五路大軍奉天子之命一齊來攻，楊奉、韓暹嚇得腿肚子都抽筋了。

梁縣駐軍內部也起了爭執，有人想打、有人喊降、有人要逃；但是打該怎麼打，降能不能被接受，逃又往哪裡逃，卻誰也說不出門道。無奈之下，楊奉、韓暹只得留部下徐晃守城，二人率領一半兵馬在梁縣以東霍陽山沿路下寨，卡住出山的谷口，與城池呈犄角之勢，希圖能對峙到王師糧草耗盡。

曹操統領五路大軍離開許都疾速前進，很快在霍陽山前紮營。官軍堂而皇之號稱五路，實際上董承、王子服、去卑、劉備加在一起也不過是三千多人，尚不足曹操兵馬的一個零頭。為了表示尊重，中軍帳裡除了曹操居中而坐，也為四人在下面各自安排了帥案，只是誰都不敢坐。

曹操逐個打量四人，故意裝作一副不知所措的樣子，皺著眉問道：「現在敵人據衝要之地下寨，我等該如何敵對呢？」

劉服還是那麼雄心勃勃，搶先道：「大將軍久經沙場，這等事還用問嗎？王師至此氣勢大盛，不可拖延時日以怠軍心。現強弱分明，不論他們戰與不戰，咱們都應當一鼓作氣直搗敵營！」

這話說得沒錯，不過曹操可不大高興。到了現在這會兒劉服還瞧不出子丑寅卯，氣焰囂張目中無人，曹操強裝笑意：「王子所言正合我意，各位將軍有何異議嗎？」

董承、去卑、劉備自不敢違拗，齊刷刷拱手道：「我等願聽大將軍調遣！」

「好！」曹操一拍帥案，「那咱們就直搗敵營……」

這句話還沒落音，樂進、朱靈、夏侯淵這仨急性子就躥出來了。眼看就要討令，曹操趕緊呵斥道：「諸位將軍在此，哪容你們說話，給我退下！」仨人一見這陣仗，又不聲不響站回去了。

曹操笑容可掬地看著劉備：「玄德，我看衝擊敵營還要勞你前往。」劉備今天雖穿戴戎裝，但英俊之氣不減：「末將自當聽從調遣，不過……」

「自我帳下撥你五千精兵，任由你部將調遣！」曹操知道他顧慮兵少，替他說了出來。

「遵令！」劉備深施一禮。

「王子與右賢王緊隨其後以作接應。」

「諾。」劉服、去卑趨身領命。

董承畢竟是國舅，曹操不好隨便派他，笑道：「衛將軍與我共同觀陣，咱們給年輕的擂鼓助威。」

「好，好。」董承老老實實哪敢說別的。

少時間差派完畢，劉備、劉服、去卑各自回營點兵。典韋、許褚率領一千虎豹騎登上霍陽山，保護曹操、董承居高觀陣。只見狹長的山路間，五千先頭部隊直衝白波大營。楊奉、韓暹毫無戰意，唯恐營寨不固，周邊設擺了許多鹿角，也派出大量軍兵憑險抵禦。

曹操忍不住興奮，對董承道：「國舅，你用心看，劉備帳下有兩員勇將，一會兒準能看到。」

董承不關心前面，只關心後面——典韋、許褚又站到他身後了，這會兒要是趁著打仗把他一宰，曹操只要對皇上說國舅戰歿陣中，可就稀裡糊塗了事啦！他又開始哆嗦起來，低著頭戰戰兢兢道：「是……咱們一同觀看。」

果不其然，在萬馬軍中忽然突出一員戰將。雖然離得頗遠，但是那個形象在曹操腦海中呼之欲出——身高九尺，頂盔貫甲，外罩鸚哥綠的戰袍，腰繫鸚哥綠的戰裙，下有護腿甲，足蹬虎頭戰靴，胯下一匹雪白的戰馬。赤紅臉膛，寬額大頤，丹鳳眼，臥蠶眉，唇若塗脂，五綹長髯。手中擎一口大刀，長有丈許，刀頭形如偃月，冷森森耀人膽寒。

眼看那廝神勇無敵好似神仙下凡，掌中大刀劈鹿角、砍敵軍，無人可擋，尤其是那飄揚的五綹長髯，更襯托出他的瀟灑俊逸。曹操從杌凳上站了起來，高喊道：「快看快看，就是他！」

還未等他緩過神來，緊接著又有一員黑袍戰將趟出。他手中挺一杆丈餘長矛，捅上就是窟窿，掃上就是跟頭。所過之處馬趟矛刺，簡直是浴血而過，胯下的戰馬都瞧不出本色了。忽然他將長矛送出，兩腕一使勁竟將大片的鹿角挑起，隨手一甩，砸倒一大片敵人。他隨即將長矛劃了個圓圈，高聲喝道：「鹿角已開，跟我衝啊！」

人聲鼎沸之際，他這嗓子竟蓋過混亂，似如龍吟虎嘯一般傳出老遠，在山谷中迴蕩了半天。曹操驚得打了一個寒戰：「真萬人敵也！」轉眼間，敵營已被撕了個口子，兩員勇將當先突入，三軍兒郎隨將而行暢通無阻。

曹操擦了擦額角滲出的汗水，低頭再尋劉備。瞪大眼睛找了老半天，才見在戰場很遠的山腳下插著大旗，劉備領著點兒人在那兒躲著，身邊有趙雲、陳到兩員小將保護。王子服、去卑的兵馬都跟著衝鋒過去了，劉備還原地不動呢！

曹操不禁冷笑——劉玄德志大才疏膽小如鼠。縱有百員猛將，保此無能之主，又有何作為？

「恭喜大將軍，您得勝了！」董承見縫插針趕緊奉承。

「國舅怎麼這樣講話？」曹操緩過神兒來，皮笑肉不笑地推辭道：「此乃王師得勝，應該恭喜當今天子才對嘛！」

董承頗感無趣，含含糊糊道：「在下失言了……大將軍恕罪。」

「哪兒用得著這麼多虛禮，」曹操這會兒挺高興，一把拉住董承，「咱們下山回營，準備追擊敵軍，就勢攻取梁縣。」

可是根本用不著攻城了，曹操剛剛占領敵營就得到消息——城內敵軍舉城投降，楊奉、韓暹未能入城，已率兵南下逃亡。沒過多久，就有敵將徐晃謁轅門來投。梁縣城中尚有兩千人馬，糧草若干，曹操怎能不喜？他免去徐晃報門之禮，准其進入大帳。

「罪將參見大將軍！」那徐晃一跨進來便跪倒請罪。

曹操不喜歡背主之人，又見徐晃身材一般面目平庸——生得黃面皮疏眉毛、三角眼大眼袋、鷹鉤鼻菱角口、黃焦焦一團虬髯，叫人瞧著不喜，便皺眉道：「你城中尚可堅……」

主簿王必見狀，湊到曹操耳邊嘀咕了幾句。

「哦？」曹操聽罷深感奇怪，口氣緩和了不少：「你可是護衛天子在曹陽奮戰，力退李傕的徐公明？」

「不敢當。勤於天子之事，在下理當如此。」

聽他言語謙虛，曹操轉怒為喜，又問：「當初是你勸楊奉表奏我官、引我入京的？」

「罪將不敢擔此功勞。」徐晃的回答依舊很謹慎。

「無罪，你起來吧！」曹操不住點頭，「你為何獻城投降？」

徐晃謹慎站起，拱手道：「有公亦……亦有私。」

曹操頗感興趣：「公者何論？私又怎講？」

「白波起兵乃因宦官亂政逼害，實不得已而為之，所為除暴安良掃滅奸賊。後天下大亂，楊奉、韓暹既不能保境安民就應該擇主而仕。所幸聖駕東歸之日立有勤王之功，當善始善終歸順朝廷。天子遷都國之大政，楊奉、韓暹意欲擁兵自重，又起劫駕之心，可出生入死的兄弟們不願意再當賊了，長此以往難得善終，唯有投靠大將軍，輔保朝廷才是最佳歸宿啊！此乃為公的一面。」徐晃停頓了一會兒又道：「論私者……在下本良家子弟，曾為郡吏，失身為賊。有道是『良禽擇木而棲，良臣擇主而仕』，我不願隨楊奉、韓暹行不歸之路。」

「好個為公亦為私。」曹操頗為感慨，「梁縣駐兵依舊歸你統領，你身居何職？」

徐晃羞赧道：「勉為騎都尉，不過……無印。」

從朝廷官制上講，騎都尉是二千石的武官，曹操鎮壓黃巾的時候就當過，按理說已經不小了，但徐晃這個騎都尉卻寒酸得多。當初韓暹救駕，恣意保舉親信，手底下頭目皆是騎都尉、校尉一級。那時候朝廷還在流亡路上，連印章都不夠用，有時隨便畫個印綬就算封官了，徐晃的高官也是這麼來的。

「我上表朝廷賜你印綬！回去整備兵馬，你若能將北路卷縣、原武縣的反賊一併剿滅撫平，還會再加升賞。」

「謝大將軍！」徐晃深施一禮就要回去。

一旁站的于禁忽然邁步出來：「大將軍，梁縣尚未接收，不如暫留徐都尉片刻，待把軍中事務講明，再叫他調兵過來，豈不更好？」

軍中事務有什麼可講明的？這分明是怕徐晃回去有變，要在接收梁縣以前扣留在曹營。曹操瞅瞅他，微微一笑：「也好。」

旁邊的朱靈一拉徐晃的手：「公明兄請過來吧！」說著讓出上手之位。徐晃不敢自居，二人推辭了一番才站好。朱靈與于禁意味深長地對視一眼，誰都沒說什麼——其實看似同仇敵愾的曹營，暗流卻在湧動。于禁以非曹氏的第一大將自居，而絕大多數兵將也都和他一樣是兗州人。唯有朱靈是自願從袁紹帳下投誠的，平日受到排擠，今天可算來了一個非嫡系的，便極力拉攏到自己身邊。

曹操沒理會那麼多：「速速傳偏將軍、右賢王、鎮東將軍進帳！」

軍兵一個接一個把將軍號令傳下去，不一會兒工夫，劉服、去卑、劉備便走進帳來。還未來得及下跪，曹操便抬手止住：「三位將軍勞苦功高，真乃大漢之忠良！」不想給予實際的獎勵，便多動動嘴。

「為朝廷效力，自當如此！」三個人的回答也差不多。

各自歸班之後，曹操上下打量劉備：「玄德，方才你帳下那二位將軍奮勇當先，能不能請來給大家引薦引薦呢？」劉備哪敢說不能，拱手道：「這有何不可？」隨即走到帳口示意趙雲去叫人。

曹操的心都快蹦出來了，手擄帥案向外看，這片刻的等待竟如此令人煎熬，真好像過了整整一天。此時此刻與其說是喜愛這兩員將，不如說是好奇和敬仰。那個紅臉大漢與黑袍將軍都來了，二位進帳施禮，跪倒在他面前。

「末將參見大將軍！」二人低頭齊聲說道。

不知是何種心態作祟，當日思夜想的神祕將軍跪在面前時，曹操竟緊張得半天說不出話來，直勾勾盯著那個紅臉大漢的頭頂，幻想著他能為自己效力，硬是讓這兩個人跪了很久。

王必看得明白，趕緊捏著嗓子咳嗽了一聲。曹操這才回過神來，強笑道：「二位將軍快快請起。」

「謝將軍。」

左手邊紅面大漢曹操已經見過，但每看一次都禁不住感歎，赤紅臉、臥蠶眉、丹鳳眼、五綹長髯，這相貌確實太少有了，太威風了。右手邊黑袍將曹操第一次面對面相見，此人身高八尺，不過二十四、五歲，一張黝黑光亮的寬額大臉，眉梢眼角透著風流俊俏，隆鼻闊口大耳朝懷，頷下微有些虯髯，又是個漂亮人物。

曹操由喜愛到嫉妒，由嫉妒到疑惑，由疑惑到憤慨——怎麼天底下才貌雙全之人都跑到劉備帳下去了呢？

他不禁往自己人那邊望：頭一個是于禁，老成持重堪稱獨當一面之將，可是容貌平庸舉動拘謹，比文人還沉鬱；第二個是樂進，身先士卒驍勇之將，可是別提模樣，五尺來高，五官緊湊，都擠到一起了；第三個是朱靈，有勇有謀忠義可嘉，一雙大眼睛總瞪著，地包天的下巴，總要跟人玩命似的；再往後就是那位徐晃，更別提了……另一邊都是自家人，高的高矮的矮胖的胖瘦的瘦，一個個神頭鬼臉，也就夏侯惇、任峻還不錯，留守許都沒帶出來……曹操歎了口氣扭頭看看，典韋、許褚——這倆更沒人模樣了！

「將軍怎麼稱呼？」曹操迫不及待，先問紅臉大漢。

那大漢一捋頷下長髯，隨即拱手道：「在下關羽關雲長。」

「聽口音，將軍是河東人士吧？」

「在下河東解良人士。」

曹操如飲美酒，不住地微笑點頭：「人言『關東出相，關西出將』果然不假，今日歸順我軍的徐公明也是河東人士，如今已經是騎都尉之職了。」這話裡的拉攏之意已經呼之欲出了。

關羽默然不語，根本沒搭他這個話茬。這樣當著滿營諸將，曹操不能有偏有向，倒不好繼續說下去了，轉而問道：「將軍既是河東人士，為何會在劉豫州軍中呢？」

關羽拱手道：「實不相瞞，在下出身貧寒卑賤，本無效力疆場之意。只因鄉里豪強欺壓百姓搶男霸女，我一時氣憤手刃了害民賊！」說到這兒，他的丹鳳眼忽然不自覺地瞪了起來，逼人的殺氣驟然騰起；曹操身子不禁微微一顫，卻見他又漸漸恢復了柔和，「唉……我這是佃農殺主，到哪裡也沒人做主。不得不逃出家鄉流亡在外。後來黃巾造反，我家使君那時正在涿郡招兵抗敵，在下便投到了軍中。」

「大漢有今日之衰，也有豪強兼併農田逼害百姓之故，雲長敢於誅殺惡人，當時便可稱豪傑。」曹操直呼關羽表字，把距離又拉近了一些，「現在更稱得起是豪傑！」

「在下不敢。」有許多人的氣質是天生具備的，關雲長似乎就屬於這一種。按理說他佃農出身，又是流亡的逃犯，自不會有什麼修養可言。可是他即便跪在這裡恭敬謙讓，還是給人以端莊與桀驁的感覺，這一點倒是與劉備有些相似。

「雲長，咱們倆曾有一面之緣，不知你可還記得？」曹操想起了郯城之戰時，關羽率十餘騎突襲之事。

關羽根本不記得了，一來那時他認定纛旗下是曹營督戰大將，可並不知是曹操本人，倉皇之間沒看清面容；二來他自從軍以來，隨著劉備平黃巾、征烏丸、戰袁紹、打袁術、抗呂布，輾轉征戰，自然不會對每場戰鬥都記憶猶新。他面帶慚愧道：「末將實在是不記得了。」

曹操環視營中諸人：「列位將軍還記不記得，郯城之戰有一員戰將率領十餘騎突上山頭，險些取我性命，就是這關雲長！」

「啊？」大夥一聽，各拉刀劍要動手。

「都給我停！當初是仇讎，今日是朋友，此一時彼一時也。」曹操一擺手，「雲長，你可讀過書？」

「在下粗識文字，唯喜讀《春秋》。」關羽的回答很謙虛，能讀懂《春秋》便精通史事，已經很不錯了。

「我想起一件往事……昔日晉國有六卿，你可知道？」

「韓、趙、魏、智、范、中行。」關羽脫口而出。

「不錯。智瑤滅范氏、中行氏兩家，韓康子、魏桓子、趙襄子又滅智瑤。」曹操這才道出想說的話，「那時有一豫讓，本是范氏之臣，與那智瑤有仇，然智瑤不計前嫌待其深厚。後來智瑤死，豫讓兩刺趙襄子不成，乞得趙襄子之衣，三擊其衣而死……可見天下之事多有變通啊！」這暗喻自己希望援引關羽於帳下。

關羽聽得明白，卻拱手道：「我記得豫讓臨死前言道：『忠臣不憂身之死，明主不掩人之義』，歎智瑤以國士之禮相待。在下每思此事，莫不感慨。今劉豫州待在下亦為國士、亦為手足，在下也當為其不憂身死，勿使他人掩在下之義。」他的意思很明確，死心塌地跟著劉備了，寧可為其身死，不能再保他人。

「哦？」曹操一皺眉，想說的話全被他堵回去了。

這時那黑袍將軍忽然厲聲嚷道：「我三人自舉兵以來情同手足，安可分崩與他人，大將軍忒多事了吧！」

這話不僅傲慢無禮，而且聲嘶力竭震耳欲聾，營中眾將無不惱怒，連典韋、許褚都不禁跨前一步。劉備趕緊護在那人身前：「我這結義三弟口無遮攔，還請大將軍恕罪！」

曹操揮退左右：「不知將軍貴姓何名？」

那黑袍將不服不忿道：「某乃燕人張飛，與劉豫州、關雲長乃異姓結義兄弟。我三人雖為主從，勝似手足。曾有誓言，不求同年同月同日生，但願同年同月同日死！」

曹操仰天大笑：「哈哈哈……不求同年同月同日生，但願同年同月同日死，倒是頂天立地的忠義之人！」

劉備深恐因此見害，趕緊拉著二人跪倒請罪。

「哈哈哈……」曹操笑到最後已經變成了無奈的苦笑，眼望劉備道：「玄德啊，能得此二將實屬不易啊……請他們回營歇息吧！」既拉不到手，又不能誅之而後快，還留在眼前幹什麼？人之緣分乃是天定，本不是我的又何必多想。曹操自己給自己解了半天寬心，才抬頭道：「四位將軍，今已得勝，咱們一同回朝向天子道賀吧！」

「諾！」董承、劉服、去卑、劉備一同躬身應承。

大軍一路高唱凱歌回轉許都，將兵皆屯於城外。皇帝劉協不敢怠慢，趕緊吩咐設擺廷宴為五人慶功，一時間百官畢至群臣繚繞。大家都簇擁著曹操施禮道賀，就連七十歲高齡的張儉也來了。曹操命兵士偕公車相請，老爺子怕禍及子孫不敢不到，來至許都當即拜為衛尉卿。

曹操一手拉著衛尉張儉、一手拉著光祿勳桓典，對劉服道：「今朝廷諸卿已定，天子自有衛尉、光祿勳保護，我看王子的兵就安心駐紮在城外吧！」王子服貢獻梁國陵寢木材修建新宮，又完成了「護衛」天子遷都的差事，對曹操而言，他再沒什麼利用價值，以後多加賞賜養起來也就罷了。

隨即當宴定下決議，匈奴右賢王去卑歸國、豫州牧鎮東將軍劉備出屯小沛、偏將軍王子服屯駐許都以外，至於衛將軍董承就頂著國舅的幌子給曹操當個陪襯吧！至此，京畿各派軍隊，皆被分化瓦解，唯曹操一人獨尊。

酒宴散去曹操回到幕府，天色已經大黑了，而廳堂之上還有薛悌、李典二人在靜靜等候，他們剛剛從兗州趕來。曹操趕忙命人多掌上幾盞燈，仔細聽他二人交待差事。

「曼成，你這次遷移流民協助屯田，差事辦得很好。」就著逐漸明亮的燈光，曹操發現這個年輕人臉上殘留淚痕，「你怎麼了？」
李典啞著嗓子道：「族兄李整過世了。」
曹操聞此言也哀歎不已：「你李家助我戡平兗州功不可沒。李整英年早逝，或許是天妒英才吧……曼成你不要難過了。」
「天下未平，在下豈敢難過。」話是這麼說，李典的聲音還是有些哽咽。李氏乃兗州首屈一指的土豪，當年何等興盛，可如今李乾、李封、李進、李整都死了，剩他形單影隻怎能不難過？
「從今以後，你叔父和你兄長的隊伍都交給你統領。另外……」曹操拿起桌案上的一卷表章晃了晃，「我打算劃離狐、乘氏、濮陽等縣單立一郡，由你任離狐郡的郡守。」
此言一出連薛悌都嚇了一跳——李典才十七歲啊！即便曹操迫切希望提拔李家人，而對這個孩子而言，擔子也太重了吧？
「在下年少無才無德，不敢受此厚賜。」李典倉皇跪倒。
「曼成，你弄錯了，我任命你為郡守，絕不是為了酬謝你家。」曹操走到他近前，看著這個與他兒子年紀相仿的年輕人，「當初呂布與我爭奪兗州，濮陽城遭戰亂、火災、蝗蟲，兗州第一城就那麼毀了。我要你當郡守，是希望你能安撫百姓，招募流亡之人，重新安定那一帶。你知書達理，雖然年紀輕，卻比營中諸將更顯豁達老練！孫策小小年紀可以威震江東，你也一定能治理好一方百姓。」他趨身拍了拍李典的肩膀，「我相信你，更相信李家的威望，只有依仗你們李家的威望，才能把那片土地恢復原貌。你明白嗎？」
李典聽他這麼說，響亮答應：「為了大將軍，也為了李家之聲望，末將勉力為之！」
「很好……」曹操忽然湊到他耳邊，「我封劉備為豫州牧，叫他駐紮沛縣，你在東邊也要多替我留心才是。」

李典眼睛一亮：「末將明白！」

「好！天不早了，你回去歇著吧，不要再難過了。等詔書下來，就去上任吧！」

見李典走了，薛悌呈上萬潛遞來的文書——都是關於兗州政務的匯報。曹操翻開看了看，笑道：「呂虔在泰山捕盜很有成效嘛！」

「呂子格勇猛強悍之人，對待不法之徒就應該下狠手，有時候殺人比什麼都見成效。」薛悌乃酷吏出身，言辭桀驁刁蠻。

曹操把竹簡一合，冷森森道：「孝威，我要削割一下劉備的勢力。把泰山郡的嬴縣等西邊五縣劃為一郡，任麋竺為嬴郡太守。任城國只有三個縣，我讓麋芳擔當任城相。希望這對賭徒兄弟能感恩圖報，轉而為我下注。可若是他們終不能為我所用……」

「那就把他們殺了！」薛悌瞪著鷹隼般的眼睛接道。

曹操眼裡也迸出凶光：「我調你出任泰山太守，呂虔為泰山都尉，你們倆聯手，把麋家兄弟給我好好盯住！」

「諾！」

「另外……我還得跟袁紹搞搞關係，」說到袁紹，曹操的眼光又不禁黯淡了，「我打算用他的同族兄弟袁敘為濟陰太守，這個袁敘與袁紹說遠不遠說近不近，你也得替我留神。」

「諾。」薛悌又應了一聲，「稍有謀逆舉動，我即刻將其誅殺！」

看著薛悌堅毅的表情，曹操頗感滿意。現在他只剩下一個顧慮，就是在河北自稱車騎將軍的袁紹，只要再穩住他，自己就可以放心去打張繡了。

不過想起明天就要離京的劉備，曹操心裡還是惴惴的——關雲長為什麼就不能為我所用呢？

攜子出征

袁紹收到朝廷的詔書後氣憤不已，曹操以天子名義斥責他擁兵自重不肯勤王倒也罷了，更讓他不能容忍的是昔日仰他鼻息的人擔任了大將軍，而他自己卻是三公之首的太尉，在朝廷的位置比曹操低了一點兒。他不禁抱怨道：「曹操當死數矣，我輒救存之，今乃挾天子以令我乎？」但是既然朝廷已經復立，他也就不能再拿著「邟鄉侯」的大印發布詔書了。袁紹與眾謀士商議良久，仔細斟酌出一封表章，一方面對自己沒有勤王迎駕的事情作出解釋，另一方面也以退為進，假意推辭太尉之職。

這封表章遞往許都省中之後，很快就轉到了大將軍府中。荀衍既跟過袁紹，如今又在曹操幕府擔任掾屬，這一次他作為引導隨同天使下詔，此刻手捧竹簡，高聲朗讀給曹操、荀彧、郭嘉三人聽：「忠策未盡而元帥受敗，太后被質，宮室焚燒，陛下聖德幼沖，親遭厄困。時進既被害，師徒喪沮，臣獨將家兵百餘人，抽戈承明，竦劍翼室，虎吅群司，奮擊凶醜，曾不浹辰，罪人斯殄。此誠愚臣效命之一驗也……」

剛讀了兩段，曹操就打斷了：「文若你聽聽，袁紹把自己說得跟個救世英雄一樣。」

荀彧點點頭：「擺功勞論資歷，這是袁本初的一貫伎倆。」

「可惜他這個功勞騙不了明眼人。」曹操冷笑道：「當初若不是他給何進出主意招董卓進京，天下何至於大亂？興兵宮闕誅殺宦官，那是袁術放的第一箭，他也算到自己頭上去了。『虎吅群司，奮擊凶醜』這等自吹自擂的話，虧他說得出口。」

荀衍等他發完牢騷，才繼續讀道：「會董卓乘虛，所圖不軌。臣父兄親從，並當大位，不憚一室之禍，苟惟甯國之義……故遂引會英雄，興師百萬，飲馬孟津，歃血漳河……」

「不要念了！」曹操騰地站了起來，「我怎麼沒看到他打一仗呢？唆使王匡誅殺胡母班，又借我去殺王匡；奪了韓馥的冀州，又叫張邈把人家活活逼死。他就是這麼『興師百萬，飲馬孟津』的嗎？」他來來回回踱了幾步，問荀衍，「這等表功勞的屁話還有多長？」

荀衍也不知道袁紹寫了多少，把整個竹簡展開找，眼瞅著已經看了一大半，袁紹那些自我吹捧的文字還沒有結束呢！曹操乾脆從他手裡把表章抓過來：「我自己看看，他還說了什麼假惺惺的話。」

荀氏兄弟對視了一眼，卻沒有說話：天下烏鴉一般黑，曹孟德再三讓封是坐抬聲價，袁本初上表推辭自吹自擂，這倆人真是一對活寶啊！

「哈哈，你們聽聽這一段啊……是以忠臣肝腦塗地、肌膚橫分而無悔心者，義之所感故也。今賞加無勞，以攜有德；杜黜忠功，以疑眾望。斯豈腹心之遠圖？將乃讒慝之邪說使之然也……」曹操不屑地一笑，「袁紹這是拐著彎罵我為奸臣呢！」

郭嘉可不似荀家兄弟那般彬彬有禮，坐在一旁聽得有滋有味，還笑呵呵湊趣道：「他還有臉罵您為奸臣，他自己又算是什麼東西？論兵力他最強盛，論地盤他最大，論身分他也最尊貴，天天拿著自己刻的大印偽造詔書，連皇帝的死活都不管。如今朝廷也穩定了，天子也安全了，他又搬弄是非，想起罵別人為奸臣了。我算是看清楚了，袁本初就是個地地道道的偽君子！」

這幾句話很合曹操的心思，他點頭道：「我現在才明白，世間之人原來還可以這樣虛偽做作。再聽聽這段……太傅日磾位為師保，任配東征，而耗亂王命，寵任非所，凡所舉用，皆眾所捐棄。而容納其策，以為謀主，令臣骨肉兄弟，還為仇敵，交鋒接刃，構難滋甚。臣雖欲釋甲投戈，事不得已……哼！他絕口不談兄弟反目，把與袁術矛盾全推到馬日磾身上，反正老爺子已經薨了，死無對證。他這手可真夠絕的啊！」

郭嘉噗哧一笑：「可惜他忘了，詔書還得交到您手裡過過目，他們兄弟之間那點兒齷齪事，騙得了別人，還騙得了您嗎？」

「『絕邪諂之論，無令愚臣結恨三泉』，寫到最後還不忘損我一句。唉……」曹操看罷長歎一聲，似乎也挖苦夠了，把表章卷起揣到袖子裡，「看也看了，罵也罵了，咱們下一步該怎麼辦呢？」他現在只能過過嘴癮，袁紹要是翻臉，現在他還真惹不起。

荀彧心裡糾結了半天，還是開口道：「若依在下之見，您當把大將軍之職讓與袁紹。」

曹操一聽眉毛都立起來了：「不行！大將軍讓給了他，我還怎麼統領百官？誰還能把我放在眼裡？」

荀衍解釋道：「昔日袁紹自號車騎將軍，不甘位居於您下，他這就是衝著您的大將軍頭銜來的。」

「他越是要，我越不能給他！」曹操一拂袖，「此事不必再議。」他一直耿耿於懷的就是自己家族出身不好，現在好不容易可以凌駕於袁紹那個四世三公之上，自然不肯輕易罷手。與其說這是本著平定的志願，還不如說是對於自己身分的挑戰。

荀氏兄弟見他那股勁又上來了，正不知該怎麼勸，郭嘉卻在一旁笑嘻嘻道：「大將軍，在下敢問您平生的志量如何？」

「這還用說嗎？」曹操知道他欲加說辭，白了他一眼，「我曹某人願復興漢室天下，拯救黎民於水火，這與讓不讓官位何干？」

郭嘉起身行禮道：「昔日楚漢鴻門宴，高祖爺若是因一時之憤以卵擊石，那還會有如今大漢天下嗎？」

曹操聽他把高祖劉邦都搬出來了，一時語塞。郭嘉再揖又道：「昔日更始為尊之際，光武爺若急於報兄長劉縯被殺之仇，與朱鮪面爭於朝堂，那還能復興漢室再傳十二帝嗎？」

「此等舊事我亦知曉。」曹操苦笑道：「就是嚥不下這口氣！」

郭嘉見他顏色稍和，趕緊趁熱打鐵：「天將降大任於斯人也，必先苦其心志，勞其筋骨，餓其體膚，空乏其身。昔日將軍屈身河北、轉戰兗州，幾遭困苦，千里之堤豈可毀於一穴？今袁紹擁河北之地，兵馬倍於將軍、糧秣多於將軍。若因名分之爭觸怒此賊，則將軍禍不旋踵，天子蒙塵社稷復危，將軍為得一虛名而身處實禍，萬萬不妥！您救社稷於幽暗，復天子於明堂，此功此德神人共見，袁紹不堪比擬。當此時節宜用韜晦之法，壯士斷腕在所不惜，何況區區虛名耳？」這個平日樂樂呵呵的年輕人，此刻講起大道理聲色俱厲，簡直是當頭棒喝。

荀衍也接茬道：「昔日我在河北，知田豐、沮授也曾勸袁紹奉迎天子至魏郡，當時河北眾將多不贊同，袁紹隨即斷絕此念。今大將軍若依朝廷之威不肯讓位，袁紹必感前番失算，只怕還要與您爭奪天子。將軍大可厚封袁紹，使其自以為朝內朝外皆處高位，他便沾沾自喜不思進取，不再與您爭天子了。」

「忍一時之恨，換萬世之安……」曹操狠狠心一咬牙，「也罷！我讓大將軍之職與袁紹，賜弓矢節鉞、虎賁百人，兼督冀、青、幽、并四州。他現在是邟鄉侯，我再給他提一級，晉為鄴侯。能給的虛銜我全都給他，就讓他臭美去吧！」

三人立時跪倒，面帶喜色：「大將軍英明！」曹孟德為人專橫偏執，但是他確能從善如流，這一點便是他的明智之處。

曹操一擺手：「哪兒還有什麼大將軍，這個位子歸袁紹了。」

「將軍可以立即就任太尉之職。」荀彧提醒道。

哪知曹操嘿嘿一笑：「太尉就算了吧，既然已經讓了，我就再風度一點兒，改任司空之位。」三公的實際權力在大將軍以下；三公者，太尉、司徒、司空，司空名義上是管理國家工程營造的，是三公中資歷最淺的一位。

荀彧吃驚非淺：「當朝司空乃是張喜，名門之後，兩代為公。」

「尸位素餐，罷免了他，我來當這個官。」曹操這就是強詞奪理了。朝廷政務皆出於己手，三公有職無權只能是尸位素餐。若依他這等想法，滿朝文武想罷誰的官就罷誰的官，根本無需有什麼理由。

前番免了太尉楊彪、如今又罷司空張喜，荀彧心中不滿；哪知郭嘉卻道：「不如將司徒趙溫一同罷免，省得這些人閒著沒事掣肘咱們。」

「留著趙溫吧！」曹操笑得冷森森的，「趙子柔乃是蜀中人士，如今朝中蜀黨盡數逃歸益州劉璋，剩他一個人興不起多大風浪，就留著這個司徒給我當陪襯吧！」

「哎呀！幾乎忘卻。」荀衍拍拍腦袋，「袁紹派其心腹逢紀送我離開，分手之時有密信交託，囑我轉呈大將軍觀看。」說著他從懷中掏出一只錦囊雙手捧上來。

曹操接過來一看，錦囊還封著火漆，可見荀衍沒有私自動過，趕緊踱到几案前以刀筆挑開——原來是一紙帛書。

荀彧三人見這封信如此隱祕，也不好主動問什麼。哪知曹操看完後，掃視著他們冷笑道：「是袁紹假逢元圖之手給我寫的信，他讓我幫他殺三個人。」

「三個人？」郭嘉回頭瞅瞅荀彧、荀衍，哆哆嗦嗦問：「該不會就是我們仨吧？」

曹操深沉地點了點頭，故作深沉道：「你們原本都是袁紹的部下，現在都投靠到朝廷，袁紹希望我幫他剷除叛徒啊！」說著他煞有介事地長歎一聲，「奉孝方才說的好，當此時節宜用韜晦之法，壯士斷腕在所不惜……我曹某人對不起三位了。」

荀彧、荀衍半信半疑驚愕不已；郭嘉臉都嚇綠了，搶步上前奪過帛書一看——上面真有三個人名，卻是昔日太尉楊彪、大長秋梁紹、將作大匠孔融。

「哎喲！您可嚇死我啦！」郭嘉擦了擦冷汗，又把帛書遞給荀氏兄弟，「不是咱們仨……」

「大膽郭嘉！」曹操不等他笑出來，把眼一瞪佯怒道：「竟然搶看本將軍密信，你該當何罪？」

郭嘉腿一軟跪倒在地：「在下魯莽，望大將軍寬……」

「我已經不是大將軍了！」曹操故作厲聲道。

郭嘉趕緊改口：「望曹公寬宥。」

「哈哈哈……」曹操也繃不住了，捂著肚子笑得前仰後合，「看你小子跟我大模大樣指天畫地的，生死關頭不也這副德行嗎？嚇嚇你，也好出出我的氣。」說著攙起了驚魂未定的郭嘉。

「哎喲，您要出我一身汗呀！」郭嘉一咧嘴。

荀彧也鬆了口氣，抱怨道：「戲狎無益啊……」

「我開個玩笑，你們莫要見怪。」曹操拱手道：「但不知袁紹與這三位老臣有何冤仇，非要置之死地而後快呢？」

荀彧解釋道：「袁楊兩家同為四世三公，加之楊彪族子與袁術有親，頗受袁紹嫉恨。大長秋梁紹與昔日太傅袁隗頗為不睦，這是舊日之仇。至於孔融嘛……袁紹以其子袁譚為青州刺史，孔融坐鎮北海不肯歸附。兩家兵戎相見，袁譚屢屢得勝幾擒孔融，後來朝廷一份調任詔書救了他的命，袁家父子自然心懷怨恨。」郭嘉插口道：「袁紹欲讓袁譚、袁熙、袁尚、高幹三子一甥各領一州。」

「這麼幹只會惹得兄弟爭權，乃是自取其禍。」曹操又接過那張帛書仔細把玩，隨即一陣冷笑，「讓逢紀書寫密書與我，這是想做得不留痕跡。袁紹既然殺人，還不想擔上害賢之名，因此假手與我，這跟當初假手王匡害死胡母班如出一轍。」

荀彧立場很堅決：「楊彪、孔融當代名士，梁紹威望老臣，這三個人絕不能殺。」

「當然不能殺，」曹操的態度頗為微妙，「且不論這三人待我如何，袁紹叫我殺，我就偏不殺！奉孝，你搶奪密信，罰你做一件事。」

「啊？」郭嘉一愣。

「你替我給袁紹……不，給逢紀回一封信，拒絕殺此三人。袁紹不願手沾血跡讓逢元圖修書，我就要奉孝回書，我跟他隔著窗紗說話。」

「諾。」郭嘉領命，立刻抽過竹簡伏在案前奮筆疾書，一眨眼的工夫就寫成了：

當今天下土崩瓦解，雄豪並起，輔相君長，人懷怏怏，各有自為之心，此上下相疑之秋也，雖以無嫌待之，猶懼未信；如有所除，則誰不自危？且夫起布衣，在塵垢之間，為庸人之所陵陷，可勝怨乎！高祖赦雍齒之讎而群情以安，如何忘之？

「嗯，不錯。」曹操把竹簡遞給荀彧，「立刻命尚書屬官寫詔，拜袁紹為大將軍，就命將作大匠孔融為使者，到河北傳詔。」

荀彧一哆嗦：「孔融此去豈不是羊入虎口？」

「對！我不殺孔融，卻送他到袁紹眼前，這封密信也叫孔融帶去。我倒要看看他自己敢不敢殺，敢不敢擔這個害賢之名！這麼辦還不算駁他面子，一舉兩得……」

拿著孔融的性命去試探袁紹，其心機太過毒辣了。莫說荀氏兄弟，連郭嘉都不禁咋舌，但是細細想來這也不失為妙計。正在此時，曹昂慌裡慌張跑了進來。

了。」

曹操衝兒子一瞪眼：「你來做什麼？進門不向諸位大人問安，還有沒有規矩啦！」

曹昂心不在焉朝荀彧三人作了個揖，不待他們還禮，就伏在曹操耳邊：「爹爹，環姨娘要臨盆了。」

「哦？」曹操一跺腳，「家中有喜，諸事已決，各位散了吧！」說罷扔下滿臉懵懂的荀彧三人，急匆匆回轉後堂。

這會兒後院可熱鬧呢，側室夫人卞氏、秦氏、尹氏都急切守候在環氏房門口。秦氏懷裡抱著倆月前剛產下的兒子曹玹，尹氏手裡拉著以前為何家生的何晏，各自的僕婦丫鬟伺候著亂哄哄的。曹操一腳邁進後院，就劈頭蓋臉嚷道：「男孩女孩？」如今曹操兒多女少，反倒更盼著添一個閨女。

「還沒生下來呢！」卞氏掩口笑道：「大姐在裡面照應著，不會有閃失的。」

曹操聽正室夫人丁氏在裡面伺候，心放寬了一大截，伸手接過秦氏懷裡的曹玹：「來來來，叫爹爹抱抱，如今太忙了，也沒工夫哄你。」說著親了兒子一口。

秦氏生性恬淡進門又晚，什麼都沒說。卞氏卻替她嗔怪道：「虧你還知道自己是當爹的，這麼長時間都沒正眼看過玹兒一眼。」

曹操呵呵一笑也不反駁，把曹玹交到左腕，又摸摸何晏的小臉：「這孩子水靈靈的，倒像個女娃子。」尹氏原是何進的兒媳，如今帶著個拖油瓶的兒子託身到曹家，更不敢說什麼話了。

「哎喲，這壞小子拉屎了。」曹操一抖愣手，袖子上已經染黃了一大片。秦氏見狀趕緊把小曹玹抱了過去，卞氏戲謔道：「該！光拉在衣服上算你的便宜，應該給你來個『香湯沐浴』才好呢！」

曹操有些好奇，竟抬起袖子嗅了嗅：「咦？這小娃娃的屎尿不怎麼臭啊！」

卞氏哄著孩子道：「你的兒子你自然不覺得臭啊！」

見袖子髒了，曹操趕緊脫衣服，一摸懷裡鼓鼓囊囊的——原來是那卷袁紹的表章。他雙手一使勁，將掌中的竹簡扯斷，順手抽出一條竹片遞給秦氏：「給他刮屎用吧。」

秦氏嚇了一跳，哪裡敢接著。

曹操把扯散的表章往地上一扔：「袁本初這等言辭，給我兒子當廁籌還差不多！」

這會兒曹昂領著其他兄弟也來了，曹丕、曹彰、曹植，後面還跟著姪子曹安民，以及兩個螟蛉義子曹真、曹彬。看著這滿院的骨肉，他忽然想起袁紹讓三子一甥各掌冀、青、幽、并之事，不禁鬥志又起：「子修、安民，這一次你們繼續隨我出征張繡！」

「諾。」曹昂與曹安民跪倒施禮。

那旁曹丕與曹真、曹彬蹦蹦跳跳道：「我們也去！我們也去！」

卞氏笑道：「打仗可不是玩耍，小小年紀隨去幹什麼？」曹丕過年才十一歲，曹真十三歲、曹彬十歲，都還是總角的娃娃。

曹操卻不這樣看，袁紹比他年長幾歲，三子一甥皆已元服，自己必須要及早鍛鍊兒子。他高聲道：「真兒、丕兒隨我同去，彬兒留下。」雖然曹操對討伐張繡胸有成竹，但總會有萬一的危險，曹真、曹彬畢竟是秦邵之子，總不能都帶到火坑裡。

卞氏畢竟是當娘的，當時就慌了：「丕兒太小了，你怎麼能帶他上戰場呢？」說著把兒子搶到懷裡。

「我還能真叫他們披堅執銳嗎？」曹操白了她一眼，「隨我在軍中見見陣仗，日後大了才能習慣這亂世，我這是疼他們呀！」

即便聽他這麼說，兒是娘的心頭肉，卞氏還是捨不得，眼圈都紅了。曹操不屑地笑道：「妳哭什麼啊？這次出征真的不算什麼，張繡小兒根本不值一提！」他這會兒根本沒把張繡放在眼裡。

卞氏擦了擦眼眶，又見曹操左邊拉著秦氏、右邊攬著尹氏喜笑顏開，不禁慨歎——如今自己也年長色衰了，論地位比不上正室的丁夫人，論年歲容貌已比不了環氏、秦氏、尹氏，雖說跟丈夫受的苦最多，又一連生了三個兒子，但是已經寵幸日減。或許讓曹丕早早吃苦歷練也好，畢竟母以子貴嘛……

還沒容她想完，突然房中傳來一陣高亢的啼哭聲。不一會兒，房門打開，丁氏笑呵呵抱著呱呱墜地的嬰孩走了出來：「我的夫啊，環妹妹生的又是個兒子，白白胖胖真愛人啊！」

「大老遠都聽得見他哭，這孩子嗓門真衝！」曹操笑得嘴都合不上了，「乾脆，就叫曹沖吧！」

第六章

征討張繡，不戰而勝

兵不血刃

鑒於袁紹在河北的巨大勢力，曹操不敢與其爭鋒，遂將大將軍之職讓與袁紹，並加封鄴侯，賜弓矢節鉞、虎賁百人，使其兼督冀、青、幽、并四州。曹操則罷免司空張喜，由自己接替，幕府主政改為司空府主政。並在汝南袁氏中挑選袁紹的族弟袁敘任為濟陰太守，以此向袁紹示好，表明無所猜忌，總算使心懷嫉妒的袁紹穩定下來。一切安頓已定，建安二年（西元一九七年）正月，曹操首試「奉天子以討不臣」，兵伐對象是地方割據中實力最弱的建忠將軍張繡。

張繡，武威祖厲人，乃董卓麾下舊將，驃騎將軍張濟族姪。張濟流寇南陽陣亡之後，張繡接管了部隊，在荊州牧劉表的接納扶持下於宛城立足。雖然他素有驍勇善戰之名，但聞聽曹操大軍開至，還是方寸大亂，連忙找來他唯一的謀士商議對策。

這位大謀士正是昔日禍亂西京的罪魁之首——賈詡。

賈詡，字文和，武威姑臧人，幼時受到漢陽名士閻忠的厚愛，曾被舉為孝廉。他也是西涼舊部成員，隨董卓的女婿駐紮陝縣，官拜討虜校尉。王允、呂布刺殺董卓之後，牛輔倉皇出逃半路遇害，朝廷的赦書又久久不至，李傕、郭汜、張濟、樊稠等部皆欲四散奔逃。此時賈詡站了出來，建議諸將打著為董卓報仇的名義兵發長安，結果呂布戰敗，司徒王允遇害，西涼軍二次占領長安。

但西涼軍進入長安之後，賈詡便後悔了。李傕、郭汜這兩個莽夫恣意而為劫掠財物，既而扣押天子百官，相互猜疑火拚，不但不能成就一番事業，還把三輔之地禍害得滿目瘡痍。賈詡利用自己尚書的職位，出來為二人和解，繼而又暗中掩護天子東歸。他對事態的發展看得很清楚，繼續留在李、郭身邊，早晚會陪著他們身死族滅；但是跟隨天子東歸，又難免會有人搬出陷落西京的舊帳。所以他既不向東也不向西，而是辭去官職投靠了保持中立的涼州另一部將段煨，把家眷安頓妥當後，趕緊逃離是非之地，南行轉投到了張繡麾下，為其籌謀劃策。

「賈叔父，現在小姪當如何應對曹操呢？」張繡還不到三十歲，而賈詡是張濟一代的人物了，西涼部的人多結為兄弟共禦羌人，素來講求資歷輩分，所以張繡以子姪之禮對待他。

「將軍您是怎麼想的？」賈詡反問道。

張繡撓了撓頭：「如今咱客居南陽，糧草靠劉表接濟。兵不過數千，城不過宛縣、葉縣、舞陰、穰縣，將不過就是我與張先，謀主只有您一人。就憑這點兒實力，很難與王師相抗。但若是解甲歸降，家叔昔日輔保董卓，有僭逆助虐之罪，恐天子不能相容。」

「王師？天子？嘿嘿嘿……將軍就是這樣的見地嗎？」賈詡不禁冷笑，「挾天子以令諸侯，這不過是一句迂腐之人說出的空話罷了。董卓、李傕都曾挾天子，他們一統天下了嗎？朝廷不過是末路人的最後一根救命稻草，只有窮篤之徒才會歸附朝廷為人奴僕，認命幫助他們的主子去征服其他人，直到把所有異己都變成奴僕——這就是王者統一天下的過程！」在別人面前賈詡是沉默拘謹的，但是面對心機純良的張繡這個後生，他就不吝惜說出心中的想法了。

張繡覺得這話太雲山霧罩了，眨眨眼道：「您……您這些話是什麼意思呢？」

「我的意思？」賈詡收斂了笑容，「大漢天下早已經滅亡了，這在董卓入京的那一刻就已經注定了。咱們現在所面對的敵人不是天子，而是曹操！」

張繡聽他說出大漢天下已亡的話，不禁倒吸一口涼氣。

「將軍，您叔父有攻犯西涼之罪，這是不假的，什麼時候都得承認！但那是對天子而言的。可對於曹操來說，他又有何罪呢？」賈詡作出判斷，「沒有罪，沒有任何罪！您不但不會被治罪，還會受到曹操優待，他會將您標榜為誠心歸附朝廷的楷模。而且您跟劉備還不一樣，您與曹操沒有舊仇，說不定還會受到重用呢！投降，沒有任何問題。」

「我是沒有問題，可是您呢？當初是您給李傕、郭汜出主意攻打長安的。惹出這麼多亂子，小姪脫得了罪責，但您可危險了！弄不好曹操要殺您立威的。」

賈詡見他如此關心自己，心裡頗感安慰：「將軍不必為我的事操心，見了曹操我自有說辭，管保三言兩語就叫他把我的罪一概赦免。」說罷他神祕地一笑。

張繡知道他心機頗多，便不再深問，轉而道：「看來投降是可行之策……那舉兵反抗行不行，咱們還有劉表為後盾呢！」

賈詡搖搖頭，沉吟道：「咱們初到此處，人心不穩未有寸功，劉表素以大漢忠臣自詡，絕不可能因為咱們而跟曹操以及整個朝廷為敵。咱們即便被困將死，他也只會見死不救。可若是咱們這次打贏了，劉表就會摸清曹操的實力，那時候不用將軍您去求他，他就主動來找咱們聯合了，好讓咱們給他當北拒曹操的屏障。」

「說到底，還是指望不上他嘛！」張繡攥緊了拳頭。

「不是指望不上，是暫時指望不上。」賈詡糾正道。

張繡覺得他太過咬文嚼字，捏捏緊皺的眉頭道：「那究竟是戰還是降呢？」

「這全憑將軍自己的想法，您說戰咱們就戰，您說降咱們就降。但是我把話擺在這裡，投降咱們有十成的把握，對抗嘛……」賈詡伸出三個手指，「以將軍現在的實力，勝算不足三成！要是打不過再降，那可就離倒霉不遠了。您自己掂量吧！」

張繡攥緊的拳頭倏然鬆開：「也罷，趨利避害以安易危……我投降曹操！」

「將軍差矣。咱們降的不是曹操，是朝廷。」賈詡笑呵呵地站了起來，「至少咱們嘴上必須這麼說。」

「哎呀，我腦子都亂了，什麼降曹操降朝廷的，反正都差不多。」張繡喃喃道。

「這可大不一樣，搞不明白可見將軍心地單純啊！」

張繡把手一攤：「打仗我自認還可以，玩心眼可不行。」

「將軍別洩氣，憑著心地單純，您還要有一步好運氣！這亂世之中，要麼就心機深重到極點，要麼就單純無邪到極致，這兩者其實都能有好歸宿。就怕有些個心眼卻不深重，一瓶子不滿半瓶子晃盪的，絕沒有什麼好果子吃。那樣的人在太平時節吃香，在亂世就是庸人！比如那劉表，平世三公之才，然不見事變，多疑無決，無能為也。」

張繡頗感好笑：「要是治世亂世都能有一番作為的人，那又會是什麼樣的呢？」

「微乎其微啊……」賈詡搖搖頭，「那樣的人可以單純到極致，又能夠奸詐到極點，之所謂『治世之能臣，亂世之奸雄』，亦善亦惡便是那樣的人。」

「咦，您說的這不是許劭評曹操的風謠嗎？」

賈詡噗哧一笑：「說曹操，曹操就要到了。恐怕這會兒已經兵至葉縣了吧，咱們可沒工夫再聊了。」

張繡點點頭道：「我這就傳令葉縣、舞陰，一路放行不准抵抗，然後親自點兵，咱們到淯水河邊去迎候曹操，陣勢列開耀武揚威，讓他瞧瞧咱們涼州部的威嚴氣魄，即便投降也要降得風風光光！」

曹操也沒料到，事情會進行得這麼順利。入南陽以來暢通無阻，張繡竟然歸降了，朝廷的名義果然是一把利劍，所到之處望風披靡。

眼看大軍已經開到了淯水東岸，西邊的情景一覽無餘。南陽宛縣可謂一座堅城，昔日曹操隨朱儁平定黃巾時曾在此血戰，要是敵人據守此處，生攻硬打恐怕得花很長時間。而此刻城門大開偃旗息鼓，張繡就領著人馬列隊在河邊。

西涼騎兵真是名不虛傳，一個個精神抖擻耀武揚威，雖然人數不多，但盔明甲亮甚是精良，人與人站得齊也就罷了，難得是馬與馬也可以站成筆直的一條線。

曹操原本看不起張繡，可是這會兒人家明明已經降了，他卻不禁感歎：「淯水之險，宛城之固，兵馬之精，小張繡亦勁敵也！」

正在這時，忽聞鼓樂齊鳴凱歌高奏，迎面來了一騎，奔過臨時搭建的浮橋。此人二十多歲，身高七尺，淨面長鬚，身披銀白色鎖子連環甲，頭戴鑌鐵兜鍪，沒掛紅纓裹著白孝，兩邊的孝帶子順耳畔垂下，在風中飄拂不定，卻顯得格外瀟灑。曹操不禁對身邊的郭嘉笑道：「這一定就是白馬銀槍的小張繡，他還給張濟戴孝呢！」

張繡單人獨騎過了浮橋，甩蹬離鞍下了馬，解下腰間佩劍往地上一扔，瞄準了大纛旗，趨步奔向曹操中軍方向——這一串動作利索流暢，透著乾脆勁兒！曹兵見他低頭步行，沒有帶任何兵刃，便不加阻攔；張繡直跑到中軍虎豹騎前，才止步跪倒，把兜鍪一摘，深深一拜拱手道：「在下建忠將軍張繡，迎接王師來遲，望曹公恕罪！」

賈詡早就囑咐好了——見面不說「投降」說「迎接」，以示根本沒有抵抗之意；自報建忠將軍官職，這樣就只能有升不能有降；要說明來者是「王師」不是「曹軍」，以示對許都朝廷的認可；

對曹操參拜時要呼「曹公」不要叫「將軍」，這表示對他司空身分的尊重。張繡件件照辦，把面子給足了；曹操果然大喜，騎在馬上高聲道：「張將軍深明大義歸附朝廷，無罪無罪，快快請起！」

「在下不敢……家叔有禍亂東京、攻陷西京之罪。」張繡得把醜話都說在前面。

曹操自然要拿出肚量：「禍亂洛陽罪在董卓，攻陷長安罪在李傕、郭汜，皆與令叔父無干。另外你叔父和解二賊，使天子得以東歸，有功無過。將軍快快起來吧！」這番話算是把張濟叔姪以往的舊惡一風吹了，跟隨董卓侵害豫州百姓，在天子戰敗弘農時首鼠兩端趁火打劫，這些事情黑不提白不提，就算都沒有了。

張繡鬆了口氣：「喪亂以來我等不知所歸，欲保天子東歸，又恐其他大臣挑撥是非提起舊事，害我叔姪性命。今得曹公赦免恩同再造，在下以後又可以效命朝廷了。」說完他又拜了一拜，才站起身來。

曹操不住點頭：「年紀輕輕心懷社稷，難得啊難得。」

「末將已命軍士清掃街道，請曹公率王師過河安頓。」說著張繡扭過頭，把兩根手指放在口中，吹了一聲清脆的口哨。河西岸的兵馬聽到後，下馬的下馬、摘兵刃的摘兵刃，所有武裝全部解除。

曹操還是第一次見到以口哨代替軍令的，不禁讚歎道：「張將軍治軍有獨到之處啊！」

「讓您見笑了，我們涼州人的土法子，沒什麼稀奇的。」張繡見曹營眾將毫無敵意，便放開膽量又跨前幾步，抓過曹操的馬韁繩，親自牽馬引著他向前走。

典韋、許褚一見就要制止，曹操卻把手一擺：「張將軍乃涼州英豪，肯親自為我牽馬，這是曹某人的榮耀啊！」

「不敢當。」

他又撫摸著張繡的兜鍪道：「將軍身在軍旅，不忘為叔父戴孝，這也難得。」

張繡牽著馬邊行邊解釋：「且不論他一生之是非，在下自幼失父母，蒙叔父攜養長大。我那嬸娘與從弟盡皆死於羌亂，我若是不為他戴孝守靈，只怕無人再承繼他的香煙了。」

聽這麼一說，曹操越發喜歡這個年輕人了：「不經一戰歸順朝廷，可謂有忠；身在軍旅不忘親恩，可謂有孝。將軍是忠孝兩全之人啊！」說著他不禁回頭看看隨軍而來的曹昂、曹丕與曹真，這些個孩子們將來會不會做到忠孝兩全呢？

整個淯水岸邊的氣氛其樂融融，給人的感覺不像是接收敵軍，倒像是兩路友軍匯合。曹操把自己帳下的將領引薦給張繡，張繡也趕緊把賈詡介紹出來。

曹操第一眼看到賈詡的時候，覺得這個人與傳說的大不相同。在他腦海裡，煽動諸將禍亂西京的罪魁禍首，必定是獐頭鼠目尖嘴猴腮，一見就能感到狡邪異常。而眼前這個人四十多歲，個頭不高，面相和善，臉色白皙，微有皺紋，鬍鬚修長；身穿皂色文士服，青巾包頭，還稍微有些駝背。給人的感覺是莊重沉鬱、老氣橫秋，甚至還有幾分迂腐之氣。曹操打量了他半天，似笑非笑道：「大名鼎鼎的賈尚書，久仰大名，失敬失敬。」

「豈敢豈敢。」賈詡略微拱了拱手，腦袋還是低著，「在下現在辭官在外，權且仰仗建忠將軍給食，不敢再以尚書自居。」

若是能殺了這個昔日禍首，豈不是更能拉攏西京士人之心？曹操暗暗動了殺機，卻不動聲色道：「如今許都方立，朝廷百廢待舉，正在用人之際，賈先生就沒有重歸朝廷之意嗎？畢竟您也算是助天子東歸的功臣嘛！」

賈詡略微抬了抬眼皮，僅瞅了一眼他虛偽的笑容，就把他的心思看穿了，乾脆把話挑明：「在下實不敢再入朝，到了許都恐怕我就要與尚書馮碩、侍中台崇、羽林郎侯折這三位同僚為伍嘍！」

曹操不禁一怔——好厲害的一雙眼睛！他故作不解道：「賈先生何出此言？」

賈詡這次連眼皮都不抬了，撩袍跪倒，打開了話匣子：「昔日那董卓一死元凶即除，涼州之將皆欲詣闕請罪。可是朝廷赦書久不到來，郿縣諸部人心惶惶。只因為凶臣呂布無端造虐，專擅朝政霸占朝堂，欲盡誅涼州之人……」他不提王允而說呂布，這是經過深思熟慮的。王允昔日曾與曹操同戰黃巾，搞不清兩人關係如何絕不敢貿然詆毀；可呂布與曹操爭奪兗州之事天下無人不曉，既然是敵非友，那怎麼罵都沒關係。「在下為保郿縣兵將性命，才提議興兵攻闕討伐逆臣，雖是悖逆之策，然屬無奈之舉。不想李傕、郭汜禍亂三輔，以至劫持天子、扣押百官，在下實不想與他們同流合汙，遂暗助天子東歸。本該隨駕效力，可又怕正直之士不齒，難以立身於朝廷，這才遠遁南陽苟且殘生。」他這些話還是比較符合事實的。

曹操聽罷暗自點頭：這個人也並非十惡不赦之徒。

賈詡生恐這番表態不夠，又補充道：「《易傳》有云：『仁人之言，其利溥哉』，而在下呢？不仁之言，貽害天下！仁功難著而亂源易成，禍機一發而殃流百世。邦國幾遭殄滅之災，百姓遭受刀兵之苦，多蒙曹公力挽狂瀾，才保社稷幽而覆命……」話說到這個節骨眼上，還得適當拍拍曹操馬屁，「而究天下大亂之源，豈不皆因在下片言而起？自古兆亂者，未有似在下之甚。自古為惡者，未有如在下之深！我還有何面目立於朝堂？痛哉痛哉……嗚呼哀哉……」

見他沒完沒了往自己頭上攬罪名，曹操反倒覺得不忍了：西京之亂的罪魁禍首真的就是這個人嗎？不然吧，當初司徒王允要是能慷慨一些，赦免了董卓舊部，天下也不至於復亂啊！那罪魁禍首是王允？似乎也不對，王允是希望我們關東諸將齊心救駕，恐怕我們再生嫌疑，才故意不赦涼州人的……看來，真正的罪魁禍首是袁紹、是袁術、是劉表、是公孫瓚，當然我自己也算一個。是我們這些人忘卻國恩自相攻伐，才致使西涼二度陷落、天子再次蒙塵，該好好反思的是我們這些人啊！

「好了好了，你都快把自己說成千古罪人啦！」曹操趕緊打斷，「亡羊補牢猶未為晚，賈先生既有悔過之心也就罷了。無心為惡，雖惡不罰，您快起來吧……」說著曹操竟親手把賈詡攙了起來。隨著他這一攙，禍亂西京的公案就算徹底與賈詡無關了。

該赦的不該赦的全都赦了，賈詡總算是會心地笑了，儼然一副主人的樣子，拱手道：「曹公遠道而來，我們略備酒宴，這就派人搬到您軍中，為您與諸位將軍接風。」他不在城裡請客，卻執意把酒宴搬過來，是怕曹操見疑。

「賈先生此言差矣！哪有以主就客的道理？既然都是朝廷的人，城裡城外又有什麼分別。」曹操朝後面把手一揮，「列位將軍隨我進城。」說罷也不騎馬了，左手拉住張繡、右手拉著賈詡，仨人攜手攬腕就往裡走。

張繡現在是把心放到肚裡了，說說笑笑隨便起來。

賈詡卻始終觀察著曹操的言行舉止，心中暗自思量：這廝肯推心置腹，又不拿權勢壓人，不愧是個英雄。惜乎為人處事太過潦草隨便了，這可是個致命傷啊！

得意忘形

酒宴在宛城縣寺中列開，曹操當仁不讓坐到了正席上。東垂首是張繡，往下是賈詡、張先；西垂首是郭嘉，往下則是曹營諸將。幾輪酒下肚，曹操似乎有些飄飄然了，瞅著張繡問道：「建忠將軍，不知你出仕以來有什麼自覺得意之戰，講給老夫聽聽吧！」

曹操無意中以「老夫」自居，意在自詡德高望重，見眾人並無異樣，心下倒也怡然自得。

張繡也喝了不少，不過腦子還算清醒。昔年他是立過一些戰功，得意的勝仗也挺多，但都是跟著叔父張濟，說白了打的全是跟朝廷作對的仗，這樣的事蹟怎麼好往外說？想了好一會兒，他才舉起酒樽道：「昔日邊章、韓遂作亂涼州，其部下麴勝攻殺了我們祖厲縣令。那時節我還是一個小小縣吏，帶領十餘騎夜闖麴勝大營，突入中軍刺死麴勝，祖厲之亂遂定！」

「好！將軍果真是英雄！」

「豈敢豈敢。」嘴上雖客氣，但張繡臉上得意之情卻溢於言表。

「將軍，當初邊章、韓遂之亂的時候，你年紀還不大吧？」

張繡一聽越發高興了，伸出兩個手指：「那年我剛好二十歲。」

「涼州尚武，民風剽悍自古亦然。」曹操不禁感歎。

「嘿嘿，曹公知道以董卓之不肖、李傕之庸劣，為什麼還可以為禍一時嗎？」張繡這會兒高興，忽然自己起了這個話頭。

「哦？」這曹操倒很好奇，他雖對涼州禍亂有一些見解，卻從未聽過對手的見解，笑呵呵道，「願聞將軍之言。」

張繡自己滿上酒，抿了一口才道：「孔仲尼有言：『不教民戰，是謂棄之』。中原之民不諳戰事，關東之士疏少勇武；而我們西涼之人少年練武，嫻習軍事，力能跨馬控弦，勇賽孟賁、捷似慶忌，婦人尚且載戟挾矛弦弓負矢，更何況行伍之健兒？西土之兵戰關東之卒，猶如虎撲群羊！關東之人素來所懼怕者，并州騎、涼州騎、匈奴、屠格、湟中義從、羌人，董卓兼併丁原之眾，盡得這天下能征慣戰之卒，關東之士焉能不敗？想那袁紹公卿子弟，生於京師之地，長於婦人之手；張邈東平長者，坐不窺堂；孔伷徒自清談，噓枯吹生。這些人統統不是用兵之人。」說著他把酒喝乾，又笑嘻嘻接著道，「就是曹公您，平黃巾、退袁術、勝陶謙、逐呂布，可在汴水還不是吃了敗仗？」

賈詡覺張繡酒後失言，端起酒樽補充道：「將在謀不在勇，曹公豈是將軍隨便比得？胸有張良之智，腹藏陳平之略，以至公之心處置天下之事，無往不勝！來……在下敬曹公一樽。」

「哈哈哈！文和兄也忒小覷我曹某人了，在淯水敗就是敗了，你還替我遮掩什麼呢？」曹操這會兒早混熟了，也不分上下裡外，直呼賈詡為文和兄，「西方勇士可親可敬，應該我敬你們才是。」

曹操是拿得起放得下，可這邊曹營諸將卻不服氣。憑什麼說關東之將比不上西土之人，張繡也太狂了吧？夏侯淵、樂進、朱靈都罵罵咧咧的，但還不敢掀桌案鬧事。于禁心裡也不大痛快，張繡歸降是好事，可今後又多了一個與他爭功的勁敵。他不似別人那樣甩閒話，暗自朝典韋使了個眼色。典韋不明就裡，湊到他耳邊：「文則兄，有什麼事？」

于禁以酒樽遮口，低聲道：「張繡小兒太過猖狂，敢笑我關東無人，得讓他見識見識咱的厲害。」

典韋的火一點就著：「我也看不慣他那狂勁兒，投降之將還敢吆五喝六。咱怎麼鬧，我跟著你來！」

于禁諂笑道：「典君，愚兄我有什麼能耐啊？你是曹營的膂力第一人，莫說跟張繡交手，就是拿出你那對傢伙來，也能震住這廝啊！」

「成！我聽你的。」典韋是個沒心眼的，邁步就出了大帳；曹操只當他是去小解，並未理會。哪知眨眼的工夫，典韋端著大戟闖了進來，把在場諸人嚇了一跳。他連句話都不說，就在堂上要起戟來，這對傢伙四十斤一支，在他手裡卻舉重若輕，舞得呼呼掛風甚是威武。曹營諸將明白這是故意找茬，一個個起鬨喊好；曹操也覺頗顯面子，便沒說什麼；張繡、張先皆好武，料也不會是什麼刺客，只專心致志看，還讚歎了幾句；唯有賈詡與郭嘉感覺不好，倆人不禁對視了一眼。

少時間，一套自己編排的戟法耍完了，典韋累得汗流浹背，道：「我這對戟有八十斤重，不知建忠將軍能否耍得動？」說罷戟尖朝下狠狠一戳，震碎兩塊青磚，生生釘在了地上。

張繡臉上掛著不屑的笑容，蠻不在乎道：「本將軍乃一軍之帥，豈能習這些莽夫技藝？」

典韋聽他道出莽夫，更生氣了：「休論莽夫不莽夫，你不是說關東漢子不如你們西州人嗎？你們營中可有人耍得動這對戟？叫出來試試啊！」曹營眾將聽他這麼一說，都跟著起鬨號叫。

「不得無禮，都給我安靜！」曹操一摔酒杯，「典韋！誰讓你隨便拿兵刃來的，還不速速退下！」

「慢！」張繡一抬手，「若無人能耍動此物，豈不是我營中無人了嗎？」他扭頭衝張先耳語了幾句，張先起身出去了。

「張將軍，這不過是部下一句戲言罷了，您又何必往心裡去呢？」曹操說著又瞪典韋一眼。

張繡連連擺手：「在下歸順曹公乃是出於一片赤誠，可要是各位將軍以為我兵微將寡苟且偷生，那可就想錯了！今天這對戟，一定要讓我營裡的人舉起來。」

張先轉眼便回來了，還帶進一位大個子，身穿兵長的衣服，虎背熊腰，臥眼隆鼻，棕髮虯髯，一看就是個胡人。他進門也不拜曹操，躬身問張繡：「將軍有何吩咐？」

「車兒，把那對戟耍給曹公與列位將軍看。」張繡一甩袖子，看都不看繼續飲酒。

一對大戟八十斤，戳在地下拔出來可就不止八十斤的力道了，一手拔一支本就費力，耍起來更不是鬧著玩的了。這胡車兒膂力倒也不錯，雙手攥住戟杆，膀臂一抬就舉起來了，擎在掌中舉了三舉、晃了三晃，又原地做了幾個動作，便放下了——固然他力道遜於典韋，更重要的是他平常不使戟，不曉得這路傢伙怎麼耍。

但在座的都是行家，誰都瞧得出他本事不錯。曹操也頗感喜悅，走過來拉著他的手道：「壯士，你是哪裡人？」

胡車兒憨笑道：「俺乃屠格部的。」

「原來是胡人兄弟，不知現在充任何職？」曹操的老毛病又犯了。

胡車兒撓撓頭：「不過伍長而已。」

「可惜啊可惜……應該委以重用才是啊！」曹操說著從腰間掏出一塊金子塞到他手裡，「你拿著吧！」

胡車兒一見心喜，但想要不敢要，扭頭瞅著張繡。

「瞧你家將軍做什麼？現在咱都是朝廷的人，我賞的與你家將軍賞的有什麼不一樣？」

張繡沒好氣兒道：「曹公叫你拿著你就拿著唄！」

胡車兒千恩萬謝，又給曹操磕頭，又給張繡作揖，歡歡喜喜去了。張繡低頭飲酒，對曹操此舉不大滿意——我好吃好喝伺候著，哄了你半天好話，竟然叫部下羞辱我，還想以錢財拉攏我部下，真以為我是好欺負的？

郭嘉在對面早瞧他臉色不正，趕緊起身道：「主公，我看時候不早了，咱們不要再叨擾張將軍。您遠道而來也累了，張將軍招待半晌也不清閒，早些散了，各自回去休息吧！」

「言之有理。」賈詡也站了起來，「飲酒之事不過是玩笑，明日咱們商討南陽各縣交接事宜才是正理。」

曹操有些尷尬，張繡心裡煩悶，聽這麼一說也就各自散了。諸將回營的回營、上城的上城，賈詡為示殷切早把縣寺騰空，請曹操父子搬進來居住，他與張繡卻在縣寺以西安營居住。

夜色已朦朦朧朧，曹操趁著酒意來到後堂，見床榻被褥已更換一新，不禁感激張繡、賈詡處事周到。又想起三個兒子，曹昂在城外營中理事，而曹丕、曹真就睡在隔壁，忙踱步來到配房。有段昭、任福兩員小將守門，見了他就要施禮；曹操忙示意他們別做聲，只輕輕推開一道門縫觀看——倆小子已經睡著了。他們畢竟太小了，行軍幾日早就累了，離開軍營好不容易有上等錦被，睡得甜甜的，小嘴還直吧唧！

曹操噗哧一笑，闞好門對段昭、任福道：「吾兒年紀太小，你們倆多費心，回去之後必有重賞。」

「謝將軍。」兩員小將趕忙致謝。

瞧他們倆輕聲輕語，曹操頗感滿意，這一天他可算是事事如意，嘴裡哼著小曲往回溜達。行至廊下，忽覺有個人在黑暗處竊笑，便提高了警惕，壓著嗓子喝問道：「是誰？」

「叔父，是我啊。」姪子曹安民自黑黢黢的角落裡鑽出來。

曹操長出一口氣：「大晚上的不睡覺，在這裡傻笑什麼？」

「沒……沒什麼。」曹安民慌裡慌張道。

借著月光，曹操見他身上汙跡斑斑，頓生懷疑：「你究竟上哪兒去了，給我老實說。」

「我哪兒也沒去，剛才不留神摔了一跤。」

曹操是撒謊的祖宗，一聽便知是瞎話，狠狠拍他的後腦勺：「虧你還是軍中書佐，這麼要緊的差事還敢胡往外溜達，現在不說也沒關係，明兒升帳動棍子，看你小子說不說！」

曹安民有些為難，擠眉弄眼道：「到您屋裡去，小姪慢慢講。」

見他這副模樣，曹操以為是軍機要事，便不聲不響地帶他進了自己屋子。曹安民一進門就來了個羊羔跪乳，顫顫巍巍道：「叔父恕罪，小姪真沒幹什麼。此事與軍機無關，切不可升帳追問。」

他越不說曹操越感奇怪：「你小子這是怎麼了？有干無干倒是說出來啊！」

曹安民臊得滿臉通紅，但料不說也不行了：「今日咱們大軍得勝到了宛城……小姪奉命巡視縣寺周圍有沒有埋伏，結果……」

「有伏兵？」

「伏兵倒是沒有。」曹安民眨麼眨麼眼，「倒有兩個尤物。」

曹操有點兒生氣，他素知這個姪子不怎麼正經，但沒想到一進城就盯著女人，呵斥道：「混蛋！我那兄弟飽讀詩書通達禮儀，怎麼養活出你這個不成器的東西來呢！」說著火往上冒，揪住他耳朵便要打。

曹安民疼得直學猴叫：「哎呦呦！叔父您聽我說，那兩個女子是張濟的家眷，能不好好查查嗎？」

「嗯？」曹操撒開手，「張繡說他叔父妻兒盡皆死於羌亂，哪又出來家眷了？」

曹安民揉著耳朵道：「確是張濟的遺孀，才二十多歲，聽說她姓王，還跟著個丫鬟，都穿著孝呢！我都把她們的底細打聽清楚了。」

「你這小畜生，專在女人身上留心……」曹操的氣忽然消了，「那就說說吧，到底怎麼回事呀？」

「還有臉說我，您還不是一樣。」曹安民喃喃自語。

「你小子嘀咕什麼呢？」

「沒說什麼，」曹安民趕緊陪笑，哼哼唧唧道，「張濟的原配確實已經死了，這個王氏是後來他在弘農搶的，聽說為了搶她還把人一家子都宰了。如今張濟死了，張繡比她這個小寡孀還大呢，怕留在府裡招人說閒話，就在縣寺東邊找了個小宅院安置。平日裡張繡不過去拜望，也不准任何兵丁攪擾，只派個小丫鬟伺候著，再按時送一些米麵家什之物罷了。」

「你可真是雞鳴狗盜有才華，進城半天就全打聽明白了。」

「您別這麼說，這不也是為了您老安全嘛！」

「放屁，這跟我安全不安全扯不上邊。」曹操白了他一眼，「別說沒用的……你見著那夫人了嗎？」

曹安民一愣，趕緊回答：「見著了見著了，恐是城裡變故張繡沒告訴她們。咱這一進城，那主僕二人就慌了，掩著門往外面探頭看，那丫鬟被我瞧了滿眼，那叫一個標緻啊！」

「誰問你丫鬟了，那位夫人看見了沒有？」

「就看見半張臉。」曹安民紅著臉道，「姪兒都沒法形容……太美了，難怪張濟搶她呢，換了我也得搶！再讓我看一眼，死了都甘心。」

「呸！虧你有臉說得出口。」

曹安民跪在那裡嘻皮笑臉道：「非是小姪不知廉恥，實是那位夫人有一想之美。」

「何為一想之美？」

「就是您能她想像到她有多美，她就有多美。」

「這叫什麼渾話！」嘴上雖這麼說，曹操腦子裡還是不禁想像起來。這個一想之美究竟是多美呢……他拍了拍自己腦門，再次觀察姪子的滿身汙跡，「你去扒人家牆頭啦？」

「啊。」曹安民點點頭。

「你可真有出息啊！咱們曹家的臉全讓你丟盡了。」曹操起身在屋裡轉了兩圈。俗話說飽暖思淫欲，他又喝了不少酒，腦子裡亂七八糟的，猛然回頭對姪子道：「你領我去一趟。」

「什麼？」曹安民可為難了，「叔父，您可是當朝司空，全天下官員之表率，半夜叫寡婦門……這事要是傳揚出去……」

「哪兒用得著叫門，就不會冒充張繡家奴，把門賺開嗎？」

「嘿！磚頭打架，您可真有出手的！」曹安民也不知說什麼好了，「可是您……張繡要是……」

「小小年紀你曉得什麼？懂不懂憐香惜玉？咱進城擾了人家，還不得去探望探望，陪個禮道個歉嘛！」曹操還振振有詞，「不就在這院外東邊嘛，快快帶路。」

「諾。」曹安民直咧嘴，但是又不敢違拗。

曹操叮囑道：「醜話說在前頭，只有你我二人前去，倘若走漏消息，我扒了你的皮！」

真可謂色膽包天，叔姪二人趁夜色轉出縣寺，冒充張繡部下還真賺開了院門。丫鬟開門一瞧就知道不對了，想掩門都來不及，曹氏叔姪一猛子擠了進來。這深更半夜的，家裡住的是寡婦，丫鬟又驚又怕又不敢聲張。曹安民趕緊解釋，是司空大人來看望夫人，這話說著都牙磣。

這院子頗小，不過是一明兩暗三間，正房的燈還亮著。軍兵進城王氏受了驚，顯然嚇得不敢睡了。曹操讓涼風一吹酒勁上湧，滿腦子幻想著這位有「一想之美」的王氏夫人，大搖大擺就往裡走，三步兩步走到門前，伸手就推——門鎖上啦！他眼珠一轉，後退一步便規規矩矩作了個揖，朗聲道：「當朝司空武平侯曹操前來拜謁夫人。」

這句話說完，裡面驚呼一聲，緊跟著燈光就熄滅了。隔著門都能聽見王氏夫人驚慌的喘息聲，半天才道：「大人請自重，此處乃小女子寡居之地，請速速離開。」

曹操腦子頃刻間清醒了，心中倒也讚歎——怕我窺見她，先把燈吹熄了。好個聰明的女人！他搶過卞氏、占過環氏，也算偷情的老手了，如今又是高貴的身分，穩穩心神道：「本官兵馬進駐宛城多有驚擾，請夫人開門來，本官當面謝罪。」

裡面的應對跟著就來：「大人不辭勞苦親自拜訪，小女子感激不盡。然深更半夜私開門戶事關苟且，小女子死不從命。聞大人乃是三公之貴，當自珍自重，勿汙蘭台青史！」

好個貞潔烈女，嘴也厲害……曹操原是揣著淫邪之念來的，這會兒倒真對這個女人傾心了，索性把話挑明：「本官知夫人乃正經人家之女，受西涼惡徒劫掠流落至此，又聞夫人天生麗質，而生仰慕之心，願與夫人一敘。」這一敘究竟怎麼敘，就不必多說了吧？

俗話說烈女也怕賴夫纏，這夫人聽他直截了當倒不知怎麼答覆了。那個丫鬟卻看出門道來了，她掙開曹安民，衝到曹操面前：「您是司……司什麼玩意兒？」

曹操眨眨眼：「司空。」

「甭管什麼了，你是不是當大官的吧？」那丫鬟倒也乾脆。

借著朦朧夜色，曹操見這丫鬟果然也很漂亮，笑道：「在下位列三公，官至極品，張繡已然歸順於我。不知姑娘貴姓？」

「我姓周。」

「周姑娘好。」當朝司空竟給這個丫鬟作了個揖，「本官久慕夫人之名，還望周姑娘指引。」

丫鬟一聽劈頭蓋臉便道：「我家夫人遭難至此，現又是寡居之身，敗壞了名譽怎麼得了？大人若真是有意，當謀明媒正娶，為長久夫妻才是啊！」

真可謂一言點醒夢中人，曹操心下豁然——這對主僕要逃離此處謀長久之計！這簡直是自天上掉到他懷裡的美貌姬妾，曹操按捺著興奮，笑道：「那有何難？長久廝守正合我意，求之不得呀！」

那丫鬟聞此言長出一口氣，立刻轉身跪在門前：「夫人哪！奴婢斗膽叫您一聲姐姐。咱們被張濟搶到這裡，無依無靠這輩子就算完了。那張繡倒是個講禮數的，肯以子姪之禮待您，可姐姐年紀輕輕在此寡居，要守到什麼時候？再者天下大亂，若張繡一朝兵敗，無賴之徒再來攪擾，姐姐之清白置於何地？倒不如託身這位大人，好歹也算個正經的官宦人家啊！再說，妹妹我也能……」後面的話沒辦法出口，夫人守寡她也得跟著守。現在是個丫鬟，將來當個婆子，這輩子就算搭進去了。不為夫人想，她也得為自己想啊！

曹操沒料到半路蹦出個說客來，趕緊趁熱打鐵：「周姑娘所言句句在理，本官位列三公，自知非禮勿視、非禮勿言，願救夫人脫苦海，結長久連理。」他還道非禮勿視、非禮勿言，幹什麼來的呢？

王氏在裡面半天沒說話，後來竟然哭起來了：「天殺的，把我搶到這個鬼地方……現在又攤上這種事……我可怎麼辦是好啊……」

這就算是放活話了，丫鬟趕緊道：「曹大人，這宛城絕不是好地方，張繡若聞您來必要興師問罪。那時節您是有兵有將全然不懼，可我們主僕的性命就算交代了，望您將夫人帶出城外以防萬一。」

「這也不難，來日我派小車祕密將夫人接出，神不知鬼不覺倒也無妨！」曹操話鋒一轉，「但今晚既已到此，望夫人開繡戶容我一觀。」

王氏在裡面連忙回絕：「君既愛妾所為長久，非朝露一戲耳，等接我過營再觀不遲。」

「本官既到此，必要一觀。」

連王氏帶丫鬟全慌神兒了，大半夜的這塊料賴著不走，這可怎麼辦呢？有道是笑帶花的，不笑戴帽的。班昭的《女誡》七篇也沒少看，這傳揚出去是死是活呀！

這麼精明的丫鬟這會兒也糊塗了：「您非得觀嗎？」

「長久夫妻必須要觀。」

「只求一觀？」

「今晚只求一觀。」曹操說得頗為中肯。

「姐姐，您就開門叫他看一眼……看一眼您可趕緊走。」

「你放心吧！」曹操嘿嘿一笑。

少時間門戶聲響，借著月光一看，王氏皮膚白皙相貌清秀，微蹙眉頭體態婀娜，身穿孝服更顯嫵媚——曹操頓覺心猿意馬，哪管什麼承諾不承諾，一把就攬到懷裡。

「壞啦！大人您怎麼……」

「別聲張！」不待丫鬟喊出來，曹安民就把她嘴捂上了。

第七章

兵敗淯水，害死曹昂和典韋

穩軍之計

曹操的宛城之行可謂愜意，不僅兵不血刃拿下南陽郡，收編了張繡的部隊，就連張繡的嬸娘王氏也順便收編了。為了掩人耳目，他讓曹安民準備一駕小車，趁夜色偷偷將王氏主僕牽出宛城，自己也聲稱整備兵馬回營中居住。

自此曹操每日與王氏尋歡作樂，一個志得意滿，一個死灰復燃，兩人倒也和諧，後來索性連周氏丫鬟也裹了進來。南陽郡葉縣、舞陰等地尚未收編妥當，曹操就趁著輕閒在溫柔鄉裡打發時間。沒有不透風的牆，軍營裡藏了兩個女人豈會不被察覺？當兵為將的也不好說些什麼，都睜一眼閉一眼裝沒看見。郭嘉本性風流灑脫，嘻嘻哈哈的就差過來道喜了，根本不認為這是什麼醜事。曹昂頗為不滿，但當兒子的總不能因為這種事跟爹爹爭執，只是暗地裡埋怨曹安民不幹好事。至於曹丕、曹真這倆小子，說不明白也明白，說明白也不明白，懵懵懂懂的，反正聽爹的話喊姨娘唄！大夥就這麼糊裡糊塗的，轉眼過去小半個月了。

在一起的時間長了，曹操發現這位王氏夫人真真非同尋常。不但容貌美麗性情溫順，而且知書達理精通文墨。在他諸位妻妾中，正室夫人丁氏是沛國望族之女，卞氏因為歌姬出身粗通詩賦，但與王氏相比見識卻大大不及了。沒想到一向不講究妻妾出身的曹操，偷寡婦竟偷到一個書香門第的。雖魚水之歡夫妻和合，但王氏每日卻還是屢現愁容。

「夫人，妳為何每天都愁眉苦臉的？人說美女獨愛少年郎，難道託身與我這個半大老頭，委屈妳了？」曹操問這話時以手托腮專心致志地打量她。人說來也怪，曹操還就喜歡她蹙眉之態，頗有昔日吳王寵愛西施的感覺。

「唉……」王氏未曾說話就先歎息，若說不嫌他老那是瞎話，自己芳齡二十二，曹操都四十三了，但人家這麼高的身分，能看上自己倒也罷了。她所顧忌的還是臉面：「夫君貴為三公列侯，我們姐妹還有什麼不知足的？但有道是『夫有再娶之義，婦無二適之文』，我既嫁與張濟，他死了就該規規矩矩守寡，如今又脫身與君，有悖婦人之德，實在不是什麼體面之事。」

曹操還沒說話，那原本是丫鬟的周氏就先搶過話茬：「姐姐心忒重了，有什麼體面不體面的，還管那些不疼不癢的事。當初張濟殺妳家人、霸占妳為妻的時候就體面了？我看張家是仇非親，都死絕了才好。」她是豁出去了，本就是窮苦出身，現在一腦袋扎進蜜罐裡。當妾就當妾，光腳的不在乎穿什麼鞋，管他四十三還是五十三的，以後衣食有靠，往曹家門裡一站，也算半個主子了。

王氏搖頭道：「依我說那張繡倒還是個君子，至少沒短了什麼禮數，衣食照應也算周全。各人有各人的帳，他叔父造的孽，也不能全算到他頭上。」

「我的傻姐姐喲，天底下哪有清楚的帳啊？妳好生生一個大家閨秀，搶過來本就傷天害理，那挨千刀的老賊好不容易死了，再累妳守一輩子寡，妳活著還有什麼意思啊？」說著周氏扭臉瞧曹操，「依我說，一不做二不休，把張繡這小子除了，留著是個禍害呀！都過去半個月了，那邊丟了我們倆大活人，能不聞不問嗎？」

曹操心裡頗為矛盾：張繡英勇善戰，帳下兵卒精銳，心存社稷開門投降，這個人將來能成自己一條膀臂，因女人殺了實在可惜。但若不除掉他，萬一跑來興師問罪，宛城的事還會生變數。關鍵問題是殺張繡於情於理都說不通。人家一箭沒放就投降了，好吃好喝招待著，最後把人家嬸子娶走，還要殺人家，這事也太不地道了；而且現在「奉天子以討不臣」才剛走了第一步，頭個歸降朝廷的就殺了，以後誰還敢來啊？

曹操意識到自己酒色誤事因小失大了，再美的女人又算得了什麼？為了她們連統一天下的大事都耽誤了，真是得不償失啊！可是他如今左擁右抱，瞧瞧王氏，再看看周氏，送回去又不捨得。況且堂堂司空落一個始亂終棄的名聲也太難聽了，這事兒想瞞都瞞不下。思來想去，曹操犯了難，歎息道：「妳們說的都有理，但我還是想找張繡好好聊聊，看能不能把話說開。咱也算光明正大，寡婦改嫁有什麼說不通的呢？」

周氏白了他一眼，悻悻道：「這件事肯定說不通，張繡的脾氣我可曉得，一個心眼認死理，拿定的主意十頭牛都拉不回來。這種死腦筋的人您就應該殺……」

「住口！」曹操生氣了，一把將周氏推開，「殺不殺他是軍中之事、朝廷之事，輪得到妳一個婦人在我面前說三道四嗎？」

周氏第一遭見曹操發火，嚇得花容失色，趕緊躲到王氏身後。王氏撫摸著她的頭髮：「妹妹，是妳錯了。『擇辭而說，不道惡語，時然後言，不厭於人，是為婦言。』這些男人家的事本就不該妳插嘴，快快給夫君陪禮謝罪。」

「不必了，」曹操瞪著周氏氣哼哼道：「有一沒有二，以後再敢胡亂干預我事，我要妳的腦袋！」說罷起身走到案前喝水。

周氏可嚇壞了，趕緊一頭扎到王氏懷裡，想哭又不敢哭，低聲喃喃道：「姐姐，我害怕啊……張繡不是好惹的，他又孝敬張濟，現在還戴著孝呢！咱們這事兒恐是他不清楚，要知道非火了不可，一定提著槍過來玩命……我真害怕啊……」

王氏勸慰道：「當初都是妳出的主意，現在又覺得怕了。看咱們大人怎麼處置吧，妳就不要再瞎念叨了。」

曹操背對著她們立在案前，兩個婦人的低語也聽見了。雖然狠狠呵斥了周氏，但她的話也有些道理。昔日張繡率十餘騎就刺殺了祖厲叛將麴勝，不能不防備他再來這一手。人無害虎心，虎有傷人意，實在不行，張繡還是得殺。

這個時候，隔著帳簾傳來一陣咳嗽聲——這是王氏入營後新添的規矩，再親近的人進帳前先得咳嗽。曹操使了個眼色，兩個女人趕緊起身，隱到了臥帳榻邊的屏障後面。

「什麼人？」曹操坐回榻邊。

「在下王必，有要事稟報。」

「進來吧。」

王必自從出使西京，已經轉任為行軍主簿，負責曹營諸將的監督和情報。他小心翼翼掀開帳簾，進來低頭施禮不敢隨便張望：「稟報主公，張繡命兵丁在淯水以東載設木樁準備下寨。」

「哦？」曹操一愣，「他要撤出宛城嗎？」宛城現在已經歸屬曹營所有，但是張繡大部分人馬還駐紮在城內，一旦撤出便大局已定，再不會對曹操構成威脅了。

王必出任文職以後，說話比以前謹慎多了：「似乎他們是要徹底讓出城池，移到東岸下寨。」

「我並沒叫他這麼快就撤出來啊！」曹操拍了拍腦門，「難道他怕我猜忌，打算主動放棄城池以示真誠？」

「或許是吧。」王必補充道：「還有，他叫人給您送來一口箱子，說請您親自打開看。」

「抬進來，倒要看看這小子耍什麼名堂。」

隨著一聲令下，典韋與許褚親自抬了大箱子進來，放下之後不敢在臥帳裡多待，趕緊隨王必一齊退了出去。曹操繞著這口箱子繞了兩圈，見它上著鎖，鑰匙就放到箱子蓋上，而且封著蔡侯紙，上寫「呈司空曹公親啟」幾個字。

曹操撕開封條，拿鑰匙開鎖，掀起蓋子一看，忍不住大笑：「哈哈哈……我的二位美人，妳們快過來看啊！」

王氏、周氏聽到呼喚，這才從屏風後面轉出，一眼就掃見箱子裡的東西：簪環首飾，釵裙錦盒，各色絲線，還有四季的衣衫。

「哎喲，這不是姐姐在城裡的東西嘛！」周氏認出來了。

王氏也愣了：「他這是……」

曹操好奇地把玩著這些女人家的東西，翻到下面，竟連平日解悶的書籍、篩子、弈盤也在其中，不禁大喜：「張繡已經知道妳們在這兒，他把平常的家什衣裝都送來，就是表示默許。看來這小子想通了，已經同意這檔子事，打算正正經經送妳們出門，以後不再過問了。」

「真是沒想到，這日頭從西邊出來了，張繡頭一遭這麼開通。」周氏撫摸著簪環首飾喜不自勝，「姐姐啊，妳看這幾樣首飾原先咱沒有，這或許還是他特意陪送過來的，算是嫁妝吧！」

王氏覺得過意不去，一把捧起書卷，見是班昭著的《女誡》，臊得小臉通紅：「這叫什麼事啊……」

曹操一手抱住一個，仰天大笑：「我說張繡開通吧，妳們還不信。大丈夫不拘小節，縱橫天下才是生平之志，昔日韓信受辱胯下、乞食漂母，孀娘改嫁又算得了什麼大事呀！」

一言未畢，帳外又有咳嗽聲。反正私鹽已然成了官鹽，曹操這回都沒讓二人躲避，高聲問道：「什麼事，直接說就是了！」

帳外又傳來許褚沉悶的聲音：「張繡告見。」

「哦？我正想見見他呢，速速請他到中軍帳等候，好生伺候著，我這就過去相見。」說罷曹操便整理衣裝。

周氏為他緊了緊皮弁，笑道：「您可得替我們好好謝謝他。」

「嗐，這妳就不懂了。全都是不言而喻的事，他知我知就罷了，說出來反倒沒意思了。」曹操掛上青釭劍，美滋滋出了臥帳，臨走時還回頭笑道，「妳們安心等我，有什麼話回來再說。」

來到中軍帳口，張繡已經等著了，一直沒敢進，規規矩矩地垂首立在帳外。曹操親切地拍拍他肩膀：「將軍既然到此，快快進去啊。」

張繡的表情還有些不安：「主公不到，在下豈敢僭越？」

「咱們之間哪還用講這些虛禮。」曹操說著拉他進了大帳，都沒叫典韋、許褚跟著，親自把他讓到杌凳前坐好。

張繡不待曹操說什麼，便搶先道：「主公兵駐宛城已經有些日子了，舞陰、葉縣等地的事宜也處置得差不多了，在下還是及早領兵撤出宛城吧！」

「不忙不忙，」曹操連忙擺手，「其他地方的輜重還未轉運完畢，不忙於這一天兩天。再說你營裡有些本地人，陡然叫他們離開，這些兵也需要安撫一陣子。」

張繡拱手道：「出了一些變故，令在下實在不能自安，還是早早出來的妥當。」他說出了一些變故而不能自安，自然是指嬸娘王氏改嫁曹操，卻又不好點破。

曹操也有些尷尬，卻道：「不是都過去了嘛，我很信任你倚重你，不會因為雞毛蒜皮的小事就橫生猜疑。你安安穩穩駐軍，咱們做一對相輔相敬的典範，讓袁術、呂布他們都瞧一瞧，日後同為朝廷效力，掃滅狼煙復興漢室，這不是很好嗎？」

張繡這匹涼州的野馬，今天卻溫順得像隻綿羊，陪笑道：「在下效力朝廷自不敢退後，不過再在宛城待下去實在多有不便。實不相瞞，我已經命兵士在淯水以東做準備了，午後我就移過去，早一天交接宛城，我心裡也早一天踏實。」

其實他早些出來，曹操也能踏實住著，只是礙於面子不能把事辦得太勉強。現在張繡主動要走，樂得河水不洗船啊！曹操也就不再深勸了，轉而道：「都是朝廷的人，將軍也忒客氣了……好吧！既然將軍已經決定了，那就領兵出城吧！」

「諾。」張繡起身告辭，退到帳口又轉身道：「曹公，不知您昨天派往葉縣運輜重的轅車回來沒有啊？想向您借一些用。」

「哪能這麼快就回來？還得等一兩天。」

張繡嘖嘖連聲：「哎呀，我城裡還有許多鎧甲、兵器呢！轅車太少了，要是叫兵士一趟一趟搬，再渡過淯水，這耽誤的時間可就多了。」

曹操噗哧一笑：「張將軍，您也算是個老行伍了，這等事豈能難得住咱們？大可叫軍士手持武器披掛起來，一次不就搬運完了嘛。」

「這可不行。」張繡連忙擺手，「宛城以外都是您的人馬，營連營寨連寨，我的兵要是武裝出城，弄不好雙方誤會，是要出亂子的。」

曹操料他因為王氏的事情搞得太過矜持了，安撫道：「沒關係的，你只管搬你的，我傳個令下去，叫兵士不要驚慌就是了。」

「那多謝曹公了。」

「咳，你太客氣了……咱們現在都是一家人了，彼此兵將又有何不同？你安心辦你的事，回到許都我一定表奏朝廷，加封你的官職。」

「謝曹公提攜。」張繡一揖到底，喜氣洋洋去了。

樂極生悲

正午時分，兵將開始忙著埋鍋做飯，曹營四處炊煙裊裊，這樣不打仗的清閒日子實在是難得。據一些愛打聽的人說，等司空大人自宛城撤兵，說不定會給袁術一個突然襲擊，那時橫亙大江以北兗州以南的廣大地區就要回到朝廷掌握了。

曹操自得了王氏、周氏，便不在中軍帳用飯了，戰飯都是在臥帳裡跟兩位夫人一起吃。有時叫庖人特意斟酌幾個小菜，燉上一隻雞、烹上一條魚，夫妻三人對坐而食，雖然軍營裡沒酒喝，但也有幾分特別的情趣。因為張繡已經默許了嬸娘改嫁一事，對於王氏而言，今天實在應該慶賀慶賀，曹操吩咐庖人多準備幾個菜，三人邊吃邊聊。

「再過幾天，南陽安排已定，咱們就可以撤回許都了。」曹操笑呵呵道：「那時節妳們就好好在府中安頓，我還要出去打仗。」

王氏沒言語，忙著給曹操布菜；周氏是個沒見過世面的：「張繡不都降了，怎麼還打仗呢？」

「天下的狼煙多著呢！現在不過平定一個小小的南陽郡。揚州的袁術、徐州的呂布、河北的袁紹、荊州的劉表、益州的劉璋、漢中的張魯、遼東的公孫度、江東的孫策、關中諸將、涼州諸將……早晚有一天，我把他們全都收服於我帳下！」

「這仗還打得完嗎？我和姐姐好不容易離開那活死人待的地方，以後見不著您，豈不是又要守活寡？」無知者無畏，周氏說話口無遮攔。

曹操這會兒高興也不怪罪，只安慰道：「府裡一點兒都不悶，我家裡還有些妻妾，妳們一處說說笑笑倒也不錯。」

周氏白了他一眼：「您到底有幾房夫人呢？」

「哈哈哈……」曹操捋著鬍鬚搖頭晃腦，「盡收天下美色而妻之，也是我曹某人生平一大志願。」

帳簾一挑，有個庖人小心翼翼端著盆雞湯走進來。湯盛得太滿了，那庖人大氣都不敢出一聲，端著湯慢吞吞往前蹭。曹操又笑嘻嘻對王氏道：「雞湯妳多喝一點，現在是乍春寒的時候，在軍中可要愛惜好身子。日後回到許都……」

這話還未說完，就聽「嘶啦」一聲，帳簾被人撤去，緊接著一條大漢衝了進來——乃是許褚！他二話不說一把推開庖人，那傢伙站立不穩，一盆湯全潑曹操腦袋上了，燙得這位司空大人直叫，兩位夫人嚇得趕忙躲避。

「許褚！」曹操抹了抹臉，「你要造反啊！」

「已經反啦！」許褚一腳踢開案桌，拉住曹操衣袖就往外拖，「主公快逃！張繡反叛，已經殺到營門口了！」

「啊？」曹操腦子裡嗡的一下子，四下喊殺聲跟著就響起來了。他被許褚拖著到大帳口，眼見營中一片大亂，那些做飯的兵丁拋下鍋碗瓢盆，正慌裡慌張尋找兵刃。

張繡的忍耐已經到了極點。曹操這幫人自到宛城以來，在酒宴上炫耀武力，又以金銀拉攏他的部下，這已經很讓他生氣了。他畢竟是涼州的血性漢子，也是動不動宰人的脾氣，但看在賈詡多多維持的面子下也就算了。本想死心塌地跟著曹操幹，哪知得寸進尺，曹操竟在喪期之內納其嬸娘，張繡怒不可遏，當即就要舉兵來見個死活。賈詡也覺得該給曹操點兒教訓了，但他勸張繡不可逞匹夫之勇，暗地裡定下毒計：假意在東岸立寨，又送來王氏的家什衣物騙曹操安心，換得兵馬披甲持銳的機會。兩人計議已定，正午時分以移防為名，親自整備兵馬行出宛城，在經過曹營時發動突然襲擊。

曹營兵將都是得了曹操命令的，只當張繡是常規調動，哪知人家一猛子殺過來了。轅門未闢箭樓無人，張繡的人馬不費吹灰之力就殺入了連營。兵士也不可能隨時拿著兵刃，不打仗的時候自然隨便多了，加之這會兒又是吃飯的時候，眼見敵人衝到面前，連還手的能力都沒有。張繡的人馬在連營橫衝直撞，見人就殺見車就掀，猶如虎入羊群一般，眨眼的工夫就殺到了中軍大寨。

曹操眼望著面前混亂的情景，霎時間腦子一片空白。兒子曹昂匆匆忙忙跑了過來：「父帥，營門口只有百名虎豹騎，恐怕守不住了，您趕快逃吧！」

又見典韋兩臂夾著曹丕、曹真奔了過來：「速速開後寨門過河，東岸還有咱的寨子，到那裡就安全了！」說著把倆孩子推到馬上，後面曹安民、段昭、任福也嚇蒙了，都沒顧得上尋自己的坐騎了，牽著馬帶著孩子便逃。

曹操到這會兒還沒忘了美人，高喊道：「保護二位夫人先行！」危急時刻顧不上男女之別，許褚拽著倆夫人，像拖死狗一樣就出來了：「典韋，主公交與你啦！」說罷扛二女上馬，率領幾個兵也去了。

「主公，快逃吧！」典韋不容曹操多想，趕緊牽來他的白鵠戰馬。

眼見兒子、夫人全逃了，曹操的心安下一半。若依他的意思，還是要固守大營，待東岸的救兵前來。可是設想趕不上事情的變化，只見營內一片喧譁，許多手無寸鐵的士兵向營後逃，曹昂拔出佩劍不斷喝止，根本起不了作用——這會兒顧不得軍令，逃命重要啊！

正倉皇間，又見曹純、王必帶著二十餘騎奔來：「前門失守，敵人進來了，主公快逃！」這會兒可容不得再猶豫了，眾人各自打馬，保著曹操父子往後寨門逃。張繡的兵馬一鼓作氣勢不可當，緊跟著就殺了上來。舉刀的舉刀，挺槍的挺槍，所過之處皆被趟為平地。更有幾個西涼騎兵遠遠望見曹操等人的背影，縱馬便追了下去。這些人不愧為西州精銳，快馬馳騁間就已經拉弓搭箭，照著前面就射。一陣箭雨過來，三五個虎豹騎頓時落馬，曹操諸人左躲右閃在帳篷糧車間穿行，也管不得滿處亂跑的兵士了，自人群中擠過，堪堪已到寨門。後面的追兵兀自不讓，只管從活人身上踏過，也追了個馬頭銜馬尾。

「主公先去，待俺抵擋一陣！」典韋一聲斷喝，忽然把馬一橫，掌中雙戟就勢橫掃而出。後面的騎兵也到了，跟得最緊的一騎眼瞅著大戟奔面門而來，霎時間打了個萬朵桃花開！典韋一翻手腕，雙戟蕩開一劃拉，又有五六人被打下馬來，卻仍有幾騎自身邊一晃而過。

顧前顧不了後，典韋也管不了那麼周全了，揮動雙戟將追趕的騎兵逐個擊下馬來。倒一個就是倒一片，不一會兒的工夫，那幾十個西涼騎就被絆得人仰馬翻，全站不起來了。典韋正要結果他們性命，忽聞背後也是一陣慘叫——竟有十餘名虎豹騎沒走，將剛才溜過去的敵人也盡數殺光。

典韋一陣大喝：「不怕死的隨我把住這寨門，掩護主公撤退！」

「願隨將軍盡忠！」十幾個虎豹騎沒有一個再跑的，盡數來幫典韋一起殺敵，明知寡不敵眾，就是為了拖延時間。大夥都玩命了，舞動兵刃一通亂砍，竟將這幫西涼騎殺得節節敗退。

又聞喊殺震天，曹營的軍帳一座座被推倒，大隊步兵也跟著追到了。前排幾十枝長矛一哄而上，他們也不管是敵是友了，對準馬脖子就刺，連典韋的人帶張繡的人全被掀翻在地。典韋不敢怠慢，一個鯉魚打挺就蹦了起來，掌中雙戟一掃，十幾枝長矛應聲折斷；他緊跟著搶上兩步，把雙戟往人群堆一刺，抖開臂膀就是一通亂攪。這對傢伙八十斤，戟尖鋒利，枝刃磨得垂毛即斷。這玩意在人堆裡一攪和，扎死的扎死開膛的開膛，典韋把大戟在人堆裡耍了個半月狀，往回一收，腸子肚子扯出來一大串！

那十幾個相隨的敢死之士也爬起來了，大家往前一擁而上，他們手裡傢伙有短有長，甭管拿著什麼了，也不看迎面多少對手，只管往人堆裡刺打，殺一個夠本，殺兩個就有賺。敵人不過死了一排，第二排踩著屍首就過來了，又是幾十枝長矛齊刷刷刺來。典韋再次橫大戟招架，跟著縱身掄起大戟便砸，又有幾人被砸得腦漿迸出，就勢一頓劃拉，七八個敵人開腸破肚！

一波未平一波又起，第三排又到了，典韋依法再戰。這次敵人精明多了，一見掌中長矛折斷，趕緊抛下斷枝便逃。三突兩突之下，敵人便不敢輕易過來，但是他們人多勢眾，圍了一個大扇面，冷森森的矛尖直衝著典韋，只要他稍微走神，馬上就會一擁而上。典韋橫著大戟慢慢後退，直退到寨門便不再動了——只要把住這道門，拖延時間就夠了。他感覺左臂生疼，想必被刺中了，用眼角餘光掃了掃身邊，就剩下四個手持長槍的虎豹士了，拿短傢伙的全死了。五個人横住傢伙，死死把住寨門，硬是不讓張繡的人馬向前一步。

聚攏的敵人越來越多，一眼望不到邊，有幾十個弓箭手也擠到了前面，眼看就要搭弓放箭了。典韋見勢頭不好，也不管刺來多少長矛、射來多少箭，大喝一聲衝入敵群又是一陣狂殺，砍斷的人頭臂膀四處横飛，敵人生生又被他打出了一道缺口，紛紛顫抖退卻。但他身上也被敵人刺傷了幾處，鎧甲戳得稀爛，鐵葉子嵌到肉裡，肩胛骨中了一箭，氣都喘不勻，渾身上下都在流血。回頭再看那四人，都已被射成刺蝟了！

敵人又不敢向前了，連弓箭也不敢輕易再放了，眼睜睜看著這個血糊糊的怪物堵著寨門。汩汩的鮮血不停流淌，典韋感覺眼前漸漸模糊，雙手的大戟已經漸漸提不動了……

「典韋今日死矣！」他大吼一聲，猛然使勁，全力把一雙大戟抛向敵群，八十斤的東西霎時砸倒一大片。他趁亂衝向敵陣，張雙臂夾住兩個敵人，那倆人高聲慘叫被夾得口吐鮮血，蹬了蹬腿就不動了。典韋一翻腕子，又將兩個人抛了出去。人又比大戟沉了，正有兩個倒霉的躲閃不及，死人頭撞活人頭，磕了個紅光迸現。敵人一見挺矛又刺，典韋已毫無抵禦之物，兩支長矛頓時插入小腹，他伸手抓住矛杆，奮力向上一挑，肚腸子都帶出來了；兩個兵都嚇傻了，攥著矛杆忘了鬆手，生生被典韋舉了起來。典韋號叫著往外一甩，兩個兵帶著矛又飛入了人群。緊接著又有兩個不怕死的挺矛上來，這次竟插入了典韋的胸膛！典韋一矬身子雙手用力，奮力將矛杆折斷，前跨一步雙手掐住倆人的脖子。

眼看兩個大活人被典韋掐得滿面青紫、五官挪位、口吐白沫，眾兵丁嚇得紛紛倒退，閉上眼睛不敢再看。但是那淒厲的慘叫聲，聽得人後脊梁發麻，好多人嚇得涕泗橫流，手裡的矛拿不穩，尿都出來了。轉眼間兩個人被活活掐死，典韋鬆手放開死屍喘了口大氣，又倒退到寨門口。

再沒有任何人敢上前了，典韋身前丈餘之地竟沒有一個活人。他身被數十創，肩頭帶箭，小腹下拖著腸子耷拉到地，胸口插著兩支斷矛；左手想去扶轅門，卻摸了個空，瞪著一雙血紅的大眼睛仰面倒下，再也不動了——惜乎一代猛將典韋斃命宛城！

明明看到典韋死了，眾兵丁卻面面相覷誰也不敢過去。就這樣呆立了好半天，又聞馬掛鑾鈴之聲——部將張先趕到。張先已經連衝了四座偏寨，殺到此間卻見兵士一動不動，破口大罵：「他媽的！愣著幹什麼？快去追曹操啊！」隨他這一聲提醒，眾兵丁才斗膽衝過寨門，卻兜圈子繞著典韋的屍體而過，生怕這個怪物還會再蹦起來。

多虧典韋的捨命掩護，曹操得以擺脫追兵，曹純、王必、曹昂等保著他狼狽逃出連營，狂奔至清水河畔，浮橋早被敵人立寨的兵斷去，自己人在水裡撲騰著往東岸逃，許褚拉著一馬雙跨的二位夫人也在其中。曹操心下安穩不少，但還沒容他緩口氣，自北邊又傳來一陣喊殺聲。

原來賈詡已經算計妥當，料曹操必會自營後而出，戰事一起就讓張繡率五百弓箭手自北面繞過連營，趕奔清水岸邊。張繡殺到之際曹操也出來了，接觸的日子長了，兩人離著老遠就都認清了。

張繡狂喜：「速速放箭！瞧準騎白馬的射！」

曹操見陣勢不好，趕緊帶人突入河中。飛蝗般的箭雨已經到了，虎豹騎充作人牆將曹操等人護到了身後。噗通噗通一陣響，五六個人栽入河中。曹操雖然沒有受傷，但白鵠馬卻被射中了三箭，其中一箭正中馬眼，白鵠一抖腦袋將他翻了下去。

眼看第二撥箭又要到了，曹操靈機一動，一猛子扎到河裡藏身於白鵠肚子下面。他耳畔只聞一陣噗噗聲，感到白鵠馬壓了下來，顯然已射死了，趕緊拖泥帶水又鑽出來。這會兒連馬都沒有了，第三撥箭又要到了，曹操感覺自己死定了。

突然，一隻血淋淋的手抓住他——是兒子曹昂！

「快快上馬！」曹昂二話不說就推他上了一匹黃驃馬，在馬屁股上狠抽一鞭，讓它飛奔出去。

曹操也顧不得什麼了，抱住馬脖子就往前闖，感覺箭支自身旁飛過，緊接著左臂一陣鑽心的疼，所幸這撥箭又過去了。這時對岸也喧譁開了，只見有自家人馬前來接應，夏侯淵、郭嘉、朱靈皆在其中，當先一員大將正是樂進，王必、曹純也已經上了岸，眾人都高呼著：「主公，快！快！」

要得救了……曹操不禁起身打馬，一看之下大吃一驚——騎的是昂兒的絕影馬！我兒把自己的馬讓給我啦！

他猛勒韁繩，回頭一看——曹昂已被亂箭攢身，漸漸沒入水中。

「主公，你他媽快過來啊！」樂進急得都罵上了。

眼瞅著張繡的人馬已經追到岸邊又要放箭了，曹操連哭都來不及，只得奮力催馬，躍上東岸扎到援軍之中。

張繡在河西邊瞧得真真切切，想要過去追已經不及了，恨得仰天大呼：「氣煞我也！老天何故佑此奸賊啊！」對岸的曹營已經聚攏，他不能再趕，吩咐部下繼續射殺尚未過河的曹兵，自己端坐馬上氣呼呼掃視混亂的西岸。忽見南面偏遠處有騎戰馬，上面一馬雙跨坐定兩個孩童，另有三員將官領著十幾個兵丁前後護衛著，正往河邊逃。

曹安民、段昭、任福保護曹丕、曹真奔逃。但是匆忙之間都沒有尋到自己的坐騎，兩個孩子才十歲出頭，控制不住這匹高頭大馬。這幫人磨磨蹭蹭實在跑不快，虧了曹安民腦子快，自連營南門突出，兜個大圈遠遠繞開了戰場。

這幾個人原以為沒人會注意到，眼看都到河邊了，忽聞背後馬蹄聲響，回頭一看——張繡來了！他白馬銀槍、頭纏孝帶格外顯眼，卻是單人獨騎，大隊親隨落得很遠。

曹安民靈機一動：「就他一個人，咱們殺了這廝！」

「好，殺了他就反敗為勝了！」段昭回應一聲，趕緊招呼身邊十幾個兵丁停下腳步，各自舉起長刀就要跟張繡玩命。

眨眼間張繡奔到近前，連句話都沒說，將掌中大槍一抖便刺了過來；段昭一看之下，驚得目瞪口呆——眼前恍惚似有六個槍頭！諸人後悔都來不及了，各拿傢伙一哄而上。耳輪中噗噗聲連響，都沒弄明白怎麼回事，五個兵已經斃命當場，段昭腿上也被掃了一槍，可人家張繡連肉皮都沒傷到。剩下的兵這才知道厲害，嚇得四散奔逃。張繡也顧不上殺段昭，催馬奔孩子們去了。

曹安民見只剩自己和任福保護孩子了，趕緊停下腳步抽劍在手，猛然轉身要刺，可張繡的槍已經到了。這一槍正中其咽喉，槍尖一撤，曹安民兩眼一翻倒在血泊之中。

「安民哥哥……嗚嗚……」曹丕、曹真都嚇哭了，任福不敢敵對，拉著馬死命往前跑。張繡已然攆上前，抬起大槍便要刺，只要這一槍下去，兩個孩子立時就要在此斃命。

「住手！」忽有一騎趕過來，馬上之人伸出手，竟緊緊攥住張繡大槍——竟然是賈詡。

張繡一愣，隨即叫道：「賈叔父放手！」

「不能殺！」

「一定要殺！」

「不能殺……不能殺……」賈詡哪有他力氣大，乾脆雙手來奪，三扯兩扯竟被他拖下馬來。

張繡一見賈詡跌落可嚇壞了，也趕緊跳下馬來。耽誤了這會兒工夫，任福已經拉著孩子奔至河中，段昭也拄著刀一瘸一拐跟上，主僕四人狼狽而去。

「咳……」張繡長歎一聲，攙起賈詡，「何故放走小畜生呀！」

賈詡倒沒摔傷，拍拍身上的土，慢吞吞道：「曹操若是沒逃，你殺他幾個兒子都沒關係。他既然逃了，你又亂箭射死曹昂，這就不能再害其他骨肉了。」

「這又是什麼道理啊！」張繡氣哼哼道：「我叔父屍骨未寒孝期未滿，曹賊便強納我嬸娘，這事傳揚出去，身為大丈夫還有何臉面立於世間？自當滅他滿門方雪此辱！」

「將軍啊，你寄居宛城之地，現在南陽郡又丟了一半，萬不可與曹操結下不解之仇。」

「已經殺了他一個兒子了，這還不夠死仇嗎？」

「曹昂勉強還能算個部將，要是屠戮孩童那就不一樣了……若不是曹操此番做事太差，我絕不會出此下策的！」賈詡捋捋鬍鬚，意味深長道：「將軍絕非命世之才，在此荒亂時節，萬不可把事做絕，把自己的路全都堵死啊！」

張繡攥緊的拳頭緩緩鬆開：「也罷！殺他這麼多人馬，也算出我一口惡氣……接下來該怎麼辦？」

「咱的人也殺亂了，趕緊歸攏一下吧！你回去處置宛城餘兵，令張先追襲曹操，我得動身南下去見見劉表。這一仗咱打贏了，兩家聯合從此有望。曹操兵馬雖強，咱若有劉表幫忙，也足以與他周旋幾載。」

「好！劉景升還算為人謙和，與他結友，勝過曹操這老無賴！」說著話張繡已經上了馬。

「將軍差矣！」賈詡在張繡的攙扶下慢吞吞爬上馬背，又望了一眼對岸退潮般的曹軍，緩緩道：「這世上沒有永遠的朋友，但也沒有永遠的敵人。」

第八章

袁術稱帝惹毛曹操

回軍許都

宛城之役的失敗完全是曹操個人行為不檢點造成的，這讓他既後悔又慚愧。這一仗不但損失兵馬、丟失輜重，其子曹昂、姪子曹安民以及心腹愛將典韋也戰歿陣中。

張繡在略微休整之後派出張先繼續追擊，使得曹軍連淯水東岸也不能繼續立足了。所謂兵敗如山倒，明明敵人只有少數部隊，但曹操這邊軍心就是穩定不住，無奈之下只得率領兵馬且戰且走，逶迤退至舞陰駐紮。

待進了縣城，兵馬安頓妥當，曹操終於可以痛痛快快大哭一場了。曹昂是他愛妾劉氏夫人唯一留下來的骨肉，為了生曹昂劉氏難產而死，後來由正室夫人丁氏將他撫養長大。丁氏對其視為己出，灌注了全部心血。曹昂也是個爭氣的孩子，七歲學文九歲習武，在家是個孝順兒子，出兵是個稱職將軍，哪知道剛剛一十八歲就殞命戰場，而且還是為了盡孝而亡的，回去怎麼跟丁氏交代啊！

曹安民是曹操弟弟曹德之子，當初老曹嵩與曹德自徐州至兗州，半路上陶謙部下張闓謀財害命，滿門老少盡皆死於屠刀之下，只有這曹安民一人倖免。這孩子雖不怎麼正經，但也有幾分聰明，更是曹德留下的血脈，如今也被他給斷送了，這可怎麼對得起死去的弟弟！

典韋乃世之虎臣，英勇不亞於古之孟賁、夏育，始終緊隨在曹操身邊，是全軍敬仰的猛將。打呂布、平黃巾，多少激烈的戰鬥都毫髮無傷，如今卻在宛城喪了性命。而且是張繡已經投降的情況下，納人家嬸子為妾，生生把人家激反的。典韋死得那麼不值得，豈不寒三軍之心，這又怎麼跟滿營將士交代啊！

曹操越思越想，越覺痛悔交加，堂堂男兒哭了個涕泗縱橫，任誰勸也勸不住。王氏與周氏這會兒也傻眼了，如今她們成了眾矢之的，雖礙於曹操沒人敢當面辱罵斥責，但大夥全拿白眼珠看她們。其實兩個女人也很委屈，當初是曹操強娶過來的，且不提害死這麼多將士，還沒進曹家門就把正室夫人的兒子連累死了，這以後的日子能否過下去還不一定呢！兩人勸了曹操幾句趕緊退到一邊，這個節骨眼上，生怕會遷怒到自己。

夏侯淵、樂進、朱靈等將領趕忙圍上來，你一言我一語地開導，連許褚那麼粗率的人這會兒也跟著說安慰話。曹操抹抹眼淚，抬頭看看許褚，淒淒慘慘道：「我兒子、姪子死了都不心疼，唯獨痛惜典韋，一代勇將命喪疆場，悲哉！痛哉！」這話可不是由衷的，典韋再善戰，不過一個外人，自不能比死了曹昂、安民還痛惜。他這麼說是想籠絡人心，讓諸將感覺到他的情意。

許褚的心眼豈能多過曹操，見他在這樣情勢下還痛哭愛將，鐵錚錚的漢子竟也把持不住，流下幾滴眼淚：「主公，馬革裹屍乃丈夫之幸也！咱們重新舉兵再戰張繡，為典韋報仇也就是了。」

夏侯淵哀歎道：「馬革裹屍……可典韋的屍首還在敵營呢！」

曹操總算抓到一個表現的機會：「我這就傳下檄文給敵軍，誰能送回典韋屍首，我賜給他大筆錢財！絕不能讓典韋客死在他鄉……」

聽他這麼表態，諸人覺得寬慰了些，又有幾人不禁抹了抹淚水。這時候，郭嘉忽然急匆匆跑來：「主公，有青州兵逃歸至此，說于禁叛變了，率部攻打曹仁麾下青州兵，而且已經殺奔舞陰而來。」

「啊？」曹操眼淚都嚇回去了。現在軍兵四散尚未歸攏，于禁再造反可怎麼了得？固然敗軍之際人心浮動，但于禁畢竟跟隨曹操這麼多年，猝然說他叛變，這事也頗值得懷疑。曹操立刻下令，軍兵戒備緊閉城門，親自帶著諸將登上舞陰城樓觀望動靜。

一望之下，大家全糊塗了。但見遠處殺聲陣陣，于禁的人馬正和張先的追兵奮戰，雙方勢均力敵殺得難解難分。曹操倒是穩住了心神，于禁若未反更好，即便反了也沒關係，且叫他與張先廝殺，張先敗了就平外患，于禁輸了就除內亂。

曹操抱定坐山觀虎鬥的心思靜觀其變，但見于禁所帶兵馬即使在敗軍之際也毫不散亂，陣容齊整進退有秩；張先雖然乘勝而來卻也占不到什麼上風。雙方僵持時久，張先見不能取勝，恐舞陰城再發兵馬夾擊，竟主動撤兵了。于禁不敢再追擊，原地整飭兵馬、撿拾物資，好半天才領兵向舞陰城開來。城上之人盡皆屏息凝神，生恐于禁率部攻城。卻見他的兵行至護城河邊就不再前進了，接著便不慌不忙地安營紮寨、埋鍋造飯，根本沒有造反的跡象。

曹操默然看了良久，忽然道：「速速打開城門，叫于將軍進來。」

「不能開門！」朱靈從人堆裡鑽出來，「如今于禁造反之事還未查清，倘若打開城門，他的兵馬就勢殺入，將如之奈何？」

曹操也知朱靈與于禁有些不睦，但這時候不便多加申斥，只開導道：「文博勿疑，我保于文則不反矣！」朱靈不再多說退到一旁，心中卻暗暗抱怨：您還曾保張繡不反呢，如今還不是被追到這裡了嗎？

不多時城門大開，于禁兵馬並無異樣，只有他一人單騎入城。他慌慌張張來到城樓之上，離著老遠就向曹操下跪施禮，誠惶誠恐道：「末將聚攏敗軍行軍遲緩，死罪死罪，不知主公是否無恙？」

曹操聞他先問自己安危，一切疑慮頓感釋然：「文則快快請起，賴諸位將軍捨命相保，本官並無大礙。有勞你擊退追兵，辛苦了。」

于禁起身退到一旁，並不言攻殺青州兵之事，只不住跟左右將領嘀咕著：「主公大難得脫，誠乃朝廷之幸，天下之幸。」雖是嘀咕，但聲音拿捏得很妥當，既不大也不小，剛好可以讓曹操也聽清楚。

朱靈見他到了這會兒還惺惺作態逢迎取寵，心下不由惱怒；又見曹操手撚鬍鬚，也不提反叛的傳言。他便主動跨出一步，向于禁拱手道：「文則兄，你率部攻打咱的青州部，不知是何用意？」

于禁連看都不看他一眼，眼望曹操道：「大軍撤兵之際，青州兵趁亂劫掠別部輜重，我不過給他們點兒小教訓罷了。」不待朱靈再插口，他又搶先道，「想那青州兵，原為黃巾之眾，今既歸屬主公，豈可復為賊乎！」這麼一說倒把朱靈的話給堵回去了，他眼望著這個當面恭順、背後傾軋的于禁，恨得牙根癢癢，卻不知該說些什麼。曹操卻平靜地問道：「文則，你可知青州兵來至此間狀告你謀反？」

「已經料到。」于禁拱手道。

「既已料到為何不速速叫開城門進來分辯，還不慌不忙在城外紮營立寨呢？」

「今敵在後，追至無時，不先為備，何以禦敵？且末將素知主公聰明，誣陷之言豈能與您耳中？」于禁這幾句話有理有據還有馬屁。

曹操不住感歎：「淯水之難，何其匆忙，文則在亂能整，討暴堅壘，有不可動之節，雖古之名將，何以加之！待我處決進讒言之人，回朝之後表奏你為亭侯之位，以示嘉獎。」

于禁心中歡喜，卻推辭道：「末將不願受封，只望主公可以寬宥讒言之人。青州兵乃歸附之人，宜示以恩德安定其心，況且同為主公帳下朝廷之兵，末將也不忍因私怨而相屠害。」他這麼一說，自己與曹操的寬宏形象就都樹立起來了。

曹操更欣慰了：「言之有理……不過你的功還是要賞的，該封的一定要封。」

于禁確實在此次撤退中立功不少，但是他這種惺惺作態、逢迎上司的表現卻搞得旁人很反感。樂進、朱靈等人雖沒來得及聚攏散軍擊退追兵，但他們卻始終保衛著曹操的安全，危急時刻護衛主帥的功勞豈不更大？原本是朱靈與他的恩怨最大，如今這個侯位承諾出來，其他人也開始對于禁抱有成見了。

這時又見南邊塵土飛揚，曹仁收攏的青州兵也漸漸趕來。至此，各路兵馬總算是順利轉移到舞陰境內了。曹操也鬆了口氣，回頭對眾將強笑道：「吾收降張繡等，失於未取其人質，以至於此。今吾知其所以敗。諸卿觀之，自今以後不復敗矣！」

還未取其人質？人家嬸娘都讓您弄到被窩裡去了……諸將想笑不敢笑，紛紛說「勝敗乃兵家常事」之類的話。不管怎麼樣，軍心總算是勉強穩定下來了。

曹軍在舞陰駐紮數日，待流散的兵士漸漸聚攏回來。但同時也得到消息，張繡率部轉移穰縣，與劉表脣齒相依，一時間也不可能輕易為患了。無奈之下，曹操只得暫時放棄戰事，領兵撤回許都。重賞之下必有勇夫，有人偷偷送來了典韋與曹安民的屍體，曹操命人好好成殮送回家鄉，但是曹昂卻不知被淯水沖到哪裡去了。

張繡原本是可以拉攏過來的，可現在卻白白推到了劉表那一邊，大半個南陽郡雖然收復，但禍根未除，隨時可能再出亂子。更重要的是，曹操首試「奉天子以討不臣」就磕得頭破血流，這助長了其他割據者對朝廷的蔑視，也使許都「百官總己為聽」的局面產生了動搖。

國事家事

回到許都之後，曹操要過的第一關不是天子，也不是文武百官，而是他的妻子丁氏夫人。

曹操對於嫡妻丁氏的感情深厚，可這種感情不是寵愛，而是由衷的敬畏。丁氏比曹操還大著兩歲，出身沛國丁氏名門之後，但形貌卻不怎麼出眾，性格也過為內向。因此曹操從一開始就沒對她起過憐愛之心，只產下一個女兒，嫁給了夏侯惇的兒子夏侯楙。可就是這位無寵的夫人為曹家付出了太多心血，特別是在曹家因宋后被廢牽連的時候、在曹操逃亡在外躲避董卓的時候，這位丁氏夫人幾乎成了家鄉的頂梁柱。更可貴的是，她視劉氏的遺子曹昂如己出，辛辛苦苦養育了十八年啊！

關於曹昂的死，曹操本想委婉地告訴她，並把死因與王氏、周氏的關係隱瞞起來，只告訴她兒子是壯烈陣亡的。可是曹操也糊塗了，還有曹丕、曹真這倆孩子呢！倆小的也遭了那麼多難，回來一五一十就跟卞氏說了，卞氏一聽哪能不去安慰丁氏，兩位夫人見面把話一提，沒半天的工夫，這事兒就瞞不住了。

丁氏也是將近五十歲的人了，半輩子沒跟曹操紅過臉，這一回可把司空府鬧了個天翻地覆。曹操剛換完朝服，原打算上殿稟奏天子，丁氏一猛子跑出來，拽著他的袍袖在後院裡又哭又打：「我上輩子造了什麼孽啊……託身你這麼一個不知廉恥的東西！為了兩個狐媚子寧可把親生兒子斷送……老殺才！兒子死了，你怎麼不死呢！你還我兒子！還我兒子……」

曹操自知理虧也不敢還手，任由她又捶又打，只抱著她的肩膀安慰道：「夫人……是我不好，人死不能復生，咱還有其他的兒子呢！」

丁氏不聽此話也罷，一聽此話揚手就給他個耳光：「你有一群兒子，可我只有昂兒一個呀！你對得起我嗎？你對得起我那死去的妹妹嗎？千刀萬剮的老殺才啊……我上輩子欠你什麼啊……」她打也打累了，往地上一坐，止不住地呼天搶地。

曹操被她巴掌打得眼花撩亂，捂著臉也不好說什麼；一邊王氏、周氏全嚇傻了，禍因她倆而起，都不敢過去勸。秦氏、尹氏也出來了，倆人見狀趕緊一邊一個攙起丁氏：「姐姐保重身子要緊啊……」丁氏哪裡止得住悲聲，拉著倆人的手一邊罵一邊哭。秦、尹二女也都是眼窩淺的，剛開始還勸她別哭，後來是三人一塊抹眼淚。環氏聽外面又哭又嚷，抱著小曹沖也出來看，結果竟把孩子也嚇哭了。這院子裡大人哭孩子鬧，攪得曹操心裡似開鍋一般。關鍵時候還是得卞氏出馬，她見這般情景趕緊湊到曹操耳邊：「你別愣著了，快叫人備車，把大丫頭從夏侯家接回來，讓閨女來勸啊！」

「這事兒……」多少朝廷大事難不倒的曹操，這會兒也慌神了，「我怎麼跟丫頭開口呀！」

「你這老冤家呀！」卞氏也恨他在外胡作非為，狠狠擰了他胳臂一下。但她畢竟是心軟，瞧丈夫一臉無奈，感歎道：「叫我說什麼好啊！快忙你的大事去吧，我去夏侯家走一趟，見了大丫頭多說寬心話唄！」

曹操如獲救命稻草，趕緊吩咐人備車。又見秦、尹二女扶著丁氏搖搖晃晃回房，丁氏抹著眼淚不住哀歎：「昂兒死了……我沒有兒子了……我什麼都沒有了……什麼都沒有了……」再看王氏、周氏也躲在角落裡相擁而泣，見曹操掃視過來，都嚇得連連倒退……這事都是曹操自己惹出來的，也不能怪這倆女人啊！

曹操越想越恨自己，不由得也抽自己嘴巴，轉身往前堂而去。走出去好幾步才意識到朝服扯亂了，這樣子見天子有失朝儀，趕緊又回房換新的——這次倒好，夫人們全忙活去了，就一個粗使喚的丫鬟幫忙更衣。潦潦草草收拾完畢，帶上笏板，出門登車奔皇宮而去。

許昌的皇宮是遷都後臨時建造的，氣勢規模都比洛陽差得遠。任誰都知道曹操是朝廷實際的主宰，自沒人敢阻攔。待遞了名牌進去，不大一會兒工夫皇帝劉協便升了殿，請曹操快快入內。

雖然天子不敢說他什麼，但大致上也得都過得去才行，他低頭上殿，思考著對於戰敗的應對之辭。待邁進去才發現大殿之內多了一大群虎賁衛士，一個個手持金鉞利刃列立兩旁，曹操心中一凜——糟糕！也忒大意了，難道皇帝要殺我不成？

想要轉身退出，可已來不及了，已經進到殿中，他跑得再快也比不過這些人的刀斧快啊！曹操跪在殿上，強打精神朗聲道：「臣司空曹操見駕，吾皇萬歲，萬萬歲。」

劉協見他行禮站了起來，抬手道：「曹公快快平身。」

曹操慌慌張張爬起來，眼睛不由得瞅向左右的虎賁士，還未及說什麼，卻聽劉協搶先道：「曹公此去南陽，收復舞陰、葉縣，朕不勝欣喜啊！」好事不出門，壞事傳千里，宛城之敗的經過早傳揚開了，而且越傳越走樣。有人說曹操先奸後娶張繡之嬸，讓人家堵在被窩裡了；還有人說張繡拿大槍把曹操屁股都給扎了，最後爬窗戶出來才撿條命，總之說什麼的都有。劉協也早風聞曹操打了敗仗，但他卻絕口不提宛城之失，只說收復舞陰那點小功勞。

聽他這麼講，曹操摸不清正話反話，心中越發不安，生恐利刃頃刻間就要落到脖子上，趕緊舉笏道：「臣未能收全功而返，實是慚愧無地，望吾主訓教。」這又是以退為進的試探。

「曹公怎麼這樣講話呢？」劉協對他也懷有懼意，忙誠惶誠恐安撫道：「你為朕收復割據之地，朕感激你信任你還來不及呢，又怎會訓教你？快別說這些謙讓的話，搞得朕都覺心中不安了。」這倒是劉協的心裡話。如今在曹操的掌握下，雖比在董卓、李傕身邊吃穿用度好得多，但身為天子敢說的話卻越來越少了。

曹操見他似無謀害之膽，想趕緊溜之大吉，再次舉笏道：「既然如此，臣深感陛下寬宏大量……

另外，臣忽感不適，就此告退。」

劉協原是對他頗為忌憚的，瞧他沒說兩句話就要走，頗感詫異。但察言觀色之間，見他眼光不自主地往左右武士身上瞥，便知他心中也懷怯意。劉協不禁冷笑，故意厲聲叫住他：「曹公且慢！」

「啊？」曹操不禁打了個寒戰，差點又跪倒地上，哆哆嗦嗦道：「陛、陛下還有何吩咐？」

「曹公，您乃朝廷之頂梁，要多多保重身體才是。」劉協說這話時可謂皮笑肉不笑，「要是回到府中還有不適之感，可請御醫前去調治病症，不要為朕的江山累壞了你的身子。」

不要為朕的江山累壞了你的身子……曹操感覺這話裡帶著刺，但險地不可久留，趕緊趨身下殿。待邁下玉階，回首望著手持利刃的虎賁士，心口不禁狂跳，擦了擦冷汗暗自嘀咕：「嚇煞我也，以後絕不能輕易見駕了。」等出了皇宮又登上車輦，他的驚懼轉為了憤慨，對車邊的王必抱怨道：「荀彧是怎麼搞的，殿中怎會又增加了虎賁士？」

王必見他忘卻，趕緊解釋道：「在宛城時，荀大人已經傳書稟告過這件事，您當時不是說『既然是古制，該恢復就恢復』嘛？」

那些日子曹操天天沉浸在溫柔鄉裡，哪把這些稟報往心裡去了，他拍拍腦門道：「我糊塗了……王必，你速速拿我的名刺，請尚書令荀彧、御史中丞鍾繇到咱府中來。」如今荀彧已經是朝廷的官了，不能無緣無故往司空府跑，即便是曹操有事也得派人去請。

眨眼的工夫又回到府裡，曹操心裡都快開鍋了，家裡朝裡竟沒一件順心事。他悶坐在大堂上，命徐佗捧來這些天的公文，其中竟還有一封袁紹派人送來的書信。別的先推到一邊，先看那封書信，打開瞧了瞧，恨得直咬牙——袁紹聞知曹操敗於張繡之手，竟來信辱慢，說他畏縮怯陣、志大才疏、有悖皇恩，反正都是當初藉詔書指責袁紹的話，現在人家變本加厲又扔回來了。

「好賊子！欺我忒甚！」曹操氣得把竹簡扔出堂外。

這會兒御史中丞鍾繇到了，正邁著四方步低頭上堂，忽見一物奔面門飛來，趕緊低頭閃避。啪嚓一聲響——腦袋是躲過去了，冠戴卻被當堂打落，搞得披頭散髮。

曹操也嚇了一跳，人家鍾繇不是他的掾屬，是身居「三獨坐」的朝廷要員，打人冠戴如同打臉一樣啊！他趕緊起身離位：「哎喲元常老弟，愚兄失手了……罪過罪過……」說著連連作揖道歉。

鍾繇嚇壞了，摸了摸胸口，半天才緩過氣來。見曹操直說好話，心裡倒覺好笑了，連忙低頭拾起那卷竹簡，卻不敢看一眼上面的內容，小心翼翼將它捲好，遞回曹操手中，嘴裡還直替他遮掩：「曹公也是一時不慎才將公文失落了，沒關係的。」

失落有橫著飛出去的嗎？曹操明白這是人家寬宏大量，趕緊手牽手將鍾繇扶上客位，又親自過去拾起冠戴——兩根橫梁都打斷了。這要是砸到臉上，鼻梁骨也懸了。曹操趕緊對案邊侍立的徐佗發作道：「你長沒長眼睛，就這麼看著嗎？還不快去後面拿一頂新冠戴來！」

「諾。」徐佗算是倒霉透了，明明曹操惹的禍，卻要發作他，但誰叫他是司空府的掾屬呢？這個尷尬的時候只能拿他發作，他趕緊陪禮道歉，到後面取冠戴去了。

鍾繇起身道謝，曹操卻又把他摁在榻上：「實在是太失禮了。」

「無礙的，無礙的。」話雖這麼說，鍾繇還是忍不住捋了捋披散的頭髮。官員穿著深服，頭頂冠戴才像個樣子，若是沒了冠戴只穿深服，怎麼看怎麼彆扭，這副模樣是沒法出去見人的。

不一會兒工夫，徐佗就捧著冠戴來了，害怕曹操再說閒話，索性連梳子、篦刀、簪子、臉盆、清水全叫人端來了。曹操瞥了一眼道：「哼！這還差不多。」說罷親手拿起梳子為鍾繇整理髮髻。

「這可不敢當！」鍾繇嚇壞了，哪有三公給人梳頭的，起身要推辭。曹操又把他摁住，殷切道：「別動別動，這算什麼要緊事，馬上就好了。」

鍾繇不好再推辭，瞧他沾著清水將頭髮梳好盤上，徐佗又為他戴上冠、插好簪子。鍾繇心裡熱呼呼的，剛要說兩句感激的話，卻聽曹操話已入正題：「元常，你可知殿上增派虎賁士之事？」

「知道。」鍾繇微微傾了傾身子，「此乃歷來的制度，身為三公又掌有兵權者，上殿面君當有虎賁士協同。」後面的話鍾繇就不敢說了，這個制度是防止權勢熏天的大臣突發不臣之心行刺天子。制度雖然是定下了，不過中興以來的外戚大將軍們，似竇憲、梁冀、鄧騭、閻顯、竇武、何進之流，卻沒有一個死在這些虎賁士刀下——用的都是他們自己的人。

「你無需有什麼想法，既然古制嘛，我也不會反對。該恢復的就要恢復，這也是祖宗的章法……」說到這兒曹操話鋒一轉，「但我想知道，是誰提出要恢復這個制度的？難道是文若嗎？」

鍾繇不敢隱瞞：「這並非荀令君的主意，乃是議郎趙彥提出來的。為了這件事在朝議上討論了很久，諫議大夫楊彪極力贊成，這才定下來。至於這些虎賁士嘛，都是夏侯將軍在營中親自選拔的，全是曹公您的同鄉。」

聽說是夏侯惇選的鄉人，曹操放心多了，卻轉而道：「元常，你知道我請你來幹什麼嗎？」

鍾繇也是聰明人，御史中丞是專門彈劾人的官，曹操這明擺著要辦一辦提議這件事的人，趙彥倒是可以隨便編出個罪名，但楊彪似乎身分太高了，因這件事治罪過於牽強。他低頭想想，才小心翼翼道：「那議郎趙彥素來恃才傲物，今朝廷百廢待舉，竟然上這樣空耗人力的條陳，應該論一論他的罪了。」

曹操見他避重就輕，又點撥道：「朝中有些自恃身分高貴的老臣也很不像話，你看對於這樣的人該怎麼辦呢？」他指的是楊彪。

鍾繇抬起頭裝懵：「誰的罪追究誰，沒罪的先不能追究。」這話可真有學問，言下之意是告訴曹操，等楊彪犯了一差二錯再說。

曹操也聽明白了，卻沒搭這個茬，無意中信手翻開一份公文，剛看了一眼，火又上來了——字跡潦草，多處圈改！他仔細一看，是府中西曹掾的舉薦名單，又朝徐佗喊嚷：「你拿著這個去給毛玠看，叫他查查是手下哪個令史寫的。查明了是誰，把人帶過來，我非叫那人把自己寫的玩意吃下去不可！」

「諾。」徐佗哪敢違拗，趕緊接過潦草的公文。

鍾繇見他神色不正，料是他還在為敗於張繡的事耿耿於懷，不敢在這是非之地久留，趕緊起身作揖道：「曹公若無其他的吩咐，下官就回去籌措彈劾趙彥之事了。」

曹操這會兒腦子都亂了，並不強留，只掐著眉頭道：「元常走好，我這兒還有事，就不送了……」

「不敢勞煩曹公，告辭告辭。」鍾繇說完客氣話，趕緊溜之大吉。

這可真是曹操難忘的一天，家裡丁氏給他氣、殿上天子給他氣、朝中同僚給他氣、河北袁紹給他氣……現在連一個小小的令史都不把他放在眼裡。丁氏的事是他理虧，天子說閒話他不敢僭逆，楊彪暫時治不了罪，袁紹更是鞭長莫及，可是這個把公文寫得潦草的令史非要狠狠收拾不可！他在堂上踱來踱去，打算把所有的火都撒在這個倒霉蛋身上。過了一陣子，徐佗慢吞吞領來一個小吏。曹操見人進來，厲聲喝道：「好大膽子，給我跪下！」這一嗓子喊出去，連那小吏帶徐佗全矮了半截。

「抬起頭來！」

那人微微抬頭。曹操垂眼打量，見他二十出頭相貌堂堂，卻不認識。這也難怪，他自開春就出去打仗，這些日子毛玠又錄用了什麼人他不清楚，況且公府令史不過是百石的小吏，也不值得他親自逐個接見。

「你叫什麼名字？」

「在下陳國梁習。」那人規規矩矩施了個禮。

曹操冷笑道：「不知閣下來我府中之前曾任何職？」

梁習低聲回答：「在下原是陳國主簿。」

「哦？」曹操挖苦道，「原來還是陳國相駱俊的屬下。那你知道我這司空府的西曹掾是管什麼的嗎？」

「是負責公府屬員選拔任用的。」

「說得好啊……」曹操本打算抓起那卷公文擲到梁習身上，可低頭一看公文沒交回來，再瞧徐佗捧著那竹簡還在一邊跪著呢，怒氣又不打一處來，「站起來！你跟著起什麼鬨，給我出去。」

「諾。」徐佗爬起來就走。

「回來，把公文給我撂下呀！」

徐佗今天被他數落得暈頭轉向，戰戰兢兢把竹簡往桌案上一放，如蒙大赦般撤腿下了堂，差點兒叫門檻絆個跟頭。曹操這才抓起公文拋到他面前，厲聲咆哮道：「你睜開眼看看，這就是你給我寫的名單！這上面哪個人名我能看得清？就你這樣的人竟還是陳國出身的官員，陳國相駱俊瞎了眼嗎？陳王爺就該一箭射死你才對！拿著你寫的東西，一個字一個字給我念，我可得長長學問，倒要看看這些『章草』是什麼！」

梁習向前跪爬兩步，抱起竹簡看了半天也不認識。

曹操見他自己都念不出來，氣都氣樂了：「好！真好！學問大得連自己都佩服了，是不是？」

梁習趕緊磕頭：「在下一時疏忽，誤將草稿上交……」

「呸！」曹操一拍桌案，「今天你疏忽了，明天他疏忽了，治國為政豈能如此草草！」

「請主公治罪。」

「當然要治你的罪，我把你這大膽的……」曹操話未說完，卻見王必引著荀彧到了，便緩口氣轉而道：「捧著你寫的那些『龜甲銘文』到院裡給我跪著去，一會兒再教訓你！」

荀彧進府門時正遇見鍾繇，倆人在外面聊半天了，早知道曹操今天有股邪火。荀彧跟隨曹操六年了，見他喜怒無常的情況見多了，現在也不當回事了，笑呵呵道：「剛回來就鬧，您這又是怎麼了？」

「有點兒不順心罷了。」曹操微一抬手示意他坐下，跟荀彧就不用講這麼多虛禮了。

荀彧坐下來，又打量他兩眼，喃喃道：「剛才鍾元常跟我聊了聊，他說您因為宛城之敗還在生氣，我就對他講：『公之聰明，必不追究往事，殆有他慮』，不知對不對啊？」

「唉……知我者文若也！」曹操歎口氣，示意王必也出去回避，這才拿起袁紹的書信遞給荀彧，「你快看看吧。」

荀彧粗略瞅瞅就扔到一邊了：「袁紹這等胡言何必當回事呢？」

曹操抓了抓腦袋，怒氣已經沒有了，取而代之的是憔悴：「我把大將軍之位都讓與袁本初了，就是不想與他輕易翻臉。可是你看看，人無害虎心，虎有傷人意。現在我要是與他較量，依舊不是對手，這可怎麼辦呢？」

荀彧自一進門就靜靜觀察他的舉動，覺得該給他鼓鼓氣了，便捋著鬍子緩緩道：「古之成敗者，若誠有其才，雖弱必強；苟非其人，雖強亦弱。昔劉邦、項羽之存亡，足以觀矣。今與公爭天下者，唯袁紹耳。袁紹外寬而內忌，任人而疑其心；公明達不拘，唯才所宜，此肚量之勝也。袁紹遲重少決，失在後機；公能斷大事，應變無方，此謀略之勝也。紹御軍寬緩，法令不立，士卒雖眾，其實難用；公法令既明，賞罰必行，士卒雖寡，皆爭致死，此用武之勝也！袁紹憑世資，從容飾智，以收名譽，故士之寡能好問者多歸之；公以至仁待人，推誠心不為虛美，行己謹儉，而與有功者無所吝惜，故天下忠正效實之士咸願為用，此德行之勝也！」說到這兒荀彧忽然起身，徑直走到曹操面前，手據桌案直勾勾看著他的眼睛，「曹公以四勝輔天子，扶義征伐，天下誰敢不從？袁紹之強其何能為！」

曹操從沒意識到自己會有這麼多優點，但見荀彧看自己的眼光卻堅定不移——荀文若是從不發溢美之詞的，他說我有四勝，我就一定有；他說我能掃平天下，我就一定能！

想至此曹操把這一天的陰霾、晦氣、愁悶都拋到了九霄雲外。不過他現在也學會了矜持，只是點著頭露出一絲微笑。

荀彧見這辦法奏效，也隨他笑了一會兒，轉身回到自己座位上：「曹公，您出去的這段日子，其實朝廷出現了不少利好之事。先說許下屯田，任峻搞得有聲有色的，您回軍時沒注意嗎？這附近的荒野都已經開墾出來了，等到立秋之後，這就是滿眼的糧食啊！天下各家割據，誰能有這麼多的糧秣儲備？若將這個辦法推廣到整個潁川，甚至是豫州，足夠支撐起幾十萬的軍隊，這個數目您想過沒有？」

曹操想是沒想過，但做夢總夢見，不禁欣然點頭。

荀彧繼續道：「再有，李典在離狐幹得相當不錯。兗州郡縣城池已經重新修備起來，過不了多久就可以恢復叛亂前的光景。郡縣安定了，流亡的百姓就會回來，百姓回來了，課稅、兵源、糧食、守備都會有改觀，我敢斷言，日後豫、兗二州將會是普天之下最豐腴的地方。有了這片豐腴之地作為根本，王師可無敵於天下。」

「話雖這樣說，但補給再充足，成敗興衰還是要看戰場上的表現。」曹操捋髯道：「張繡雖然小勝，但已失南陽之土，仰食劉表，暫不足為慮。袁術在淮南驕奢淫逸、呂布在徐州無經遠之略，這都不是什麼大敵，只有袁紹才是最難對付的角色……」袁紹這個巨大的陰影，總在他心裡揮之不去。

「不先取呂布，河北亦未易圖也。」荀彧作了一個判斷。

「你說得不錯，如今袁譚已盤踞青州之地，我若不拿下徐州，袁氏可以自東北兩面夾擊我。」說到這兒曹操眼睛又黯淡了，「我現在最怕的是袁紹侵擾關中，現在高幹已經在并州立足了。倘若他們勾結羌胡，南誘蜀中劉璋、江漢劉表，那時我將獨以兗、豫抗天下六分之五，四面受敵可怎麼辦呢？」

「關中割據大大小小有十幾個，互不統轄莫能相一，唯有韓遂、馬騰最強。他們若見山東爭戰，必定擁兵自保。今若撫以恩德，遣使連和，雖不能長久相安無事，但您平定關東之前，足以不生變故。」

「哦？你有這個把握？」

荀彧解釋道：「關中之事您大可放手交給鍾繇，當年他在西京曾與李傕、郭汜等人虛與委蛇，現在還可以繼續利用一下這層關係。至於袁紹那一邊，可以先派程昱回兗州，叫他統領軍務，密切關注河北的動向。另外我兄長荀衍在河北還有些朋友，可以借私人書信摸一摸袁紹的底細。」

「好，就叫程仲德、荀休若他們去辦吧！至於鍾繇先等一等，待他把議郎趙彥的事處理完，我就調他為司隸校尉，持節督關中各軍。」曹操還對楊彪、趙彥的事耿耿於懷。

荀彧似乎不想對趙彥的事表露什麼態度，只是接著剛才的話題：「另外，應該以朝廷名義提拔一些關西世家子弟，這樣也可彰顯朝廷的誠意。現有京兆人嚴象、河東人衛覬自關西遊歷至許都，加之陳留郡所舉孝廉路粹，不妨將這三個人都授以尚書之位共參朝政，以示朝廷開誠布公求賢之心。」

「可以，只要給我穩住了關中，就不至於三面受敵，如果再拿下呂布，那東面之憂也可暫時緩解。咱們的敵人太多了，只能拉一面打一面，不能全都招惹啊！」曹操瞇起了眼睛，「張繡之事也給我個教訓，迎天子至許，只能招攬天下士人，卻不可以使那些割據以及好亂之士誠心歸附。我掣肘於他們，反倒成了公敵，這可不行啊！咱們得為天下樹立一個公敵，這樣才能轉移所有人的注意力。」

這話餘音未絕，就見王必匆匆忙忙走進來：「稟報主公，剛剛自淮南傳來消息，逆臣袁術稱帝！」

「袁公路真敢冒天下之大不韙啊！」曹操聽說袁術稱帝絲毫沒有憤怒，反倒流露出興奮的神色，揮手叫王必退出去。

荀彧一拱手：「國家出此竄逆，曹公為何面帶喜色？」

「哈哈哈……終於有個公敵了。」曹操笑出聲來，「袁公路倒持干戈授人以柄，成事不足敗事有餘！若不合天下之割據一併攻之，我怎麼對得起他這個偽皇帝呢？」

「諾。」荀彧低頭應允，卻不甚喜歡他這種幸災樂禍的態度。

這時忽又聞「哐啷」一聲巨響，把曹操與荀彧都驚住了──只見堂口栽倒一人，是小吏服色，似乎是急匆匆上堂被門檻絆了個大馬趴。他也顧不得起身，爬到曹操身邊磕頭道：「請曹公速速放了梁習，那份錯交的公文是我寫的。」

來者是帳下西曹令史王思。若論這司空府中脾氣最急的人，曹操只能屈居排第二，因為這王思才是第一。他資歷也不淺了，自兗州時就在曹操帳下，頗有些辦事才幹，但性格太乖戾了，所以滿寵、薛悌如今都升官了，他還是個小令史。有一次王思寫公文時身邊飛過一隻蒼蠅，他竟惱得投筆打蒼蠅，一擊不中氣得連竹簡帶書案全給掀翻了──對一隻蒼蠅尚且如此，其心浮氣躁可見一斑。把文書草稿誤交這種事，說是王思辦的一點兒都不奇怪。

「你幹嘛這麼慌慌張張的？嚇我一跳！」曹操一皺眉，「梁習呢？叫他進來……明明是你的過錯，為什麼要讓人家替你頂罪？」

王思叩首道：「在下今日有些私事，心中煩亂，便急急忙忙寫罷文書由梁習上交，我就抽空出去了。」

「哼！心浮氣躁的，你這是第幾次了！」見梁習也進來了，曹操又呵斥道：「怪不得念不出來。既然不是你寫的，你為什麼替他頂罪？」

梁習拱手道：「在下受人之託，未能細看，自當領罪。」

王思卻慌張張道：「這是我的錯，豈可叫別人領罪啊！」

這會兒曹操的怒氣早消了，瞧著這對活寶，竟然噗哧一笑：「沒想到我這府中還有兩位義士，竟爭著領罪……算了吧！快把真正的公文拿來，該幹什麼幹什麼去吧！」

梁習、王思面面相覷，不明白為什麼曹操的氣消得這麼快。王思自袖子裡掏出一卷竹簡：「這才是真正的舉薦名單。」曹操翻開來看，頭一行就寫著三個人名——潁川定陵杜襲、潁川陽翟趙儼、繁欽，他連忙指給荀彧看：「這三個人與你是老鄉，可曾聽說過？」

荀彧搖搖頭：「只聞其名，未見過面。聽說他們三家自戰亂以來互通財貨，都在江淮避難。」

「很好。」曹操把竹簡往邊上一扔，「別人暫且不管，速速以朝廷詔命徵召這三個人入朝。既然避亂江淮，必知袁術底細，我倒要看看幾年未見袁術長了什麼本事，竟敢在這個時候稱帝！」

第九章

借刀殺人，引誘呂布打袁術

借刀殺人

後將軍袁術昔日與曹操一併逃出洛陽，也曾堅決討伐董卓，不過自從大漢傳國玉璽落到手中，他便漸漸萌生了自己當皇帝的野心。

袁術在淮南一帶立足，兵馬不可謂不盛、實力不可謂不強，但他心目中最忌憚的敵人就是曹操。所以當曹操迎劉協都許的時候，他幾乎放棄了皇帝夢。但後來得到消息，曹操竟在宛城敗給實力薄弱的張繡，這可助長了袁術的囂張氣焰。他認為大漢朝已失去了統治威望，即便是曹操也不可能再匡扶漢室。在這種僥倖想法和權力野心的驅使下，袁術於建安二年（西元一九七年）二月稱帝，建國號為仲，定都於壽春，成為天下大亂以來第一個自立為皇帝的割據首腦。

對於這個變故，曹操的態度簡直有些幸災樂禍。原本天下洶洶都衝著他「奉天子以討不臣」來的，現在袁術一稱帝，所有的矛頭都將轉而指向淮南。為了打擊袁術，更為了借打擊袁術為名拉攏其他割據，曹操與荀彧立刻徵召曾經避亂江淮的杜襲、趙儼、繁欽三人來到許都，向他們瞭解袁術的底細。

杜襲字子緒、趙儼字伯然、繁欽字休伯，他們都是潁川人，為了躲避戰亂一起南下江淮，進而又一起到荊州依附劉表。當聞知天子重新在許都落腳，三人又一起回轉北上，願意回到朝廷效力。雖然他們三家互通財貨共同進退，但這不過是同鄉人之間的權宜之計，實際上他們為人處世各不相同：杜襲粗放豪邁，言辭激揚，頗有剛毅之氣；趙儼心思縝密，事無巨細，倒似一個管家婆；繁欽則以詩賦文采著稱，性格油滑老練。三個人猶如三條道上跑的馬車，毫無共同之處，而這艱難的世道卻生生把他們綁到了一起。

曹操聽他們作完自我介紹，低頭吟誦道：「世俗有險易，時運有盛衰。老氏和其光，蘧瑗貴可懷。」繁欽一愣，這是他寄居荊州時戲作的一首雜詩，沒想到曹操會知道，臉上頗感榮光，卻矜持著謙虛道：「在下拙作，不堪入大家之耳。」

曹操素來對詩賦感興趣，搖頭道：「說拙作忒謙了，不過你為什麼總抱著和光同塵的想法呢？」

「荊州劉表乃亂世之庸人，坐鎮荊襄卻不能有所作為。孫策橫辟江東之地不加牽制，袁術自立為帝也不征討，這樣碌碌無為之輩，怎麼能成就大事？在下既在他處寄居，自然要和光同塵謹慎度日。如今既歸附曹公帳下，那就要大展文華盡其所能了。嘿嘿嘿……」繁欽說到最後不由自主地笑起來。

馬屁文人……這四個字清晰地出現在曹操腦海裡。歷朝歷代都有一種人，頂著個名士的頭銜，專門尋章摘句做馬屁文章，給統治者歌功頌德，繁欽想必就是這類貨色。曹操看得清楚，他侃侃而談之時，杜襲、趙儼都用白眼珠瞅他，不用問就能猜到，莫看他嘴上罵劉表，當初在荊州時恐怕也沒少替人家寫鼓吹之文。

曹操一笑而置之，不接繁欽的話茬，轉而道：「昔年我曾逐袁術至揚州，聽說壽春之地富饒豐腴，他在那裡招募了不少軍隊，因而聲勢復振，又接連擊敗劉備，現在竟然稱制為帝。我遠在許都不知其實力究竟如何，三位既曾在江淮避難，有沒有什麼除此悖逆的高遠之見呢？」

一問到正經事，繁欽馬上「內向」多了，低下頭比劃著手指，說不出半句真知灼見的話。杜襲卻放聲道：「昔日楚王問鼎，在德不在力。袁術無德於江淮之民，更無德於漢之士人。他所立偽朝不過招攬了些土豪、匪人、方士之流，部將橋蕤、張勳本無用兵之才，吳蘭、雷薄乃灊山土匪出身，再有就是朝廷叛黨楊奉、韓暹走投無路棲身在他麾下。其僭號之日，揚州百姓無不怨恨，江淮之士盡皆唾罵。他昔日奪去馬日磾使節，就是想強逼馬公為其偽朝三公，害得老爺子抑鬱而終。他還劫持昔日沛相陳珪幼子陳應，欲令其接受偽職，陳珪拒不前往，反修書將其辱罵一場。後來又想用京兆名士金尚為太尉，金元休拒不從命，想要逃到許都，結果被袁術抓住殘害。稱帝之日就殺了一位名士，這還能收天下士人之心嗎？」

說到金尚金元休，曹操對這個人還有些虧心。當初兗州刺史劉岱被黃巾軍殺死，鮑信、陳宮、萬潛等人支持他自任兗州之主，而西京朝廷派出金尚捧著天子詔命正式接任此職。曹操為了獨霸兗州，生生將金尚轟出兗州地界，使得人家走投無路才寄居到袁術那裡，也就此埋下了不屈被殺的禍根。

如今聽說金尚死得剛烈，曹操也頗有感觸，扭頭問荀彧：「我不知金元休竟如此忠貞漢室，當日不該草草將他逐出兗州，累他遭此橫禍。他還有沒有兄弟子姪在北方？」

「其弟金旋現為黃門郎。」

「草擬一道詔書，升任金旋為議郎。」曹操覺得這是一舉兩得，既可以表現自己的善良，又可以順便安撫關西的勢力。吩咐完這件事，曹操又對杜襲道：「袁術雖德不服眾，然擁兵橫亙江淮，也足可為禍一時了。」

杜襲卻不屑一顧道：「袁術色厲內荏，既怕曹公之王師，又懼呂布之威。他兩度征伐徐州，深知呂布之勇，便與其約為兒女親家，聘呂布之女與其子袁燿為妻……」

「可曾成婚？」曹操忍不住打斷他。

「呂布之女尚幼，還未成婚。」

曹操長出一口氣，又看了一眼荀彧，倆人會心地點了點頭。常言道「疏不間親」，倘若呂布與袁術因兒女親家結為盟友，那將實力倍增為害東南；但現在還沒有正式結親，那事情就可再生變數。

杜襲似乎看出了他們的心思，放聲笑道：「以在下之見，袁公路待死之賊，呂奉先反覆小兒，皆是插標賣首之輩！在下願請一支人馬，不過旬月之間取此二賊人頭獻於明堂之上。」

這話大得都沒邊了，莫說如今不可能即刻發兵，就是發兵又豈能在旬月之間連破此二人？但杜襲是目中無人也好，是不切實際也罷，至少放出句提氣的話，曹操看著他撇著嘴煞有介事的樣子，也不好打擊他的熱忱，只咽了口唾沫道：「子緒勇氣可嘉，此事待朝廷商議之後再作定奪。」這不過是一句委婉的拒絕，杜襲還真當回事了，拱手道：「那在下就在許都靜候朝廷決斷，時刻準備領兵出發。」

曹操還沒見過這樣的人呢，實在不知該說他什麼好，既然人家願意等，那就遙遙無期地等下去吧！荀彧也頗覺尷尬，趕緊轉移話題：「那淮南之地民生如何，未知可以支撐袁術攻伐幾載？」

「這個嘛……」這次趙儼搭了話，慢條斯理道：「淮南本是富饒之地，但自袁術到此驕奢淫逸揮霍無度，百姓苦不堪言。他當皇帝改九江太守為淮南尹，修建宮殿宗廟，還在壽春南北郊天祭地，花費不可勝計。而且據傳聞，他後宮妻妾有數百人……」說到這兒他忽然問曹操，「曹公可知袁術稱帝，所立皇后是誰？」

「不清楚。」曹操哪會關心這種事。

「是您的故人之女啊！西園校尉馮芳之女被袁術立為皇后了。」

「什麼？」曹操聞言火起——昔日袁術官拜虎賁中郎將、馮芳官拜西園助軍校尉，兩人交厚勝過兄弟，袁術逃出洛陽，也多蒙馮芳竭力掩護。後來馮芳不幸染疾英年早逝，據說臨終之際曾以妻子托於袁術照顧，而袁術竟把人家的女兒照顧到自己後宮去了！這還是當年那個英氣勃發的袁公路嗎？人怎麼能有這麼大的變化呢？

趙儼繼續道：「後宮妻妾數百人，又是綺羅麗服，又是珍饈美味，而士卒饑饉受凍缺衣少食，江淮之地幾乎人民相食。去年在下曾率領族人途經淮南之地，那是在冬天，路過一個荒廢的村莊，正好遇上幾個四五歲的孩子正在道邊乞討，我觀他們個個面黃肌瘦，就想周濟他們一番。恰好我所攜食物中有一隻滷雞，於是……」

曹操與荀彧都覺出他說話跑題了，怎麼連滷雞都出來了？可是又不好意思打斷，曹操便輕輕咳嗽了一聲。

不咳嗽還好，這一咳嗽趙儼意識到自己扯遠了，趕緊慢條斯理地解釋：「抱歉……此事不過是在下偶然遇到的，覺得頗有感觸，其實可以講也可以不講。講了未必有什麼幫助，但是不講在下卻忍不住還是想說，明公①與令君願意聽嗎？」

這麼一問曹操也不好意思說不願意了，只得婉轉道：「伯然只管講，不過咱們長話短說，我與荀令君還有許多政事處置。」

「諾。」趙儼答應了一聲，「那時候……剛才說到哪兒了？」

「滷雞。」曹操耐著性子提醒道。

「哦，我正好帶著一隻滷雞，就撕下兩隻雞腿分給他們吃。他們饑餓至極紛紛搶食，在下動了

---

① 曹操所擔任的司空，位屬三公之列，故其部下尊稱他「明公」。「三公」是指太尉、司空、司徒，太尉管軍事，司空管監察，司徒管民政。

惻隱之心又把整隻雞都給了他們。哪知他們吃完之後仍不肯散去，緊緊跟在我馬後。我就問他們為什麼還不走，您猜他們說什麼？」

曹操搪塞道：「不知道……找您再要一隻雞？」

「不是，」趙儼面帶苦澀，「他們找我要另外兩隻雞腿。」

「什麼意思？」曹操沒聽明白。

趙儼瞇縫的小眼睛忽然睜大了：「他們以為一隻雞有四條腿！」這個故事看似可笑，但其寓意卻令人不寒而慄。四五歲的孩子都沒見過一隻雞，竟以為雞跟驢馬一樣也有四條腿，足見江淮之民困窮成什麼樣子了。就在這樣的情形下，袁術還在驕奢淫逸，做著不切實際的皇帝夢。

曹操不禁搖頭歎息：「昔日我與袁公路一同逃出洛陽，原以為能同舉大義討伐董卓。沒想到一顆無意中撿到的傳國玉璽，竟會把他禍害成這樣。莫說他當不了統一天下的皇帝，就是當上也是個地地道道的昏君。為了大漢朝廷社稷，更為了江淮的百姓，我一定要除掉這個利令智昏的凶徒！」他又想起在河北舉著大印沾沾自喜的袁紹，死在自己屠刀下的張邈、王匡，在陳留上吊而死的韓馥，這些起兵關東的義士們，平生的志願全被這個亂世吞沒了，彼此都成了勢同水火的敵人。一時間曹操感慨良多，甚覺胸口壓抑，起身踱到堂口吟誦道：

關東有義士，興兵討群凶。
初期會盟津，乃心在咸陽。
軍合力不齊，躊躇而雁行。
勢利使人爭，嗣還自相戕。
淮南弟稱號，刻璽於北方。

鎧甲生蟣虱，萬姓以死亡。
白骨露於野，千里無雞鳴。
生民百遺一，念之斷人腸。

「妙哉！」繁欽聽他吟詩，總算逮著獻殷勤的機會了，「明公此詩針砭時弊、胸懷天下，堪稱千古之佳作啊！」

「不足道哉。」曹操心情還很低落，「不過一時有感而發，言辭粗陋難登大雅之堂。」

「非也非也。」繁欽搖頭感歎，「拙辭或孕於巧義，庸事或萌於新意。猶如粗麻，雖云未貴，細加紡織，煥然乃珍！曹公出口成篇，點石成金吶！」

「不敢當不敢當。」曹操覺得他諂媚得有些過了。

「夫情動而言形，理發而文見，蓋沿隱以至顯，因內而符外者也。然才有庸俊，氣有剛柔，學有淺深，習有雅鄭，並性情所鑠，陶染所凝。」繁欽話鋒一轉，「曹公才俊氣剛，學深習雅，才能有此佳作。雖看似流俗無奇，然赤誠報國之心天地可鑒！在下欽佩至極……」說著面帶肅穆深深一揖。

曹操心下暗暗稱奇——天底下還真有能把馬屁拍得這麼雅的人！雖說諂媚了點兒，但解析文辭倒還算鞭辟入裡，這個人並非一無是處，倒也可以留著用一用……雖心裡這麼想，嘴上卻道：「三位勞碌奔波，先回館驛歇息，待我奏明天子再加官職任命。」

「諾。」杜襲、趙儼、繁欽一同起身，趨身退了出去。

見他們都走了，荀彧微然一笑：「杜子緒過於剛硬，趙伯然太過瑣碎，繁休伯也忒諂媚，這三個人皆非大才。」

曹操卻不這麼看：「孔仲尼因材施教，我們也應因材授官，但取其長便可。我已經想好了，命杜襲補南陽郡西鄂縣令，西鄂近於劉表、張繡，杜襲性情剛毅可為我堅守重鎮。任趙儼為兗州朗陵縣令，朗陵多豪強不法，趙儼愛民性寬不懼瑣碎，可以用他安撫百姓。繁欽留於府中為書佐，他不是好舞文弄墨嘛，就叫他替我行文修表吧！」

他這般因材施用，荀彧倒覺有趣，卻聽曹操又道：「文若，征討袁術之事，你可有什麼想法？」

「今大軍敗歸，兵士勞乏，況張繡餘賊未除，南陽未能全定，不可以輕易出兵。倘若明公出兵壽春，呂布因其親而攻王師於後，是兩面受敵矣！」荀彧捋髯道：「與其興兵攻戰，倒不如……」

「倒不如借呂布這把刀去殺袁術！」曹操接過話茬，「不管他兩家誰得勝，受益的都是咱，最好是讓他們鬥個兩敗俱傷！」

「在下也是此意。」

「好！呂布現是奮威將軍，我給他加官一等，表為東平將軍。」

荀彧不無憂慮：「僅僅一個東平將軍，就能使其與袁術決裂嗎？」將軍這種職位其實空乏得很，戰亂以來遍地都是，其實根本沒有任何實權，只是個象徵。

「我自有辦法。」曹操說著踱到案前拿起筆來，「呂布有勇無謀，我給他寫一封親筆信以示拉攏。」

荀彧覺得好奇，也湊過來看，但見曹操寫道：

山陽屯送將軍所失大封。國家無好金，孤自取家好金更相為作印。國家無好綬，自取所帶紫綬以藉心……

曹操這是睜眼說瞎話。他恨呂布入骨，豈會為其保奏官職？還口口聲聲說使者在山陽把詔命丟了，謊話編得有鼻子有眼的。朝廷雖然剛剛建立還不富裕，但金印紫綬總還是有的，曹操卻說是拿自己家的金印紫綬送給呂布的。

荀彧看著覺得好笑：「憑這樣一封信咱就能與呂布擯棄隔閡嗎？」

「呂布曾經刺殺董卓，不論為公為私還算是於國有功之人，他本有公侯之位，應該不會跟著袁術這個僭逆越走越遠。而且他二人也不是沒有芥蒂，昔日呂布逃出長安本就是想投奔袁術的，哪料人家不收還將其逐出，如今占了徐州，袁術又趕著與他結親家，這樣的關係豈能長久？呂布不過是想與袁術聯手自保，所抗的敵人就是咱們。」說著這兒曹操微微冷笑，「可咱們若是主動伸手拉攏他，讓他覺得安全，他就會放鬆戒備轉而與咱們聯手，那袁術就成了共同的敵人。」

「呂布好賺，只恐陳宮詭計多端。」荀彧又提醒道。

「不礙的。昔日吳王夫差有伍子胥盡忠輔佐，楚霸王項羽有范增出謀劃策。雖有智士而不納其言，又能如何？」曹操吹乾竹簡上的墨跡，「這封書信雖小，卻勝過萬馬千軍。火速派人攜帶詔書和我這封信到徐州傳詔，加封呂布為東平將軍。」

「諾。」荀彧建議道：「今朝廷奉車都尉王則乃呂布同鄉，可遣此人前去傳詔。」

「很好。還有……」曹操又想起了劉備，「再給沛縣劉備送個信，叫他暫且不要再跟呂布鬧了，咱們可要借刀殺人了！」

陳登投靠

呂布雖然英勇善戰，卻是一個反覆無常沒有主心骨的人。他得到詔書和曹操的手書果然信以為真，趕緊回信對曹操大包大攬道：「布獲罪之人，分為誅首，手命慰勞，厚見褒奬。重見構捕袁術等詔書，布當以命效勞。」僅僅一月之隔，袁術派使者韓胤來到徐州，請求接呂布之女至淮南完婚。呂布又猶豫起來，加之陳宮與曹操有不解之仇，力主兩家和親，最終還是讓韓胤帶走了女兒。

就在關鍵時刻，寄居在徐州的昔日沛國相陳珪忽然冒了出來。那陳珪曾拒絕過袁術授以的偽職，唯恐徐州、揚州連為一體危害己身，趕忙跑去遊說呂布：「曹公逢迎天子，輔贊國政，威靈命世，將征四海，將軍宜與協同策謀，圖泰山之安。今與術結婚，受天下不義之名，必有累卵之危。」呂布耳朵根子軟，聽了這番話再次更改主意，立刻派人快馬追回女兒車隊，不但斷絕婚事，還將使者韓胤披枷帶鎖押往許都。曹操將韓胤梟首許市，晉封呂布為左將軍，促呂布與袁術決裂。

袁術聞知韓胤死訊怒不可遏，派其大將張勳，以及新近歸附的朝廷叛將楊奉、韓暹率領兵馬進犯徐州。陳珪又為呂布獻計，籠絡楊奉、韓暹二人反水。結果楊韓於陣前突然倒戈，張勳一敗塗地，損失部將十餘員，軍兵死傷殆盡。呂布趁勢追擊水陸並進，一直殺到淮水邊，把袁術嚇得死守南岸不敢過河。呂布將所過郡縣的糧草資財掠奪一空，臨走時還留下親筆書信羞辱袁術，並令軍兵在淮水北岸大聲恥笑喝罵一番，才高奏凱歌而去。伴隨這一仗的失敗，袁術開始覺得他的「龍位」如坐針氈了；呂布雖然得勝，卻也不知不覺間落入了曹操的圈套，竟派陳珪之子陳登至許都覲見，請封徐州牧之職。

對於陳氏一族，曹操不敢小覷。他們本是昔日謀誅大宦官王甫的名臣陳球之後。陳珪曾為沛國相，是曹操家鄉的父母官；陳珪的從弟陳瑀是西京任命的吳郡太守，率領部隊在彭澤一代與袁術、孫策游鬥；至於陳登陳元龍，曾為陶謙在徐州搞過屯田，甚得東土人望。聞知陳登前來，曹操格外高興，頗有拉攏之意，不但使其朝覲天子，而且將其請至府中設擺家宴相待。

「元龍，你此來可是為左將軍求徐州牧之位的吧？」曹操屏退左右，把陳登引到身邊，親自為他把盞。陳登安然受之毫不謙讓，口中卻直言不諱：「呂布反覆小人，還談什麼左將軍？」

曹操一愣，手中的酒匙差點灑了：「元龍何出此言？」

陳登出口驚人：「實不相瞞，在下父子為漢室之臣，不願與呂布宵小為伍，此番來至許都，為呂布求官是假，助曹公除賊是真。」

主動找上門的幫手嗎？雖聽他這麼說，但曹操還是頗為謹慎，試探道：「呂奉先為國討賊不遺餘力，朝廷並無加罪之意。」

陳登聽罷一陣冷笑：「曹公以為我徐州無人了嗎？離間小計可欺呂布，恐怕還騙不了陳宮。前番鎖拿韓胤並非呂布、陳宮之本願，乃是家父遊說之功，您還不知道吧？」

「哦？」曹操本有意拉攏陳登，聽他這麼一說，才確認早已是友非敵，索性把酒匙一扔，笑呵呵道：「人常說酒後吐真言，元龍一口酒還沒喝，怎麼就說出實話來了？」

「明公與在下有酒可喝，然家父在徐州可未必有酒可飲。」陳登直勾勾看著曹操，進而試探道：「難道曹公不想取下徐州與家父共論沛國之往事，好好痛飲一番嗎？」

曹操細細打量陳登：淡金的寬臉盤，眉如墨染，鼻若懸膽，寬頤闊口，青黲黲的一臉鬍鬚，但是二目卻帶著凶惡之氣；這雙眼睛不應該屬於一個忠於朝廷的士人，而更近似一頭沒有吃飽的野獸。曹操沒說話，只低頭抿了口酒，緩緩道：「今淮南袁術未平，南陽張繡蠢蠢欲動，朝廷尚無力征討呂布，現在談這些還太早了吧！」

「在下乃是誠心誠意前來，曹公也忒多疑了吧？」陳登把酒盞往案桌上一摔，「呂布若與袁術兩敗俱傷最為妥當，而今呂布勝而袁術敗，天長日久徐州之勢必然做大！琅琊相蕭建一直坐擁州郡，不尊呂布調遣，可日前聞知其大敗袁術，遣送糧資表示歸附；另有青徐沿海土豪臧霸、吳敦、孫觀等人也紛紛致書呂布願意聽命。世事流轉一日三變，袁術快完了，但呂布卻在徐州坐穩了。朝廷空挾詔命，今日不討，明日不攻，難道坐待天雷擊滅此賊乎？」

這幾句話雖然透露了呂布不少祕密，但口氣卻無禮至極。曹操自任司空以來，還從沒有一人敢這樣與他講話。不過面對現在這種形勢，並未因此對陳登加以什麼斥責，反而謙虛問道：「若依元龍之見，徐州之事又該如何處置？」陳登語氣也緩和下來：「若明公肯給在下一郡之封，在下願意聚合兵將為朝廷內應共謀呂布。」

「哦？」曹操再次打量陳登那雙眼睛——原來也是一個野心勃勃的傢伙！他父子曾助劉備為徐州之主，如今站在呂布的船上又在向我招手，進而謀求一郡之地，那呂布滅亡之日他們又欲如何呢？不過當今這世道還需走一步看一步，先在呂布跟前楔進這顆釘子，如何理會陳登父子還是將來再說吧……想至此，曹操低頭夾起一筷子魚道：「元龍喜歡吃魚羹嗎？」

「不喜歡，」陳登倒是直言不諱，「在下喜歡吃生魚。」

「生魚入口是不是太腥了？」

「大丈夫身處亂世，刀鋒血腥尚且不懼，何況這小小魚腥！」還真是個不怕沾腥的……既然不得不用他，就得顯得大度一些，曹操乾脆問道：「元龍欲要徐州哪一郡之地？」

「在下願為廣陵太守。」陳登吐出了真實來意。

曹操聽他說出廣陵郡，頗感這個陳登的確與眾不同。廣陵太守原是張邈之弟張超，因為張超參與義軍征討董卓，董卓就改用徐州功曹趙昱接任廣陵太守。那時陶謙手下有一廝名喚笮融，也是個心比天高的狂徒。他曾遊歷西域之地，以宣揚西方浮屠佛教為名，聚攏廣陵、下邳、彭城三地資財，暗地裡招募兵馬。曹操前番攻戰徐州之時，笮融非但不救，反率領手下南下殺死趙昱，把廣陵燒殺搶掠洗劫一空，後來又殺彭城相薛禮、豫章太守朱皓，最終被已故揚州刺史劉繇攻滅。但廣陵無疑是笮融之亂的重災區，而且現在又出了一個叫薛州的海盜，也是殺人放火無惡不作。更重要的是，廣陵淮河以南的地方還在袁術的勢力範圍內，陳登要的實際上僅是半個郡。

曹操原以為陳登會開口要彭城之類的完好之地，想不到一開口卻要了廣陵那塊千瘡百孔的破地方，假意關照道：「廣陵殘破窮篤，非是可以招兵買馬之地，元龍單挑此處似乎難成大事。」

「非也非也！」陳登自顧自把酒喝了，悻悻道：「在下是要興兵討賊，不是想做太平官。富者思偷安，貧者無所羈，只有得群憤方可舉大兵。我入廣陵之後勸課農桑、明審賞罰、剿滅海盜，加之我父親他老人家的威望，不過一載之工便可使窮篤百姓歸心。那時節廣陵之民甘願為我所用，配合王師征討呂布，易如反掌耳！再者，若不挑殘破之地，呂布豈不會對我疑心？」

這個陳登真不是等閒之輩，若是早生十年，恐怕是比呂布、袁術更難纏的角色。曹操雖對他有些不放心，但是聽他敢實話實說倒也覺光明磊落，便痛快地答應道：「好！明日上奏朝廷，任命你為廣陵太守。」

「謝曹公。」陳登得償所願這才起身見禮。

「慢著！」曹操抓住他的手腕，「呂布狼子野心誠難久養，非卿莫能究其情也。汝父現在下邳，遊說呂布鎖拿韓胤也有功勞，今雖不在職位，加以中二千石俸祿！」中二千石是九卿一級的官員才能享有的俸祿，陳登也沒想到曹操敢下這麼大本錢，連忙推辭道：「我看這就不必了，家父年事已高，恐今後也不能再為朝廷出什麼力了。」

曹操卻把手一擺，表現得頗為豁達：「元龍既然已是郡守之位，老人家的俸祿豈能低於你？再者方才言道，我取下徐州之日還要與汝父痛飲一番，這份俸祿聊備酒資吧！」

「要是這樣說，那我父子慚愧領受了。」陳登不再推辭。

官也封了錢也花了，曹操這才想起呂布：「你們父子既皆有封賞，那我就暫且表奏呂布為徐州牧，假意示好以安其心。」

「此事萬萬不可！」陳登阻攔道：「呂布難服東方之望者，因其奪劉備之地而無有名分，加之黨羽眾多，兼有并州、兗州、徐州之黨，部下自相紛爭不能相一。倘若明公授其徐州之印，則徒令其名正言順矣。況且明公奉天子而行，日後必討呂布，那時節豈不成了朝令夕改朝廷內鬥了嗎？」

呂布是派陳登來討徐州牧的，沒想到陳登本人卻對此橫加阻攔，這頗讓曹操感覺好笑。「元龍，我自然不願加封呂布。但你為此事而來，現在父子皆有升賞，若獨呂布之事不成，豈不引其猜忌，招惹性命之憂？若是徐州牧不妥，那再把他所任左將軍提升一級如何？」

「明公什麼官也不用給他。」陳登微微冷笑，「這不算什麼事，見了呂布我自有說詞。」

「哦？」曹操有些好奇，「什麼說詞這樣管用，老夫願聞其詳。」

陳登欣然落坐，主動給曹操滿了一盞酒，笑道：「待我回去見了呂布，他若遷怒此事，我就誆騙與他。就說在下與您言道：『待呂將軍譬如養虎，當飽其肉，不飽則將噬人。』而明公您卻答覆：『不如卿言也。待呂將軍當如養鷹，饑則為用，飽則揚去。狐兔未息，尚不可使之揚去。』呂布自負英勇天下無二，若聞此言必以為明公倚重他，恐相厚不能持久故而不予徐州。那時他還會謀害我嗎？哈哈哈……」

曹操也笑了，笑得手中的酒都灑了：「呂布非但無謀，而且無目，派你來求徐州牧，豈不是把徐州拱手讓與我了嗎？」他說罷仰面把酒喝乾，拉住陳登的手道，「元龍，東方之事，我可就全部託付與你了，呂布一舉一動隨時命人稟報於我。」

「諾！」陳登答應一聲，卻又有別的建議，「還有兩件事請明公深思。楊奉、韓暹與明公有不解之仇，現已倒戈至呂布帳下，他們本就是并州同鄉，天長日久終對朝廷之事不利，請明公設法除之！」

「這倒不難，可以交代劉備去辦。還有什麼難處，你只管明言。」

「襲破袁術之事宜疾不宜久，今有孫堅之子孫策橫拓江東之土。揚州刺史劉繇幾度兵敗，病死於彭澤，在下叔父吳郡太守陳瑀權領餘眾數千勉強支持，尚不能與孫策爭鋒。袁術僭位之日，孫策亦修書與之絕交。如今要討袁術，明公當再派揚州刺史前往赴任，與我家叔父合併一處，一來誘孫策為外援共謀袁術，二來也當扶植兵馬牽制孫策，以保朝廷南方無礙。」

「孫伯符英武不亞於其父，早晚必為朝廷之患！」曹操對於這個孫策頗為忌憚，他不過二十出頭就已經占有江東之土，前途實是不可限量，遲早會成為河北袁術之外的又一大敵。但是現在中原未定，對江東更是鞭長莫及，也只能拉攏縱容。

「哼！我觀孫郎小兒也不過爾爾。」陳登似乎根本不把孫策放在眼裡，「若是在下占據廣陵，西通朝廷王師，南接叔父揚州之眾，足以阻其於江淮之外。」

「孫策之事暫且不忙，當今之際，江東只可為援不可為敵。」曹操這會兒不是不相信陳登的能力；恰恰相反，他覺得陳登有些精力過盛了，「此事我還需與荀令君詳加商議，爭取選派一文武雙全之人至揚州再接刺史之任，元龍你就不必再操心了。」

陳登似乎看出了曹操的戒心，臣不密則失其身的道理他自然曉得，便放下酒盞自嘲道：「在下別無他意，不過有個願望，想跟這個江東虎子面對面較量一番。」曹操依舊不接這個話茬：「若能早日平滅袁術、呂布，元龍這個願望或許就有機會實踐了。」

陳登聽出他已經把話往回收了，趕緊端起酒盞：「天色已然不早，在下再敬明公一盞。願明公掃滅諸侯，重整天下！」

「元龍之言差矣。」曹操意味深長地凝視他一陣，忽然笑呵呵拿起酒糾正道：「應該是掃滅割據，復興漢室天下！」

「在下一時口誤了。」陳登嘴上雖這麼說，但眼中卻依舊流露著玩世不恭的神色。

待陳登走後，曹操久久佇立在庭院裡，仰望著繁星點點的天空。這混亂的世道就像是漆黑的夜幕，而四處征戰不休的群雄就像是滿天的星斗。它們有的光芒四射，有的黯然無光，有的若隱若現。光芒四射的譬如袁紹、呂布之流，暗淡無光的是袁術、張繡之輩，至於若隱若現的可能就是陳登這種人吧！現在看似隱於呂布麾下，可是終有一日會發出奪目的光芒。想至此曹操有些自卑之感，雖然自己是朝廷主宰、堂堂三公，卻不得不向陳登這樣一個小人物妥協，託之以東方之事。離開許都，這個司空又有何威信可言呢？

想至此他不禁苦笑了一陣，忽又見雲開霧散，皎潔的明月凸顯在夜空中。霎時間曹操似有所領悟：明月映星而不奪星之光，群星拱月而不及月之恆，我曹某人為什麼非要唯我獨尊使群星黯淡呢？為什麼不能做明月，讓所有星辰都圍繞自己放光呢？陳登、劉備之流何必非要將他們視為潛在的敵人，只要自己能夠像月亮般恆遠，叫他們在周圍發些光芒又有何不可呢？天下不可能一個人平定，給別人一些實現抱負的機會，也是給自己機會……

這麼一想，曹操的心緒又豁亮起來。現在要做的是派遣刺史至揚州聯結孫策，完成對偽帝袁術的包圍，然後一定要由自己給他致命一擊，重新挽回在宛城丟失的名聲。

宛城之敗始終是曹操心中無法彌合的傷口，一想起宛城他就想起死去的兒子曹昂，不知道這會兒老妻丁氏是否還在生自己的氣呢？

天晚了，也該去休息了。他沒叫任何傭人伺候，輕輕踱至後院，遠遠就看見丁氏房中還亮著燈，自裡面隱約傳來織機的聲音——兒子已經不在了，妳又在為誰織布裁衣呢？

這就是司空夫人的居所，裡面樸實無華，平常連個僕婦丫鬟都不用，一切都是自己親手操持。織機就是她生活的一切，榮華富貴已經有了，也不知每天辛勤紡織又是為了什麼。

曹操已經好久沒跟丁氏過夜了，是兩年還是三載，他自己都想不起來了。此刻在這個略帶憂傷的夜晚，只有老妻才能與他共同分擔喪子的憂愁。他伸手推了推房門，發現門緊鎖著，便低聲呼喚道：「夫人，開門吧！我來了……」裡面的織機聲倏然停住，但是丁氏卻沒來開門。

「夫人妳怎麼這麼固執呢？昂兒的事是我的不對。我這個老殺才害死妳兒子，當千刀萬剮，可是身為其父我又豈能不痛……妳就不能開門看看我嗎？」

過了好半天，門還是沒有開，曹操還欲再言，卻見燈光熄滅了。

唉……人死不能復生，決裂的感情也不容易再挽回。或許真如她那日所言，雖然貴為夫人，但除了兒子她不在乎任何東西任何人。現在昂兒沒了，她已經失去一切，她什麼都沒有了。曹操哀歎了一陣，覺得睡意漸漸退去，索性回到堂上，繼續處理那堆積如山的公務。他漸漸意識到，除了男女之間的衝動，真正平凡的家庭生活已經離他很遠了。人的一生總要有所取捨，而曹操的選擇最終還是在戰場和朝堂之上。

第十章

蘄縣之戰，計殺糧官穩定軍心

再動干戈

曹操表奏陳登為廣陵太守，又給予陳珪中二千石的俸祿，使這對父子充當日後征討呂布的內應。此後又在荀彧的推舉下，遣尚書嚴象南下接任揚州刺史，一方面歸攏吳郡太守陳瑀等劉繇餘部，另一方面拉攏江東孫策使其聽命於朝廷。待時機成熟之後，遣議郎王誧、劉琬持詔書拜孫策為騎都尉、襲爵烏程侯，領會稽太守，使其與左將軍呂布、吳郡太守陳瑀共同討伐袁術。

與此同時曹操又發下詔書，以朝廷名義命令荊州牧劉表、益州牧劉璋協同討伐袁術。雖然這兩份詔書都不可能有實際效果，但是至少避免了他們援助袁術的想法。天下刀鋒紛紛指向淮南，剛剛稱帝三個多月的袁術便陷入了四面楚歌的境地。

袁術先被呂布所敗，淮南各地糧秣被劫掠一空，後又被群雄圍困封鎖，不得不大量增兵，而他的軍糧儲備卻已無法支撐。淮南境內刮地三尺，再也榨不出什麼油水，袁術無奈之際竟厚著臉皮向豫州陳國求糧。陳王劉寵乃漢室諸侯，國相駱俊又是朝廷忠良，兩人豈能資糧予盜？不但不予糧草，而且將袁術使者痛打一番趕出陳國。袁術惱恨至極，卻懾於陳王的英武不敢興兵，躊躇再三竟然飲鴆止渴，派遣刺客將劉寵、駱俊殺死，繼而縱兵搶奪陳國糧資。

諸侯王遇刺的消息傳至許都，上自天子下至群僚無不震驚，全國各地的聲討呼聲更加高漲。曹操見袁術惡貫滿盈，覺得時機已經成熟，立即調遣兵將準備攻打壽春，以圖徹底剷除禍根。為了這次出征，曹操調集了豫、兗二地嫡系部隊，又集結京師衛戍人馬，總兵力達到三萬餘人，是他起兵以來規模最大的一次。因為這一仗不僅僅是曹操與袁術的個人了斷，還是大漢朝廷與袁家偽朝的正邪之爭。為了提升士氣震懾敵人，曹操奏請在許都誓師檢閱，並請天子親自觀看。

皇帝劉協端坐在許都城樓，上打五彩華蓋，左邊伴著司空曹操、右邊是尚書令荀彧侍立，其他文武公卿也隨之列立兩旁，而在每個人身後都有手持斧鉞的虎賁士擁護。劉協眼望著浩浩蕩蕩耀武揚威的「王師」，心頭卻始終積聚著陰霾，提議恢復虎賁挾持的議郎趙彥已經被強加罪名處死了，現在更沒有人敢為他出謀劃策了。

除了荀彧、鍾繇、董昭、丁沖那幾個曹操的心腹，他已經很久沒接觸到外臣了。莫說三公九卿，就是最為親近的國丈伏完、國舅董承、梁王子劉服都不能入宮相見，衛尉張儉、光祿勳桓典不過徒負虛名，宮中侍衛虎賁全是夏侯惇選拔的沛國人士，遵曹操之令而不聽皇帝之諭，劉協已經徹底被隔絕起來。

其實他並沒有懷疑曹操對於大漢王朝的忠心，至少目前這個階段還不至於懷疑。但曹操為什麼不能給予他一些自由呢？畢竟他還是堂堂天子啊……劉協心不在焉地看了一會兒城下的旌旗隊伍，便以餘光掃視左右：曹操手撫女牆臉上掛著微笑，荀彧目不斜視垂首而立；後面董昭、丁沖等人都是興高采烈躊躇滿志，司徒趙溫、太僕韓融、諫議大夫楊彪等面沉似水萎靡不振，少府孔融侃侃而談心不在焉；而他一直想要看到的伏完、董承卻連影子都望不到，他們已被曹操隔離得遠遠的了。

「陛下……陛下……」

劉協好半天才意識到曹操在呼喚自己，趕忙擠出些笑容：「愛卿有何事稟奏？」

曹操伸手指向部隊，笑問道：「陛下以為王師是否精良？」

「愛卿選拔演練出來的人馬，自然攻無不克戰無不勝。」

雖然很顯做作，但是曹操還是禁不住要畫蛇添足道：「臣是為陛下掃平狼煙安定四海，還望陛下能夠寬宥臣獨擅之過。」

又是一次虛偽的表態，劉協雖這麼想，可還是又一次安撫道：「愛卿何出此言？有什麼獨擅不獨擅的？孔仲尼曾言『陳力就列』，愛卿有統籌大局之能、復興漢室之志，就應該掌握兵權戡平內亂，朕欣喜讚譽尚且不及，又豈會橫加干預？」

「謝陛下，臣自當竭力驅馳，不負聖恩。」曹操躬身施禮，「請陛下向將士致意，以慰三軍之心。」

劉協站起身來，抬起右臂向城下揮舞，三軍行伍立刻嚷起震耳欲聾的「萬歲」之聲，有的將領也摘下兜鍪致意。劉協見將士這樣尊崇自己頗感慰藉，欣然落坐，心情好了不少。就在這時，曹操也突然向著城下揮舞手臂。霎時間，將士的歡呼聲此起彼伏，一浪高過一浪，比剛才那陣「萬歲」聲更加狂熱。劉協剛剛暖和過來的心，一下子又冷了——曹孟德不僅是在震懾袁術，也是在震懾寡人，更是在震懾群臣，他想叫大家老老實實的，不要在他出兵之際有任何非分之想。

想清楚這件事的意義，劉協頓覺惆悵無奈，只有低下頭默默歎息。荀彧瞧得分明，趕緊躬身道：「微臣啟奏陛下，今日天氣燥熱，此地兵馬往來又有煙塵，九五之尊實不宜久處，陛下還是早早回宮休息吧！」

「甚好。朕也乏了，那就回宮休息吧！」劉協強笑著點了點頭。對於尚書令荀彧這個人，他還是比較滿意的，雖然是曹操的人，但端正文雅緊守君臣之禮，處置萬機還算能守正中庸，舉薦的人才也都是肯直接聽命朝廷的。昔日李傕、郭汜禍亂長安，賈詡雖為西涼一黨出身，擔任尚書卻頗能體恤聖意、保全忠良，如今的荀彧比之賈詡更勝一籌。劉協這些日子一直在想，能不能把荀彧拉攏到自己身邊，共同壓制曹操勢力繼續壯大呢？

雖然劉協已經傳令回宮，但虎賁士還是要得到曹操的允許才能擺駕備車。眼瞅著曹操正全身心地投入在閱兵氣氛中，只顧向城下揮手致意，竟沒有一個虎賁士敢過來攙扶天子。荀彧見劉協面露哀怨之色，尷尬地皺了皺眉，趕緊拉了拉曹操的衣袖，低聲道：「聖駕要回宮了。」

曹操這才反應過來，轉身跪拜：「臣恭送聖駕，萬歲，萬萬歲。」隨著他這一拜，城上的官員見狀也都跟著跪倒在地。

「朕先回去了，此番出征又要賴曹愛卿受鞍馬之苦。」客氣話劉協還是要說的。

「臣自當盡命。」曹操趴在地上吩咐，「還不快攙扶聖駕！」

虎賁士這才敢過來攙天子，劉協抓過荀彧的手要他參乘回宮，轉身走了兩步，忽然又扭頭看著曹操：「愛卿，還有一事望你體諒。」

曹操聞此言連忙叩頭：「陛下有何吩咐只管直言，臣萬不敢違拗，何談『體諒』二字。」

劉協聽他這樣說，趕緊順水推舟提出要求：「伏皇后與董貴人深居宮中，已經很久未見到國丈與國舅了。朕希望他們能時常進宮探望一下，也不要寒了後宮的心。」

「陛下既有此意，臣絕不敢阻攔，自當讓二位大臣進宮探望。」曹操又叩了個頭，卻話鋒一轉，「不過我朝中興以來多有外戚之亂，昔日竇憲、鄧騭、閻顯、梁冀等人為禍匪淺，還望陛下明鑒。」

劉協料這張硬弓不好拉，索性也不再說什麼了。倒是荀彧幫他說了話：「曹公也太過小心了，伏完、董承皆保駕功臣幹國忠良，不至於有悖逆之心。您還需體恤聖意，對他們多加寬宏才是啊！」

連荀彧都這麼說，曹操猶豫片刻才算鬆口：「臣並非懷疑二位大人圖謀不軌，而是想請陛下明鑒古事。二位大人皆國之貴戚，入宮之事微臣不再干問，不過還望陛下不要頻頻召見，那樣也與人不便。」

「那是自然，朕一定深納愛卿之言。」不論曹操是什麼態度，這件事總算是說妥了，劉協感激地看了一眼荀彧，緊緊拉著他的手帶著衛士走了。

按照朝廷的禮儀，皇帝一旦離開，奉車都尉、駙馬都尉、侍中等都要隨駕從騎。但如今的主角是曹操，皇帝可以僥倖躲開，文武大臣卻不能走。不論多大年紀多大官職，全低著腦袋站了一個時辰，眼瞅曹操的兵將在面前示威，絲毫抗拒的態度都不敢表示，畢竟議郎趙彥的血還沒乾呢！

亂烘烘的閱兵誓師直鬧到將近正午，文武大臣才在曹操的允許下紛紛告辭。曹操也算禮數周到，挨個回禮相送，還叫從人攙扶年老的大臣下城，只把曹洪一人留在了身邊。如今的曹洪已經官居議郎了。曹家和夏侯家的諸多兄弟裡只有曹仁、曹洪在官場上多少有些資歷，於是曹操表奏曹仁為廣陽太守，卻不許上任，繼續在軍中理事；曹洪任為議郎，實際上是與夏侯惇一併監管京師駐軍。

見人走得差不多了，曹操才帶著曹洪下城，一邊走一邊說：「我就要出兵征討壽春了，可是還有些後顧之憂沒有解決。」

「放心吧，倘若董承那廝敢有什麼舉動，我廢了他……」曹洪差點把口頭語「他娘的」帶出來，可如今是議郎了，要講求官員禮儀，不能隨便髒口。

曹操卻搖頭道：「現在我在意的不是內憂而是外患。前天剛剛得到消息，張繡派人活動於宛城、葉縣、西鄂等地，似乎是想趁我兵發壽春之際揮兵北上，這可不得不防。你曾在荊州為官，熟知地理，我要你率領五千人馬南下，協同各縣的鄉勇守城，務必要擋住張繡，避免他北上干擾許都。」

「諾。」曹洪一邊注意著腳下的石階一邊說話，「可是東北兩面是否有礙呢？」

「陳登送來消息，呂布現在自以為得我倚重，正坐鎮下邳優哉游哉呢，說不定還會出兵與我同剿袁術。至於河北嘛，聽說公孫瓚再次慘敗，趨於守勢，袁紹正忙著乘勝追擊，哪裡有工夫顧得上咱們？鍾繇經略關中已然初見成效，特別是我用嚴象為揚州刺史以後，關中士人現在是見賢思齊，李傕、郭汜偃旗息鼓，連馬騰、韓遂也老實了。」說著話曹操定下腳步看著曹洪，「現在的局勢十分難得，我把郭嘉也撥給你，多聽聽他的計策。只要你們能替我控制住張繡，消滅袁術不過是時間的問題。你還有什麼困難嗎？只管說出來！」

「出兵倒是沒什麼困難。」曹洪撓了撓頭，「倒是兄弟我有一件私事想請您關照，前不久……」他話還未說完，就聽下面傳來一陣爽朗的笑聲：「哈哈哈！孟德還未離開呀！」

極少有人敢直呼曹操表字了，曹操甩臉一瞧——原來是少府孔融。

孔融四十五歲了，容貌卻不見蒼老，一張容長臉，鬚髯飄逸，加之一襲明亮考究的深服，很顯端莊優雅。當初袁紹想借曹操之手殺他，而曹操巧妙回絕，並令時任將作大匠的孔融本人為使者，到河北授以袁紹大將軍印綬。袁紹果然也不敢擔害賢之名，好吃好喝伺候一場，又將他完好送回。孔融大難得脫，也因為有這個功勞，轉任為九卿之一的少府，負責皇帝日常開支用度。

按理說敵人的敵人就該是幫手，但孔融這個四歲就因為讓梨一舉成名的聖人之後，曹操卻瞧他不怎麼順眼。一來是因為他曾與邊讓相厚，曹操因怒殺邊讓也對孔融「愛屋及烏」；二來也是此人性格高傲，身處許都朝廷，卻渾然不把曹操看做主宰，依舊我行我素大說大笑；更重要的是，孔融這人不合時宜。他每每表奏都是浮華高遠之論，侃侃而論的都是典章制度、氏族名望、經籍學問，還是太平時節官員的那一套玩意兒。非但曲高和寡不切實際，而且給朝廷添了許多不必要的麻煩，有時因為一點兒無關緊要的禮儀制度就在朝會上爭論半天。

孔融毛病雖多，但畢竟沒有勢力，況且名氣太大了，是正宗的聖人之後，曹操要想裝點朝堂，就必須用他。這會兒主動打招呼，曹操趕緊撇開曹洪，快步趨身下階，訕笑著拱手道：「文舉兄，在城樓上看了半日演武，這會兒一定累了吧！在這裡等我，還有什麼陣法要指教嗎？」

這其實是一句挖苦的話。孔融有文采而毫無武略，昔日為北海相，先被青州黃巾打得昏頭脹腦，後讓袁譚逼得不敢出城，哪有什麼資格指教陣法。

孔融卻沒聽出弦外之音，一把拉住曹操冰冷的手：「哎呀孟德，今日我算是開眼了。想當初先帝派張溫征討西涼的時候，那真是聲勢浩蕩氣吞萬里。這事隔多少年了，今日才又見王師雄風，訓教精良大長朝廷氣勢！有這樣的軍隊輔佐皇帝，這才能縱橫天下掃滅不臣，揚天子之威望，拱衛吾主乾綱獨斷……」

曹操越聽越彆扭，似乎軍隊訓練有素皆是因為天子睿智，跟他曹某人沒有絲毫關係。但孔融就是這麼個人，曹操也拿他沒辦法，微笑著打斷他的高談闊論：「文舉兄，我還有不少事要忙，咱們能不能長話短說啊？」

孔融見他有些不耐煩，趕緊切入正題：「曹公，我前幾天舉薦賢才的那份表章不知您看到沒有啊？」

「最近事務繁忙還沒有注意到。」曹操編了一句瞎話，實際上他知道那份奏章，以為又是奏請一些亂七八糟的典章制度，連看都沒看就扔一邊了，「不知文舉兄又為朝廷推舉了哪位德才之士？」

「就是那平原人禰衡禰正平啊！」

曹操一聽是禰衡，心下不解，這已經是孔融第三次在他面前提到這個人了。孔融的眼光極高，可謂二目朝天凡人不理，如今這麼褒獎禰衡，難道這個人真有什麼過人之處？想至此趕緊回應道：「文舉兄，這個人的事我記下了，不妨招到京師來客居一段。我現在忙著用兵，待征討袁術得勝而歸，再見未為遲晚。」

孔融搖頭晃腦道：「甚好甚好，還望孟德記著這件事。禰正平實屬難得之才士，淑質貞亮，英才卓礫。若能重用此人，必能使朝班增色，再添良輔，讚譽明堂，誠乃……」

「好好好，我牢記便是。」曹操生恐再耽誤工夫，趕緊拱手作別，招呼曹洪隨他回府。直到哥倆一同上了乘輦，曹操才長出一口氣：「這個孔文舉，我真是受不了他，太囉唆了。」

曹洪一陣冷笑：「就衝他，那個禰衡就不能用。」

「不然。他是他，禰衡是禰衡，現在咱們求賢尚且不至，豈能拒英才於門外呢？有機會是要見一見的。」曹操沉默了一陣，又想起被孔融打斷的話，「你方才說有件私事要我幫忙，什麼事還沒說呢。」

曹洪聽罷面帶羞赧，笑道：「這個嘛……小弟有個門客因占據一處田產被滿寵拿住了，您是不是可以跟滿寵說幾句好話，叫他稍微寬鬆寬鬆，先把人放了……」

自從曹操位置穩固以來，許多原先的部將都在京師一帶置辦了產業，其中財力最盛的就是曹洪。他的門客家奴多半是土匪出身，如今有的幫他侵占京郊的田產，有的替他私自販賣酒肉，還有的專放高利貸。曹操礙於曹洪的臉面，也就睜一眼閉一眼未加深究。但這幫人不知收斂，三天兩頭惹禍，不是搶占田地打傷百姓，就是威逼還貸鬧出人命。

曹操瞥了他一眼，喃喃道：「叫我說你什麼好？要這麼多錢有什麼用，就算你翻著跟頭花，這輩子能花完嗎？都已經是議郎之位了，還一味求田問舍，在這等小事上給我找麻煩。你我是什麼關係這許都城裡誰人不知誰人不曉，你不在乎臉面我還在乎呢！」

曹洪趕忙認錯：「是是是，回頭我一定訓教手下，不過現在人還在縣寺大牢裡押著呢！這些門客可都是當初跟您在陳留起兵的，不看我的面子，也需看在他們往日的功勞份上吧？」

「不是我不幫你，滿伯甯這塊硬餅哪是容易咬的？」曹操歎了口氣，「他這個許都令執法如山啊！」

曹洪諂笑道：「私下能解決的事我也不會勞煩您，就是因為滿寵不給我這個面子，我才求到您這兒的。您務必得講個人情。」

批評歸批評，曹洪畢竟是親戚，而且昔日汴水之敗時有救命之功，曹操也不好丟開不管：「那就試試看吧。正好我召他到我府裡，一會兒就能見到。陪禮的話還得你自己說，我頂多就是從旁調解。」

「您放心，怎麼做我知道。」

倆人都不再做聲，曹操琢磨著出兵的事項，曹洪則編排著要說的好話，不一會兒工夫就到了司空府。一進大門便看見夏侯惇與滿寵正在院裡閒聊，曹操趕緊招呼他們到堂上講話。

剛一落坐，曹洪就蹙眉歪嘴地使眼色，卻見滿寵低垂二目面無表情，假裝什麼也沒看見。

曹操暗自好笑，故意不提講人情的事，先在案頭翻找孔融的奏章，找了好半天才在一大堆卷宗的下面翻到。打開看了幾眼：

竊見初士平原禰衡，年二十四，字正平，淑質貞亮，英才卓礫。初涉藝文，升堂睹奧。目所一見，輒誦於口，耳所瞥聞，不忘於心。性與道合，思若有神。弘羊潛計，安世默識，以衡准之，誠不足怪。忠果正直，志懷霜雪。見善若驚，疾惡若仇。任座抗行，史魚厲節……

後面讚譽的話還有一大堆，孔融都快把這個禰衡捧到天上去了。曹操也懶得瞧了，隨手放到一邊，對夏侯惇道：「今天孔文舉誇獎了一番咱們軍隊，但聽得我很不痛快。要想個法子，把朝廷的軍隊和咱自己的兵區分開，不要再讓人說三道四的。元讓你回去想想辦法，另外也替我留意一下南北二軍餘部，有治軍能力的人該提拔就提拔，能為咱們所用最好不過了。」

夏侯惇笑道：「這件事我一直留心著呢。我看原來北軍有幾個年輕的司馬，像史渙、賈信、扈質、牛蓋、張喜等人都不錯，只需再歷練歷練就可以派到咱們軍中聽用。」

「很好，這些事情就交給你辦。不過從朝廷的人過渡到咱們這一邊，得慢慢來，還要注意影響。」曹操的思慮很周到，文士一類的人，要從曹營送到朝廷職位；而武職一類的人才，則要從朝廷的軍隊挖到自己這邊來。隨著這一送一挖，所有權力就都集中到曹操手中。

曹洪見半天不提他的那點私事，急得直咳嗽。曹操見再不說話他就要躥上房了，便狠狠瞪了他一眼，叫他規矩一點，卻轉而問滿寵：「伯寧啊，聽說你抓了一個子廉的門客，不知他犯了什麼罪啊？」

滿寵面沉似水，朗聲道：「那個凶徒搶占京西的田地，那可都是任峻編制下的屯民之田，他眼裡還有王法嗎？」

「太不像話啦！應該好好教訓教訓！」曹操隨聲附和了一句，語氣卻又柔和下來，「不過他畢竟是子廉的門客，過去也有一些功勞，你看是不是……」

滿寵打斷道：「明公不必多言，我已經把他殺了。」

「殺了？」曹洪差點蹦起來，「什麼時候殺的？」

「我聞知曹公召喚，恐怕會為那個犯人求情，臨出來時就叫人把他縊死了。」

曹洪可氣壞了，指著滿寵的鼻子呵斥道：「你、你這是故意的！」

「對，下官確是故意為之。」滿寵完全承認，「這麼做是對您曹議郎負責，免得您為一個不法之徒背負徇私之名。」

「巧言令色！」曹洪就差揮拳打滿寵了，「你哪裡是為了我，是為你自己沽名釣譽！」

滿寵那雙銳利的鷹眼嚴厲地盯著曹洪：「在下是為了京師的百姓，如果連你的門客我滿某人都治不了罪，還怎麼處置不法的高官貴戚？而且……」他又瞥了瞥曹操，「這更是為了曹公的名聲，當初棒殺宦官親屬的洛陽北部尉，怎麼能為一個罪犯講情，因此出爾反爾自毀名譽呢！」

即便曹洪殺人如麻，此刻卻被這個酷吏凌厲的氣勢壓制住了。人家的理由冠冕堂皇，他已無話可說。「哈哈哈……」曹操卻放聲大笑，「不愧為天下第一縣令，處事不就應該這樣嘛！」

曹洪暗憋暗氣，嘀咕道：「這不是打我的臉嗎？」

「總之還是你的不對，厚待那人的家眷也就罷了。」曹操擺了擺手，「這也給你一個教訓，以後叫手下規矩點兒。」

「諾。」曹洪雖然答應了，但還是不服不忿地盯著滿寵；滿寵卻毫不在意，捋著鬍鬚看都不看他一眼。

曹操起身走到滿寵跟前：「子廉門客這案子你辦得很好。其實我今天叫你來，是有件更大的案子要交給你辦。」

「願聞其詳。」

曹操趨身道：「昔日楊彪家眷與袁術有親，現今袁術稱帝僭號，我要你捉捕楊彪審問其罪。」

滿寵聽了沒答應，捋著鬍子沉默了好半天，才低聲道：「此事恐怕不妥吧？即便楊公與之有親，似乎也不太可能參與謀反之事。」

「鐵案如山的滿伯甯怎麼也說這種話？」曹操神祕兮兮地笑了，「不管他有沒有罪，只要有嫌疑就應該問一問吧？這事我看也不必通過廷尉大理，全權由你負責就好。」

滿寵眼睛一亮：「您的意思是……」

「該走的審問流程還是要走，」曹操背著手笑道：「要是沒罪，等我回來還把他放了唄！」

滿寵似乎摸到他的意思了：「那能不能對他用刑呢？」

「你靈活掌握便是，我可就不管了。」

「在下明白！」

曹操滿意地點點頭——趙彥已經除掉了，楊彪雖不能殺也得給個教訓，要叫所有人都瞧得清清楚楚，即便我不在許都，再大的官想拿也能拿下！

蘄縣之戰

建安二年（西元一九七年）九月，曹操率領大軍征討袁術。部隊自許都出發，一路都有袁術的散兵投靠，才剛到沛國境內，前來投奔的兵士就有千餘人。這仗還沒打，袁術那邊似乎已經自行崩潰了。開始時來投的還是散兵游勇，後來竟有袁術部將戚寄、秦翊率領大部隊解甲歸順。細一打聽，原來是沛國鄉人劉馥遊說他們來降的。

曹操大喜，在軍中當即任命劉馥為司空掾屬，請他講述敵情。原來袁術率兵在陳國劫掠之際，忽然聽說曹操親自來攻，思起當初雍丘之敗，嚇得魂飛魄散，竟拋下軍隊獨自逃回淮南了。袁術這一跑，他的部隊可就亂了，許多兵丁就此北上投曹，而部將橋蕤、李豐、樂就、梁綱等人素為袁術死黨，身有偽職高官皆屬不赦之列，便匆忙率兵搶占蘄縣，深溝高壘歸攏人馬，希圖阻擋曹軍進程。

得知敵人的動向，曹操趕忙調整部隊直奔蘄縣而去，一路上所見所聞，全軍上下無不嗟歎。陳國本是豫州富庶之地，陳王劉寵神箭威名赫赫，陳國相駱俊治理有方，因此自黃巾之亂以來從沒人敢在陳國這片土地上為非作歹，即便袁術曾設立過偽陳國相，也只是在武平縣落腳。

如今劉寵、駱俊死於刺客之手，袁術領兵乘虛而入大肆劫掠，不過半個月的工夫，這片富饒之地就被禍害成了另一番景象。所有的良田都被洗劫一空，老百姓的屍體橫臥田間，割不完的麥子連同民房全被燒毀，橋蕤、李豐等人不但堅壁清野，而且採用焦土之法，將所有的物資都付之一炬，想要徹底斷絕曹操的糧草補給。

曹操震怒不已，意欲將前來投降的淮南軍全部殺死，但一番巡視之後，他心中又有些不忍了。袁術這些年恣意享樂，全然不管百姓和軍隊的死活。與呂布一戰精兵死傷大半，他就拉來淮南的百姓充軍。這些人一個個衣不蔽體食不果腹，不但面黃肌瘦，還有不少老弱病殘，簡直是一幫流民，到曹營見了糧食比見了親爹還親。面對這樣淒慘的偽軍，屠戮洩恨也太失民望。情急之下他下令將蘄縣團團圍住，務必要將袁術死黨剷除，奪回城中的糧食物資。

蘄縣城池本就堅固，加之敵人拆除城郊民房，又挖了數道溝塹，更加易守難攻。橋蕤根本沒打算出戰，只在城樓上置備強弓硬弩滾木檑石，分明是頑抗到底的姿態。曹操這次也別無他策了，命令淮南降軍在前，嫡系人馬在後，強攻蘄縣縣城。連著攻了三天三夜，曹軍損傷無數，莫說無法攻克城池，甚至連最裡面的兩道壕溝都在敵人掩護下無法填平。

曹操本以為此番用兵可以一舉蕩平袁術之眾，哪知陷入這種尷尬境地，不但攻不下城池，軍中上下的情緒也陷入低迷。他悶坐在中軍帳中，急得一籌莫展。就在這個時候，王必與繁欽又送來一個更壞的消息——孫策背棄討伐袁術的盟約了。

曹操驚愕不已：「這是怎麼回事？難道孫策小兒也敢反叛朝廷，公然助袁術為虐嗎？」他現在最擔心的就是孫策忽然倒戈一擊。

「這還不至於。」王必手捧著快報，「是陳瑀那裡出了些亂子。」

曹操一拍桌案，厲聲喝罵道：「陳瑀好歹也算朝廷委派的吳郡太守，關他姓孫的什麼屁事？」

「這件事恐怕也不全怪孫策。」王必嚥了口唾沫，雙手遞過緊急快報給他看。

原來朝廷前番派議郎王誧與劉琬持詔書拜孫策為騎都尉、襲爵烏程侯，但孫策已經占據會稽、豫章之地，認為區區騎都尉對自己而言太過輕慢，拒不接受詔命。無奈之下，王誧假編了一個「明漢將軍」的名號，才使孫策彆彆扭扭出了兵。

按照原定計畫，孫策應該與朝廷任命的吳郡太守陳瑀一同出兵攻打袁術，但倆人一開始就各自藏了心眼。孫策想要兼併陳瑀這股勢力，陳瑀卻又暗通江東豪強祖郎、焦已、嚴白虎等人，陰謀顛覆孫策在江東的統治。結果孫策密遣部下呂範、徐逸突襲陳瑀，大破陳瑀之眾，俘獲兵士四千餘人，不再向壽春打袁術，反而揮師南下，忙著剿滅反叛豪強。

「這兩個叵測小人！」曹操看罷怒氣沖沖把密報一摔，「陳瑀志大才疏，孫策狼子野心，全都不是好東西！又教袁術逃過一劫……」

「現在咱們撤軍嗎？」繁欽忧生生問道。

「胡說！好不容易包圍蘄縣，怎麼能輕易撤軍？」曹操瞪了繁欽一眼，轉而問道：「嚴象那邊的情況如何？」他現在怕的是孫策連自己委派的揚州刺史嚴象一併幹掉，那樣他就等於跟朝廷完全翻臉了。

王必小心奏道：「嚴象那裡目前還沒事，就是無兵可派了。」

雖說揚州刺史已形同虛設，但是只要孫策沒撕破臉，事情就還有挽回餘地。曹操長出一口氣，捏了捏生疼的眉頭，這個時候決不能為自己樹敵，他反覆提醒自己要戒急用忍，好半天才抬頭道：「如今南北圍剿之勢已破，袁術可能還會再組織人馬救援這裡。可是咱們絕不能撤，撤了就等於給他喘息之機。現在你們馬上替我行文到許都，有兩件大事要辦。」

提起耍筆桿子，繁欽可謂內行，王必還未反應過來呢，繁欽已經扯過了空白竹簡，拿起了筆。

「第一件大事，增添了淮南降軍，糧食恐怕不夠吃了，速叫任峻派人運糧過來。第二件事，叫荀彧表奏孫策為討逆將軍、晉封吳侯，這個時候萬不可與孫郎小兒翻臉。告訴文若不必等奏章上傳，叫使者拿著印綬日夜兼程趕緊去！」曹操吩咐完還不禁抱怨道：「王誧真是胡來，孫策不就是想要個將軍頭銜嘛，給他個將軍又掉不了肉，還瞎編了一個。編個什麼名不好，還竟編出一個『明漢將軍』來！這是什麼意思？叫他孫策光明大漢社稷，那我幹什麼去？真是一群廢物！豈有此理……」

繁欽手底下真麻利，沒等他抱怨完，筆走龍蛇已將文書寫成了，恭恭敬敬捧過來，諂笑道：「請主公過目，看看如何。」

曹操白了他一眼：「這都什麼時候，又不是作詩，寫明白了不就行了嗎？王必，你快馬加鞭親自去送！」

王必一把搶過文書，風風火火出了帳。繁欽瞧曹操這會兒臉色不善，生恐馬屁拍到馬腿上，趕緊退出去了。一個人靜下來，曹操越發感覺煩悶，荀彧在許都主持朝政、程昱坐鎮兗州監視河北、郭嘉也派給曹洪用了，現在身邊連個能出主意的人都沒有。夜幕降臨，眼瞅著又是一天，蘄縣依舊攻不下來，他有心叫許褚陪他去前敵看看，哪知剛邁出大帳，就和一個低頭過來的軍校撞了個滿懷。守在門口的許褚一把將他攙住，那個軍校則仰面摔了個跟頭。

「你眼睛瞎了嗎？」許褚厲聲呵斥道。

那軍校慢吞吞爬起來：「該死該死，小的有祕密軍情稟報主公。」

曹操瞧他眼生得很，打量了好半天，見相貌話語透著忠厚老實，才抬手道：「隨我進去講話……你是哪一處的軍校？」

那人跪倒在地：「小的王垕，乃是任峻中郎將帳下之人，督管軍糧的校尉。」

曹操一聽是管糧的人，心裡已了然八九分，趕忙走到帳口，見除了許褚四下無人，隨手放下帳簾，這才扭頭問：「糧食不夠了嗎？」

王垕是任峻剛剛提拔上來的，第一次與曹操面對面說話，趴在地上動都不敢動，低聲道：「此番出兵糧食本是足夠用的，不過淮南來了這麼多降兵，憑空添了兩千多張嘴，而且幾十里內田地全叫橋蕤禍害了，燒得乾乾淨淨顆粒無收，咱們補給不上了。」

「現在的存糧還能供給幾天？」

「不到五天吧。」

王必到許都催糧，任峻調撥糧食，還得準備車馬運輸，再快也得七天多。只要士兵一挨餓，不但仗打不了，而且隨時可能發生譁變。

曹操在帳中踱了一陣，突然瞇眼瞅著王垕：「缺糧這件事軍中還有誰知道？」

「此事關乎軍心，在下絕不敢聲張，不過……」王垕也不敢把弓拉得太滿，「司糧的兵丁肯定知道，但大夥都是任大人調教出來的，即便就剩一粒糧食，他們也不敢胡說八道。」

「很好……很好……」曹操不住捋髯。

「恕在下多口，主公得馬上調糧才是。」

「糧食要多少有多少，不過都在蘄縣裡面罷了。」

王垕微抬眼皮：「那現在該怎麼辦？」

曹操又扒開帳簾看一眼，見沒有人，才湊到王垕身邊低聲道：「你把分糧的大斛大斗都換成小的……」軍中分糧都以斛斗為單位供給，每個營都取定額的斛斗數量，換大為小雖然斛斗數未變，但實際散發的糧食就會減少，這是變相剋扣的辦法。

「剋扣軍糧？」王垕差點從地上蹦起來。

「別嚷！」曹操趕忙捂住他的嘴，「不就是換斗嗎？」

「剋扣軍糧會惹起眾怒，在下死也不敢這麼幹啊……」王垕體似篩糠顫抖不已。

「怕什麼？有我給你撐腰，你只管這麼幹。等渡過這個難關，我去跟任峻說，叫他升你的官！」

「這個……」王垕真是個老實人，鼓了半天氣才道：「在下遵命就是，不過還請您再想想，是不是可以遣散一些……」

「不必多言了。」曹操一擺手，「說不定這兩天一卯勁就能拿下蘄縣，那時候什麼事都沒有了。你只管去辦吧！」

「諾。」王垕不敢再說什麼，起身告退。

曹操拍著他的肩膀笑道：「這件事可不要聲張，絕不能叫人知道是我的主意，不然的話你項上人頭可就要……」

王垕嚇得忙道：「不敢不敢，這事一定保密。」

「你放輕鬆點兒，不用那麼緊張。」曹操手挑帳簾，親自把他送了出去。王垕還不知道，曹操已有攻取蘄縣之策。

第二天午時散發軍糧，立時就出了亂子。誰也不是瞎子，以小換大能看不出來嗎？這幾天強攻城池軍兵本就不滿，攤上剋扣軍糧的事更加心煩，吵吵嚷嚷就在軍營裡鬧起來了，有膽大的還跑到中軍營門罵罵咧咧不肯散去。

王垕急渴渴跑到中軍帳稟報。曹操不慌不忙，微笑著聽他把話說完，拍著他的肩頭問道：「你是哪裡人士？家中還有何人啊？」

王垕哪有心思聊天，但曹操問了他又不能不答：「在下是陳留人士，家中老母在堂，還有一妻一子。主公還是快想辦法安撫軍兵吧！」

曹操歎了口氣，趨著身子直勾勾看著他：「若要解此燃眉之急，我必須找你借樣東西。」

「借什麼？」

「借你項上人頭！」

「啊？」王垕癱倒在地，「在下……在下何罪之有？」

曹操把眼一瞪：「你私自改換斛斗剋扣軍糧，這還不是罪嗎？」

「您……您怎麼……」

「我這也是被逼無奈才出此下策的。」曹操歎息一聲，細聲細語道：「王老弟，壯士斷腕在所不惜，為了掃滅叛賊我也只能這麼辦。放心吧，你家中妻兒老小我會接往許都好好供養，絕對不會虧待他們。你就安心去吧！」

「不……不……」王垕驚愕地瞅著這個魔鬼，身子不住往後縮，最後爬起身就往帳外跑。

曹操見狀大喝一聲：「有刺客！」

許褚聽得清清楚楚，見王垕慌張跑出，伸手抓住他的膀子，使勁往後一帶，立時將他掀倒在地。王垕躺在那裡還未反應過來，許褚早已拔出佩劍，生生將他釘死在帳口！

曹操緩緩走過來，衝著他的屍體一揖到地，吩咐許褚：「割下他的腦袋高懸轅門，另外叫人把所有的糧食都運到營前。然後鳴鼓聚兵，我要在轅門訓話。」

少時間，王垕的腦袋就掛到了轅門上。聚兵鼓一響，各個營的兵都擠到了中軍大營門口，圍得人山人海。曹操登上一輛糧車，手指人頭高聲吶喊道：「兄弟們！咱們軍中出了刁徒！這個督糧官王垕，他盜取軍資中飽私囊，還改換斛斗剋扣軍糧，我已經把他殺啦！」

「殺得好！應該殺……」眾軍兵沸反盈天，大呼解氣。

曹操抬手示意大家安靜：「這個刁徒雖然殺了，但是咱們的軍糧損失巨大，現在只剩下這些車啦！」說著他指了指腳下幾輛糧車，「許都有糧食，可半月之內未必能送來。」

聽到這兒，四下裡鴉雀無聲，面面相覷誰都不說話了。

曹操提高了嗓門：「所以我把剩餘的糧食都分給大家，咱們一定要在糧食吃光之前奪取蘄縣！只要進了城，咱們就得救啦！可要是進不去城，咱們統統都要餓死！」

軍兵又是一陣譁然。

曹操突然抬起手臂，指著一群淮南兵，厲聲吼叫道：「淮南來的！你們聽到了沒有？我告訴你們，這陳國原來是富庶之地，是你們助紂為虐放火燒了大片良田，害得我們沒有補給！既往不咎我沒有怪罪你們，還給了你們飽飯吃！可現在我的糧食也快沒了，如果斷糧，我絕不會饒了你們！我一定把你們全部殺光，就是不殺光也要將你們趕回淮南，叫你們繼續跟著袁術挨餓！聽到了沒有？」

嫡系人多淮南人少，眼看四圍的人都惡狠狠瞪過來，那些淮南兵都腿軟了，一個個跪倒在地請求曹操寬恕。

曹操依然板著臉，可是口氣卻變了：「你們若不想被殺、不想挨餓，那我就給你們指條明路，與我們齊心協力攻打蘄縣！而且我叫你們衝在最前面！若有了糧食咱們大家全得救，不管是兗州人、豫州人、揚州人，咱們必須親如兄弟，通力合作拿下這座堅城。我曹某人現在不是什麼他媽的司空，我就是你們當中的一員。今天我也要親自上陣，無論如何也要攻克蘄縣，我曹某人豁出去啦！你們呢？」

也不知是誰扯著嗓門嚷道：「主公都他媽豁得出去，我一顆腦袋扛著一張嘴，有什麼豁不出去的？不就是他媽玩命唄！」他這一喊，所有人都跟著嚷起來，一時間倒是顯得同仇敵愾。

「好！」曹操拔出佩劍舉向天空，「攻取蘄縣，現在就出發！」

隨著這一番戰前鼓動，軍兵的士氣立刻提升起來。尤其是淮南來的兵，這會兒也天不怕地不怕了，大隊人馬像烈火一般襲捲城池。守城軍也已經奮戰了好幾天，見這次曹軍氣勢不同，趕緊張弓搭箭阻擋襲擊。這會兒曹軍全都玩命了，拿不下城就是死，也不管飛來多少箭支，填溝的填溝，衝鋒的衝鋒。曹操也隨手搶過一包沙石，在虎豹騎的掩護下也跟著士兵一起填壕溝。不到一個時辰，最後兩道溝也被填平，兵丁發瘋一般搭雲梯往城上爬。敵軍也不敢怠慢，李豐、梁綱、樂就親臨城樓指揮，拋下滾木檑石，一砸就是一大片。

攻城戰自午時打到申時，天都快黑了，兩軍依舊僵持不下。曹操命人抬過戰鼓，親自於陣前擂鼓助威。曹軍可謂前仆後繼，素來穩重的于禁都冒著落石衝到城牆下指揮了。士卒一次又一次地搭梯子，最後樂進、朱靈以及歸降的秦翊、戚寄親自爬牆，終於冒著箭雨攀上敵樓。

守城兵丁一見曹軍殺上城樓，心可就慌了。特別是發現上來的還有不少淮南老鄉，不由自主地就跟著往回殺。李豐、梁綱、樂就三將指揮不靈，當場被砍為肉醬，曹軍就勢衝下敵樓湧入城中。主將橋蕤見大勢已去，趕緊打開南門，率領千餘人突圍而去。曹兵全軍突進，一舉占領蘄縣，城內未能突圍的數千淮南軍盡數投降。

曹操這會兒最怕敵人來個玉石俱焚，趕緊帶著虎豹騎湧入城池，將縣寺保護起來。待局勢穩定下來，發現府庫裡糧草堆積如山，一切安好，缺糧的難關順利渡過，曹操可算是鬆了口氣。休整了片刻，正要布置人馬追襲橋蕤，忽然有告急軍報送到。張繡率部出穰縣復奪南陽，劉表也派部將鄧濟率兵屯駐湖陽以助聲勢。章陵、西鄂、陰縣、宛城、博望、舞陰處處告急，曹洪寡不敵眾退守葉縣。

「果不出我所料！」曹操擦了一把冷汗，「險矣！在城內休整一夜，明日馬上出兵救援南陽。」

「袁術這邊怎麼辦？」于禁忍不住插口道。

曹操看看他：「你既然問這件事，我就叫你分兵三千追襲橋蕤。」

「諾！」于禁拱手道：「在下一定直搗壽春。」

「不必了。攻破橋蕤即可，不要渡過淮河。」

「什麼？」

曹操微然一笑：「蘄縣這一仗，袁術輸光了本錢，自陳國劫奪的糧資又沒有運走，他現在無兵無糧又不得人心，再也掀不起風浪了。咱就叫他在淮南自生自滅吧！」

于禁似乎心有不甘：「只要主公再多給我一些兵馬，在下一定能生擒袁術，蕩平淮南。」

「能打現在也不打了。」曹操冷笑道：「袁術已經不重要了。」

「但是……」

曹操抬手敲了敲他的腦殼：「你反過來想想吧，留著淮南這塊緩衝之地，咱們尚可與孫策隔岸觀火。若是現在滅了袁術，那就得跟那小子接壤了。飯要一口一口吃，咱們東面北面都有隱患，現在還顧不上跟孫策拚命呢！明白了嗎？」

「明白！」于禁揉著腦袋，還不忘了恭維兩句，「主公神機妙算深謀遠略，末將心服口服。」

朱靈唯恐于禁占盡先機，一猛子竄過來：「南陽之事十萬火急，末將不用休整，願意星夜領兵趕往救援！」

「文博勇氣可嘉。不過……」曹操瞧他右臂還有一處箭傷，箭頭取下還在流血，便從自己的戰袍上撕下錦布，親手為他包紮，「你這胳膊上的傷不輕啊！」

「這點傷不算什麼，末將一樣晝夜行軍！」曹操安慰道：「我素知文博你乃是勇士，但強攻蘄縣數日，你不累士兵們也累了。援救之事也不忙在這一夜，明天再動身吧！」說著話他發現朱靈與于禁對視著，似乎誰也不服誰，趕忙又意味深長地補充道：「今日之戰你們立功非小，但是不要忘了，淮南降軍立功更大。在我的軍營裡大家全都是兄弟，絕對沒有先來後到籍貫派系之別！」

于禁、朱靈聞此言都低下了頭。

「回去之後，我要給戚寄、秦翊加封官職。但還有一個立功最大的人，我卻沒辦法給他加官了。」

「還有誰？」朱靈甚為不解。

曹操搖頭不語。仗雖然打贏了，但是這會兒他耳畔卻迴蕩著王垕臨死前的慘叫。

隨著蘄縣一仗的結束，袁術基本上退出了中原逐鹿，劫掠陳國不但沒能獲得收益，還折損了大量兵馬。此後于禁更是追擊到苦縣，陣斬了他的愛將橋蕤。這一年的冬季，天寒地凍又沒有下一場雪，淮南爆發了大瘟疫，軍民感染而死者不計其數，土地越發貧瘠荒涼，袁術的部下因為沒有糧草而分崩離析，吳蘭、雷薄等人甚至拉著人馬回灊山繼續落草為寇，拋下袁術抱著那顆傳國玉璽，坐在空蕩蕩的大殿上……

第十一章

痛打劉表，擊退張繡

聲東擊西

建安二年（西元一九七年）十一月，曹操剛剛攻打蘄縣得勝，馬上又轉移到南陽，這一次他的對手不單單是張繡，還多了荊州牧劉表。張繡充當了荊州軍的先鋒，在宛城等舊地耀武揚威；劉表差出的部將鄧濟則藉著聲勢蠶食竟陵、湖陽等地，為自己擴充地盤。

這段日子裡，曹洪率領兵馬與張繡屢屢交鋒。但是只要曹洪打，張繡就躲在城裡不出來；曹洪稍一撤退，張繡立即尾隨而至；曹洪想繞過去，張繡就予以阻擊。總之曹洪被人家死死糾纏住，鄧濟則趁此機會攻城奪地。時間一久，南陽郡大部分地區都已丟失，曹洪只得退守葉縣，扼守通往許都的要道，以待曹操前來救援。

聞知曹操自蘄縣趕來，曹洪甚感憂慮，他差不多丟失了整個南陽郡，不知將會受到怎樣的斥責；趕緊步行出葉縣相迎，見到曹操什麼軍情都沒顧得上討論，先跪倒請罪：「末將征討張繡不力，致使南陽城池丟失，請主公治罪！」

曹操非但不怒，反而面帶微笑：「勝敗乃兵家常事，何況你只有五千人，以寡擊眾以一敵二，能保證兵馬沒什麼損失就已經很難得了，有什麼話咱們進城再說。」

曹洪揪著的心算是鬆開了，親自為曹操牽馬進了縣城。哪知待到了縣寺落坐，曹操第一個先把郭嘉叫到眼前，拍案怒吼道：「好個無能的郭奉孝啊，你是怎麼保曹洪坐鎮南陽的！如今郡縣丟失大半，你小子該當何罪？」

曹洪原以為曹操不生氣，這會兒見他又突然翻臉，剛放鬆的心又忐忑起來；郭嘉卻毫不怯弱，往地下一跪，仰著臉嘻皮笑臉道：「南陽之失非在下之過，其罪皆在將軍，若是將軍早些攻破蘄縣轉移至此，張繡、鄧濟焉敢造次？」

「大膽！」曹操瞪眼道：「丟失城池還敢頂撞我，拉出去斬了！」

郭嘉乃軍中智士，豈能說殺就殺？曹洪可嚇壞了，連忙戰戰兢兢跪倒在地：「此番用兵罪在末將不在奉孝，還請主公開恩。」

曹操見他糊裡糊塗跪下攬罪，實在裝不下去了，不禁仰面大笑。他這麼一笑，郭嘉也跟著笑，唯獨把曹洪給弄懵了。郭嘉拍著曹洪的後背道：「將軍真是懵懂得可愛，主公這是與我玩笑呢！」

「哪有這樣玩笑的，耍出我一身汗呀！」曹洪喃喃道。

郭嘉搖頭晃腦道：「主公久在軍旅，又是明理之人，豈能不知此間之勢，又豈會因無奈之失而遷罪於人？將軍雖然是主公族人兄弟，但還要多多體會主公的心意才是啊！」

「嗯。」曹洪雖然信口答應了，但心裡不由生出些嫉妒之意，曹操平日的真真假假太多了，為什麼郭嘉這小子卻能摸得準哪些是真哪些是假呢？

曹操捂著肚子笑罷多時，連連揚手道：「二位勞苦功高，快快坐吧！唉……非是老夫不願速戰速決，乃是蘄縣守軍深溝高壘又用焦土之策，因此拖延了時日。你們以五千之眾自然不能周旋勝敵，不過能保守葉縣，扼敵前進，已經很不錯了。」

曹洪羞赧道：「此皆奉孝之謀。」

「你就是不說我也能猜到。你只知死拚硬打，恐怕還沒這個心眼！」曹操又戲謔道：「奉孝，你剛才出言頂撞我，死罪可免活罪難逃，罰你說說敵勢如何吧！」

「諾。以在下之見，張繡、鄧濟雖聲勢浩大，然此賊易破矣！」郭嘉揣著手笑呵呵道：「張繡與劉表並非一丘之貉，張繡出兵所為復奪舊地以謀立足，劉表差鄧濟前來卻是為了搶占地盤。說白了，張繡不想在穰縣吃人家糧食、看人家臉色過日子，這才不得不跟咱們打。而劉表胸無大志心懷怯意，他只是想趁亂在南陽占些地盤，用以保衛襄陽。他怕有朝一日咱們會攻打他，所以用南陽作為緩衝。劉表跟張繡不一樣，跟咱們原沒有仇，又終日以大漢忠臣自居，是絕不會公然和朝廷翻臉的。他們目的不同，自然不能通力合作。」

「不錯，」曹操捋髯道：「張繡雖勇而兵少無糧，劉表雖強卻不思進取。若是他們真有意成一番大事，這會兒恐怕早就包圍葉縣圖謀北上了……奉孝，以你之計現在該怎麼應對？」

「在下早就計劃好了，只是兵少不堪施用。如今主公大軍至此，破敵只要三五日之工。您一來張繡就遁入宛城了，還擺了個死守的架勢。我看咱們大可先放著宛城不管，鄧濟如今在湖陽立足，咱突發奇兵南下直取湖陽。張繡之眾軍糧依仗劉表，鄧濟一敗劉表必然收兵自守，剩下張繡在此間孤立無援，到時候咱們不用打，他自己就會撤退。」

「好！」曹操又補充道：「不過張繡久經沙場，他帳下還有足智多謀的賈詡，我得給他們製造點兒假象，讓他們以為我全力攻打宛城，若不如此很難放心去打鄧濟。」

「主公妙計，在下不及項背。」郭嘉趕緊獻殷勤。

曹操笑嘻嘻拍了他後腦勺一下：「你少給我裝嘴甜！傳令歇兵一日，明早咱們兵臨清水，我要在張繡眼皮底下紮營，叫他看個清清楚楚，我是來和他玩命的。」

第二日曹操親率大隊人馬兵臨清水東岸，又來到年初戰敗的地方。身臨故地不免有些感傷，為了緬懷上次戰死的將士，為了凝聚士氣振奮軍心，更為了擾亂張繡的判斷，曹操下令在河畔設香案供品，大張旗鼓地祭奠亡靈。

青牛白馬置備好，曹操特意脫去鎧甲兜鍪，換上深服爵弁，手拈香枝當先祭拜。雖說這次祭奠有很大偽裝的成分，但曹操的感情卻是真摯的。他最為器重的嫡子、最有可能繼承他事業的曹昂，就葬身在淯水，連屍體都沒能找回，這豈能不傷悲？除了兒子喪命於此，還有姪子曹安民、愛將典韋，更有數不清的士卒兒郎……不知不覺間曹操的淚水潸潸而下，越想控制越控制不住，最後竟伏倒在地抽泣起來。三軍將士見主帥哭得淒慘，也都想起遇難的兄弟們，淯水岸邊欷歔一片。祭過曹昂、曹安民、典韋，將領從事挨個上前又祭陣亡將士，最後連被射死的白鵠馬都祭拜了一番，將供品祭酒沉入河中，三軍高呼復仇口號，這才開始紮營。

宛城臨淯水不過五里，身臨河畔城池依稀可見，曹軍祭祀時早有張繡的斥候隔岸觀望。一見又是慟哭又是吶喊，斥候可謂受驚不淺，趕緊奔回宛城報知張繡，提醒他哀兵必勝，要做好堅守的準備。

曹操大敗袁術，收降近萬淮南軍，如今的兵力比當初更盛，一座連營依河而立，顯得氣勢磅礴。旌旗林立轅門層層，尤其到了用飯的時候，炊煙裊裊白煙繚繞，這個陣勢對於缺兵少糧的張繡而言，實在是太具威懾力了。

待諸事安排妥當，曹操在營中巡視一遭，又把曹洪、郭嘉叫到帳中，吩咐破敵之策：「現在差不多已經迷惑住張繡了，可以傳令軍兵在淯水之上設置浮橋，做準備攻打之狀。從蘄縣帶來的兵馬多有負傷，暫且叫他們安心休養；單挑出五千精兵，隨身攜帶乾糧，再多備些好馬，我親自率他們南下湖陽，突襲鄧濟之眾。我不在的時候，這裡仍由你們主持軍務，多則三四日少則一兩天，我必定可以得勝而歸，到那時咱們再進取宛城。你們看還有什麼困難嗎？」

這個計畫似乎毫無缺陷，但郭嘉還是覺得事有萬一，趕緊請示道：「主公，我們可不可以渡過淯水紮營，順便佯攻一兩次，這樣會顯得更逼真一些。」

張繡之勇、賈詡之謀還是讓曹操心有餘悸，他連連搖頭：「我看算了吧，千萬不要輕易過河，萬一他們又耍出什麼陰謀詭計，那可不是鬧著玩的。你可以叫軍兵造浮橋的進度拖得慢一點兒，然後在營中多布旌旗增加崗哨，最重要的……」曹操敲著桌案，「即便我出去了，軍兵做飯的灶數千萬不能減少，決不能讓他們從炊煙上看出破綻。還有，葉縣乃北上要道，舞陰存有兵糧，這兩個地方也要給我看好，別叫他們鑽了空子。其他的事情你們看著辦。」

「諾。」曹洪爽快領命，「主公何時出發？」

曹操微微冷笑：「我得在這兒耗上一天，在夜裡走。既要掩張繡的耳目，還要讓鄧濟先吃上一顆定心丸，穩住了他再去打！」

軍令層層傳下，曹軍將士在河畔修理軍械、鍘草餵馬甚至洗滌衣物，看似忙得井井有條，實際上就是耗時間。直等到三更半夜，曹操率領曹仁、樂進等祕密出發；並派朱靈率一隊人馬涉水到西岸馳騁往來以作疑兵。在雙重掩護下，五千精兵人銜枚馬裹蹄，偷偷離開連營，沿淯水南下，晝夜兼程而去。

鄧濟奉了劉表之命，率領一萬人馬協助張繡行動。因為張繡拖住了曹軍，使得他攻城奪地輕輕鬆鬆好不愜意。後來聽說曹操也率軍趕到，他有些緊張，不過繼而又得到消息，說曹操全力以赴在宛城對陣張繡，他不安的心緒又穩定下來。宛城距離湖陽百里之遙，其間還有張繡的牽制，自己手裡也握有一萬雄兵，鄧濟根本不認為曹操會抽身至此，即便來也會提前得到消息。他便放心大膽布置湖陽以南幾個縣，又是調集糧草入城，又是安排官員進駐竟陵等地——畢竟他此行不是陪張繡拚命，而是為主公劉表占領地盤。

這一日到了正午時分，鄧濟立於北門城樓之上，一邊嚼著牛肉，一邊優哉游哉看著自己的軍兵押糧入城。附近鄉村的糧食已經差不多調齊了，而且他也派人在附近採集木材石料。只要等糧車都進了城，然後擺上滾木檑石，湖陽城便固若金湯，這以南的大片地區全部歸到他主公劉表名下。鄧濟越想越得意，覺得這一次自己立了大功，他甚至籌劃著完成本職工作後率師北上，不僅解宛城之困，還可與張繡夾擊曹軍，說不準還能生擒曹操呢！

正在他浮想聯翩之際，身邊一名小校忽然手指遠方：「將軍，您看那是怎麼回事？」

遠處的平原上出現幾個小黑點，鄧濟一皺眉，把嘴裡的牛肉嚥下去，伏在女牆上仔細看——原來是幾個自己派出去的兵。便笑道：「沒什麼大不了，是咱們自己人，去伐木的。」

小校提醒道：「曹軍會不會突然來襲呢？」

「他們叫張繡拖得死死的，絕對來不了。」說著鄧濟指了指腳下的城門，「等這幾十車糧食運完，咱把城門一關，莫說是曹操，就連一隻蒼蠅也休想飛進來。」

他這話還未說完，就見遠處的平原上已赫然冒出一彪騎兵，約有近千人，似乎裝備精良，而且明顯不是自己的隊伍——原來那幾個出去伐木的兵是被他們嚇回來的。鄧濟把咬著一半的肉一扔，埋怨身邊小校：「他媽的！你這張臭嘴，曹軍真叫你喊來了吧？」

「咱們速速關閉城門吧！」

「胡鬧！關城門這些糧食怎麼辦？派出去伐木的兵又怎麼回來？」鄧濟觀察了一會兒，「不就是一千多人嘛，派兵出去給我擋住，四五個人聯手打一個，還能打不過嗎？這是游騎又不是大隊人馬，用不著這麼緊張！」

鄧濟傳下軍令，不一會兒工夫數千兵馬自東西二門湧出，迎著曹軍的方向而去。雖是明顯看見曹軍騎兵的輪廓，但是望山跑死馬，距離還遠著呢！北門的糧車依舊排著長長的隊伍往裡走，絲毫不受影響。

不過鄧濟可小瞧了曹軍的厲害，這一隊騎兵的督率者可是素來打仗不要命的樂進。樂進遠遠就瞧見敵人派兵來阻擋，人數比自己多得多，但是敵人越多他越起勁。他一言不發緊催坐騎，待至近前挺起大槍就衝入了敵群，連刺帶踏立時倒下一片。鄧濟的兵自襄陽出兵以來沒打過什麼硬仗，所過縣城沒有駐軍幾乎是望風而降，今天午飯吃到一半就被調出來禦敵，猛然遇見這等不要命的對手，一時手足無措。這一千騎人歡馬躍個個奮勇，而他們這邊都是步兵，雖然人數是曹兵好幾倍，將將殺了個平手。

正在焦急時刻，又聞一陣吶喊——可了不得，原來騎兵後面還有大隊步兵呢！鄧濟之兵當時就心慌了，近有勇猛之騎，遠有大隊敵人，直覺眼前一片昏天黑地，似乎漫山遍野都是曹軍，趕緊扭頭往回跑。有一個跑的，就有一百個跟著的，不一會兒的工夫，數千人馬只有退意毫無戰心，全都向著湖陽城奔逃。樂進率兵在後，兜著屁股一通殺，無數軍兵被斬殺在地。曹操率領的大隊步兵緊隨其後，要趁城門未關之際殺入湖陽。

鄧濟這會兒也看清大隊敵人了，見自己的人馬敗陣，嚇得臉都綠了，也管不了那些兵的死活了，跺腳大呼：「快關城門！關門放箭！」

東西兩面的城門倒是迅速關上了，唯獨北門還堵著糧車呢！那些敗兵衝鋒的時候跑得慢，這會兒往回逃，一個比一個腳底下快。守門兵還沒來得及把堵著的糧車移開，就有數十個跑得最快的衝到了北門，守門兵一衝而亂，緊接著大隊的敗軍也湧到了，登時就把北門堵了個嚴嚴實實，這回想關門都關不上了。有的人見城門堵死，乾脆從糧車上爬過去；後面的曹軍也蜂擁而至，喊殺聲驚天動地，整個北門外擠得水洩不通。

「放箭！快放箭吶！」鄧濟急得大呼小叫。

城上搭弓之人倒是不少，就是沒一個敢放箭的——敵我都混到一塊了，擠來擠去的，分得清誰是誰啊？

上面的怕射錯了不好意思放箭，可底下射上面絕沒有射錯這麼一說。鄧濟的兵還沒來得及瞄準，曹兵的箭已經飛上來啦！一步落後步步受制，城上之兵有的當場射死，有的趕緊蹲下躲避，只覺腦袋頂上嗖嗖不停，可就不敢再站起來了。有一支箭正中鄧濟盔纓，嚇得他抱著腦袋蹲在女牆之下，現在的局勢他已無法控制了。

樂進催促騎兵死命往城裡擠，敵軍被他踏死一大堆，後來擠都擠不動了，乾脆掄開大槍一通亂掃，總算來到城門洞。他也不管身邊是敵是友，先招呼大家架住糧車。這會兒堵門的車才是公敵，大家叫著號一二三地使勁，立時將那輛堵門的大車掀到一旁——這倒乾脆，連敗軍帶曹兵全都順順當當湧進湖陽城了。

鄧濟渾渾噩噩在女牆下蹲著，過了半晌才意識到湖陽城已經保不住了，又不敢站起來，乾脆爬著下了敵樓。眼見城內已經大亂，自己的人、曹操的人還有百姓，往哪邊跑的都有。他趕緊上馬，帶著數十名親兵橫突街市來至南門，欲開南門逃至竟陵或者直接回襄陽。

哪知南門剛打開道縫，倏地躥進一騎，馬上端坐一黑臉大將，滿面虬髯相貌可怖，手裡攥著杆虎頭霸王矛。鄧濟還沒明白怎麼回事呢，只見那黑臉大將來個霸王捧槍式，沉甸甸的傢伙奔他的腦殼就來啦！鄧濟驚得連忙斜身駁馬——人是躲開了，馬可沒躲開，一矛正擊在馬腦袋上。鄧濟只覺噗哧一響紅光迸現，接著眼冒金星周身疼痛，再反應過來時，已經在地上趴著了。這時南門已經大開，原來早有曹兵把在外面，大家一擁而上，把鄧濟捆了個結結實實。

四下的喊殺聲漸漸平息，鄧濟的敗軍有的解甲投降，有的趁亂穿城而過逃奔襄陽。許褚提著鄧濟來到城樓上，狠狠將他往地下一摔。鄧濟周身酸痛又動彈不得，見眼前杌凳上坐著一個微有銀鬚的中年軍官，兩幫的人全垂首而立，便斗膽問道：「您是……是曹公嗎？」

「正是曹某人。」曹操微然一笑，「還不快給鄧將軍鬆綁？」

有兵丁過來給滿臉晦氣的鄧濟鬆開繩子，卻把刀架在後脖頸上不准他亂動。

「鄧將軍，您真是細心周到，為了歡迎我們連糧草都預備好了。」曹操笑呵呵挖苦道：「知道老夫是怎麼趕來的嗎？」

鄧濟確實想不到，又怕丟了性命，趕緊恭維：「王師到此，天兵天將，天雷擊頂，天威難抗，天生神力，天、天……天曉得你們怎麼來的。」

眾將見他這般狼狽無不嘲笑，曹操卻抬手示意大家不要出聲，反而安撫道：「鄧將軍犒軍有功，快給他搬個座位來。」

有軍兵為他搬過一張杌凳，鄧濟哪裡敢坐？許褚不由分說抓起他的衣領，生生拎起他按到座位上。鄧濟自知前途莫測，坐著比跪著還難受，不過是虛著屁股蹭著杌凳邊緣待著。

曹操微笑著打量他半晌，忽然信口道：「鄧將軍，你可知我與你家主公劉荊州的關係？」

鄧濟低頭想了一會兒，搖頭道：「末將年紀尚輕，不知曹公與我家主公之事。」他其實知道倆人過去有交情，但是不敢說，萬一曹操借題發揮，不說劉表的不對，反把出兵南陽的罪名扣他腦袋上，那可就百口莫辯了。

曹操故意捋著鬍鬚誇耀道：「昔日大將軍何進主持朝政之時，本官為西園典軍校尉，劉荊州為北軍中侯，同為幕府座上客，共保洛陽之安危，屈指算來已經快十年了。」

「是是是。」鄧濟連忙點頭，「你們是老朋友嘛！」

「劉荊州乃海內名士，又是朝廷正式任命的州牧，應該緊守領地響應朝廷才對。天無二日民無二主，如今全天下都在聲討偽帝袁術，劉荊州萬不應該在這個時候兵發南陽，聰明一世糊塗一時，這不是與朝廷自相戕害了嗎？」說著曹操問鄧濟，「你說我講得對不對？」

「對對對。」鄧濟點頭哈腰，這會兒刀架在脖子上，豈敢說不對。

曹操的話點到為止：「當然了，此番兵戎相見多是誤會所致。大半是那張繡從中調撥離間搬弄是非……」

「曹公聖明！全怪張繡，可不賴我們。」鄧濟趕緊撇清。

曹操自然知道是假話，但現在還不能與劉表結仇，故意給鄧濟一個臺階下：「張繡的帳我與張繡去算，劉荊州不應牽涉其中。其實我在荊州有不少故友，劉荊州在襄陽不是靠蔡瑁、蒯越才立足的嗎？想那蔡德珪與我乃是少年之交，蒯異度曾在何進幕府為西曹掾；另外我還有一個朋友樓圭樓子伯，如今在荊州照顧避難士人，我們都很熟。你回去告訴劉荊州，也告訴我的那幫老朋友們，不要因為一個張繡鬧得大家都不愉快。朝廷不會為難荊州，過一陣子老夫可能還會派使者到那邊去，希望能化解誤會重結舊好。」

鄧濟一聽放他走，高興得跪地磕頭：「末將一定將這些話轉告主公，勸他不要再與朝廷為敵。」

曹操糾正道：「鄧將軍說錯了，根本沒有什麼為敵不為敵的事，這次不過是鬧了點兒小誤會。」

「誤會誤會，全都是誤會。」鄧濟連著磕了幾個頭，撩起眼皮問道：「末將可以……」

「走吧走吧！」曹操一揚手，「但是對不起，糧食我全笑納了，所有馬匹兵刃也都歸我，軍士願意走的走，不願意走的就留下。」

「那是自然，末將告辭……告辭……」鄧濟說完話起身，慌慌張張跑下了城樓。所過之處留下一股惡臊之氣——這傢伙嚇得尿褲了。

曹操吩咐整備人馬，手扶女牆眼望城外，見鄧濟帶著千餘名荊州兵步行著逃離湖陽，不禁冷笑：「為將無見識，為人無志氣。劉表用這種廢物統兵，焉能不敗？」論起為將之才，他又立刻想起了張繡，馬上扭頭吩咐道，「此刻不能鬆懈，曹仁分一半兵丁留下，處理善後事宜，其他人馬上隨我回轉宛城。張繡一日不破，老夫一日難安！」

湖陽的事情辦完，曹操馬上率兵折返宛城。又是整整一日的急行軍，但回到淯水，情勢還是發生了變化。

賈詡足智多謀絕非等閒之輩，曹操走後第二天他就發現情況不對了。曹軍大營看似聲勢浩大，卻乾打雷不下雨，修造浮橋磨磨蹭蹭，好像沒有攻城的意思。賈詡知道中計，但這時想給湖陽送信也來不及了，出兵追襲更是連影子都踩不著。曹操一去鄧濟必敗，鄧濟一敗後援盡失，劉表馬上就會改攻為守，張繡不得不棄城而退。賈詡畢竟是賈詡，他建議來個「以其人之道，還治其人之身」，張繡也在宛城虛布旌旗，卻趁夜偷出城門涉過淯水，奪了南陽郡屯糧重鎮舞陰。

曹操回兵之際，曹洪、郭嘉也知中計，大兵東轉再逼舞陰，雙方僵持已經有一日了。張繡雖解無糧之困，但兵力懸殊又失後援，聞知曹操回軍，大批糧食根本無法運走，只得下令軍兵盡可能多地攜帶細糧，打開南門率軍而走，再度逃往穰縣依附劉表。曹軍幾經奔波疲憊不堪，截殺一陣卻根本攔不住，眼睜睜看著他們逃了。張繡、鄧濟雙雙鎩羽，占據宛城的行動完全失敗，所得縣城盡數歸曹。

不過曹操仍舊感到遺憾。這一次他雖然勝了，但還是未損傷張繡半根毫毛，隱患沒有徹底解除。眼看已經是歲末，又有從袁術、劉表處得來的降兵需要安置，曹操只得回軍許都，依舊留曹洪鎮守南陽，安撫失而復得的各個縣城。

先破袁術再勝劉表，此番曹操回師可比年初那次風光多了。離許都還有十里，就見不少士人列於道旁迎接，鼓樂齊鳴旗幟招展，為首的正是尚書令荀彧。

曹操見到這等排場頗為不滿，連忙趕到近前跳下馬，也不理那些朝他行禮的人，徑直沖到荀彧面前責備道：「文若啊，我又不是第一次打仗了，你何必弄這套虛禮。」

荀彧作揖行禮：「在下豈會不知您的脾氣，但今日乃奉天子之命而來，非是在下自作主張。」

曹操放眼望去，只見所來的大半都是皇帝身邊的侍中和虎賁郎，還有一些許都的士紳，沒有驚動列卿公侯，想必是荀彧給攔下了。他轉怒為喜，連忙作了個羅圈揖，慨歎道：「文若不辭王命又體恤下情，實在是難得。你不當這個尚書令，恐怕再無人能勝任了。」

「些許小事理所應當。」荀彧其實有件心事，前太尉楊彪一案在許都鬧得沸沸揚揚，但這會兒不便當眾提起，先忙著介紹道：「曹公，今天還有兩位大名鼎鼎的人物也趕來迎接您啊！」

「哦？」曹操四下張望，「是誰啊？」

荀彧拉過一人親自引薦：「這位就是名冠陳國的何叔龍。」

何叔龍名叫何夔，乃陳國陽夏名士，素以德行高潔著稱。因為與袁術族兄已故山陽太守袁遺有親，戰亂之際避難淮南。後來袁術陰謀自立，授其偽職；何夔堅辭不受，被軟禁起來。此次袁曹陳國交戰，何夔趁亂逃出壽春，為擺脫袁術爪牙的追捕，在山裡躲藏了好一陣子。繼而聽說袁術戰敗人心離散，淮南一片混亂，他才渡過淮河逃到許都。因為曹操轉戰南陽，所以落到了何夔後面。

曹操雖久仰何夔大名，但今天卻是頭一遭相遇。見他有三十出頭，身高八尺三寸，相貌端莊衣裝華貴，絲毫不像個逃難之人，心下暗自稱奇。不等他見禮，搶先拱手道：「何先生這些年被困豺狼之畔，如今終於脫險，可喜可賀啊！」

一般個高的人見到曹操都要低頭折腰，不過何夔只拱了拱手：「曹公忒客氣，若非明公挫敗袁公路，在下可逃不回來呀！」

曹操搖搖頭：「實不相瞞，我未到蘄縣之時，袁術已自行潰散。」

這時自人群裡擠出一個議郎名喚趙達，此人乃小有才學的後生晚輩，總想攀附曹操以謀前程，趕緊趁這個節骨眼兒訕笑道：「曹公忒謙虛，立下如此大功竟然說是袁術自行潰散。就算是自行潰散，我看也是被曹公的威名嚇的。大家說是不是啊？」這等露骨的馬屁，傻子都聽得出來，在場之人無不側目，根本不作回應。

曹操也覺這話甚是無聊，看都不看趙達一眼，反而問何夔：「何先生信不信我的話呢？」

強迫也好自願也罷，何夔畢竟曾仕袁術，更何況何夔還與袁家沾點兒親戚，他明白曹操要考驗考驗自己，卻不慌不忙捋髯道：「天之所助者順，人之所助者信。袁術無信順之實，而望天人之助，此不可以得志於天下。夫失道之主，親戚叛之，而況於兵馬爪牙乎？以夔觀之，其亂必矣！」

曹操聽他滿口仁義道德，覺得此人有些迂腐，不過還是稱讚道：「袁術私自僭號亦為一國。為國者失賢則亡，袁術不能挽留住何先生您這樣的名士，潰散敗亡還不是遲早的事嗎？」

何夔擺手謙讓，卻指向道旁另一人笑道：「在下不過徒負虛名之人，此處還有位您盼望已久的人啊！」

曹操順著他的手指瞧去，見那裡站著一位青衣黑綬的官員。看樣子不到四十歲，但是滿臉風霜已有不少皺紋，面龐瘦削清臒，稀疏的眉毛，大眼睛深眼窩，鬍鬚也有些枯黃——這個相貌好生面熟，曹操卻一時想不起來。

那人作揖道：「曹公，昔日同為幕府賓客，您自洛陽不辭而別，從此天各一方不得相見。您又給我寫信又給我升官，怎麼在下來到您面前，您卻不認識了呢？」

「你、你是……是公達啊！」曹操簡直不敢認了。

荀攸慘然一笑：「在下這些年經歷風霜苦楚，相貌都變了。」

此言確實不假。當年荀攸為大將軍何進掾屬，後來又官居黃門侍郎，那時何等風流瀟灑，實不亞於現在的郭嘉。但是世事多舛，董卓進京禍亂朝政，他也被劫持到西京長安。因為與何顒計畫誅殺董卓，被投入大獄囚禁了一年多，何顒病死獄中，他飽受煎熬支撐到王允、呂布政變。但好景不長，西京二次陷落，荀攸想棄官還鄉卻無法通過河南。天下到處打仗，他幾次被授以外職都不能順利赴任。

後來他主動提出到蜀郡為官，希望能躲避荒亂，哪知益州劉焉、劉璋父子獨霸西蜀斷絕道路，漢中還有五斗米道的首領張魯盤踞。荀攸在關西艱難跋涉，最終無法入川，又不願回到混亂的長安，只好寄居到荊州。後來天子遷到許都，曹操、荀彧、荀衍先後致信請他前來，還以朝廷詔命召他為汝南太守，還未應詔成行又轉為尚書要職。荀攸很想去，但是南陽戰事紛亂，他又折入武關從河南繞道而來。細細算來，這些年不是蹲大牢就是風餐露宿，受盡千辛萬苦，容貌豈能還似從前？

曹操盼荀攸盼了許久，當初在何進幕府中便對他的智謀遠見感到欽佩，如今終於如願以償：「公達智略廣遠，非常人也。今後得汝智謀，天下當何憂哉！」

「在下刺殺董卓未遂，自己反被投入大牢，還有何臉面再稱智略廣遠。」荀攸苦笑一陣，「何伯求死於獄中，一代志士潦草掩埋西京，在下自那以後便心灰意冷苟活而已。」

「莫要說這樣的話，如今你歸屬朝廷，自當振奮起來，重顯舊日在洛陽的才華。」曹操雙目炯炯地望著他，「今關中之事頗有變化，鍾繇經略大見成效。我想過不了多久，就可以將伯求兄的靈柩接回安葬。」

荀彧插口道：「家叔荀爽靈柩也在長安，也要一併迎回。」

曹操一手拉住荀攸、一手拉住何夔笑道：「今日我乃得勝而歸，二位又擺脫磨難來至京師。別的掃興的事都先不要提，咱們回到許都痛飲一場。走！」說了聲走卻沒有人上馬，曹操與大家步行還都。後面的大部隊也輕鬆不少，諸將也下來拉著馬緩解疲勞，那些本地的士兵紛紛給這次歸附的外鄉人講述風土。大家說說笑笑倒也熱鬧，十里地的路程轉眼就走完了。

在許都外安下行轅，兵士各自屯駐，曹操與諸位官員入城回府。只見許都街市之上到處都是跪拜的百姓，還有不少人站在房上揮手致意。那些來迎接的官員沒有一人離開，非要送曹操回府，然後陪同他一起面君報捷。這會兒恐怕是曹操出仕以來最為舒暢的一刻，通過自己的奮力征戰，終於獲得了官員的認可、百姓的愛戴，似乎再沒有人說三道四對他不滿了。

冗長的隊伍一直送到司空府門，曹操心情激動，站到石階上連連作揖，朗聲道：「諸位同僚，有勞大家相送！我曹某人得以破袁術、敗張繡，也賴大家鼎力相助。是諸位在許都輔保天子處理朝政，才使我身在軍旅無所牽掛。自今往後，曹某人與諸公同心協力共輔天子，絕不會慢待各位，也絕不以不實之罪對待任何一個人……」

「且慢！」他這信誓旦旦的話還未說完，就有人厲聲喝斷。大家皆感詫異，只見從大街西面慌慌張張跑來一人——乃是少府孔融。

孔融聞知曹操回京，連深服都沒換，身著便裝頭戴符巾就跑了過來，三兩步搶到近前高聲嚷道：「請曹公速速將老太尉楊彪釋放！」

這句話簡直是當眾抽了曹操一個耳光，剛剛說完「絕不以不實之罪對待任何一個人」，現在就冒出個親手製造的冤案來。在場之人無不尷尬，盡皆低頭不語；曹操臉上一陣發燒，生恐他說出更折自己面子的話，趕緊搪塞道：「文舉兄，莫要著急，有話慢慢說。」

「別慢了！」孔融一把攥住曹操手腕，「你用的那個滿寵乃是喪心病狂的奸邪酷吏，竟在縣寺大堂對楊公施用棍棒。自古刑不上大夫，這成何體統？」

越不讓他聲張他越嚷，這可真難為情。曹操原只是想給楊彪一個教訓，叫滿寵問案要「靈活掌握」，沒想到滿伯甯真就敢動刑。但事到如今就得將錯就錯，曹操換了一副嚴肅的嘴臉：「文舉兄，那楊彪與偽帝袁術有親，難道不該追究他的罪責嗎？」

孔融分毫不讓：「楊公四世清德，海內所瞻。《周書》有言，父子兄弟罪不相及，何況以袁氏歸罪楊公？《易經》有云：『積善之家必有餘慶』，豈不成了徒然欺人之語？」

曹操本就理虧，這會兒當著大家的面，越辯理越丟臉。無奈之下他拉了拉孔融的衣袖，低聲道：「此乃國家之意。」

這是明擺著的瞎話，現在曹操的話就等於是天子詔命，就等於是國家之意。聽他這麼一說，孔融似乎清醒過來了，瞧著四下裡尷尬的眼光，趕緊換了一副柔和的口氣：「假使成王欲殺召公，周公可得言不知邪？今天下纓緌[①]縉紳所以瞻仰明公者，以公聰明仁智，輔相漢朝，舉直措枉之故耳。」把曹操與周公相提並論，又誇他聰明仁智，這兩句還算是給面子的。

曹操見好就收趕緊收場：「文舉兄放心，此事待我奏明天子，便將楊公釋放。」

「莫等告知天子了，楊公受刑有傷啊！現在就放！」

曹操掙開他的手，用幾乎請求的口吻道：「我回到京師還未面見天子，禮數尚未周全，楊公的事不忙於一時。」

① 纓緌，冠帶與冠飾，借指官位或有聲望的士大夫。緌音瑞二聲。

「哎呀！那邊都動刑了，還談什麼禮數？」孔融見他還要拖延，竟一猛子鑽到人群裡，對在場官員高聲喊嚷，「今橫殺無辜，海內觀聽豈不寒心解體？我孔融也是堂堂正正一魯國男兒，今天若不能釋放楊公，明日我就拂衣而去，披髮入山不復朝矣！」

他這一嚷影響太大，在場官員瞅著他鬧也太不合人情，只得湊過來勸慰曹操：「您就把楊公放了吧，別叫孔文舉這麼鬧，還有老百姓看著呢，咱當官的臉都讓他丟盡了。」

荀彧也過來勸道：「楊公之事即便孔融不言在下也要說，滿伯甯此番行事忒狠。此事若傳揚於外，明公何以樹聲望於天下？」

曹操的臉由白到紅，由紅到青，又由青漸白，瞅著還在那邊大喊大叫的孔融，氣得直哆嗦，最後一咬牙一跺腳，揚手喊道：「放！放！放！甭管他有罪沒罪，我先圖一個耳根清淨！」

孔融一聽自己鬧出理來了，立刻轉怒為笑，過來作揖道：「曹公深明大義，融頗感欣……」

曹操懶得再搭理他，瞅都不瞅一眼，轉身就往院裡走。他越想越生氣，今天本來高高興興的，全讓這個瘟神給攪了，也太傷面子啦！

孔融聽說放人，轉怒為喜跟沒事兒人一樣了，在後面扯著脖子嚷：「謝謝曹公啊！還有，我推薦的那個禰衡，您務必見一見啊……」在場官員可沒孔融那麼心寬，原打算陪曹操一同上殿報捷的，現在瞧這陣勢，弄不好誰就得倒霉。大夥都沒吱聲，不言不語全散了。

第十二章

兵政分權，指定荀攸當軍師

鞏固幕府

由於中原戰場衝突不斷，糧草補給的重要性大增，曹操改革屯田制的成效便顯露出來。這一年朝廷連連用兵，但到了年終之際，太倉中仍有餘糧，而典農中郎將任峻還在嘗試將屯田制向其他地區推廣。

糧乃軍之本，民以食為天。由於後方補給源源不斷，曹操的軍隊可以連連出兵不顯疲憊。相較之下，中原其他割據勢力卻日漸衰落：袁術的淮南土地貧瘠瘡痍滿目，張繡在穰縣缺兵少糧仰人鼻息；呂布雖坐擁徐州，但手下徐州、并州、兗州三派勢力，也因為爭奪糧食而暗流湧動。

更為重要的是，張繡乃涼州舊將出身，又久有勇武之名，他的失敗撼動了關中乃至西涼地區。自董卓死後，弘農以西一直是武人的天下，大大小小割據不下數十個，任憑誰有幾千人馬都敢任意而為，他們在自己的一畝三分地上互相殘殺，以前從未注意過關東的局勢。可隨著張繡的戰敗，關中諸將意識到了曹操的威力；加之鍾繇經略關中，以段煨為首的關中割據開始向許都朝廷靠攏。一時間，向朝廷派遣使者成了大勢所趨，亂國元凶李傕、郭汜陷入了無比孤立的局面。

曹操和朝廷勢力同步壯大，許都在一片興旺的氣氛中步入建安三年（西元一九八年）。國家大事唯祀與戎，如今朝廷有了物資基礎，荒廢已久的各種典禮也漸漸重拾。這一年起，百官賀正旦的儀式重新恢復。

除夕之夜，子時夜漏七刻，宮門大開，皇宮鐘鼓齊鳴，上到公侯列卿下到屬官小掾，身著簇新的朝服、各備禮物入宮朝賀。百官的賀禮有明確的規定，公侯奉上的是玉璧，列卿為首二千石的官員奉上的是羔羊，千石到六百石俸祿的官員進獻大雁，四百石以下準備的則是雉雞。

百官列班而行，過了儀門齊刷刷跪倒稱賀，二千石以上官員上殿要呼萬歲。皇帝劉協也難得由衷地高興一次，由黃門侍郎引著升殿就坐，賜百官飲宴。一時間宮樂大作，眾宮女來擺宴，珍饈獻上，水陸畢至，宮中藏酒倒入精巧的宮觴，可謂鐘鳴鼎食富貴無邊。

不過按照傳統禮制，進行賀正旦禮時，三公九卿是不可或缺的。要由大司農為皇帝捧飯、司空負責奉羹，太尉、司徒與其他公卿依次向皇帝舉觴敬酒。不過如今的儀式卻不同了：太尉楊彪早已被罷免，還在縣寺大獄裡挨了滿寵的棍子，出來後他乾脆對外宣稱腿疾，從此足不出戶，連這麼大的慶典都不參加了；衛尉卿張儉懸車於府門，謝絕一切往來；太僕卿韓融謊稱耳疾，自閉於家中。

御座之畔，真正活躍的是曹操、荀彧、鍾繇、董昭這幾個人，另外拉了司徒趙溫、輔國將軍伏完當陪襯；至於其他朝廷大臣，就只有舉著酒樽在階下跪拜的份了。

待典禮已畢宴席撤下，百官紛紛告退；曹操卻絲毫沒有鬆懈，直等到皇帝回轉後宮，確定不會有人藉這個機會進諫什麼了，這才拉著荀彧、荀攸上了自己的安車。

「荀令君，這場典禮進行得如何啊？」曹操得意洋洋。

「好是好，不過破費多了一點。畢竟天下未定，為了過年花這麼多錢似乎不太值得。」

「是啊，是花費了不少。」曹操點點頭，「不過這筆錢不會白花，我要讓天下人知道，朝廷的權威和禮法已經樹立起來，今後無人能夠撼動。特別是這個時候，還有不少關中的使者在此，我得叫他們曉得朝廷的尊貴啊！」

聽他這番解釋，荀彧雖覺頗有道理，卻又提醒道：「對朝廷而言，頭號敵人除了偽帝袁術，還有李傕、郭汜。這兩個武夫雖然成不了什麼氣候，但畢竟是罪魁禍首，不殺之無以伸張天下正義。如今時機已成熟，該把他們解決掉了。」

「我已經在考慮這件事了。」曹操胸有成竹道：「等天氣再暖和一些，我差夏侯元讓領兵入關，直搗長安，務必要將這兩個逆賊的人頭帶回，祭奠歷代皇陵。」

「派夏侯將軍前去甚是不妥。」半天沒說話的荀攸突然插了一句。

「哦？公達不看好元讓的用兵之才嗎？」曹操試探地問道。

荀攸微然一笑。在他看來，夏侯惇長於治軍短於攻戰，掌管軍機是把好手，但攻城略地卻不一定了。不過他阻攔曹操的原因還不僅於此：「曹公請想，李傕、郭汜是為國賊，有禍亂之罪，非張繡、呂布之流。按朝廷制度，戡亂理應差派朝廷官員出馬，或是中郎將、或是謁者僕射，派夏侯將軍前去，似乎從制度上說不通。此其一也。」

曹操覺得這個道理有些教條，又聽他說「此其一也」，料是還有下情，趕忙問：「還有別的原因嗎？」

荀攸又道：「關中諸將互有芥蒂不能相一，倘若大兵開至，反而促其驟和共禦外患，所以發兵入關絕非上策。此其二也。」

第一條理由不過是冠冕堂皇的幌子，這第二條才是問題的關鍵。曹操沉思了片刻：「那就暫且讓此二賊多活幾日。」

「那倒也不必。」荀攸打斷道：「兵無常勢水無常形，天下戰事此消彼長。明公重立廟堂於許都，此與李郭二賊乃是不共戴天之仇。好不容易使關中諸將遣使覲見，怎能錯失除賊良機呢？今日若不能將關中諸將拉入麾下，倘若中原戰事再易，那時候李傕、郭汜乃至關中諸將都要投到別人麾下了。」

曹操明白，他所謂「中原戰事再易」指的只能是袁紹。因而長出了一口氣：「要除賊又不能出兵，如何是好呢？」

荀攸這才亮出底牌：「派遣謁者僕射持節入關，以朝廷號令傳檄關中諸將，假他們之手殺掉李傕、郭汜。其利有三：一者，符合祖制名正言順；二者，除賊而不奪關中之地，可安諸將之心；三者，讓他們出手，等於拉他們上了咱的船，可為日後徐圖關中奠定人心。」

「妙！」曹操一拍大腿，扭頭又問荀彧，「可有合適人選？」

荀彧想了想，緩緩道：「尚書裴茂可堪此任。他乃河東聞喜人，算起來與關中諸將頗為相厚。初平四年的時候，他奉天子詔命在長安主持過一次大赦，可謂深得民望。而且他有個兒子裴潛在劉表帳下效力，聽說甚為得寵，用裴茂還可以促進咱們與劉表的關係。」

「很好，咱們就來個借刀殺人！有勞令君草詔，就拜裴茂為謁者僕射，持節入關傳檄關中諸將討伐李郭二賊，誅國賊者賞賜侯爵、封將軍之位。」說罷，曹操滿意地看看坐在左右的荀彧、荀攸。這對小叔大姪，一個處置朝政，一個參謀軍事，真乃上天所賜的左膀右臂。

轉眼間，馬車快要行到司空府了。隔著珠簾，曹操早望見一群官員擁擁搡搡擠在府門前——原來自皇宮退下後，不少人連家都沒回，又徑直跑到司空府來給曹操拜年。人情冷暖世態炎涼，自楊彪下獄，不少人都學乖了。

眼瞅著拜年的人都要踏破門檻了，曹操一皺眉，喃喃道：「片刻安寧都尋不到，真是煩人。」他吩咐把車停下，問荀彧，「我看這幫人一時半會兒是不會散去了，到令君府上冒昧坐一會兒，如何呀？」

荀彧嚇了一跳：「在下受寵若驚，不過我那裡俗吏來往熙攘嘈雜，只怕擾了您的雅興。」

「不礙事。我還想看看令君是怎麼日理萬機的呢！」曹操笑著吩咐車夫駁馬，安車轉而駛向荀彧的府邸。沒走幾步，忽聞後面隱約傳來一陣喘息聲。曹操三人忍不住回頭觀看──但見一個議郎服色的官員，正氣喘吁吁追著馬車跑。

漢官是最講求威儀的，雖說現在教化混亂，但穿著簇新的朝服、蹬著雲履在大街上跑實在是觀之不雅。荀彧一眼認出是議郎趙達：「他這是幹什麼？有要事稟奏嗎？」

「哼！」曹操冷笑一聲，「他能有什麼要事？若是有要事早喊咱們停車了……打馬快行，不理他！」曹操的馬車越走越快，趙達在後面兀自不捨，跑了個帶軟袍鬆，後來索性把冠戴都摘了，抱著帽子在後面追。

一會兒的工夫，到了荀彧的府門前，有兵丁挑起珠簾，正要攙扶曹操下車。後面的趙達總算追到了，一把推開兵丁，喘著粗氣伸出又溼又熱的手，戰戰兢兢把曹操攙了下來。

「趙議郎，您這是何意啊？」曹操打量著趙達的狼狽相。

趙達把冠戴潦草戴好，後退一步跪倒在地，按捺著喘息道：「下官……下官……給曹公……賀新年來了……」

「趙議郎，追著車給我拜年，真辛苦你了……」曹操見過的諂媚人也不少了，沒有一個下作到這步田地，不禁出言諷刺。荀彧、荀攸卻是一陣皺眉。

趙達跪在那裡，總算是把氣喘勻了，抬頭齜牙陪笑：「下官剛才看見您的車改道，料是有要事處理，本不該打攪。但又一琢磨，新年伊始要不給您見個禮，顯得下官不懂得上下尊卑，故而追趕而來。只願曹公身體康健諸事隨心，下官就滿足了……沒有別的事兒……那我就……」說著話他起身就要走。

「站住！」素來好脾氣的荀彧今天掛火了，「趙達，我倒要問問你，堂堂朝廷議郎在街市上奔跑成何體統？」

「別急嘛……」曹操收住笑容阻攔荀彧，「張手不打笑臉之人，令君犯不上為這點兒小事生氣。」他又仔細打量了趙達一番，「趙議郎，人道：『禮下於人，必有所求』，你也不必遮遮掩掩的，有話就直說吧！」

趙達諂笑著再次跪倒：「實不相瞞，在下想成為曹公您的掾屬。」這事兒可真新鮮了，議郎雖只有六百石俸祿，卻是朝廷要員，可趙達放著顯貴的官不要，卻削尖了腦袋要給別人當掾屬。

「喲！」曹操嘲諷道：「您這是折殺我曹某人啊，老夫豈敢勞煩趙大人為我辦事，不要玩笑了。」

趙達以頭碰地喃喃道：「在下是真心實意的……我自出仕以來雖拜任議郎卻沒什麼具體差事，實在心有不甘。大丈夫生在世間當有所作為，在下雖為議郎，卻光吃飯不辦事。要是能投入您麾下，在下還能有點事情幹，上對得起國家，中對得起祖宗，下也對得起我這點兒俸祿，總比尸位素餐好得多，諸位大人說說，是不是這道理？」他也不好把話點透。如今朝廷的官有職而無權，曹操的掾屬無職而有權，司空府無異於朝廷之中的一個小朝廷。趙達也是個官迷，要想往上爬就必須要攀附曹操。

荀彧聽了他這番話，鼻子都快氣歪了，把頭轉過去懶得搭理他。曹操卻凝視其良久，緩緩道：「嗯……你倒是想得開。」

趙達前爬一步，抓住曹操的靴子諂笑道：「只要下官能被曹公收錄，哪怕是牽馬墜鐙我也願意幹！」

曹操看著他的無恥相，忍不住又笑了：「好吧，既然趙大人不棄，暫在我府中做個令史如何啊？」令史比掾屬還要低一級，已經是處理日常工作的小吏了。

「行！」趙達連連磕頭，「甭說是令史，雜役都行！我這就上表辭官，等著您的好消息。」

「去吧！」曹操不耐煩地擺擺手，「老夫還有事跟令君商討呢！」

趙達欣喜若狂地去了。荀彧這才轉過臉來，忍不住抱怨道：「明公何故用此恬不知恥的小人？」

曹操冷笑道：「趙達雖是無恥小人，但還算諂媚得光明正大，我看倒比那些假清高的偽君子強！小人也有小人的用處嘛……再者，他即便辭去議郎之職，以後能不能真正辟用他，還不是我一句話的事兒？反正他是自願辭官，先給朝廷除個小人，以後我要是不用，他兩腳踩空得不著分文俸祿，那時候可怨不著我。」一席話把愁眉緊鎖的荀彧逗樂了，他趕忙退到自己府門口，禮讓曹操進去。

曹操頷首而笑，哪知剛邁進一條腿，就聽裡面吵得沸反盈天。連忙上前幾步，見兩個官員正在當院裡鬧得面紅耳赤，後面有不少屬員拉扯解勸。

荀彧也覺面子上不好看，趕忙喝止道：「別吵了，這成何體統？沒看見曹公至此嗎？」此言一出，滿院子人都跪倒了，大多數都抱著公文，是來找尚書令荀彧商議政務的。

「不必拘禮，都起來都起來，在這裡咱們都是客人嘛……」說這話時曹操已經看清，剛才爭吵的是典農都尉棗祗和司空掾屬侯聲。他點手喚這兩個人與他們一同到正堂說話。

剛才的爭執似乎根本沒擾亂曹操的心情，他在堂上饒有興趣地繞了兩圈，見荀彧府裡擺設古樸，頗感滿意，這才一屁股落到客位上。荀彧雖是主人，但是客大主不得欺，只斜身虛坐；荀攸便坐在了曹操下垂手。至於棗祗、侯聲自認犯了錯誤，連坐都不敢坐，趨身立在一旁等待發落。

早有僕人獻上水，曹操抿了一小口才道：「侯聲，剛才是怎麼回事啊？」雖然都是自己提拔的人，但是棗祗好歹是個都尉，侯聲則是不折不扣的掾屬。按照官場禮讓謙虛的規矩，曹操得先發作自己手下。

侯聲小心翼翼道：「在下是因為來年屯田的事情，與棗都尉起了點兒爭執……」

棗祗也是性情中人，不待侯聲說完，向前一步打斷道：「如今的屯田制度有弊，需要整改才對！」

「你那麼搞不行的！」侯聲又扭頭與他爭吵。

「你怎麼知道不行？試了才知道。」棗祗反唇相譏。

眼瞅著倆人又要鬧起來，曹操喝道：「侯聲住口！讓棗祗說說，我還沒弄清怎麼回事呢！今年收成這麼好，還有什麼弊病？」

棗祗躬身道：「今年的收成雖好，但若是按在下的辦法，朝廷的收益還可以再多增加些。」

「哦？」曹操一聽還有利益可挖，不禁關注起來。

棗祗直起腰來恭恭敬敬道：「朝廷的佃科舊制是計牛輸穀，就是按耕牛的數目來徵收屯民糧食。這麼收糧雖然易於計算，但是對征糧數目有了最高限制。豐收了不能多征，倘遇到水旱災害則要減免，這樣太不划算了。以在下之見，不如乾脆把田地分給屯民，按人授田，再按人征糧，咱們與百姓對半分，這樣旱澇保收，豐收時節還能再多征些。」

這個辦法確實不錯，曹操詫異地看看侯聲：「你為什麼反對？」

侯聲跪倒在地：「啟稟主公，佃科制度是祖宗訂下來的，百姓按章程而行已有數百載，此法更易關乎國本，弄不好是要出亂子的。」

曹操笑道：「你呀，腦子太死板了……規矩都是人定下的，哪有一成不變的道理？倘若都能墨守成規，那天下何至於有興有亡呢？」是啊，倘若曹操恪守臣子之道，又怎麼能總領朝綱？「勞煩棗都尉告知任峻，上一年的制度不管了，今年新開墾的屯田，全部劃分到屯民個人，秋收時以田輸穀。」

侯聲依舊振振有詞：「恕屬下直言，治大國若烹小鮮，佃科法令還是少變為妙。」自前漢以來，倡導以道家思維治理天下，文景之治倡導「休養生息」，光武帝以「柔術」治理天下，所以按照當時的為政理念，法令是不宜隨便變更的。侯聲與棗祗的爭辯，實際上代表了兩種不同的治國理念。

曹操捋鬚想了一會兒：「你說的『治大國若烹小鮮』乃是治世之略，可現在是戰亂年代。亂世之時不循尋常之法，多收些糧食，才能打好仗，打好仗才能安定天下。再說計田輸穀，未必遜於計牛輸穀。」說著話曹操站了起來，伸出雙手比劃道：「這就好比是一片田，張家、李家合用一頭官牛耕種。結果是什麼？張家不出力，李家也不出力，誰也提不起勁頭，反正自己再賣力氣收成也有人家的。現在咱們把田分開，張家一半李家一半，各忙活各的，他們就得為自己打算了……莫說還有官牛輪流使用，就是沒有牛他們也得人力耕地，因為是官私平分，種的越多他們自己得的也越多呀！這勁頭不就上去了嘛！」

這個比方真有醍醐灌頂之效，侯聲的疑慮減去不少，再頓首道：「屬下愚鈍，不及主公見事深遠。」

「侯聲你也是清官出身，但還得多關注民之生產，實地去看看百姓怎麼耕種吧……請起。」曹操笑呵呵抬著手，「你們乃是為公事爭吵，可不要壞了日常的交情。」

棗祗與侯聲一陣羞赧，象徵性地互相拱拱手以示友好。而曹操的思路已經在一瞬間跳到其他問題上了：「令君，屯田糧草等事關乎軍情，這些機要應該與朝廷之事隔絕才是。」

荀彧趕忙解釋：「您是有過這樣的吩咐，不過大事小情畢竟是要通過尚書詔命的。省中能辦理的畢竟有限，難免他們會到我府裡來。」

曹操蹙眉道：「你這裡來往的人太雜，今天這事還算好辦，若是以後因為攻戰策略發生爭執，那不就洩密了嗎？」

荀彧隱約感到一絲不快——曹操要剝奪他的軍事過問權嗎？

果然，曹操回頭看看荀攸：「公達，我上表朝廷，任命你為軍師。把郭嘉、侯聲、張京等都劃撥給你，任他們為軍師祭酒。從今往後，軍事上的事，單由你們負責，商量出具體決議之後交我批准，然後再來找文若頒布詔命。你們看如何啊？」

荀攸自不能反駁，只推辭道：「在下跟隨新朝廷時日太短，統馭各位祭酒，恐怕資歷不夠。」

「別這麼說，軍師還是大漢的軍師嘛，何談什麼新朝廷、舊朝廷，過去的資歷難道都一風吹了？此職非你莫屬。」曹操左手拉住荀彧、右手拉住荀攸，「朝廷軍中混為一體，你們叔姪必能夠通力合作啊！」的確，用荀攸分割軍事恐怕也是最不會與荀彧產生矛盾的人選了。

話說到這個份上，荀氏叔姪只得點頭稱是。侯聲又提醒道：「主公，府中掾屬轉為祭酒，必然會產生空員，及時增補也是要務。」

「對對對，」曹操不住點頭，「我看新近歸順的劉馥、何夔，還有路粹都辟至府中吧！另外再招攬一些賢才……」

說到招賢納士，侯聲倏然想起了禰衡，順嘴抱怨道：「主公，我又想起來了。孔融舉薦的那個禰衡禰正平，咱們已經征辟了三次了，還是不肯到府裡來。不應三公之辟倒也不算什麼，可他至今還賴在京師不走，成天說些不鹹不淡的話，這人也太難纏了！」

曹操聽他說出「孔融」二字就是一皺眉，再聽到禰衡在京裡傳播閒話，更是氣不打一處來，喝問道：「豈有此理！他都說些什麼？」

侯聲瞥了一眼荀彧，低聲道：「他說荀令君只配借面弔喪……其實這也未必是句壞話，他的意思是說令君相貌端莊長於待客。」即便侯聲予以解釋，荀彧還是羞紅了臉。

「還說什麼了？」曹操又逼問道。侯聲後悔自己嘴快，但是想不說都不行了：「他說……他說京中別無人物，只有大兒②孔文舉，小兒楊德祖！」

「哼！好一個狂生！」曹操怒氣又來，「那個楊德祖又是誰，堪與孔融為儔？」

荀彧解釋道：「楊德祖就是楊彪的兒子楊修。」

曹操一聽是楊彪的兒子，更是火上澆油，不喜歡的人全湊到一塊兒了！他倏地站起，吩咐侯聲：「你速速回府，看看賀年的官員走沒走，請一部分人留下。莫問官位名聲，單挑有才學的文士，另外再把郗慮、荀悅、蔣幹、何夔還有孔融、謝該都請來，最後再找禰衡。我今天把許都的才學之人匯齊了，好好教訓一下這個狂生！」

侯聲眨麼眨麼眼：「禰衡要是還不肯來呢？」

「不來？」曹操瞪眼，「帶著兵，綁也要給我綁來！」

禰衡攪宴

新年伊始，司空府宴客，曹操請的不是達官顯貴，而是京中才學之士，為的是要在狂士禰衡面前顯一顯學問、抖一抖威風。

曹操年輕之時也曾有不少輕狂之舉，再者身處白丁之身對在職官員有一些偏見也是難免的，所以他並未把禰衡視為仇敵。如果能在酒宴上給禰衡一點兒小教訓，使其收斂鋒芒，這個人未嘗不能

② 此處「兒」並非兒子，意為有見識、成氣候的人物。

加以重用。

未至午時，所請賓客盡皆來到，今日不論官位大小，按才學名望列席。曹操自度了一番，早年因通曉古學征拜議郎，又作過《蒿裡行》、《薤露行》等詩，作這個東還是有資格的。

自曹操以下，東首第一位乃是光祿勳郗慮。郗慮字鴻豫，是經學泰斗鄭玄的得意門生。昔年大將軍何進徵召鄭玄為官，老人家被迫入京，與何進會面後趁夜而逃，留下弟子郗慮善後解釋。郗慮被何進挽留在朝，董卓、李傕之亂時也與天子百官同舟共濟，如今代替桓典出任光祿勳。當然了，他與桓典一樣，有職無兵，根本起不到管理七署的作用，也只不過是撐門面。但稍微不同的是，郗慮乃兗州山陽郡人，與曹操相處得更為融洽。他淨面長鬚相貌端莊，正襟危坐目不斜視，倒是很有大儒的氣派。

郗慮下面坐的是潁川荀悅。荀悅字仲豫，雖只比荀彧大十一歲，卻是荀彧的本家族叔，相當於荀攸的叔祖。他以精通史學文章出名，如今官拜侍中，日常就是陪著皇帝讀書作文。這個人滿腹錦繡，但性格沉鬱老氣橫秋，平日話不多。荀悅再往下是何夔何叔龍與蔣幹蔣子翼，名震江淮的兩位賢士。

而西邊坐的頭一個就是孔融。即便曹操不喜歡他的性格，但人家畢竟是才學之士，又是堂堂聖人之後，不把人家放在第一個，情理上總是說不通的。孔融坐在那裡說說笑笑自在瀟灑，與拘謹的郗慮形成鮮明的對比，讓曹操看著不喜。

緊挨著孔融的是議郎謝該。謝該字文儀，南陽章陵人，善《左氏春秋》。他也是孔融舉薦入朝的，生性恬淡，是個低頭做學問的人。謝該再往下坐著路粹路文蔚與繁欽繁休伯，雖然是曹操的掾屬，不過他倆以文章詩賦著稱，今天也列入席中。

曹操仔仔細細打量一番，滿意地點點頭——有這八員大將壓住陣腳，禰衡天大的本事也使不出來了。

惜乎八個人非是一條心，並沒有什麼投機的話題。路粹、繁欽不錯眼珠地觀察著曹操，時時注意主公的情緒，適時逢迎一兩句好話；何夔與蔣幹低聲細語，這一長一幼聊的是淮南家鄉的事；郗慮、荀悅、謝該都正襟危坐玩深沉；唯獨孔融抱膝而坐，沒話找話說說笑笑，曹操也只得有一搭無一搭搪塞著。

「孟德，聽聞朝中又有一大喜事啊！」孔融自我感覺良好，殊不知自己的言語很令對方反感。現在朝中公卿乃至親族兄弟，皆喚曹操為「曹公」、「明公」，孔融偏偏拿大，直稱其表字。

反感歸反感，無干痛癢的小問題曹操也懶得與他計較，只是稍微端了端酒盞，算是回敬，揶揄道：「不知何喜之有？」

「趙太僕表章又至，豈不是一喜？」孔融所言趙太僕乃是趙岐。昔日西京陷於李傕、郭汜之手，太傅馬日磾、太僕趙岐一併受命撫慰關東。馬日磾被袁術扣留，奪節氣死。趙岐流落荊州，滯留劉表處，先前還曾說動劉表為朝廷送來一筆修宮錢，後來因張繡之故曹劉兩家開仗，音信也就斷絕了。

如今趙岐的表章又到了，對於曹操而言確是一喜。不過他高興的原因與孔融截然不同，他把這件事視為一個信號——放走鄧濟起了效果，朝廷與劉表趨於緩和。想至此他欣然點點頭：「確是好事，不過……」

不待曹操說完，孔融又插了話：「聽聞趙太僕上表舉薦客居荊州的名士孫嵩為青州刺史，孟德何不從善如流？」

這話有些勾曹操的火，青州牧已經迫於形勢許給袁紹了，地盤現由袁譚坐鎮，原來封的空頭刺史李整都病逝了。如果把孫嵩任命出去，那不是公然與袁紹對著幹嗎？再者即便要任命，也得尋曹操自己信得過的人，憑什麼因為趙岐一句話，就用這個素未謀面的孫嵩？曹操瞇著眼瞅了一眼孔融，見他表情誠懇似乎不是故意挑撥是非，便喝了口酒，把火氣往下壓了壓。

孔融全不理會，又道：「孫嵩之事暫且不論，趙太僕應該早早召回朝廷才是。名臣不可流散於外，這點曹操是贊同的：「此事宜早不宜晚，容我明日上表。」說到此他忽然又起了試探之心，隨口道：「趙岐乃社稷老臣，素有威望，理應身居三公，我有意將司空之位讓與他老人家，不知列位意下如何？」

這席話聲音不大，堂上卻立刻鴉雀無聲——司空府就是朝中朝，曹操豈能說讓就讓？繁欽腦子快，第一個開了口：「明公拯救社稷重立朝廷，此乃不世之功，今司空府處置機要甚合天子之意、百官之心，豈可再與他人？趙岐名望雖高，既不曾護衛天子東歸，又不曾迎駕於洛陽，德望不足以凌駕百官之上。」說著話他拿起酒盞，對在場之人晃悠了一圈，故作悻悻然，「視八荒之內，可安大漢社稷者，舍曹公其誰？」

路粹也曉得曹操虛情假意，便接著開了口，不過不似繁欽話說得那麼諂媚：「在下依稀記得，趙岐已年近九旬，此等年紀即便有管樂之才、伊呂之志恐也力不從心了。今朝廷百廢待舉，不宜勞煩老人家主政，因而公私兩誤。」

這個理由冠冕堂皇，在場之人隨聲附和，連孔融都無奈點頭。郗慮不動聲色轉移話題：「既然趙岐年事已高，以下官之見，召回之事宜早不宜遲，以免似馬日磾一般病篤於外。他日淮南大定之日，還需請回馬公靈柩，厚加安葬。」

「哼！鴻豫見識不高，」孔融口快心直，「馬日磾乃失節之人，哪配朝廷厚葬？」

討論問題意見不同是尋常小事，但當面說別人「見識不高」似乎有點兒過了。更何況郗慮是鄭玄門生、當代名儒，這不是當面叫人家難堪嗎？郗慮城府極深，雖心中不快，卻佯作恭敬道：「願聞文舉高論。」

孔融一臉嚴肅朗朗道：「馬日磾以上公之尊，秉髦節之使，銜命直指，寧揖東夏，而屈媚奸臣，為所牽率，章表署用，輒使首名，附下罔上，奸以事君。昔國佐當晉軍而不撓，宜僚臨白刃而正色。王室大臣，豈得以見脅為辭！又袁術僭逆，非一朝一夕，日磾隨從，周旋歷歲。《漢律》有條，與罪人交關三日以上，皆應知情。日磾乃有罪之人，既然已死，不追其罪也就是了，朝廷不可厚葬加禮！」

馬日磾與袁術周旋日久是不爭的事實，但是他的本意卻是想拉攏袁術忠於王事，誰料最後被袁術騙去使節憂憤而死。援引《漢律》固然不能說不對，但其情可諒其事可憫，孔融的觀點忒教條了。郗慮倒是未加反駁，只輕聲對曹操笑道：「文舉此言雖不合時宜，但也可堪高論了。」郗慮正話反說。

曹操早年曾與馬日磾共過事，特別是擔任議郎時也得過老人家一些賞識，聽孔融此等誅心之語，已經很不痛快，郗慮的挑撥更無異於火上澆油。他手中酒盞越握越緊，眼看孔融禍不旋踵，突聞堂口有人稟道：「禰衡帶到！」

眾人皆是一愣，他們並不知曹操請了禰衡，又見除了九人以外堂上再無另設坐席，這可就把曹操的羞辱之意猜得八九不離十了。今天的主角來了，曹操也暫把孔融之恨扔到一旁，冷冰冰道：「有請！」

不多時只聞一陣推推搡搡的喧譁之聲，有一年輕人昂首闊步走上堂來——只見禰衡身高八尺，二十多歲，穿一件破破爛爛補丁的皂色舊服，灰粗布幅巾紮頂，幾縷梳理不齊的頭髮垂散在耳畔，臉上還故意抹了幾道灰塵。雖然蓬頭垢面，卻未掩其端正的相貌。寬天庭，尖下頷，鼻直口正，劍眉虎目，可謂文人武相。

禰衡進得堂來環視一圈，最後目光落到曹操身上，突然仰天大笑，略一拱手道：「野人禰衡拜謁曹公……惜乎惜乎，城覆於隍……」

郗慮唬得手中的酒都灑了——「城覆於隍」乃《易經．泰卦》之辭。此卦象是上三斷、下三連，下乾上坤謂之泰卦。卦象有云：「城覆於隍，其命亂也」，乃危亡顛覆大凶之兆。禰衡的話忒隱晦，用此卦影射朝局。上面好比是天子，是虛的；下面好比是曹操，是實的，正應顛覆之語。禰衡見到曹操先吐出這麼一句話，簡直是拿自己的腦袋開玩笑。

不過在座之人只是詫異，都沒反應過來。唯有郗慮腹笥極深，一想之下毛骨悚然。他見左右似乎無人聽懂，又恐不作答覆被這廝小覷，趕緊故作深沉道：「差矣差矣！小往大來，吉也亨也。」這也是《易經．泰卦》的卦辭，說的卻是好的一面。

禰衡見有人聽懂，規規矩矩給郗慮作了個揖，似笑非笑道：「於君是吉，於君未必是吉。只顧君吉，不念君吉，好羞啊好羞……」

什麼是吉又不是吉的，曹操等人以為這是故弄玄虛的瘋話，可郗慮聽明白了，臉上泛出羞愧之色。兩個「君」含義不一樣。前一個「君」是敬語，後一個「君」是指君王，意思明明白白——曹操掌權，天子架空，對於你郗鴻豫這等巴結曹操的人是好事，對於當今天子可不是什麼好事。你只顧自己的富貴前程，不念天子的吉凶禍福，不覺得羞恥嗎？

曹操還滿臉懵懂，卻不知見面一個下馬威，自己這邊學問最大的郗慮已經讓人家教訓一頓了。有客前來應起身還禮，但曹操見這禰衡衣冠不整，便安坐正位連屁股都沒抬一下。他不動別人也不能動，只孔融與禰衡熟稔，樂呵呵點點頭算是打招呼了。

曹操打量禰衡良久，才問道：「閣下也算是平原名士，何故如此裝扮而來？」

禰衡撣了撣破衣裳，笑道：「國盛而民殷，國破而民衰。今天下荒亂，鄙人片刻不敢忘懷，既不敢穿戴浮華，更無顏酒宴奢靡。」

曹操覺出他話中帶刺，僅是一笑而置之：「賴文舉兄上表舉薦，本官聞閣下之大名，也曾三遣掾屬相請，不知君為何不來？」

禰衡裝作一臉嚴肅，拱手施禮道：「辭讓之心，禮之端也。在下三讓而後受之！」

這話直戳曹操的肺腑，他每每給自己加官晉爵都三讓而後受之，今天禰衡就拿這話來惡心他。曹操並未惱怒，冷笑一聲：「哼！既然閣下遵循禮制寧折不彎，為何今日兵丁相挾，你就來了呢？」

禰衡的話跟著就來：「慚愧慚愧，自天下荒亂以來，知書達理的士人少了，擁兵自重的刁徒多了，在下也只好隱於鬧市入鄉隨俗。」

在座的人都知道曹操的脾氣，耳聽禰衡的話一句比一句狠，料定曹操又要勃然大怒，趕緊低下腦袋，連大氣都不敢出。孔融卻很喜歡禰衡的桀驁性格，低頭品著這三句話的滋味，竟忍不住噗哧一聲笑了出來。他這一笑，郗慮、路粹等人立刻投去憤怒的眼光。

哪知孔融一笑，曹操竟也隨著笑了，起身拱手樂呵呵道：「早就聽京中士人議論紛紛，說平原禰正平口舌不輸於人，今日一見倒也名不虛傳……來人啊，為禰先生設座……請！」

曹操雖喜怒無常，但欲為大事者必有大量。如今他已位列三公，禰衡不過一介布衣，他才犯不著拿金碗去碰瓦罐子呢！給禰衡一個座位也是給自己一個臺階下。他把禮數補上，禰衡要是再出言不遜那就說不過去了，便也向曹操還了禮。孔融見氣氛有所緩和，趕緊把在座之人一一介紹給禰衡。有他認識的，也有不認識的，禰衡逐個見禮寒暄，這才規規矩矩落坐。

今日乃是文鬥，繁欽急於在主公面前表功，不等禰衡坐穩就率先開火：「在下久聞正平兄英才卓礫，未知有何文章流傳於世？」他擅長撰文，自然要從這個角度發難。

禰衡搖搖頭：「在下平生不齒舞文弄墨之事。」

繁欽聽他強辯，嘲諷道：「正平兄何言不齒？看來你是胸中有千言，下筆無一句，在下也可體諒……」

禰衡見他羞辱自己，轉而問道：「不知休伯有何得意文章？」

繁欽捋了捋山羊鬍，笑道：「在下昔日喜好詩賦，然皆是遊戲之作，不以為能。所幸曹公宅心仁厚，不以在下淺薄，授予書佐之任，起草往來文書，日書千言有餘，在下頗感榮光！」說著話他還特意向曹操頷首致意。

禰衡嘿嘿一笑，揚手在面前搧了搧，歎道：「臭不可聞……」

「什麼？」繁欽一愣。

「大拍馬屁，臭不可聞……」禰衡不屑地白了他一眼，劈頭蓋臉罵道：「繁休伯，你原先倒有幾分文采，惜乎有文采而無文膽！僅懷舞文弄墨之能，卻無斧正流俗之志，圓滑世故專練吮痔之法，苟且偷生研修鼓吹之術。如今既在朝廷，德才不足以躋身廟堂，只淪為刀筆之吏，卻不以為恥反以為榮。在下問你平生得意之文章，你卻不忘溜鬚拍馬獻媚取寵，爾乃文苑中一搖尾之犬也！」

「哈哈哈……」在座諸人也素覺繁欽諂媚露骨，聞禰衡之言句句捅在他肋條上，非但不加斥責，反而齊聲大笑，就連曹操也不禁點頭莞爾。真把繁欽臊了個滿面通紅，恨不得找個地縫鑽進去。

路粹也瞧不起繁欽，不過終歸是一頭的，尤其現在他也當了曹操的掾屬，禰衡這樣作踐繁欽，豈不是把他也捎進去了？趕緊插了話：「正平所講也並非全然妥當。書佐雖為三公之屬，也並非刀筆小吏，教令往來事關經濟政務，豈是尋常俗吏所為？」

哪知禰衡樂呵呵把頭一搖：「文蔚此言在下不解。」

「有何不解？」

禰衡捋著蓬鬆的髮髻，不緊不慢道：「經濟政務乃是朝廷大事，上奉聖命下涉省中，本是尚書台閣之事，豈是幕府小吏所為？這司空掾屬濫涉省中之事，是誰定下的規矩，在下實在不解。」

此言一出誰都笑不出來了。曹操以司空府凌駕朝廷之上，這是誰都知道卻誰都不敢明言的話，禰衡就這麼隨隨便便地指了出來。路粹情知自己失口，趕緊辯解道：「我家曹公自攝朝政以來，公忠體國日夜操勞，興屯田、討不臣、開言路、招賢良，雖權柄過於百官，然無絲毫僭越之舉。你這樣講話，未免苛刻過甚了吧？」

「言多語失啊……」禰衡壞笑地望著他，「怪哉！在下不過是好奇，想問問是誰定下的荒謬規矩，你怎麼無緣無故誇耀起曹公之恩德呢？」

路粹一怔，明白自己上了當，尷尬地瞧了瞧在座之人，隨即低頭不再言語了。

「一樣的臭不可聞。」禰衡卻得理不饒人，又攏起手，「你路文蔚早年受業於蔡邕，名揚三輔，倒也是個人物。沒想到一入此府便與繁休伯成了一路貨色，如入鮑魚之肆，久而不聞其臭。」

何夔就坐在對面，他素以德行莊重著稱，從來不說人是非，更抱著與人為善的態度。但這會兒瞧禰衡實在太率直，又見曹操臉上似有慍色，生恐禰衡有難，趕緊制止道：「禰正平，文蔚並未譏諷閣下，閣下這樣講話未免有失口德了吧？」

「在下是失德了，何先生見諒，」禰衡起身一揖道：「久聞何叔龍品質高潔，雄才雅量，有古人之風，以德行顯名於天下，在下仰慕得緊。」他越說越快不待何夔插一句客套話，又轉而問道：「在下有一個典故不明，想在您面前領教。」

何夔明知他說不出什麼好話，還是和藹道：「有事請講當面，何言領教二字？」

禰衡冷笑道：「昔日有一伯夷，身為商紂之臣，不食周室之祿，寧可餓死在首陽山下。似此等愚魯之輩，為何後世褒揚？」

何夔心頭一顫，知道這是正話反說，銜著自己曾被袁術挾持充任偽職之事來的，欲拿伯夷來貶低自己。想至此他不禁苦笑：我好心給他個臺階，他反而出言譏諷，好良言難勸該死鬼，他既自取其禍，我也只得聽之任之了。

何夔正襟危坐不理他，一旁卻惱了蔣幹。蔣子翼年紀雖輕，卻是江淮第一善辯之士，三寸不爛之舌駁倒無數能言之人，自許都建立，便受邀入京充任博士。今日見禰衡太過張狂，不待他再出言，便橫插一杠道：「非也非也！『伯夷隘，柳下惠不恭』之論乃世俗小兒無端刻薄之語，孟子有云：『有不虞之譽，有求全之毀』，你禰正平求全責備不識時務！我等雖非十全之才，然亦效力於朝堂，造福於百姓，未有一日敢玩忽苟安。而你禰正平既不能為天下蒼生效犬馬之力，就該以此為恥深居簡出，竟還有臉面指天劃地坐抬聲價？文舉上書引薦、曹公連番征辟，你不肯前來是為不義；上得堂來妄自尊大出口傷人是為不仁！『仁，人之安宅也；義，人之正路也。曠安宅而弗居，舍正路而不由』，有何臉面生於天地之間？竊為君恥之！」

蔣幹不愧為舌辯之才，這一番話似千鈞重鎚擲地有聲，曹操等人聽了大感出氣，不禁笑嘻嘻望著禰衡，料他這次要甘拜下風了。禰衡倒也真被他鎮住一時，頓了片刻才道：「人有不為也，而後可以有為。」他聞蔣幹方才的話中大引《孟子》之言，便以子之矛攻子之盾。

「哼！」蔣幹長出口氣，沒好氣道：「恕學生我才疏學淺，不明君之所言。何為可為？何又為不可為？難不成你禰正平所為者便是可為，不能為者就是不可為？巧言令色鮮矣仁！」

「蔣兄息怒，且聽小弟慢慢講來。」禰衡已領教他口舌之利，自度不可與他強辯，緩緩講述道：「昔太公、伯夷俱賢也，並出周國，皆見武王。太公登臺拜帥，伐紂興周受封齊國；伯夷恪守臣節，倡言仁義餓死首陽。夫同為大賢者，何以天壤之別？是故操行有常賢，仕宦無常遇。賢不賢，才也；遇不遇，時也。」說話間，他眼睛掃視著堂上諸人，「或高才潔行，不遇，退在下流；薄能濁操，遇，在眾人上。太公望，王佐之才，生於武王之世，故如魚得水建功立業；伯夷，帝佐之才，出於王者之世，所以只得獨抱高潔餓死山間。」

蔣幹一聽此言眉毛都立起來了，禰衡這話分明誇耀自己是帝佐之才，在座的是王佐之才，他比大家都高一個等級。蔣幹還欲再辯，卻見禰衡把手一擺，示意還沒說完，作了個羅圈揖接著道：「列公都是大漢忠良，飽學之士，有的歷經劫難從龍東歸，有的不避險阻來至新都，所為者不過是振興皇綱重整天下。恕在下魯莽相問，列公可保漢室之中興嗎？」他這樣一問，眾人面面相覷；禰衡卻又道：「今天子權柄盡賦他人，八荒土地分崩離析，正似春秋之亂。春秋者無義戰，不過尊王攘夷自樹權威之把戲耳……」

聽禰衡說出「尊王攘夷自樹權威之把戲」，曹操怒不可遏，恨不得立時拔劍斬此狂徒。但是躊躇再三，他腦海中不禁浮現出昔日殘殺邊讓、袁忠、桓邵時的情景。當初殺三士而使兗州士人生疑，張邈、陳宮之叛幾乎斷送性命前程；如今他已經是朝廷主宰，若因殺一禰衡而惑天下之心，是謂損人而不能利己……越思越想，曹操心情漸漸平復下來，沉住氣且看禰衡與蔣幹對峙。

「遍觀古今之仁義者，孟子有云：『堯舜，性之也；湯武，身之也；五霸，假之也。久假而不歸，惡知其非有也？』至於五霸七雄之下，人心更不可問了！」禰衡目光灼灼，悲切切看著蔣幹，「蔣子翼，久聞你自幼勤學，本有高潔之志，而逢此道德淪喪之世，豈能有所作為？蔣兄雖懷滿腹經綸，然則這天下豈是靠幾位博士、幾部經典就可挽回的嗎？即便有朝一日渾圓一統，又豈能復堯舜之舊德，真正拯救天下之蒼生？蔣兄空有至德之心而與豺狼為伍，不過緣木求魚耳！」

他先前舌辯不過是罵人，這次卻是罵世，索性連三代以下的帝王都裹在裡面一併罵了，簡直把天下人心都說沒了。孔融、荀悅、謝該等皆非曹操之心腹，聞此言也不免感歎世情自傷自憐。那自負巧舌如簧的蔣幹直聽得兩眼茫然，回想自己年輕氣盛，懷著教化世人的滿腔志願，世事如此到頭只能是一場雲煙，忽然悲從中來，起身向曹操一拜：「小可才識低微不堪驅馳，實無力贊輔朝廷教化百姓。望明公廣開恩德，容我回家再念幾年書吧！」說著竟起身摘下文士冠往桌案上一放，逕自揚長而去。

曹操不禁一凜——禰衡大發狂言他大可不必計較，因為罵的人越多，得罪的人也越多。可是禰衡現在坦然說出所思所想，甚是衝著他「挾天子以令諸侯」而來，這個害群之馬今日能說走蔣幹，明日也能說動別人。若是容禰衡把這樣的言論傳揚出去，誰還願助他掃平四海復興朝廷？想至此曹操未管蔣幹去留，反而問禰衡：「正平此言也忒悲愴，豈不把世間豪情說薄了？」

禰衡忙收起悲傷的心緒，平心靜氣答道：「屈原悲愴，所為楚國將亡；賈誼悲愴，所為諸侯亂國。」

荀悅一直沒說話，見禰衡這會兒還在自取其禍，忍不住插口挽救：「我見正平熟知史事，這倒也難得。老夫正在修編史書，既然你不願為官，就隨老朽一同編纂國史，告慰祖宗警醒後人吧！」

禰衡聽他相邀慘然一笑，搖頭道：「昔日有個太史公，受宮刑而著《史記》，對孝武帝之暴虐毫無隱晦。敢問仲豫先生寫的也是這一類史書嗎？」

荀悅聽他這樣問，便啞口無言了。他輔佐當今天子讀書習學，頗覺劉協是個英明之主，但其本族荀彧、荀攸、荀衍皆助曹操掌權，他涉身其中矛盾難處，故而閒暇之時閉門不出修編《漢紀》，記述前漢之往事，寄胸臆於青史，不參與朝中是非，更不敢對現實政治說三道四，哪裡能與司馬遷相提並論。

至此堂上已是一片寂靜，所有開口之人都被禰衡頂了回去。孔融本與之交好不會發難，謝該也是孔融舉薦而來，甚覺左右為難也不便說話。眼睜睜這滿堂的才俊之士已被禰衡殺得大敗了。

曹操環顧左右，低頭的低頭、歎息的歎息，還有一個被人家說得辭官了；本欲辱人家，卻被人家所辱，實在是哭笑不得。但今天畢竟是以征辟之令調禰衡來的，曹操考慮了會兒，還是問上一句：

「正平可願為我掾屬？」

禰衡索性把臉撕破，指著曹操道：「竊鉤者誅，竊國者侯。禰衡不保你這宦官之後、汙穢之人！」

曹操強壓怒火，又道：「想必閣下志向遠大，願意入朝為官，成一代之良臣？」禰衡順嘴就來：「今之所謂良臣，古之所謂民賊。這害民賊不當也罷！」

曹操也算仁至義盡了，儘量克制自己不發火，但是架不住這禰衡一次次挑釁。殺了他影響太壞，逐出京師必然遺患，可給他官他又不當，眼瞅著這塊煮不熟、嚼不爛的滾刀肉，實在是拿他沒辦法了。

孔融見禰衡一再頂撞，實在是看不下去了，強笑了兩聲道：「禰正平，你這廝也忒高傲了，天底下還有你看著順眼的人嗎？曹公願意用你你還不答應？這麼大的架子，你以為你是誰啊？顏回復生嗎？」

禰衡一聽此言倒是笑了，戲謔道：「小弟若是顏回復生，文舉兄可稱仲尼不死了。」

孔融一怔——「仲尼不死，顏回復生」這樣狂妄的玩笑萬不該當著曹操面上開，就憑這一言足以招惹殺身之禍！孔融本想打個哈哈讓禰衡閉嘴，哪知人家不領情，還把送殯的也埋墳裡了。他平日裡甚是喜歡禰衡的桀驁不馴，可到這會兒也覺這脾性害人了。

也不知禰衡是毫不在意還是故意說笑，渾不覺氣氛尷尬，兀自笑道：「文舉兄乃是孔仲尼之後，盡得大聖之遺，說你是仲尼不死，這也不為過呀……」

孔融乾笑了兩聲，也把頭低下了。正在這時卻聽對面的郗慮忽然冷冷道：「唉，聖人之後……未聞伯魚之學勝過子輿啊……」

伯魚乃是孔丘之子孔鯉，子輿是孔丘門生曾參。孔鯉雖是聖人之子卻未有建樹，反是曾參留下

《孝經》、《大學》為後世尊崇。說伯魚不及曾參，言下之意就是說孔融這個聖人之後徒負虛名。孔融覺得這句話好似一把尖刀刺進心窩，抬頭惡狠狠瞪了郗慮一眼，卻見郗慮也正凶巴巴瞧著他，兩股敵對的目光一遇則轉，各自瞧向別處。

繁欽始終注視著曹操，察言觀色間見他甚是為難，腦筋一轉便開了口：「在下久聞禰正平善於擊鼓，現在府中尚缺一鼓吏，主公何不留正平為鼓吏，讓他把那點兒狂勁都撒在鼓上，豈不是更好？」

敲鼓乃是下作優伶的營生，叫一個堂堂名士幹這等差事，實在是莫大的折辱。不過此言正合曹操之意，他噗哧一笑：「昔日蔡伯喈出仕為官之前便以撫琴之技揚名天下，正平若能以擊鼓成名，也算是效仿先賢了。禰先生，不知你可否願意？」

禰衡倒也豁了出去，把手一揣道：「承蒙曹公厚愛，竟授以如此重任。謝謝啦！」說完連禮都不施，悻悻然轉身下堂去了。

本來是想教訓禰衡，卻被人家教訓了一頓。不論如何總算是把這個瘟神打發走了，曹操不禁拍了拍額頭，氣哼哼道：「固執似牯牛，倔強似強驢，真真不識抬舉！」

郗慮、荀悅、何夔等見他當面不發作，背後暗憋暗氣，不禁覺得好笑，各自起身告辭。曹操也不強留，僅略一拱手道：「列位多受委屈，切莫記掛在心，回去休息吧……氣煞我也……」

孔融雖對曹操有些意見，但也覺得自己舉薦禰衡之事辦得不漂亮，不免勸慰幾句：「孟德啊，禰正平的性如野馬，未免有些慷慨過激之言，還望你多多……」

這話還未說完，就見退至堂口的郗慮抬起頭不冷不熱道：「劣馬入廄，此亦伯樂之過耳！」

此言給曹操提了醒，他狠狠瞪了孔融一眼，站起身來假模假式作了個揖道：「文舉兄，天下狼煙尚未掃盡，在下實沒有閒工夫同您這幫朋友打交道，懇請您少給我找些麻煩吧！」說罷將衣袖一甩，拋下滿臉尷尬的孔融回轉後堂了。

第十三章

禰衡擊鼓罵曹操

擊鼓罵曹

建安三年（西元一九八年）三月，自河北、關中、徐州而來的三份奏報同時遞到了司空曹操、軍師荀攸面前。

河北公孫瓚再次敗於袁紹之手，而他先前害死幽州牧劉虞的影響也逐漸擴大。劉虞生前對東北少數民族採取懷柔政策，因此各族部落感其恩德，公推燕國勇士閻柔為烏丸司馬，集漢族、烏丸、鮮卑數萬義軍，配合袁紹的行動；幽州舊部騎都尉鮮于銀，從事鮮于輔、齊周等人也紛紛舉兵響應，驅逐公孫瓚任命的官員。公孫瓚一方面集結兵馬退至先前築造的易京城堡，另一方面主動聯絡黑山軍首領張燕。袁紹與幽州舊部聯手對抗公孫瓚與黑山軍的同盟——河北戰事已到了決戰時刻。

另一方面，謁者僕射裴茂持節入關後，以段煨、王邑為首的關中諸將紛紛響應，加之鍾繇的調度，各路兵馬儼然對長安形成了包圍之勢。李傕、郭汜缺乏糧秣，部卒離散，在圍困之下漸漸不支——這兩個禍國元凶的末日已為期不遠。

與此同時，赴任廣陵的陳登大展其才，徵用徐宣、陳矯等名士，開墾荒田播恩百姓，進而寬嚴並用，兵不血刃使大賊梟薛州率領海盜萬餘戶解甲歸降，廣陵郡兵勢大振。而坐鎮小沛的劉備也在抓緊時間增兵屯糧，招誘呂布部下——至此，自以為得朝廷信任的呂布不知不覺已陷入了包圍。

仔仔細細看罷奏報，曹操頗感滿意，各地事態發展都與先前預料的差不多。他將這三份奏報放在桌案之上，圍著它們溜達了好幾圈，用心思量下一步的打算；荀攸則一聲不響坐在旁邊，呆呆注視著奏報出神。過了好半天，曹操才定下腳步，緩緩道：「袁紹雖強無法脫身，關中諸將兵向長安，呂布蠢才已入掌控，袁術暴虐陷於窘境，現在沒人再顧得上咱們了。我有意趁此機會剷除張繡以絕後患，不知公達以為如何？」他原先視張繡如草芥，如今又觀之似臥虎。地盤不足一個郡的小賊，竟然兩討而不滅，痛折他一子、一姪、一員虎將，這令曹操久久不能釋懷。荀攸不以為然，搖了搖頭道：「以在下之見，張繡不可再討。」

「哦？」曹操對他這樣的答覆頗感意外。

荀攸注視著桌案上的奏報，解釋道：「張繡與劉表相恃為強，而繡以游軍仰食於表。劉表若不供張繡糧草，張繡的兵馬必然離散。咱們不如緩軍以待之，天長日久，必能使張繡窮篤而降。現在若是急於攻伐，張繡、劉表迫於形勢又將再次聯合，咱們未必能勝。」

曹操擺了擺手：「中原局勢已變，劉表不會再幫張繡了。如今我已與荊州重新修好，先是遣還鄧濟，劉表也釋放趙岐回朝，此等形勢頗為難得，劉表最重朝廷名節，必不會再跟咱們翻臉了。再者，我豈為區區一張繡所懼，袁紹若破公孫瓚，河北四州則定，許都險矣！」

這話雖然有些道理，但荀攸撚鬚搖頭：「我看也未必如您所想。公孫瓚驍勇之徒，困獸猶鬥尚可支援；張燕坐擁亂民十餘萬，雖烏合之眾亦足以為害。昔年袁紹斬殺于毒、壺壽，破黃巾別部十餘支，此與黑山乃不共戴天之仇；閻柔、鮮于輔等本劉虞舊將，非與袁紹同心。另外幽州之北還有三郡烏丸，遼東太守公孫度擁兵為害、自號平州牧；并州之地有黃巾餘寇張白騎流竄劫掠；青州沿海有臧霸、吳敦、孫觀等豪強侵擾為亂，這些人也都是袁紹的隱患啊！」

「現在的局勢真是微妙。」曹操歎了口氣，「倘若咱們現在攻戰四方，袁紹恐我做大，必然急於向咱們索戰，而咱們實力不敵。倘若咱們經營舊地不為攻戰，袁紹固然不會急於找咱的麻煩，可是他又能勘定河北群豪，到時候咱們依舊不是他的對手。我是左右為難啊……」想了一會兒，曹操倏然攥住劍柄，凝眉道：「大丈夫生於世間自當有所作為，我寧要短痛不要長痛！」

荀攸見他這般決絕，自知已無法撼動他出兵的打算，只好點了點頭：「明公若是堅決出兵，在下也不阻攔。若是能破張繡固然是好，但若是遷延日久戰事不利，還望明公早日回師以防北地之變故。」

「好！我這就傳令，調遣兵馬十日後許下典兵，南下直搗穰縣！」說罷曹操又想起了充為鼓吏的禰衡，不禁冷笑道：「這一次典兵我還要置備鼓樂，吹吹打打率大軍出發，告知文武百官都到行轅觀禮，叫大夥好好看看這場熱鬧！」

曹操一聲令下，緊張的戰前準備又開始了。各營將官調配軍卒，典農中郎將任峻準備糧草，夏侯惇把新近選拔的賈信、扈質、史渙、牛蓋、蔡楊等將薦入曹操軍中效力。又逢喜訊傳來，騎都尉徐晃掃滅卷縣、原武等地餘寇；而坐困河東的白波軍也因與匈奴離心日漸衰敗，其首領李樂病死、胡才被部下謀害，至此白波軍解體，逐鹿天下的勢力又少了一支。曹操即刻加封徐晃為裨將軍，招致麾下聽用。

典兵之日即到，許都城外曹軍大營格外肅穆，旌旗遮天日，刀槍似密林，又在營中搭建三重帥臺，上置鐘鼓下設號角，軍樂大作好不威嚴。朝中文武官員自司徒趙溫、輔國將軍伏完、衛將軍董承以下全部到大營觀禮送行。曹操相邀哪個能不來？雖說點卯點不到他們身上，可大夥都跟著起了個大早，誰也不敢遲到半刻，就連養病在家的楊彪、張儉、韓融這次都到了。

曹操於卯時登臺，身披金甲、外罩錦袍、頭戴兜鍪、肋下佩青釭劍，祭拜天地展開名冊點名。

一卯不到杖責五十，兩卯不到革職聽罪，三卯不到推出轅門斬首。曹孟德穩坐帥臺點卯，喚名似行雲流水，應聲似春雷陣陣。曹仁、曹洪、夏侯淵、于禁、樂進、朱靈、徐晃、卞秉、王忠、劉岱等將官，英氣勃勃列於西首；荀攸、郭嘉、毛玠、徐佗、路粹、繁欽、侯聲、武周、梁習、王思等參謀，風度翩翩立在東邊。

少時唱名一罷，曹操站起身來吩咐道：「撤去坐席帥案，喚鼓吏擊鼓作樂以振軍威！」說完邁著得意的步伐走下臺來。

哪有於帥臺之上擊鼓的？在場之人還在詫異之間，就見轅門處一陣呵斥，鐵甲武士推推搡搡帶進一人——滿面桀驁，冠戴不正，破衣襤褸，腳步踉蹌，正是一代賢士禰正平。百官不敢交頭接耳，卻是面面相覷，不明他何以淪落為小吏。

主簿王必見他如此打扮，前跨一步手指禰衡嚷道：「大膽鼓吏！三軍陣中百官面前，何敢破衣來見！」

「呸！」禰衡猛啐一口，「爪牙鷹犬，輪得到你教訓我嗎？」

王必可不似郗慮、蔣幹之流，聞聽辱罵提袖揮拳就要打。這時曹操已走至近前，抬手阻攔道：「主簿休要動怒，且容他更換新衣再行擊鼓不遲。」曹操算是想開了，任憑這廝在這裡賣狂，只要他登臺擊鼓，在百官公卿面前行此小吏差事，半世美名就算毀於一旦了。

早有兵卒備好樂人的皂袍、中衣、建華冠，一把拋到禰衡腳畔。王必喝道：「速到下帳更衣再來，耽誤片刻，小心你的腦袋！」

禰衡橫眉立目瞪了他一眼。再環顧四下，但見兵層層甲層層，曹軍將士凶如猛虎，朝廷百官噤若寒蟬，不禁仰天大笑，隨手摘下冠戴往地上一丟，又解身上的破爛衣衫。這一來，在場之人就連曹操都驚呆了——哪有青天白日在人前更衣的？

「你……你……」王必又驚又怒，「你這成何體統？」

禰衡面帶微笑不理不睬，脫去衣衫又解小衣，赤身裸體立在眾人之前。朝廷百官見他此等舉動，無不低頭掩面。王必忍無可忍，拔劍便要殺人，曹操一把抓住，冷笑道：「哼！他既自取其辱，又與咱們何干？且由他癲狂去吧！」

禰衡不忙著穿衣，兩手掐腰赤裸裸站著，彷彿站在自家臥房裡一般逍遙自在，瞅著曹操樂呵呵道：「身體髮膚受之父母，何辱之有？我禰衡今日以天為袍、以地為裳，爾不過我褲中一小小蟣虱耳，何敢如此聒噪？」把堂堂三公比作褲中蟣虱，實為莫大的損辱。不過曹操見他這般德行也慣了，全不當回事兒，卻反唇相譏道：「正平以天為袍、以地為裳，我看還不夠；你倒不如以天為髮、以地為頸，好大的一張臉！速速更衣登臺，莫要讓百官等候。」說完就不再理他，逕自歸到公卿班中，站到了司徒趙溫下首，那是司空的位置。

禰衡見他這般舉動，更是仰天狂笑：「哈哈哈！上逼天子下壓群臣，還在百官面前惺惺作態佯裝守禮。爾能欺人，可欺天乎？」

左右軍士見主公走了，誰還有耐心與他客氣，一個個橫掌中大槊，連聲催促：「你這狗吏還慢吞吞的。快！快點兒！」

禰衡瞧瞧冷森森的兵刃和一張張凶惡的嘴臉，情知以這幫武夫腹中墨水罵他們都聽不懂，便低頭拾起衣冠，任他們連聲催促，還是不緊不慢費了好半天工夫才穿戴完畢。眾兵士見狀一擁而上，連推帶架將他驅趕上了帥臺。禰衡從其他小吏手中接過鼓槌，又禁不住轉過身來望了一眼台下的眾人——百官有的迷茫，有的鄙夷，有的同情，有的不忍，還有的幸災樂禍看熱鬧，所有人都注視著自己。人群間尋見孔融列於朝班，雖然滿面愁苦還是衝他微笑了一下，禰衡也點頭微笑以作回應。瞥眼又見曹操昂首而立二目低垂，臉上不怒不笑表情矜持。禰衡心中暗罵：曹孟德這廝倒也了得，果然越是心機深重之人越沉得住氣。

「小吏還不擊鼓，更待何時？」王必又喊了一嗓子。

此時此刻想要避過此辱已是不能了，禰衡心頭似打翻了炭盆，一片憤慨火熱。他深吸一口氣，猛然大呼道：「諸位大人與三軍將士聽好！我有一曲《漁陽》摻撾，今日演給諸君聽，願你們旗開得勝馬到成功！願你們升官發財大富大貴！願你們盡享榮華無疾而終，子孫祭拜後嗣不絕，莫要遭人誅殺血染荒郊，莫要受賊逼迫如我一般，莫要屍骨曝天無處葬埋！」他甩下這幾句不入耳的話，轉身掄起臂膀重重地就是一槌，敲得震天動地撼人魂魄，眾人猝不及防都嚇了一跳。

禰衡一槌擊罷，掄起左臂又是一擊，隨即右臂再起再擊。三聲擊畢頓了片刻，繼而又擊三次。三擊而一頓，這種技法喚作摻撾。至於這鼓曲喚作《漁陽》，也是有深奧寓意的。昔日光武帝劉秀打天下，漁陽太守彭寵獻地歸附，又遣部將吳漢、王梁為之征戰，後來社稷大定，吳漢、王梁戰功赫赫位列三公，而彭寵再無建樹仍居舊職。彭寵嫉賢妒能心懷不滿，起兵造反自立燕王，繼而勾結匈奴為害北方，到頭來光武爺差出朱祐、祭遵、耿弇、劉喜四路大軍討漁陽，彭寵國破兵敗被手下奴僕割去腦袋。今日禰衡以彭寵為喻，是譏諷曹操必定會落個身敗名裂的下場。

文武公卿滿營將士凝目觀瞧，但見禰衡昂然挺立，不住揮舞鼓槌。開始時敲擊緩慢力道極大，似天雷陣陣；後來節奏逐漸加快，用勁也越來越勻，氣勢磅礴猶如奔馬，敲得人神緒不寧胸口發慌，彷彿槌槌都打在心坎上。轉眼間槌落鼓面急如雨打，摻撾一頓拍節竟絲毫不亂。只見禰衡高聳雙肩揮舞臂膀，似乎把全部的精神力氣都灌注在擊鼓中。就這樣過了一陣子，禰衡的氣力似乎要用盡了，擊鼓的聲音漸漸變小，汗水也滲透了他的衣衫。

禰衡平日滿處譏諷指天畫地，朝廷百官中大部分人也對他頗為反感，但此時此刻見這個桀驁之士淪落至此，渾身解數將要用盡，也不免心下悵然。眾人低頭不忍再看，紛紛發出感歎。然而歎息未止，忽聞臺上一聲吶喊，不知禰衡打哪裡又來了一陣氣力，精神驟起，手中鼓槌又加速度，一邊擊鼓一邊呼叫起來——

漁陽鼓，震天響，威懾魑魅與魍魎。莊周擊盆歌生死，馮諼彈劍客孟嘗。志比天高命宿薄，一片丹心望咸陽。

望咸陽，淚瑩光，六合八荒遍豺狼。四世三公謀僭逆，西涼武夫似強梁。宗室反目成割據，宦豎遺醜霸朝綱。

霸朝綱，何張狂，不見天子坐明堂。挾君號令遣諸侯，緣木求魚怎久長？賢良淪落為鼓吏，豈得叫人不感傷？

心感傷，又何妨？不如擊鼓明志量。諸君笑我遭人辱，我笑彼此皆一樣。堯舜禹湯今何在？王道教化已淪喪！

道已喪，德亦喪，拔刀張弓各相向。綱常仁義如糞土，黎民百姓盡遭殃。金戈鐵馬血肆流，叫吾怎生不張狂？

狂狂狂，哐哐哐，參透榮辱夢一場！自古橫蠻難長久，遲早秋風落葉揚。白駒過隙何倉促，世人冥頑不靈光。功名利益花間露，富貴榮華瓦上霜。任你公侯與帝王，難免荒郊土內葬。

漁陽鼓兮漁陽鼓，今日你我訴衷腸。潔白玉璧投暗世，無雙國士性純良。惜乎不能得治世，安能屈膝苟存空悲涼？摻撾擊鼓哐哐哐，罵盡天下民賊狂狂狂！不如一死赴陰司，來世再得太平伴君王……

這一番擊鼓呼喊，響徹天際撼動乾坤，在場之人皆覺無比雄壯。直敲得滿營將士心悲愴，直敲得公卿老吏淚兩行，直敲得旌旗萎靡難招展，直敲得昏天黑地日無光。禰衡今日抱定必死之心，又喊又擊狀若瘋癲，就這樣生生又敲了三刻工夫，最後力氣用盡雙腿一軟伏在鼓上，熱汗如流水般淌濕臺板。悲壯的鼓聲戛然而止，台下之人皆感驚詫，就連曹操也呆住了，大家眼睜睜看著這個世間奇人，大營中一時間寂靜無聲。過了會兒，禰衡大口喘息已定，又站起身來對著大鼓連敲三下。待敲到第三下的時候，忽然倒轉鼓槌用槌柄戳去。耳輪中只聞一聲悶響，渾圓完好的牛皮鼓被他打出一個大窟窿！

事到如今禰衡早把性命豁出去了，但求一刀速死！他轉過身來把鼓槌往臺下一扔，聲嘶力竭地喊道：「曹阿瞞！」

這一嗓子嚷出來，台下之人心裡涼了半截——他死定了！豈有當眾叫人小名的，曹操非油烹了他不可！哪知曹操緩過神來僅僅微然一笑，朗聲道：「鼓吏果然好手段，呼我之名是要討賞錢嗎？」禰衡也不再客氣：「呸！你這汙濁不堪的老殺才！」曹操見他撕破臉當眾辱罵，把牙咬得咯咯直響，但還是不想再落一次害賢的名聲，只向王必使了個眼色道：「扯出轅門，叫他到外面賣狂去。」

王必得令，吩咐左右動手，兩名武士張牙舞爪衝上臺去。禰衡不管不顧，手指曹操依舊喝罵：「汝不識賢愚，是眼濁也；不讀詩書，是口濁也；不納忠言，是耳濁也；不通古今，是身濁也；不容諸侯，是腹濁也；常懷篡逆，是心濁也！吾乃天下名士，用為鼓吏，是猶陽貨輕仲尼，臧倉毀孟子耳！曹阿瞞，有種的你就殺了我！」

兩個武士扯住禰衡，連推帶打，他一個趔趄跌跌撞撞滾下臺來。衣衫也扯了，冠戴也掉了，他爬起身來口中兀自辱罵不絕：「曹阿瞞，你乃宦豎遺醜過繼之後，出身卑賤素無德行！上欺天子下壓群僚，無父無君假仁假義……」

曹營諸將見他還敢大放厥詞，盡皆拔劍在手，意欲衝上前去亂刃分屍。曹操邁出朝班喝止道：「都給我退下！叫他罵！叫他放開了罵，我倒要看看他能罵到幾時！」

禰衡這會兒早把生死置之度外，剛開始罵的還是曹操，後來乾脆看見誰罵誰。他見司徒趙溫立於朝班之首，破口就罵：「趙溫老兒！你算個什麼東西？身居三公妄食君王俸祿，若有半分骨氣，就當輔保天子誅殺逆臣！天下危難之際，要你這等活死人有何用處？老而不死是為賊！」這一席話把那德高望重的老司徒罵得面如死灰。

拉拉扯扯間，禰衡又見了輔國將軍伏完，即刻轉罵道：「伏完！你算個什麼國丈？想當年衛青、霍去病奮戰沙場，竇融、鄧禹老成謀國！他們是外戚，你也是外戚，你豈及得上他們一個小指頭？呸！大言不慚的東海『伏不鬥』，別看你今朝封侯拜將，留神滿門老小血染屠刀！」伏完是個老實人，見他這樣發狂辱罵，嚇得渾身顫抖。

禰衡一轉眼又看見董承，不禁脫口而罵：「姓董的，你有何臉面立於朝班？你本是西涼一豺狼，跟隨董卓敗壞東京，荼毒社稷殘殺黎民！禍國殃民本有你一份，見吾主以為奇貨可居，搖身一變也成了保駕功臣了！我恨不得將你千刀萬剮油鍋烹殺！」董承聞言把頭一轉，暗自慪氣。

眼見禰衡狂性大發，兩個武士都扯他不動，又有幾個兵卒一擁而上，把他架起來往外拖。禰衡手刨腳蹬，又見梁王子劉服滿臉不屑立於一旁，又接著罵道：「劉服小奴才聽真！枉你是宗室後代鳳子龍孫，卻為個人富貴出賣祖宗基業，助那曹賊挾持天子遷徙朝廷！錦繡江山被你賣，你是個人面獸心的畜生！有朝一日看你身首異處祖墳掘盡、白骨曝天無人葬埋！」王子服年輕氣盛自負甚高，聞他如此辱罵頓時火冒三丈，趕上前朝著禰衡臉上就是一巴掌。那禰衡也真了得，料定無法躲閃，把頭一晃張嘴就咬！就聽王子服一聲慘叫，手掌已被咬得鮮血直流，他更加怒不可遏，順手就把佩劍拔了出來。

左右大臣眼見要出人命，趕緊攔腰把王子服抱住。這下朝班裡也亂了，拉扯的拉扯、勸慰的勸慰、奪劍的奪劍。慌亂中有人失了笏板，有人磕落冠戴，有人連足下之履都叫人踩掉了！禰衡被兵士拖向轅門外，環顧左右口中兀自大罵不絕：「荀文若，爾只配問喪弔客，何敢燮理陰陽……劉邈老狗，你在西京盛讚曹操是何居心……老而不死是為賊，張儉你還不辭官回家，何必留在此處給曹賊裝點門庭……楊沛小兒，給曹賊獻糧博取功名，無恥……山陽滿寵，你這不仁酷吏也配躋身朝堂……鄭玄老夫子也真瞎了眼，收下郗慮你這等道貌岸然的偽君子為徒弟……醉貓丁沖，就該把你按在酒缸裡溺死，死了不過臭塊地……荀公達，你這狗頭軍師……小人吳碩，你以前抱過李傕的粗腿，當我不知嗎……韓融，你不過是塊棺材瓤子，還不回家閉目等死……董昭奸賊，你沒皮沒臉三易其主，尚有一絲廉恥的話，到穀水河畔自溺而死也就罷了……」

禰衡逢人便罵，生生被拖出大營，但曹操並未傳下其他號令，兵士也不敢隨便誅殺。既然進不去轅門，他便就勢往地上一坐，呼天搶地仍舊是罵，這回索性把賢士風度漢官威儀全拋了，爹娘祖奶奶地當街大罵！這禰衡偏偏天生是個大嗓門，營外罵街裡面隱隱約約尚能聽到，在場文武皆被他罵得含羞帶愧以袖遮面，曹營將官一個個殺氣騰騰搓手跺腳。這會兒最難受的莫過孔融，真不該把禰衡舉薦給曹操，這會兒他腸子都悔青了，趕緊湊到曹操身邊低聲道：「禰正平素有狂疾，明公切莫動怒，務請饒他一命……」

曹操見禰衡當面辱罵自己，本還有三分慍色，後來聽他不分青紅皂白將滿朝文武罵遍，反倒沉住氣了。見孔融灰頭土臉過來求情，冷笑道：「禰衡區區一豎子，我殺之猶屠雀鼠耳。不過顧及此人素有虛名，殺了他遠近之人必會說我曹某不能容人，暫且留著他這條狗命吧！」說罷點手喚過王必，傳令道，「將禰衡綁縛馬上，送至荊州交付劉表，看他又將如何處置？」以禰衡這般個性，到了荊州勢必又會侮辱劉表。雖說劉景升名稱八俊矜持君子，到時候也難免不會因一時之憤加以屠害。曹操不願擔害賢之名，卻要把這塊煮不熟、嚼不爛的滾刀肉拋給別人。

孔融心頭一凜，明知好友此一去猶如身赴陰司，但事情鬧到這一步還能說什麼呢？兔死狐悲物傷其類，他也只有低頭哀歎的份了。

曹操又白了孔融一眼，三步並為兩步登上帥臺，微笑道：「諸公肅靜！禰正平患有狂疾，今日裡瘋言瘋語皆是無心所為，列位大人切莫當真，我已差派他出使荊州說劉表歸降……」一早就煩勞大家至此觀禮，還鬧了一肚子不痛快，大家回去歇息吧！若是未覺疲乏，也不妨到城南送一送禰正平，好歹他也算是朝廷差出去的天使，多少給點兒面子嘛，哈哈哈……」笑了幾聲，曹操忽然板起了面孔，又以截然不同的口氣吩咐道：「三軍將士聽真！今日有狂徒攪鬧軍營，出兵之期錯後一天！都給我精神著些，旁務雜念且拋到一旁，咱們該上戰場跟張繡玩命啦！」

穰縣之戰

建安三年（西元一九八年）三月，曹操第三次討伐張繡。經過前兩次征戰，南陽大部分縣城已歸入朝廷管轄，張繡僅保有穰縣一城，兵馬不過數千，糧草全靠劉表周濟。以這樣微弱的實力，莫說阻擋朝廷大軍前進，能不能守住城池還未可知。可是張繡不逃不降，就在穰縣深溝高壘以待曹軍。

曹操督率大軍長驅直入，不過數日工夫便至穰縣，將城池圍了個水洩不通，他把部下兵馬分作數隊，日夜攻城不給張繡喘息餘地。那張繡、賈詡也真了得，在缺兵少糧的情勢下，僅憑城池之險奮死抵抗；搭雲梯、射火箭、挖地道、造衝車，無論曹操使出何種高招，他們總能巧妙應對。這一場攻城對持，自三月打到六月，曹軍仍然不能攻克城池，士氣漸漸低落。

曹操心緒煩亂，召集軍師、祭酒商議下一步的對策，荀攸、郭嘉力勸他快些收兵。曹操依舊不肯：「我師雖靡，制彼則有餘。穰縣幾經戰亂，城內殊無百姓，張繡兵士大損，還靠何人為他堅守？再者，其城池破損糧草將盡，西涼武士本以騎射馳名天下，如今他們連馬匹都殺了充饑，還能支撐幾日？」

荀攸皺眉道：「明公此言不假，然困獸猶鬥，彼為堅守吾為仰攻，縱敵已疲乏，咱們殺敵一千自損八百，軍士疲乏日後又當如何呢？」

「小疾不醫養成大患，今日不除張繡，日後決戰河朔，必然掣肘於後。」曹操心中忌憚的還是袁紹。

郭嘉站起身來，未曾講話先施一禮：「恕在下直言，明公與張繡本非仇敵，皆誤於意氣之爭。」他不便說曹操當初在宛城的荒唐之舉，所以措辭格外謹慎，「與其說張繡胸懷割據之志，還不如說他是故意跟咱們賭氣，在下看您……您也有幾分賭氣的意思。」說著他低著腦袋，上翻眼皮瞅著曹操。

曹操聞聽此言噗哧一笑，郭嘉確是能洞悉上意。不過曹操還是擺了擺手：「事已至此唯有一戰，既然來打了就要打到底。」

郭嘉直起身道：「如今張繡兵勢頹敗，已不能再掀風浪，且容他坐守此間又能如何？即便咱們拿下穰縣梟首張繡，所得不過是廢城一座、殘兵數百，可謂得不償失啊……況且劉表近在襄陽，倘若起兵則先前修好之功盡棄，連此危城亦不能得。」

曹操不以為然：「襄陽與穰縣近在咫尺，若是騎兵急進，朝出襄陽日落便可來至此間。我圍城三月有餘，倘若劉表有意救張繡，此刻就是十仗也都打完了，豈能拖到現在仍無動靜？放心吧，劉景升已無意前來……」

他這話還未落音，突見王必未打招呼便闖進帳來，抱拳拱手道：「啟稟主公，有斥候來報，劉表起兵一萬救援張繡，大隊已出襄陽！」荊州牧劉表本無征戰天下之心，只願坐守荊州為霸一方，助張繡立足南陽也只不過是借為阻擋北方兵鋒的屏障。但張繡與曹操結怨連番征戰，反倒把劉表拖下了水，不得不跟著他打仗。自湖陽之役曹操遣回鄧濟，劉表頗有感念之意，再不想為了一條看家狗與鄰居結怨，遂復與許都通使，放回西京使者趙岐，後又容留禰衡南下。彼此關係大有好轉，劉表便有意捨棄張繡，曹操兵困穰縣之前，賈詡曾差人到襄陽求救，劉表不置可否草草打發，實際上就是坐觀張繡覆亡。哪知張繡心志堅如鐵石，曹軍圍城三月不能奪取，劉表漸漸又生僥倖之心，憶起張繡的種種好處，躊躇再三還是派出了援軍。

曹操剛剛還說劉表不會來，這會兒就被眼前現實狠狠抽了一個嘴巴，甚感臉上無光，喃喃道：「劉景升反覆無常，真真庸人也！此番可是他親自領兵前來？」

王必道：「劉表坐守荊州並未親來，差都督蔡瑁統率兵馬，張允為先鋒，蒯良為參謀。」

曹操心頭一顫，不禁悲從中來——他與蔡瑁乃是孩提時的玩伴，不想世事流轉，童年鬥雞走馬的朋友如今變成疆場上的敵人了。其實這也無怪，劉表正妻早亡，蔡瑁之妹嫁與劉表作為續弦，他們是郎舅的關係，常言道是親三分向，更何況臣僚之屬，蔡瑁當然得替人家出力。即便如此曹操還是不覺歎了口氣，又覺自己有些失態，隨即譏諷道：「如此緊要之戰，劉表竟不能親帥，可見他不諳用兵之道！」這話其實沒什麼道理，想當初劉表單騎入襄陽，後來之所以能立足荊州聲勢做大，文靠著蒯良、蒯越兩兄弟，武靠著蔡氏宗族威震一方。現在蔡德珪為將，蒯子柔當參謀，充任先鋒的張允是劉表的外甥，這支部隊實是荊州的精銳之旅，戰力非同尋常。

郭嘉趕緊就坡下驢：「明公不妨就此收兵，務保全功。」所謂「務保全功」不過是一句場面話，穰縣未奪又有什麼功勞可言。

曹操自然聽得出來，冷笑道：「現在收兵徒叫荊州人恥笑。王必傳我將令，分兵駐防南路，我看看他們有什麼本事救穰縣。哼！蔡德珪啊蔡德珪，我鬥雞鬥不過你，打仗可不怕你！」

郭嘉、王必可不知他們倆是什麼交情，聞聽此言都糊塗了。荀攸卻連連搖頭：「若是動仗倒也不懼，就怕他來到近前卻不跟咱們打，那可就不好辦啦！」

事實果如荀攸所慮，蔡瑁統領大軍進逼穰縣，卻紮下大營做坐觀之態，似乎無意與曹操見仗。可這樣的舉動比真刀真槍還叫曹操難受，既要攻城又要防備他突襲。倘若穰縣到了千鈞一髮的時候，蔡瑁必然傾全軍而至；倘若曹操撤軍，他又能在後追擊；即便是穰縣攻克，這座城池損毀至極不堪再守，他照樣能趁亂給曹操重創——蔡瑁用的是以逸待勞之法，意欲坐收漁人之利。

曹操也改變戰略，意欲再次招降張繡以禦蔡瑁，可是仇怨結得太深，似乎也不易辦到。張繡雖不歸降，但怕曹操攻入屠城；蔡瑁其實也有一怕，怕張繡突然降曹，兩家併勢來襲荊州軍必敗。張繡怕曹操，曹操怕蔡瑁，蔡瑁又怕張繡。誰也沒料到戰事會發展到這步田地，三方面相互牽制，眼見又成了僵局。

蔡瑁的後方是荊州，東面的孫策戡亂未定，西面的劉璋閉關自守，毫無後顧之憂；可是曹操後方卻有袁紹、呂布兩個勁敵。僵持不到十日，忽有呂昭自許都攜帶荀彧、荀衍兄弟密信來至軍前。

「袁紹謀劃奇襲許都……」曹操看完密報，腦袋裡「嗡」的一聲，「我因意氣而誤事矣！」說罷趺坐在杌凳之上，臉色慘白半天無語。

呂昭見他這等模樣，趕緊上前解釋：「此乃田豐向袁紹所獻之策，袁紹尚未決斷，即便他此刻自易縣回軍也需時日。再說夏侯大爺坐鎮許都，程昱、萬潛等保守兗州，敵鋒未可驟至，大爺您切莫著急。」呂昭是曹府小僕出身，雖然現在歸在夏侯惇帳下聽用，對曹操的稱呼依舊沒有改變。

曹操擺擺手以示不要做聲，思索了好久才道：「悔不聽荀公達之言，現在當真進退維谷了！我豈不知河北這消息未必是實，但此事給我提了個醒。我離開許都已有三月，這三個月裡又有多少大小變故？公孫瓚未滅，袁紹別軍即便渡河亦不足懼，但若是袁紹、呂布同時發難，我又將如何應對呢？」他這會兒突然清醒過來，進而越想越害怕：此間戰事未解，劉表與袁紹又素來交好，倘若袁紹攻我於北，劉表拖我於南，那時候或是呂布，或是袁術，或是關中諸將，只要再有一方與我為敵，許都人心不穩，我曹孟德這顆腦袋就要搬家了。

曹操不敢再想下去，即刻決定收兵，喚荀攸、郭嘉前來商議退軍事宜，又向荀彧回信叮囑戒備。曹營上下密宣指令，趁夜晚解去穰縣之圍，留下空營虛插旌旗，人銜枚馬裹蹄，暗暗撤兵北歸。就這樣，第三次征討張繡又無功而返。

雖然曹操撤退井然有序，但時至天明，兩家兵馬立即發覺事情有變。穰縣之危已解，留下賈詡守城，張繡、蔡瑁兵合一處，不過半日工夫就攆上了曹軍大隊人馬。撤退遭襲最是危險，好在曹操早有準備，親統精銳士卒殿後。饒是如此安排，荊州兵皆是生力軍，僅殺個平分秋色，還是未能徹底擊退敵軍。曹軍繼續撤退，兩家兵馬緊隨不捨，更糟糕的是此時又逢雨季到來。

對於擅長統兵的曹操而言，諸般不利因素都可以設法避免，唯有天氣是無可奈何的，而這次趕上的還是多年不見的連續陰雨。雨下得並不大，但沒完沒了很是惱人。斷斷續續間，一連下了十幾天的梅雨，好像老天再也不會晴朗了，加之氣溫炎熱，天地間彷彿變成了大蒸籠，把一切都籠罩在氤氳之中。

雖然撤退者與追趕者受的是一樣的苦，但彼此的情況卻大不相同。張繡之軍受困已久，如今可得發洩，天氣雖差鬥志不減；蔡瑁的荊州兵皆是襄樊一帶的人，火爐子裡長起來的，對悶熱陰雨習以為常，幾乎不受天氣影響。但曹操的兵可就遭罪遭大啦！

曹軍打了三個月的攻城戰，師老無功又頹然撤退，連兵帶將本就氣勢低迷，再加上這樣的鬼天氣，眾人壓抑得喘不上氣來。無奈之下，曹操下令緩慢撤退步步為營，每天行進不到十里，腳下蹚著泥水，還得隨時注意後面的騷擾。這種時候只有耐住性子穩紮穩打，只要行軍速度一加快，撤退馬上就會變成潰退。

這段日子裡滿營將士的衣衫幾乎沒乾過，又是雨、又是汗、又是泥，黏糊糊濕漉漉貼在身上，到晚上脫下來一看，在衣衫上起了一層白毛，而後背也生滿了痱子。更加要命的是連著幾天的雨，道路也變得泥濘不堪，一腳踩下去又濕又滑，只得把草鞋脫去赤足前行。不少士兵的腳趾頭都漭爛了，前一日的膿血未乾，第二天又在泥裡掙命，疼得齜牙咧嘴一瘸一拐。就這樣連著走了幾天，曹軍尚未撤出南陽這一郡之地，所幸河北方面並無動靜，袁紹似乎沒有採納田豐的奇襲策略。

這一日，天氣越發糟糕，比之先前又熱了不少，而梅雨還是不見停歇。曹操一早督率兵馬行軍，擊退了張繡的兩番追襲，但兵士疲乏至極，只行了六里地便不得不安營休息。

時至正午梅雨不停，可氣溫卻悶熱難當，連一絲風都沒有，熱烘烘暈得人腦袋發脹。中軍帳裡，樂進、夏侯淵等武將都脫了個光膀子，空身背著劍，一個個露著渾身的腱子肉；荀攸是端正之士，但這會兒也不得不解開衣衫，顯出瘦骨嶙峋的胸膛。郭嘉可不管那麼多，不但脫了上衣，連褲子都扒了，反正他也不打仗，就穿了條褲頭，可又怕坐下生痱子，乾脆赤腳在帥案邊蹲著。曹操身為當朝司空三軍統帥自不能失儀，但也敞開懷，手裡攥著一卷自己編纂的《兵法節要》，看是看不進去了，無非是想辦法轉移一下炎熱感。

曹洪手扒帳簾望了一會兒，突然轉身抱怨道：「他娘了個蛋的！敵人沒有布帳，都是竹草搭棚，比咱透氣舒服得多！」

「這就是教訓啊！」荀攸歎了口氣，「以後再趕上這樣的天氣，務必事先做好準備，另外還得有些避暑的藥草才好。」

樂進挺著光溜溜的大肚子，氣喘吁吁道：「張繡那廝是不是瘋了？這兩天日夜騷擾我軍，沒有這麼打仗的，咱們不得安歇，可他自己就不累嗎？」于禁接茬道：「說是袁紹來襲，這都過了幾天了，一點兒動靜都沒有，這不是虛驚一場嘛！早知如此，還不如拿下穰縣再退呢！」

朱靈哼了一聲，撅著地包天的大下巴駁道：「我看撤兵就對了，真在穰縣趕上這樣的天氣，即便攻城也攻不下。」

于禁聽出他故意作對，擦擦額頭上的汗水，冷笑道：「沒打的仗，你怎麼知道攻不下？」

曹操本就心煩，聽這倆人到了此刻還不能同心協力，把手中竹簡往桌案上一拍。于禁、朱靈見他動怒，趕緊低下頭不敢說話了。曹操環視這「肉隱肉現」的軍帳，心緒煩亂至極，最後指了指蹲在一旁的郭嘉道：「奉孝，你說說現在該怎麼辦？」

郭嘉光著身子還不忘了拱手行禮，低聲道：「天氣這種事情，著急也沒用，蔡瑁、張繡不退，咱們終究是被動。在下沒有任何辦法，只希望明公能橫下心來慢慢走，老天總不能始終不晴吧？再者越往北咱們越有利，只要出了南陽郡，他們也就不敢追了。」

說了等於沒說，但除了忍耐確實毫無辦法。就在此時聞帳外一聲稟報，王必、繁欽領著一個身披蓑衣的人走來。蓑衣人看見曹操趕緊摘下斗笠，露出年輕的白淨面龐，跪倒帳外施禮：「末將乃夏侯將軍麾下校尉王圖，率領一千兵馬並攜帶蓑衣前來助陣！」曹操以前未見過王圖，但聽他帶來蓑衣頗為高興，笑道：「請起！快快進來避雨吧。」

王圖起身走進來，頓覺這大帳裡人肉味、土腥味、濕熱氣一併往臉上湧，又不好當著曹操的面抱怨什麼，屏住呼吸道：「在下還有一件重要軍情稟報，主公是不是……」說著話他似有顧忌。

曹操見他這樣小心，便知又不是什麼好消息，歎了口氣道：「有事但說無妨，是不是袁紹起兵了？」

「河北並無異樣，不過……」王圖從懷裡掏出一紙帛書放到帥案上，「徐州呂布復叛，起兵襲擊小沛，劉備不敵，派人至許都求援。這是荀令君親筆書信，詳述事情經過，請主公示下。」

天氣濕熱，墨跡都花了，曹操辨認字跡細細觀看。原來呂布起兵的罪魁禍首又是白波舊將楊奉、韓暹。這兩個朝廷叛賊自被曹操擊敗後，先投靠了袁術，再叛歸呂布。有道是賊性難改，加之呂布約束不嚴，楊奉、韓暹時常率領部下掠奪百姓，還越過州界至小沛為害。劉備定下計謀，假稱朝廷原諒二人往昔之罪，將他們誆騙至營中，於酒宴之上將二人斬殺。楊奉、韓暹一生三叛，死於劉備之手也是罪有應得，呂布也並未深究，只將二人餘部草草了事。哪知劉備自以為已與呂布反目，適逢呂布遣人往河內張楊處購置馬匹，劉備便派部將張飛半路劫走。呂布得知怒不可遏，又經陳宮剖析點撥，漸悟自己已中曹操穩軍之計，即刻派高順率領精銳攻打小沛，又遣出張遼聯絡沿海臧霸、吳敦、孫觀等豪強為後援。劉備兩戰失利困守城中，派人至許都向朝廷求援。

得知是呂布作亂不是袁紹來襲，曹操心裡安穩多了。這幾天他與荀攸、郭嘉私下計議過，回軍許都後稍事休整就去滅掉呂布，以解除對抗袁紹時的東線隱患，只苦於呂布已在名義上歸附朝廷，沒有出兵的口實。而此事一出，呂布情同造反，大可以名正言順地出兵了。不過想了片刻，曹操又覺憂慮——眼前的危機尚未解除，而大耳劉備打仗的本事很不叫人放心，若是這樣慢吞吞地行軍，只恐未回許都，呂布已經攻破小沛殺進豫州了。

荀攸在一旁看出曹操心思，伏到他耳邊低聲提醒道：「呂布尚不知陳登歸順，可速速致書廣陵，令陳登假借協助高順之名突襲下邳，小沛之圍立時可解。」陳登為內應這件事帳中諸將還不知道，荀攸不敢當眾明言。

曹操心有不甘。陳登是楔入呂布陣營的一顆釘子，若有一日曹操兵進徐州，陳登突然反水可以給呂布致命一擊，若現在就用他，效果可就大打折扣了。但身在南陽鞭長莫及，曹操只得行此下策，無奈地道：「就依軍師之言，我修下一封書信，叫軍吏火速送回許都，叫文若按信行事……」

話未說完，王圖便打斷道：「主公，只怕軍吏送不回去書信了。」

「唔？」曹操一愣，「什麼意思？」

王圖跪倒在地：「在下領兵過來時，已有荊州兵馬繞行至安眾縣地界，似乎有意截斷我軍歸路。

在下憑藉騎兵之勢強行突擊而過，這才來到您面前。恐怕他們現在已經布置妥當，若無大隊軍兵掩護，單靠一個信使絕對過不去。」

荀攸眼睛一亮，「荊州兵繞道扼我軍歸路？難怪張繡這兩日連續強襲我軍，原來要掩護蔡瑁繞道至安眾。」眾將聞聽無不愕然。樂進第一個瞪圓了眼睛，挺著大肚皮嚷嚷道：「他媽的！前有堵截後有追兵，這不是把咱往死路上逼嗎？若依我言，咱們轉身滅了張繡，回頭再跟荊州佬玩命！」他這一鬧，其他人也急了，你喊我叫亂作一團。

「哈哈哈……」曹操突然仰天大笑，「蔡德珪，蒯子柔，你們妄自聰明，惜乎不通兵法，這次我可贏定了！哈哈哈……」明明形勢更加不利，他卻說贏定了，諸將不明就裡都呆住了；荀攸、郭嘉明白其中道理，不禁隨之莞爾。曹操笑罷多時，喜孜孜問道：「大家聽好，現在有個要緊的差事，我必須給許都傳一道命令，有誰敢率領兵馬闖過蔡瑁重圍往許都送信？」

「末將願往！」還不等樂進、朱靈來搶，王圖脫口而出。

曹操原未把這個小將當回事，聽他討令這才留心打量。但見王圖二十出頭白皙俊美，柳葉眉杏核眼，高鼻梁薄嘴唇，哪裡像個廝殺漢？曹操不太放心：「王將軍，這突圍送信可大有危險啊！」

「末將雖無孟賁、夏育之勇，不過自認為可以擔當。既然我能從安眾闖過來，就能設法再闖回去。」王圖說話很實在。

曹操點點頭。既然夏侯惇能拔擢此人，想必這個王圖有些本事，想至此心下豁然：「好！你仍舊帶領所部一千兵馬突圍，務必要將我的指令送到許都。這件事辦好了，我封你個中郎將！」

「謝主公！」王圖安然領受。

「事成之後再謝不遲。」曹操點手又喚繁欽，「休伯，給文若的信我說你寫。」

繁欽當即跪倒帥案側面，拿起空白竹簡與刀筆——天氣太潮濕，若用墨筆半個時辰也乾不了，只有先用刀刻，再印上墨才能保證字跡清晰。曹操輕彈額頭想了一會兒才張口：「今賊來追吾，雖日行數里，吾策之，行至安眾必能破敵……」

樂進實在憋不住了，插口道：「主公有何把握在安眾能夠破敵？」

曹操神祕兮兮地一笑：「到時候你就知道了，繼續寫……命夏侯元讓率領許都餘部火速救援劉備！」

樂進又不禁提醒道：「夏侯將軍率師一走，許都立時空虛，倘若河北起兵咱們又趕不回去，豈不是塌天大禍？」

「不用你插嘴！」曹操白了他一眼，繼續說：「元讓去後，勞煩令君與任峻、丁沖暫且維持一時。一應外患勿憂，當防朝中肘腋，數日之內吾必還京……大致就這樣吧，休伯你再潤潤色。」諸將面面相覷，實不知曹操何以信心滿滿。在如此不利的情勢下何以能破敵？即便破了敵人，又如何才能疾速回守許都呢？不過他既然不肯說，誰也不好再問。

「信寫完後交與王圖收好，諸將領兵佯攻張繡，掩護他離開此地。」曹操伸個懶腰站起身來，走到了帳口伸手去接從天而降的牛毛細雨，「下吧！下吧！其實這下雨天也沒什麼不好的。」說著說著他又笑了。

第十四章

曹操與袁紹徹底鬧翻

回歸許都

曹操不在許都時，朝廷一應事務皆由尚書令荀彧處理，京畿留守部隊則憑建武將軍夏侯惇調遣。二人猶如曹操的分身，抵禦外敵防止內亂，加之司隸校尉丁沖以及留守司空府的掾屬協助，諸人監控天子百官的一舉一動，確保所有權柄牢牢把持在曹操手中。

按說曹操離京作戰已不是一回兩回了，但以往的情勢都不及這三個月驚心動魄。原本平靜的局面在他離開後風雲驟起，先是從河北傳來田豐獻計的消息，接著是曹操大軍撤退遭困，後來又是呂布反叛。雖然荀彧和夏侯惇對外嚴格保密，但還是有不少官員察覺，有人斷言袁紹已大舉發兵，有人猜測是劉表率師北上，更有甚者編造流言蜚語說曹操在南陽全軍覆沒。一時間人心惶惶，就連深居宮中的皇帝劉協都聽到了風言風語，竟然招荀彧入宮，詢問曹操是否還活著。

傳言造成的不安比事實誇大十倍，如此下去必然激出事變。荀彧索性趁著朝會把軍情事實向天子和百官澄清，大家見他神情自若也就不再慌亂了，至於少數編造流言的人聞知軍情也規矩了不少。不過莫看荀彧表面上不慌不忙，其實心裡急若油煎，他反覆召集司空掾屬布置事務，又請夏侯惇將衛戍部隊圍城屯駐，這才心中稍安。過了兩天，王圖自安眾突圍歸來，所部一千兵死傷殆盡，拚了性命才捎回曹操的命令，荀彧看罷書信又吃一驚。

夏侯惇的衛戍部隊是許都的保障，倘若調出則後防空虛，袁紹兵至許都必有圍城之險，即便都城不至於立時失陷，可是許下屯民辛苦一年種出的糧食可就保不住了。但如今曹操回軍緩慢，劉備處又告急，兗州所能調集的兵力不過杯水車薪，根本無力援助。一旦小沛有失，呂布將長驅直入與夏侯惇決戰於許下，後果一樣是不堪設想。問題的關鍵在於曹操能不能迅速回來，許都可以一兩日無兵，但只要超過半個月，恐怕不等敵人來襲，朝中的異己分子就先鬧翻了天。

荀彧與曹操共事多年，他深知戰事不容耽擱，務必要將呂布阻於豫州之外，便一切按照信上吩咐行事，草詔令夏侯惇火速率領衛戍之軍救援劉備。夏侯惇走後，荀彧詳思信上「一應外患勿憂，當防朝中肘腋」之語，漸漸了然——現有衛將軍董承、偏將軍劉服擁兵千餘尚在許都城外，輔國將軍伏完也曾在東歸之時統領過宮中數百雜役，許都空虛之際，他們才是最大的不安因素。想至此，他馬上請典農中郎將任峻抽調精壯屯民暫充軍隊，責令司隸校尉丁沖嚴格戒備潁川四境；又讓符節令董昭權領河南尹之職，與許都令滿寵率領兵士日夜輪班在城內巡查；致書光祿勳郗慮嚴控宮廷雜役，隔絕外臣見駕，防止變故發生；又請荀悅、謝該等飽學之士陪王伴駕討論學術，以轉移皇帝的視聽。

荀彧坐居省中奮筆疾書，一份份詔書、一道道密令，行雲流水般傳遞出去。待到方方面面安排妥當，只累得荀令君眼花撩亂頭昏腦脹，可是精神上仍不敢有絲毫鬆懈。偏這個時候又有人給他添麻煩，已經辭官的趙達久不得曹操辟用，跑到荀府門口哭著喊著要他見，脅肩諂笑懇求荀彧替他說好話，又念叨了一大堆宮中祕聞，什麼誰向皇上進讒言了、誰暗地裡說曹操壞話了、誰與董承祕密來往了。荀彧素來厭惡這等打小報告的人，這等要緊時刻哪有心思聽他囉唆，一氣之下叫家丁將趙達亂棍趕走。

按照荀彧的設想，即便曹操在安眾得勝，也需十日左右才能回京，若戰事不利，一個月都是有可能的，這對於自己是莫大考驗。哪想只忐忐忑忑過了四天，曹操便率兵回來啦！

荀彧、董昭等大喜過望，親自出城迎接。遠遠望見曹操一馬當先絕塵而至，後面荀攸、曹純、王必、繁欽等引領著虎豹騎緊緊相隨。荀彧眼淚差點兒掉下來，董昭跪倒在地：「明公啊，您莫非從天而降！」

「哈哈……」曹操仰天大笑，打馬來至二人近前，「文若、公仁，有勞你們為我殫精竭慮了。」

二人仔細觀瞧，見曹操滿面灰塵渾身是乾泥巴，絕影寶馬髒得都看不出顏色了。再看後面荀攸等人乃至所部士卒紛紛下馬，也全都跟泥猴一般，這副模樣到底是贏是輸呢？荀彧忍不住問道：「保守京師乃臣子職分所在，曹公不必謬獎。不知南陽戰事如何？」

曹操撚著髒兮兮的鬍子道：「穰縣雖未攻克，但是安眾一戰大破劉表、張繡聯軍，殺敵不少啊！」他說著話咧嘴一笑，烏黑的臉上顯出一嘴大白牙，樣子頗為滑稽。

荀彧拭去額頭汗水，驚愕地問道：「我以為您說到安眾破敵僅是安慰我的話，不料果然實是。可是……那種情況下，您怎麼料定必能破敵呢？」

「豈不聞置之死地而後生？」曹操露出得意的神情，「我軍士氣雖然低迷，但陣容未亂軍資未失，人數上還有優勢，這樣的部隊豈能輕易攔截？得到蔡瑁攔路的消息，帳中諸將無不動怒，我便知群情憤恨此戰必勇！咱的兵多為豫兗之人，荊州兵阻路如同不讓士兵回家，有道是哀兵必勝，他們豈能攔得住？兵法有云：『歸師勿遏』，那蔡瑁、張繡勝券在握卻行此下策，足見他們不過是小聰明，其實根本不通用兵之道。」

「他們還有一個致命傷，」荀攸駝背走來接著說：「倘若敵我對調，明公若與夏侯將軍前後堵截敵軍，此戰未必會敗；但若是張繡和蔡瑁行此辦法就絕無勝算！」

「道理何在？」荀彧自知謀略不及這個比他大兩歲的姪子，聽得有些糊塗了。

荀攸緩緩道：「那張繡與劉表非是一黨，他們的兵馬互不統屬。張繡被圍於穰縣城內，襄陽近在咫尺卻拖延三月才發救兵，蔡瑁又坐觀形勢，彼此之間嫌隙已生。要是一同在後面黏住我軍還可勉強同仇敵愾，一旦分開就各懷異心了。蔡瑁在前面堵，張繡在後面追，前面的指望後面多出力，後面的希望前面擋住咱，總揣著保存實力的僥倖心理，這仗還能打贏嗎？」

道理原來這麼簡單，荀彧不禁莞爾：「原來指揮撤退之軍才是最顯用兵手段的啊！」楚霸王項羽戰無不勝攻無不克，可鴻溝之盟只是撤退一戰敗於劉邦之手，辛苦打下的江山就全丟了。董卓征湟中義從不利，被困於榆中的河邊，他假借捕魚堵河為堤，自堤下金蟬脫殼，自此揚名天下，才有了禍亂朝廷的本錢。世俗之人常以勝敗論將才，殊不知指揮軍隊撤退才是最難的事情。

曹操說起安眾那一仗，眼中流露出興奮：「我定下計策，向全軍將士曉以利害，使大家鬥志激昂。然後休兵一日，拆掉王圖送來的所有蓑衣用來墊路，一鼓作氣直撲蔡瑁本陣，荊州兵頓時潰亂。然後又叫大家占據高處布置奇兵，把後面趕來的張繡也打退了。」

荀攸搖搖頭：「說得簡單，其時也有不少凶險。打荊州兵倒不在話下，張繡卻是勁敵。兩軍戰亂之中，他部下張先一眼看見主公了，率領騎兵突上山坡，多虧小將史渙拚死奮戰，許褚又擲出大槍將張先戳死，才保護主公毫髮未損。」說到這兒他仍有餘悸。

「不錯！」曹操倒很樂觀，「這次史渙功勞不小，牛蓋、賈信等人也不錯，還有闖重圍的王圖。元讓提拔的這幾員小將都不錯，再過幾天等他們回來了，我都要給他們升官。」

「再過幾天？」董昭還以為大軍在後面呢，這才覺得事情不對，「大隊人馬還未回來嗎？」

荀攸解釋道：「主公恐你們在京師不安，得勝之後選了一千虎豹騎星夜兼程先回來了，大隊兵馬還在南陽慢慢行進呢……」他一路上快馬奔波，有些迎風流淚，不禁在清臒的臉上抹了兩把，淚水與滿臉塵土攪在一起，被他摸出兩個泥道子。

荀彧見了不禁莞爾道：「這一路辛苦了，快快進城吧！明日朝見天子，只要百官看到曹公，大家就都踏實了……」荀彧還是心善，他本想說「那些蠢蠢欲動的人也安心了」，但那樣一說曹操必然細加盤查，有了議郎趙彥的前車之鑒，不知又要葬送多少條性命！

荀彧雖不說，曹操卻心裡有數：「我看莫要等到明日。今天尚早，我回去梳洗一下就去面君。」他知道朝中必有人亂造謠言，但是河北軍情不明、徐州呂布未破，他不能在這個時候斤斤計較動搖人心。他面沉似水，將馬轡繩交與許褚牽著，自己當先而走，隨手摳著衣甲上乾硬的泥疙瘩道：「天下之大各有不同，南陽陰雨連連，過了沛國又活活把人乾死！沾了一身泥，再曝曬一頓，這鎧甲都快要不得了。」說到這兒他又忍不住笑了，「我回軍之際士卒在沛國境內高喊乾渴，附近又尋不到水源，我就策馬上了一個山岡，虛指前方說：『遠處有一青梅樹林，看似果葉繁盛，加速前進嚼梅汁止渴』，大家想到要吃青梅，頓覺酸意口內生津，走了一會兒竟然都不渴了，哈哈哈……大夥騎在馬上都伸著脖子向前望呢！」

「好一個望梅止渴！」董昭連連讚歎。他是騙人的行家，卻自認編不出曹操這樣的瞎話。

曹操停下腳步叉腰望著巍峨的許都城，心裡感慨良多：總算回來了，雖然只帶回一千人馬，但只要我出現在許都城中，上下人等就會安定，野心之輩便不敢造次！禰衡那等井底之蛙何等愚昧，口口聲聲罵我是欺君罔上的奸臣，殊不知沒有我立於朝堂之上，人心就會離散，朝廷必將覆滅。不管別人怎麼看我，我曹某人真正是大漢王朝的脊梁！只要我在，許都城就在，天子就在，朝廷就在，大漢朝就在！

正在曹操胡思亂想之際，就見有一個布衣之人從城門跑出，推開守門衛兵，跌跌撞撞地跑到他身邊納頭便拜：「曹公您回來啦！旗開得勝馬到成功，攻無不克戰無不勝，威名赫赫大破賊虜！在下恭迎您的大駕！」

曹操低頭一看，原來是趙達。這廝自以為得了曹操的承諾，未加詳思就把官給辭了，等著司空府的辟用。哪知左等不來右等不來，才知叫曹操耍了，所以想方設法再來鑽營。曹操望著這個無恥小人，冷笑道：「喲！這不是大名鼎鼎的趙議郎嗎？您怎麼無緣無故把官辭了？前些天我還跟令君談您的事兒呢！朝中少一大賢啊！」

諸人聞聽此言無不仰天大笑，那趙達也真沒皮沒臉，明知曹操故意挖苦自己，還是一臉諂笑，伸手抓起曹操戰袍，一邊拍打一邊念叨著：「瞧您這一路風塵，在下給您撣撣土！順便有幾件小事在下想向您稟報。前天我跟議郎吳碩說閒話，他問我您是不是戰敗了，聽說他還跟王子服問過這樣的話……」

荀氏叔姪都是疾惡如仇的人，實在看不了這樣惡心的言語舉動。荀攸不待曹操發話，一把拉住身後的許褚：「仲康，你把這個無恥之徒給我趕走！不走就活活打死！」

許褚還真聽他的話，躥上前一把抓住趙達腰帶，生生舉了起來往遠處一扔——趙達摔了個四腳朝天，腦袋磕了個大包，褲腰帶也折了，鞋也甩出去老遠，疼得滿地打滾：「哎喲！我的祖宗喲……」

「滾！」許褚在他腰間又補一腳，「再不滾我一巴掌拍死你！」

「我滾我滾！祖宗別打了……」趙達再不敢上前，連滾帶爬提著褲子溜了。

眾人見狀又是一陣哄笑，董昭卻不禁搖頭：「這麼做不好吧！」

「對待無恥小人就該如此！」荀彧頗感解氣，「前日我布置城防的時候，他就跑來攪我，說長道短的傳閒話。這種人最沒德行！」

曹操對許褚所為非但毫不阻攔，而且笑得比誰的聲音都大——他並非不寵信諂媚之人，但是拍馬屁也得拍出點兒水準來，而且拍馬屁者還得有一技之長。昔日秦宜祿也是諂媚小人，但機靈能幹；徐佗也很諂媚，但能恪盡職守；繁欽遠比趙達諂媚，但是打點文書筆走龍蛇，人家諂媚得有才華！似趙達這等公然吮痔獻媚的人，除了傳閒話什麼都不會，只能讓人感到噁心。

董昭卻不這麼看問題，他湊到曹操身邊道：「寧得罪君子，不得罪小人，對待趙達這樣的也不要太無情了。想那楚漢之際，若不是項羽在鴻門宴上隨便說了幾句閒話，高祖爺怎能除掉內奸曹無傷呢？君不密則失臣，臣不密則失身。常言道『無風不起浪』，閒話可以不全信，但也不能全不信啊！」

聽了董昭這番話，曹操眼睛一亮，贊同地點了點頭……

袁曹反目

第三次征討南陽雖沒有全面勝利，但卻在安眾縣大挫張繡、劉表的聯軍。更為重要的是，這回曹操徹底看清了劉表的真實嘴臉。他雖久負盛名位列八俊，實際上不過是個亂世庸人，根本無志向抱負可言，只是想保住他的荊州。為了確保自己那一畝三分地，他左右搖擺毫無立場。曹操放回鄧濟主動示好，劉表知道彼此可以相安無事，便立刻捨棄張繡；可當曹操三個月不能攻克穰縣，劉表見張繡有能力充當北方屏障，又馬上翻臉不認人，轉而援助張繡。胸無大志也罷了，品性又如此低劣，長此以往最終結果必然是既得罪曹操又失去張繡。南方的對手如此膽怯猥瑣，曹操還有什麼可顧忌的呢？

另一方面，袁紹雖沒有採納田豐奇襲許都的建議，但這是一個危險的信號，曹操已預感到，決裂的時刻就要到了。按照曹操預先的設想，等大軍自南陽回到許都，稍事休整後馬上進軍徐州，一舉消滅呂布，以翦除袁曹決戰時的東線隱患。但令曹操始料未及的是，在他離開安眾後，張繡竟率領敗兵去而復返，又讓曹軍吃了一場敗仗，大部隊拖延了小半個月才回到許都。

「大膽張繡，安敢如此欺我！有朝一日我必除之！」曹操在大堂上踱來踱去，氣得不住喝罵。這次出征的將領及掾屬自知過失，都來至司空府，跪在院中請罪。

曹操罵了半天，惡狠狠掃視了一番眾人，喝問道：「張繡在安眾已然兵敗，所剩不過兩三千人，荊州軍又已經撤退，可你們加一起有將近兩萬兵吶！十個打一個還打不過嗎？你們都是幹什麼吃的！」

聽這樣質問，于禁、樂進、朱靈等都羞愧地低下了頭。他們平素驍勇善戰，但卻輸給了比自己少十倍的敵人，雖然損失不大，但面子丟大了。沉默了半天，最後還是卞秉低聲道：「安眾得勝後，我們以為敵人不會再來了，哪知張繡去而復返，都快出南陽郡了又偷襲咱們一場。我們……太大意了……」

其實曹操這會兒不過是拿他們撒火。莫說這幫人，就是他自己也未能料到張繡會再來，若是料到，他也不會急急渴渴先走，即便走也要做好安排，所以這場敗仗曹操也是負有責任的。

他前後轉悠了一陣子，跟著一屁股坐在了堂口，低頭瞧著這幫人，見郭嘉也在其中，沒好氣地問道：「奉孝啊奉孝，虧你平日給我出謀劃策，這回怎麼也不中用啦？」

平素嘻嘻哈哈的郭嘉如今也跟霜打的茄子似的，耷拉著腦袋道：「我已經打聽清楚了，這次又是……又是賈詡的主意。」

「禍國老兒，當初就該把他宰了！」曹操不禁罵了一句。第一次討張繡，賈詡設穩軍計突襲曹營；第二次討張繡，賈詡獻計暗度陳倉，偷襲了舞陰；這一回賈詡又來個去而復返。張繡雖勇，但其勢力太弱，能在彈丸之地跟曹操較量三個回合而不滅，全憑著賈詡的智謀。所以曹操恨這個老兒比恨張繡更甚。

「唉……棋差一招，」郭嘉感歎道：「賈文和可謂鬼謀之士，他把咱們給看透了。見到咱們突然撤退，就料定是北方出了事。追擊一旦失敗，您必然離師還朝，所以才敢鼓動張繡二次追襲。」

「現在明白了，你早幹什麼去了！」曹操白了他一眼。

「在下也疏忽了。」郭嘉腦袋壓得更低了，喃喃道：「多虧有一位當地豪士李通幫忙，他率領鄉勇從後面夾擊張繡，不然咱損失的更多。」其實這一仗損兵無幾，卻被張繡劫走了不少輜重糧草。他本缺兵少糧，如今又可以在穰縣多撐一陣子。

「哼！」曹操歎了口氣，揚了揚手，「都起來吧，跪又有什麼用。本來我還想給你們其中一些人加官呢，現在誰都別指望了，你們不配！那個李通在哪兒了？」

郭嘉站起身來答道：「他和鄉勇在城南十里駐紮，沒有您的命令不敢接近許都。」

「嗯，還挺守規矩的。」曹操點點頭，「我封李通為振威中郎將，再撥糧草軍械與他，讓他到汝南郡徵兵駐防。有這個人戒備在南，張繡興許還能老實點兒。」

「主公英明。」郭嘉試探著朝曹操笑了笑。

「虧你還笑得出來，真沒心沒肺……」話雖這麼說，但曹操見到他嘻皮笑臉的樣子還是消了不少氣。

就在這時，忽見荀攸自前院蹓了過來，微笑道：「勝敗乃兵家常事，明公何故為此小挫而動怒，張繡已窮途末路，叫他搶去些糧草，也只不過多苟延幾日罷了。」

曹操手撚鬚髯道：「失些糧草倒不打緊，可張繡拖延了大軍行進。南陽一役兵士疲乏至極，不好好休整一番怎麼去打呂布？這幾日我心緒頗為不寧，元讓已到小沛多日，仍不見捷報傳來，陳……」他想說「陳登至今也無動靜，不知是何居心」，卻見荀攸衝他擺手，才想起這院裡的人大多數不知內情。雖說都是自己人，但若是知道了到外面隨口閒話走漏消息，害了陳登事小，取不下徐州事大。他趕緊就勢改了口：「陳……抻延日久，真不叫我放心。早一日修整好軍隊，我便能早一日親赴徐州。」

荀攸信步走到近前道：「明公切莫著急，夏侯將軍麾下之兵久不經戰，一時不勝也並不奇怪。況程昱、李典已經率部自兗州前往增援，我料一兩日之內必有消息。」說著話他向曹操眨麼眨麼眼睛，「還是叫大家各自回營休息吧，養足了精神咱們也好再打仗。」

荀攸的嘴最嚴，凡重要消息必向曹操祕密稟報，絕不在人前吐露半個字。曹操一見他這般舉動，就知道又有事了，向眾人揮手道：「以後帶兵務必謹慎，都散了吧！奉孝留下。」

諸將紛紛告退，三人走到堂上落坐，荀攸這才開口：「現有河北部將路昭、馮楷叛投咱們，率領數百兵卒已近許下。」

「嗯。」曹操並未感到奇怪。當年討伐董卓時，路昭本屬河內太守王匡帳下，王匡殺西京使者胡母班等，激起路昭不滿，曹操又與張邈聯手除掉王匡，河內餘部便歸路昭調遣。後來張楊、於夫羅兵進河內，路昭不敵投靠到袁紹麾下。想必是袁紹一直沒把他看做心腹嫡系，才氣惱不過叛逃過來。

「這倒給咱出了個難題。」郭嘉擺弄著纖細的手指，「倘收留路昭、馮楷，必然結怨於袁紹，為了這幾百兵卒不值得；可如果不收留，或遣回或誅殺，又有損朝廷和明公的聲望。主公要好好考慮呀！」

「哼！」曹操冷笑一聲，「事到如今還有什麼好考慮的？反正遲早要跟袁紹翻臉，不在乎這一天兩天的，路馮二將准降！」他心裡很清楚，袁紹一旦消滅公孫瓚，大河以北再沒有可奪之地，又不可能拓地外藩，只能轉身來打他，決裂的時刻已經到了。

荀攸提醒道：「若戰袁紹，必先去呂布。徐州之役宜早不宜遲。」他這話與剛才在眾人面前所言截然不同，「咱們與袁紹必有一戰，但袁紹要滅公孫瓚才能大舉犯我，反之咱們也得除掉呂布才能打他。現在咱們得跟袁紹比速度，誰先除掉眼下之患誰就能率先準備決戰；落後者將陷入被動，一步被動步步被動，那可就不好辦了。」

「此言不假。但是咱們士卒疲憊，還要休養幾日才行。心裡踏實了，穩紮穩打，一定能趕在袁紹前面。」曹操眼中迸出奕奕神采，「公達，速叫二將入城，我要探一探袁紹的底細。」

路昭、馮楷聞知曹操召喚，趕緊就地屯兵，兩人馳快馬趕至許都城中，來到司空府拜謁。將近十年未會，路昭由一員小將歷練成中年將領，為人處事也圓滑了，見到曹操倉皇跪倒：「罪將參見恩公！」

這話說得頗有學問——稱自己為「罪將」表示以往跟隨袁紹是悖逆的，喚曹操為「恩公」說明自己沒有忘記曹操除掉王匡的舊日恩情。

曹操微然一笑，親自將他攙起：「路將軍何必再提以往之事，總叫這個『恩公』，真折殺老夫了。你們既肯棄暗投明，以後咱們都是朝廷的人了。」

「不敢不敢，在下唯恩公馬首是瞻。」路昭分外恭敬，又引薦與他同來的馮楷。

曹操還沒見過馮楷，看他比路昭年輕幾歲，相貌粗陋武夫模樣，料想此人也非袁紹嫡系，笑道：「二位連袂而來，老夫甚感欣慰，請坐下講話吧……不知二位將軍為何突然來歸？」

「末將不敢欺瞞明公。」路昭倒是直言不諱，「大丈夫生於世間必求建功立業，我二人亦然。可袁紹立足河北重用當地士人，沮授為三軍總監，田豐掌管吏治，郭圖處置機要，以顏良、文醜、張郃、高覽為將，排擠外鄉之人。我們倆本泰山郡人士，早年跟過王匡，又曾蒙曹公恩惠，所以在河北難受重用……」

不待他說完，馮楷就迫不及待插了嘴：「袁紹那廝欺人忒甚！想當初韓馥舊將麴義為其先鋒，對抗公孫瓚廣有戰功。袁紹竟因其功高萌生猜忌，生生將其迫害致死。此番圍困易縣，派我們率幾千兵馬牽制張燕。雖說黑山賊乃烏合之眾，但寡眾懸殊根本不敵，這不是故意叫我們去送死嗎？」

曹操心裡暗笑——好個袁本初，以猜忌之人對抗黑山賊，打贏了就阻外侵，打輸了就除內患，這辦法倒也高明。惜乎內患沒有除徹底，反把他們逼到我這裡來了。

「唉……」路昭歎了口氣，「我們與張燕交了一仗，寡不敵眾大敗虧輸，所餘數百弟兄。實在是心灰意冷不願意再保袁紹了，所以來到此間投靠曹公，望您不要見怪。」

曹操心裡有些彆扭，如今的局勢依舊是袁紹強自己弱，但凡還有出路的人是不會倒向自己這邊的。不過轉念一想，許都這個朝廷本來就給末路之人一個最後歸宿，以天子名義把大家召集起來，他們勢孤來投無可厚非。再者路馮二將肯推心置腹，倒也光明磊落，於是道：「二位將軍無需氣餒，我表奏你們為都尉之職，提供軍資軍糧，你們可以重招舊部為朝廷出力。」

路昭與馮楷對視一眼，連忙再次跪倒：「謝曹公賞識！」二將畢竟是從討董時代摸爬滾打過來的，絕非泛泛之輩，他們把時局變化看得很清楚。雖然受袁紹猜忌已久，但始終咬牙忍耐，就是因為無處投奔。若是一兩年前，他們絕不敢投靠曹操，弄不好曹操就會把他們倆的腦袋送回河北。可現在局勢不同了，袁曹勢必反目，二人也把準了曹操的脈，這才敢來許都。但他們沒有料到，曹操竟如此優待，還允許他們自主領兵，心下萬分感激。

曹操揚揚手示意他們落坐，開始打聽袁紹軍情：「前不久河北有消息傳來，說田豐向袁紹獻計奇襲許都，可有此事？」

「有。」路昭點頭肯定，「不過袁紹糾纏幽州戰事，沒有應允。」

馮楷補充道：「有人說是因為袁紹幼子袁買病了，袁紹不忍離開，所以沒有出兵。聽說把田元皓氣得直哆嗦！」

曹操簡直想笑，袁紹何等樣人，豈會因為兒子病了就耽誤用兵？這等風言風語也不知是誰編造出來的，可見哪裡有人哪裡就有無聊的閒話。袁紹不肯出兵定是顧忌公孫瓚反攻，而且田豐的這個辦法並不巧妙，自河北發兵奇襲許都，長途跋涉且不論，兵少了拿不下許都的堅城，兵多了又起不到奇襲的效果，此計實非上策。不過馮楷既然這麼說了，曹操便抓住不放，故意把袁紹說得惡心：「哼！因孺子而廢良謀，足見袁紹昏庸無能難成大事。」

「不錯不錯。」二將隨聲附和。

「聽說公孫瓚已完全受困，不知他還能支持多久？」這才是曹操目前最關心的。

路昭回答：「以在下所料，一載之內袁紹滅不了公孫瓚。」

「何以見得？」曹操甚感詫異。

「曹公有所不知，公孫瓚早在易水沿岸築起連營堡壘。方圓六里，城牆有六七丈高，上設強弓硬弩滾木檑石，城牆之外深挖土塹數十重，還有鹿角丫杈阻擋衝要，士卒憑高據險。城內箭樓數以百計，公孫瓚及其妻妾所居主樓更有十餘丈高，磐石為料鑄鐵為門，內積軍糧三百萬斛，足可堅守數載！因為這易京堡壘，袁紹急得一籌莫展……」

曹操初聽之時甚覺駭然，可細細想來又不禁搖頭：「易水……哼！風蕭蕭兮易水寒，壯士一去兮不回還……這樣的布置袁紹雖攻不進去，可他自己也衝不出來了。再堅固的城堡也怕久困，困久了人心就會有變，我恐他堅持不了一年。」曹操昔日視公孫瓚為對手，如今卻又視之為盟友，他多堅持一日，曹操就能多準備一天。

路昭又道：「張燕也不容小覷，雖無大城依託，尚有賊從數十萬，也是袁紹的威脅。」

曹操越發不以為然：「我跟黃巾軍打了半輩子交道，他們的本事我最清楚。劫掠財物騷擾城防，打硬仗可不行。張燕說是有數十萬眾，其實大部分都是家眷，打起仗來往後退的多往前衝的少，大人哭孩子鬧，軍營裡面能晾尿布，這幫人豈是袁紹對手？」

其實黑山軍並不是不想繳械投降，只是袁紹不給他們活路。袁紹與曹操截然不同，他的統治建立在河北豪強的基礎之上，縱容土地兼併和佃農政策，因此對付農民起義軍毫不留情。自他立足河北，就先後消滅了劉石、黃龍、左校、郭大賢、李大目、于毒等黃巾及黑山別部，動輒斬首數萬級，皆屠其屯壁。這種強硬的態度固然保障了土豪的利益，使之財力糧食充盈，但也失去了與張燕妥協的可能。這與曹操抑制豪強、收編義軍、建立屯田的政策形成了鮮明的對比。群雄逐鹿以來，曹操陣營有豪強之叛而無百姓造反，袁紹陣營屢有百姓造反而無士族反叛，其根本原因也在於此。

該打聽的都打聽清楚了，曹操低下頭一陣茫然——看來公孫瓚的死期不遠了，張燕也絕對阻擋不住袁紹的兵鋒。是福不是禍，是禍躲不過，這一決戰是在所難免了。本初啊本初，陳留舉兵之日我何曾想到，相交二十多年的朋友竟會走到今天這一步！算了吧，你有你稱王稱霸的夢想，我也有我中興大漢的志向，天無二日水火難容，咱們之間的情義就此一刀兩斷吧……

見曹操面色低沉不說話，路馮二將也不好主動說什麼，起身告辭又覺唐突，便一言不發坐在那裡等著。就這樣沉默了好久，王必突然出現在堂口：「啟稟主公，有河北使者到。」

「有請。」曹操頭也不抬答應了一句。

路馮二將聞聽有袁紹派來的使者，八成有關他們叛逃之事，雖然心中關切，也不得不起身：「我等在此多有不便，暫且告退，再聽候明公召喚。」

「不必啦！」曹操騰地站了起來，「我與袁紹嫌隙已成，大河南北早晚一戰，無需再這麼遮遮掩掩自欺欺人了！你們就光明正大地坐在這裡，我倒要看看袁紹能奈我何！」

二將心裡樂開了花，回歸座位，擺出一副有恃無恐的樣子。這時就見王必領著一個黑衣使者緩步來到堂口。王必抬手說了句：「請進。」那人客氣地拱了拱手，低頭趨步上堂，不待走到曹操近前就連忙作揖施禮，態度恭謹至極：「在下冀州從……」話說間眼睛一瞥，看到路馮二將，身子不禁一顫，說著一半的話都忘了。

馮楷腰板挺得直直的，冷笑道：「哦……原來是陰先生啊，你此來可是向曹公索要我二人頭顱的？」

那使者唯恐路氏兄弟對自己不利，腳底下不由自主地往後退了兩步，好半天才定下心來，重新向曹操施禮道：「在下冀州從事陰夔參見曹公，並替袁大將軍問您的好。」那聲音還有些顫抖。

「好。」曹操態度冷冰冰地，「大將軍差你前來有何賜教？」

「有書信在此。」陰夔從曹操陰森森的口氣中察覺出一絲不祥，便一句多餘的話也不敢說，慌慌張張從懷中取出一卷竹簡交與王必，可由於手抖得太厲害，竹簡竟掉在了地上。王必俯身拾起，畢恭畢敬遞到曹操手中——三公府邸規矩甚多，外人是不准親自將東西交到曹操近前的。雖然入府前已經解去了佩劍，但來者若是暗懷利刃或武藝高強之人，便可能在遞交東西時突然行刺，那也是不可不防的。

袁紹乃四世三公自視甚高，又掛著大將軍的名分，即便對曹操有什麼要求也不會派人送信，一定是修表交付省中，繼而再轉到司空府，務保名正言順。即便實在有什麼不能明言的事，也是派手下心腹致書曹操掾屬，雙方隔著窗紗說話，從來沒這麼直截了當過。曹操料想這封信必定與路馮二將有關，哪知打開一看，上面並未提及叛投之事，而是叫他遷都鄄城！

鄄城在兗州濟陰郡，朝廷任命的郡首恰恰是袁氏族人袁敘，雖然還屬於曹操的地盤，但北臨冀州、東近青州，一舉一動都在袁紹的監控之下。只要袁紹願意，他隨時可以揮師過河抵達鄄城，曹操根本防禦不住。袁紹要求遷都鄄城，言下之意很明確：曹孟德，我給你兩條路，要麼交戰。你要是知趣的話我給你留面子，你還當你的三公，把都城遷到鄄城，朝廷和軍隊由我接管；你要不肯遷，咱們就兵戎相見，我的地盤比你大、兵馬比你多，到時候一舉滅了你！

曹操看罷不禁苦笑：本初啊本初，時至今日咱們倆依舊是心有靈犀，我擺出如此陣勢，你送來這樣一封信，連決裂的時機挑得都這麼一致，惜乎開弓沒有回頭箭……想至此他把竹簡往書案上一攤，望著陰夔道：「這就是你家大將軍的不對了。如此重大的事不上疏朝廷決議，竟私下寫信給我，豈不有失人臣之禮？你可知信上都寫了些什麼嗎？」

陰夔也不明就裡，只記得袁紹交給他這封信時面沉似水，叮囑他務必親自交與曹操，他這一路上心頭忐忑，卻不敢隨便偷看。這會兒見曹操如此發問，汗水涔涔而出，結結巴巴道：「在下不知。」

「很好，」曹操嘿嘿冷笑道：「大將軍說許縣卑下、洛陽殘破，要曹某遷都鄄城。」

陰夔聞聽此言，只嚇得三魂渺渺七魄茫茫。饒是他腦子快，趕緊施禮道：「差矣！在下這就回去見大將軍，請他重新修表上奏。」說罷轉身就要溜。

「站住！」曹操一聲斷喝。

陰夔嚇得腿一軟，回過頭戰戰兢兢道：「曹公您……您還、還有何吩咐？」

「修表就不必了，我也無需寫什麼回信。就勞你回去轉告大將軍，許都朝廷安穩、宗廟確立、城池堅固、兵精糧足，遷都之議萬難從命！若是別有用心之人窺覬神位……」曹操「鏘啷」一聲抽出青釭寶劍，「我曹某人就憑掌中利器與他兵戎相見！」說罷，高舉利劍奮力一劈，霎時間咔嚓聲響、木屑紛飛，袁紹的書信連同書案一併被斬為兩段！

陰夔驚得抱頭鼠竄，竟一腦袋撞在柱子上。馮楷湊上前一把抓住他脖領，喝問道：「曹公教你的話你記住了沒有？」

「記住了，記住了……」陰夔一身冷汗連連點頭。

曹操將寶劍還鞘，手撚髯鬚道：「放開他……他是大將軍差來的使者，不可失了禮數。」君子絕交不出惡聲，即便以示決絕，曹操也不會為難一個使者，「陰先生，也請你代我向大將軍問好。」

「諾。在下一定把話帶到。」陰夔點頭哈腰，哆哆嗦嗦走下了大堂，剛踩到院中便似逃命的兔子一般跑了。

曹操望著他的背影不禁搖頭：「本初何故用此怯懦之人啊……」

路昭解釋道：「這陰夔乃南陽陰氏望族之後，因此得袁紹錄用。」所謂南陽陰氏，乃光烈皇后陰麗華一族。光武帝劉秀未得志之時，曾有志曰：「仕宦當作執金吾，娶妻當娶陰麗華」，後來駕坐金鑾，果然將她迎娶。陰后的兄弟陰識、陰興也都是開國功臣，官至九卿、加封侯位。此後陰氏遂為南陽望族，頗受朝廷優待。

曹操聞聽更是歎息不已：「袁紹一族四世三公，總以為只有望族之人才配輔保他。其實富家出敗子，田野埋麒麟，用人怎麼能不辨賢愚光看出身呢？」

這話正說到二將心坎裡，路昭又憤憤道：「袁紹視我等為草芥，而明公對我兄弟恩同再造，我們必定好好輔保明公，有朝一日踏平河北，將那幫害民賊斬盡殺絕！」

「你們要保的不是我，是當今大漢天子！」曹操刻意糾正道：「我想獨自靜一靜，你們回去吧！王必，你去告知荀令君，撥予糧草輜重，好讓他們重招舊部。」

「諾。」三人齊聲答應，說說笑笑而去。

一個人靜下來，曹操開始考慮平滅呂布之事。河北的戰事已接近尾聲，留給曹操的時間不多了。誠如荀攸斷言，誰能先一步消滅眼前之敵，誰就能先一步投入決戰準備，掌握主動權。曹操的兵力本就不及袁紹，要是再失了先機，那後果便不堪設想了。呂布一定要打，但是目前士卒疲憊的狀況也需考慮，最好是休整十天半個月再出兵。

「主公！我等有軍情稟報。」不知什麼時候荀攸走了進來，身後還跟著呂昭。

「嗯？」曹操看到呂昭不禁一愣，「子展，你不是在元讓軍中嗎？何時回來的？小沛戰事如何呀？」

「小沛……小沛……」呂昭滿臉征塵，支支吾吾欲言又止，最後看了看荀攸，「還是軍師您說吧。」荀攸見他推給自己，不禁搖頭歎息，似有難言之隱。

曹操一見他倆這模樣就知戰事不利：「劉備失守還是元讓敗了？」

倆人又對視了一眼，最後還是荀攸開了口：「小沛尚在包圍之中。高順又圍城打援，我軍兵敗，後退二十里。建武將軍他……他……」

夏侯惇出事了！曹操身子一顫，感覺就像有人從腦後給了他一悶棍，連忙抓住荀攸的手腕，沙啞地問：「元讓怎麼了？」

「被敵人射……射瞎了一隻眼睛。」

曹操驚得半晌無語……突然狠狠一拍大腿：「出兵！明日就出兵！我要給元讓報仇！」

第十五章

臥底暗助曹操，一舉擊潰呂布

割髮代首

由於第三次征討張繡受挫，曹操不得不讓大軍在許都休養幾日再開往徐州赴戰。無奈形勢逼人，夏侯惇敗於高順之手，而且在戰亂中被流矢射瞎了左目。軍中統帥受傷，無人主持大局，只得後退紮寨。而劉備仍被困於小沛城中，情勢岌岌可危。

對於曹操而言，夏侯惇太重要了。自舉兵以來夏侯惇不畏艱險、身先士卒，一直與曹操並肩奮戰，既是軍隊的第二統帥、得力幹將，又是他的堂弟、親家，不啻於他一條膀臂。曹操震驚之餘，又忌憚河北戰局發展的疾速，於是不等部隊休整完畢便傳令開拔，親率兩萬兵馬征討呂布，只留曹洪領少數兵馬保衛許都。

主帥一聲令下，可苦了三軍兒郎。士卒剛從南陽梅雨中跋涉回京，皆已疲憊至極，現在又要東征，滿營上下怨聲載道，行軍速度甚是緩慢。曹操亦知士卒疲乏，但此乃形勢所迫，他也沒有辦法，只能強耐性子催兵向前。時至秋季麥田幾熟，豫州屯田更是出產頗豐，只需再候一時便可收割。大軍直赴小沛救援，時而要橫過麥田，曹操恐兵士破壞，又傳下命令——士卒無敗麥，犯者死！

這一路上曹操的心情糟糕到了極點。夏侯惇中箭未知生死，劉備被困命懸一線，眼瞅著這些疲乏的兵士行動緩慢，心裡著急又不好多加催促，時不時還要注意躲避麥田。他無可派遣，氣得時而罵呂布、時而罵高順，一會兒罵張繡、一會兒又罵劉表。但是著急解決不了問題，幾日行下來，將將趕到梁國地界，離小沛還差一半路程呢。

荀攸與郭嘉時刻跟隨曹操左右，幾日下來已把勸慰的話說了好幾遍，後來也幾無可言了。眼瞅著前面又是一大片麥田，避無可避只得穿行。士卒小心翼翼躲閃，騎士紛紛下馬扶麥，生恐犯了軍法。可這樣一來行進愈加緩慢，大隊人馬擁堵不堪，曹操又是一陣皺眉：「損害麥田乃是壞屯民之利，但這麼慢吞吞地走，幾時才能到小沛？」

郭嘉見曹操又著急了，趕緊笑呵呵借題發揮：「主公看到了沒有，風吹麥浪似波濤，屯田可盡皆豐收嘍！我聽荀令君言說，今年的收入預計有百萬斛之多，是去年的兩倍。有了這麼多糧食，倉廩充盈軍國豐饒，何愁呂布不平、袁紹不滅？在下先恭喜主公啦！」

郭嘉頗能揣測上意，嘴巴又甜，幾句話還真把曹操給說樂了：「此乃棗祗之功也！若不是他提議修改佃科五五分成，屯民哪能這麼積極種田？民為重，社稷次之，君為輕。予民利則於己利，這是千古不變的道理。待我平滅呂布之後，定要修表加封棗祗，樹其不朽之功。」

「《法言》又云：『行之，上也；言之，次也。』依我看屯田首功當推任中郎，若不是他這些年督率屯田供給軍糧，咱們豈能在外面安心打仗啊？」任峻是曹操妹夫，所以郭嘉也不會忘了適時地誇上兩句。

曹操暗自歡喜，卻不作回應兀自催馬。任峻的功勞他心裡有數，但官職卻不宜再升。他自主持朝政以來，盡可能避免升任自己的親戚，夏侯惇、曹仁、曹洪是軍中幹將不得不給予名分，至於任峻、卞秉這些外戚，雖立有功勞卻是只富不貴，以免引起不必要的閒話。所以任峻總攬糧草不過是個中郎將，卞秉提典軍械不過校尉之職。

但曹操臉上的微妙變化又豈逃得過郭嘉的眼睛？情知他嘴上不說心裡贊同，趕緊又道：「昔日高祖定天下，曾論首功之臣。人言曹參身被七十餘創，攻城掠地當居首功，高祖卻以為蕭何保全關中、供給軍糧才是不世之功。以在下之見，任中郎是個小蕭何！」

「我不理你，你便越發謬獎！」曹操不禁大笑，「我看當今之蕭何，乃是荀令君耳！哈哈哈……」

哪知這一笑可惹了麻煩——正逢麥田之中棲著一隻寒鴉，聞聽曹操的笑聲驚詫而起；絕影馬眼見一黑物躥入天際，不由得噓溜溜一陣嘶叫，四蹄慌亂竄入麥田之中。曹操緊勒韁繩守住絕影，但眼見得已踏壞了一大片麥田。

這一變故甚是突然，四下的軍兵都忍不住圍攏觀看，荀攸、郭嘉等也都下了馬趕過來。曹操臉上一陣紅一陣白，壞麥者處死是他訂下的規矩，偏不想別人紛紛遵守，自己卻馬踏田地壞了軍法。曹操環顧左右，長歎一聲翻身下馬，問道：「行軍主簿何在？」

王必聞聽呼喚，趕緊從人群中擠了出來：「主公有何吩咐？」

「出兵之際，老夫有何軍令？」

「軍令？什麼軍令？」王必瞪著眼睛裝糊塗。

曹操冷笑一聲：「哼！光天化日眾人親見，你無需再替老夫遮掩。但說無妨！」

王必嚥了口唾沫，只得拱手道：「士卒無敗麥，犯者死。」

曹操捋了捋鬍鬚道：「老夫馬踏麥田，當以軍法處置。」

王必哪敢殺曹操？這不成了笑話了嗎！趕緊反駁道：「《春秋》之義，罰不加於尊。」他沒理可講，把刑不上大夫那一套搬了出來。

曹操搖了搖頭：「昔日蕭何制律令，韓信申軍法，張蒼為章程，叔孫通定禮儀，天下無不遵行。

制法而自犯之，何以帥下？」說著話他已把佩劍擎在掌中。

王必這次可真嚇壞了：「主公，您可不能自殘領罪啊……」

郭嘉本想說幾句高興話讓他高興，誰想惹出這樣的禍來，趕緊跪倒在地：「主公總統大軍，效命天子，實乃朝廷之依仗。今天下未寧，豈可自戕？」

曹操本來也沒打算真的以死領罪，不過自法自犯總得做做樣子，沉吟良久才道：「王子犯法與民同罪，何況老夫？然征戰在即，身為軍帥不可自殺，以刑代之。」說著低頭摘下兜鍪、拔掉頭簪，左手抓住髮髻，右掌寶劍一揮，竟將半截青絲割下！

《孝經》有云：「身體髮膚，受之父母，不敢毀傷，孝之始也」，故古人重髮，只有犯罪之人才截斷頭髮，名喚「髡刑」。眾人見曹操當眾截髮，盡皆愕然。他將寶劍還匣，把那半截髮髻交與王必道：「將此髮傳示三軍，就說老夫踐麥，本當斬首，身為主帥權且割髮代首。若是再有人干犯軍法，一定不饒！」

王必領命而去，三軍將士知曹操割髮代首無不肅然，莫說踐踏麥田，就是原先那些抱怨的話也不敢再說了。荀攸取過布帶，親自為曹操束住短髮，郭嘉又給他戴好兜鍪，三人拉馬繼續前行。不多時，大隊士卒漸漸出了麥田，大家舉目一望，梁國所治梁縣已遙遙可見，當今梁國王劉彌就居於城中。一見此城曹操倏然想起梁王彌之子偏將軍劉服，回頭對荀攸道：「前番歸京，那趙達來傳閒話，好像說王子服與什麼人有來往，吾恐他勾結董承，必將為害於肘腋。」

荀攸雖精於審時度勢，但對政變陰謀一類的事情卻不似董昭那般關注，只是搖頭道：「我聽令君言講，當年王子服隨主公一併迎駕洛陽，亦有遷都功勞，想必與董承不是一黨。何況梁王居此，倘王子服作亂於許都，豈不是害了他父王？」

「話雖如此，但王子服生性張揚，又居功自傲年輕氣盛，也未必牽掛其父生死。小心駛得萬年船，還是要多加防備才是。」曹操明明對董承、王子服有些猜忌，卻不敢公然奪其兵馬、罷免其官。人家畢竟是皇親國戚，輕易處置便會動搖人心招惹不滿；而且有他們在朝，還可以樹為標榜，象徵宗室、外戚支持曹操。所以曹操不能動他們，至少在與袁紹決戰之前還不能動他們。

說話間恍惚見梁縣方向有一幫人絕塵而來，馬上步下有數十人，看樣子甚是匆忙。緊接著又有斥候奔來稟報：「鎮東將軍兵敗至此。」

「唉！緊趕慢趕還是遲了。」曹操不住搖頭，「這大耳劉備也真夠倒霉的，又把小沛給丟了！」

「曹公在哪裡……曹公在哪裡……」劉備下了馬，跌跌撞撞闖入隊中，一見曹操面帶不悅立於田畔，匆忙跪倒請罪，「末將又失城池，請明公治罪！」

曹操低頭一看，這會兒的劉備可跟上次大不相同。蓬頭垢面衣甲殘破，原先的奇裝異服也不知扔哪兒去了，就帶著這幾十殘兵，模樣狼狽至極。曹操忽然覺得好笑，上次劉備守小沛，招募兵馬被呂布忌恨，讓人家打跑；這次劉備守小沛，定計殺楊奉、韓暹，劫走呂布馬匹，又把人家惹火了，照舊是城破逃亡。兩次失守如出一轍，這個人儀表堂堂卻如此好鬥，鬥又鬥不過人家，屢戰屢敗真是不長記性！因而曹操未加責難，只揚揚手道：「勝敗乃兵家常事，玄德無須掛懷，起來吧……小沛既已失守，元讓那裡現又如何？」曹操急於知道夏侯惇的傷勢。

「慚愧慚愧……」劉備沒敢起來，「末將困於小沛，內外音訊不通，只風聞夏侯將軍受挫負傷，並未親見。後來城池攻破，在下突北門而走，又被高順追襲，幸有關雲長、張翼德斷後，末將才得逃脫。無暇投至夏侯將軍大營，因此逕赴許都報訊，不想在此處遇到明公。」說罷連連叩首。

「那雲長與翼德何在？」曹操放眼尋找。

「掩護末將撤退，故而走失，也不知跑到哪裡去了。」說至此劉備語氣中竟有苦痛悲憫之意。

「唉！」曹操感慨良多。他始終想不明白，關羽、張飛那等虎將為何會保劉備這樣的長腿將軍呢？關羽、張飛都找不到了，想必劉備的妻子家小又叫呂布擄去，「起來吧！起來吧！咱們一路上召集流散人馬，老夫替你和元讓報仇！」

「謝將軍！」劉備再次頓首，有小將趙雲攙他起來，另一個心腹陳到牽過他的馬匹。眾人一併上馬，過梁縣齊往小沛救援。

見劉備來了，郭嘉趕忙讓出位置，叫他與曹操並轡而行。曹操心繫戰事不住發問：「那呂布現在有多少人馬？」

劉備恭恭敬敬答道：「嫡系并州兵不過數千，還有陳宮的兗州部、徐州兵、丹陽舊部、河內兵，另外廣陵太守陳登，割據青徐沿海的豪強臧霸、吳敦、尹禮、昌霸，還有孫康、孫觀兄弟也聽他調遣，加在一起得有兩萬多眾。」

曹操不以為然：「攢雞毛湊撣子，也不過爾爾！」

「明公切莫大意，那并州鐵騎聞名天下，尤其高順所部陷陣營甚是厲害，我就是敗在他手中。還有廣陵太守陳登平滅海賊聲勢大振，聽說他率領兵馬已經開拔，意欲與高順合兵以拒王師，此亦勁敵也！」

曹操面帶莞爾——劉備還不知陳登已暗中歸順，此番開拔至此，廣陵軍必然要在陣前倒戈，這一戰已有九成勝算。

劉備見他信心滿滿，不失時機地稟奏道：「曹公，在下此前還辦了一件事，心緒很是不寧，要對您直言相告。」

「哦？什麼事兒啊？」

劉備看似戰戰兢兢道：「年初之時我以豫州牧的名義將袁紹之子袁譚舉為孝廉……其實這是為了大局安定，望您不要多想。」袁紹父子雖身在河北，但祖籍還是豫州汝南，所以舉孝廉也要在原籍。

曹操噗哧一笑：「我早就聽說了，這算什麼大事？我理解你的良苦用心，袁紹就好這等虛名，舉他兒子為孝廉可以緩和咱們跟他的關係嘛，你做得很好。」

劉備惶恐的臉上泛出笑意，信誓旦旦道：「明公體恤下情，末將感激不盡，日後必當加倍效力以報知遇之恩。」

曹操撚著鬍髯，心想這劉備也忒膽小了。

獨目夏侯

經過長途跋涉，曹操終於趕到了小沛。但高順早就撤退了，只留下一座劫掠已盡的空城和滿地的屍體。

自劉備以鎮東將軍、豫州牧身分重歸小沛以來，不少流民百姓都移至此處安了家。本以為此城已屬朝廷管轄，從此太太平平，哪料到呂布再叛，守軍百姓一霎之間盡赴黃泉。曹操無可奈何，分兵料理城中諸般事宜，自率大隊人馬繼續向東行進，在豫徐二州交界處與夏侯惇所部會合。督兗州軍事程昱、離狐太守李典皆已率兵趕到。

聞聽曹操親至，而且要過營探傷，夏侯惇帳下諸將可慌了神。他倆的關係誰都知道，況主帥受傷諸將有保護不力之罪，韓浩、劉若、王圖等趕緊迎出轅門跪倒請罪：「末將等護持不周，請主公責罰……」

曹操看都沒看他們一眼，二話不說縱馬而過，急匆匆直奔中軍大帳，甩鐙離鞍腳未落地就已喊了出來：「元讓！你傷勢如何啊？」見裡面沒動靜，趕緊手掀帳簾舉目觀望——但見黑漆漆的大帳裡只有兩個人，夏侯惇僅著單衣背對帳簾而坐，身邊垂首立著一個軍醫。

「元讓……我來了，你傷勢如何？」曹操邁步走了進來，許褚等親兵緊隨其後。夏侯惇沒有回頭，低沉著嗓音道：「我不想見外人，讓你的人都出去！」

曹操一愣，揮手把許褚等人都打發了，這才小心翼翼繞到夏侯惇身前。見他面色慘白神情憔悴，比數月前清瘦了許多，頭上斜裹白布遮住左目，雙手捧著一面銅鏡，正瞪著布滿血絲的右眼，望著鏡子裡的自己出神。

那軍醫趕忙跪倒施禮，曹操只揚了揚手，與夏侯惇面對面坐下，緊蹙眉頭注視著他：「你怎麼樣？還疼嗎？」

夏侯惇沒說話，只是搖了搖頭。一旁的軍醫趕忙稟報：「啟稟主公，夏侯將軍目創已無大礙，不過……不過就是……」他斜目瞥了瞥夏侯惇，沒敢往下說。

「不過就是瞎啦！」夏侯惇冷笑道：「眼珠子我都吞到肚裡了，又豈能醫得好。」

曹操已經聽說事情的經過了。那時夏侯惇正督率人馬趕往小沛馳援；高順得訊後率領陷陣營騎士半路阻擊，偷偷繞到曹軍北面，放冷箭奇襲中軍。親兵衛士隔擋不及，恰有一箭正入夏侯惇左目。主帥突然中箭，曹軍將士立時騷動；高順料已得手，揮兵直突過來，曹軍陣容大亂，踩踏死傷甚是嚴重。當此危機時刻，夏侯惇竟將箭支帶眼珠一併拔出，大喝道：「父精母血，安忍棄之！」隨即吞入口中，強忍劇痛指揮兵士奮戰。高順之兵大駭，趕緊草草撤退，這才避免了曹軍遭受更大損失。但此後夏侯惇創口惡化，他身分太高無人敢草率頂替，加之半路受挫士氣低迷，只得後退下寨。

「你犧牲一顆眼睛，保住了三軍將士，真是……」曹操真不知說什麼好。誇獎他，顯得太殘酷了；說他傻，似乎又有輕視三軍將士之嫌；說謝謝，兄弟之間無需那麼生分。想說兩句安慰話，卻又搜腸刮肚想不出如何措辭。

夏侯惇似乎並不關心他的評價，只是手捧銅鏡，陰沉地對軍醫道：「你剛才不是說今天要給我拆開嗎？還不動手等什麼？」

「諾。」那軍醫怯生生應了一聲，開始動手，顫顫巍巍地為他拆解繃帶。

曹操臉對臉與夏侯惇坐著，不過數尺之隔，屏住呼吸注視著他的創處……一圈、兩圈……白布間已透出斑斑血跡……三圈、四圈……裡面的白布已被血染得殷紅……拆到最後一圈時，布條上竟粘著一塊血肉模糊的東西——那是眼皮！

曹操一望之下頓覺恐怖，趕緊伸手去奪夏侯惇手裡的銅鏡。但他硬是不肯撒手，瞪著那只布滿血絲的右眼，死死盯著鏡中的自己——眼珠子沒了，整個眼眶都凹陷進去，加之亂軍陣中救治不及時，大片的肉都已壞死，連眼皮都爛掉了，只剩下一個烏黑醜陋的大窟窿；雖然過了將近一個月，但裡面的血痂還沒完全乾透，往外滲著令人作嘔的膿血。

夏侯惇把鏡子往地下一扔，摔了個粉碎，回手一把抓住軍醫的手腕：「他媽的！這是我的臉嗎？這是我的臉嗎！」他怒不可遏，脖頸額頭青筋凸顯，聲嘶力竭地衝軍醫喝問著。那軍醫身材單薄，被他死死地抓著手腕，疼得渾身顫抖。

「元讓！元讓！」曹操趕緊奮力掰開他的手指，「放開他，你快把他手腕捏碎了……放手啊！」中軍帳裡這麼一鬧，外面的親兵趕緊掀簾進來，只見夏侯惇面目猙獰可怖，都嚇得呆住了。

「滾出去！」夏侯惇衝那些親兵吼了一聲，這才放開那個軍醫，「滾！你也給我滾！」

所有人都出去了，夏侯惇捂著創口頹然落坐，身子一直在顫抖。曹操凝視著這個既是堂弟，又是親家，又是股肱心腹的人。從前他是那麼憨厚穩重，現在卻好像一頭受了傷的惡狼。這一箭不但毀了他的容貌，連心緒神志都傷了。

「元讓……你……」曹操本想說些安慰的話，但瞎的不是自己的眼，怎麼能切身體會到他的感受呢？

沉寂了好一陣子，夏侯惇無奈地擺擺手：「完了……我廢了……」身為統兵大將，在戰場上需眼觀六路耳聽八方，若是瞎了一隻眼，莫說指揮戰陣，就是走路都會不自主地傾斜。為將者喪失眼睛，那就意味著要從戰場第一線退下來了。

曹操連連搖頭：「要離獨臂，刺死慶忌；孫臏癱瘓，大敗龐涓；李牧佝僂，獨抗秦師。將在謀不在勇，六根不全的勇士名將多的是，你即便上不了戰場，一樣可以出謀劃策指揮若定。」

夏侯惇轉過身，故意只用右半張臉對著他：「高順已將兵馬退到彭城，臧霸、孫觀、尹禮那幫土豹子也跑來助陣。看來呂布是想跟咱來個徹底了斷。」他不想再討論自己的眼睛，於是轉移了話題。

「陳登到了沒有？」曹操現在最關心這個。

「已率五千廣陵軍到達彭城了。他給我送來一封密信，約定在交鋒之際陣前倒戈。他有兩個心腹，一個叫陳矯，一個叫徐宣，都是廣陵當地人。為了消除咱的疑慮，陳登暗地裡把陳矯派到了泰山郡薛悌那裡，就算是給咱送個人質吧！」

「陳元龍真是個心思縝密的人吶！」曹操頗為滿意。

夏侯惇卻不以為然：「我已致書泰山郡，叫薛悌火速帶陳矯趕來，不把人質握在手裡，咱還是不踏實。另外，我已致書給梁國諸縣，叫他們加強戒備，防止袁術發兵救援呂布。」

曹操大感欣慰——莫看夏侯惇瞎了一隻眼，身心雖受煎熬，腦子裡卻還不亂，這養傷的一個月裡已將好幾件大事辦得妥妥當當。

「小心高順，他的陷陣營厲害得緊。」提起陷陣營，夏侯惇面露憤恨，「最近呂布又從張楊那兒弄來一批好馬，這支隊伍比在兗州時更能打了。」

「哼！呂布之兵東拼西湊大多都是烏合之眾，再有廣陵兵陣前倒戈，縱有陷陣營也翻不了天。」

「那也要小心。」夏侯惇不自主地去摸凹陷的眼眶，「我就是一時大意，才變成這副模樣。」

曹操聽他把話繞了回來，心頭又泛起感傷：「元讓，你先回許都養傷吧，現在子廉在那裡坐鎮。」

「我不去許都。」夏侯惇搖搖頭，「我不想讓滿朝文武瞧見我這副德行！我想去太壽古城完一個心願……」昔日袁術北上，曹操率師將其擊破，連逐三座城池，其中就有兗豫之間的太壽古城。那座城幾乎荒廢，百姓逃亡殆盡，附近有睢陽渠流經。夏侯惇曾許下心願，要在那裡修陂，開墾良田重新召回百姓。「那裡沒什麼熟人，我想清靜幾日，跟附近百姓幹幹活……順便等這個創口長好。」

「可以。不過也不要待太久，等破了呂布安定徐州之後，我就去找你。」曹操消滅呂布之後就要立刻著手對付袁紹，那時可少不了夏侯惇這個得力幹將。

這時就聽帳外許褚稟報：「主公，泰山太守薛悌、泰山都尉呂虔率部前來，已在西面紮營。」

「孝威來了，去忙你的吧！」夏侯惇揚了揚手，臉龐稍微偏過。

曹操又看到了那個令人毛骨悚然的血窟窿，他儘量避免自己的目光投向那裡，低下頭拍了拍夏侯惇的肩膀：「多多保重。你現在若是不想見人，我吩咐親兵夜裡送你離開，這營裡的事就暫且交與妙才處置吧！」夏侯淵畢竟是夏侯惇的同族兄弟，由他接管會省去不少麻煩。

韓浩、劉若、王圖等部將都在外面等著，一見曹操出來，又齊刷刷下拜：「末將護持不周，請主公……」

「都給我起來！」曹操急著見薛悌，搬鞍認鐙上了馬，「事情已經出了，少說這種沒用的話。現在最重要的是打好仗，給你們將軍報仇，沒事就給我練兵去！」說罷打馬揚鞭從諸將身邊絕塵而過。諸將一見可算放了心，朝著他的背影又是一拜。

曹操回到中軍大營時，薛悌已經在等候了，身後跟著一個相貌端正的年輕人，而他身後還緊隨兩個士兵，似乎是隨時防備他逃跑。曹操下馬進了自己的大帳，令親兵全都退出去，薛悌他們進帳。

二人進帳即刻下拜，起身後薛悌趕忙介紹：「這位是廣陵郡功曹陳季弼。」

陳矯朝曹操又是一揖，忽然噗哧笑道：「孝威兄錯了，在下如今叫劉季弼。」

「哦哦哦，」薛悌也笑了，「劉季弼、劉季弼，賢弟的身分現在還要保密，不能叫其他人知道。」

曹操頗感意外，薛悌這樣的木頭人竟然會與這小子稱兄道弟，言語之間還頗為親昵，趕緊重新打量這人。但見陳矯身高七尺、素衣皂袍，一張瘦長臉，目若朗星，大耳朝懷，左臉頰上稍有幾點麻子，三綹墨髯剛剛蓄起，相貌倒也不俗。

「陳功曹，這些日子在孝威那裡起居飲食還好吧？」陳矯是人質也罷，是客人也好，畢竟是陳登派來的，因而曹操對他很客氣。

陳矯連連拱手：「薛郡將待在下甚好，閒來小酌，品評一下關東名士，倒也有趣得緊。」

「哦？」曹操有點感興趣，「品評關東名士？都提到誰了？」

陳矯道：「在下無德無能豈敢隨意指摘？不過我家陳郡將曾有品評，想來甚是有趣。」

「不妨說來聽聽。」現在凡是提到陳登的話題，曹操都很重視。

陳矯面帶莞爾娓娓道來：「我家陳郡將言道：『夫閨門雍穆，有德有行，吾敬陳元方兄弟；淵清玉潔，有禮有法，吾敬華子魚；清修疾惡，有識有義，吾敬趙元達；博聞強記，奇逸卓犖，吾敬孔文舉；雄姿傑出，有王霸之略，吾敬劉玄德。』曹公以為可還恰當？」陳元方兄弟乃是大隱士陳寔之子陳紀、陳諶；華子魚是豫章太守華歆；趙元達是已故的前任廣陵太守趙昱。

曹操心中冷笑——陳紀兄弟有德有行，如今為避戰亂都不知逃往何方去了；華歆有禮有法，見了孫策還不是乖乖獻城投降；趙昱有識有義，到頭來死在笮融那個小人手裡；至於孔融，不過就是靠一張嘴，真有什麼治國安邦的才華？最荒唐的就是說劉備雄姿傑出、有王霸之略。天大的笑話！大耳小子曾幾度淪為喪家犬，無立錐之地，最後還不是寄居到我的籬下？

他心裡雖這麼想，口上卻道：「倒也有理……惜乎荒亂以來名士四處避難，就說剛才提到的陳紀兄弟吧，也不知流落到何處去了。聽說陳紀還有一子陳群，學識才幹甚為出眾，荀令君曾向我推薦過好幾次，要是知道陳氏父子在哪裡，征入京師為官豈不是美事？」

陳矯似乎很意外，瞪大了眼睛道：「陳紀、陳群父子現就在下邳城中，難道明公不知嗎？」

「什麼？」曹操一怔，「他們就在呂布的城中？」

「您真的不知道？」陳矯不大相信，「陳氏父子避難徐州，陳群曾被劉豫州錄用過，難道劉備沒跟您說過嗎？」

曹操可謂吃驚非淺：第一意外的是陳氏父子竟近在咫尺，第二意外的是堂堂陳寔後人的陳群竟會心甘情願保劉備；第三意外的是，這麼重要的事情，劉備竟一個字都沒在自己面前提起！曹操愣了好一會兒，才緩過神來道：「陳功曹，你遠道前來，老夫招待不周，還請多多海涵。」

「不敢不敢，明公乃當朝輔弼，州郡之官皆是您的下屬，陳郡將和在下也都任憑您驅馳。只要您一句話，在下赴湯蹈火在所不辭。上支下派理所應當，還說什麼海涵不海涵呢？」陳矯這話說得十分自然，就彷彿廣陵郡從來就是曹操的地盤，陳登同呂布之間絲毫關係都沒有。

曹操聽了自然順耳，便不再拿他當人質看了，吩咐薛悌：「孝威啊，陳功曹推心置腹甚是坦誠，你就不要弄兩個兵整天跟著人家啦！」

薛悌把嘴一撇，那股狠勁又上來了：「那可不行！在下也與季弼相厚，但公是公私是私。」

有些時候連曹操也拿薛悌、滿寵這等酷吏沒辦法，軟語道：「人家陳登誠心誠意把他送來，咱們也得拿出點兒氣量。咱代表的是朝廷，不要凡事都這麼刻板。」

薛悌考慮了半天才鬆口：「好吧。」又囑咐陳矯，「不過出於軍情考慮，你切不可向這大帳之外的人吐露身分，廣陵郡正式歸附之前，委屈賢弟再姓幾天劉吧！」

哪知陳矯一陣大笑：「薛兄不知，在下本來真是姓劉，幼時過繼娘舅才改姓的陳。我那正室夫人陳氏其實是我原來的族妹。」他這種情況與曹操一家很相似。曹操本姓夏侯，他又把大女兒嫁給了夏侯惇之子夏侯楙，時人雖講究同姓不婚，但過繼出去就是外人。

薛悌又補充道：「還有，在廣陵郡正式歸附之前，你仍舊跟我住一個軍帳。」

「薛兄還是怕我跑了呀！」陳矯苦笑道：「就這麼不信任我？這些日子的朋友難道白交了？」不料一向刻板的薛悌也玩笑起來：「爾以郡吏之身交我這二千石的朋友，這跟一國之君屈尊陪鄰國小臣郊遊有什麼區別？叫你和我住一塊是看得起你，你還不知足啊？」

曹操頭一遭見薛悌詼諧，不禁哈哈大笑，倒把夏侯惇的那點兒彆扭拋開了。薛悌笑盈盈拱手道：「若是明公無什麼吩咐，我們就回營了，順便叫仲德、曼成、子恪他們也過來，大家都很惦記您吶！」程昱、李典、呂虔如今都是鎮守兗州的大員，日常不過公文來往，沒有緊要之事不會輕易入朝，因此也很久沒跟曹操見面了。

「很好。」曹操點點頭，親自將二人送出大帳。陳矯受寵若驚連連作揖，這才躬身而去。一件心腹大事搞定，曹操對消滅呂布更添幾分信心，背著手眺望自己的營盤。

猛然間，遠處說說笑笑走來一群人。為首者正是劉備，後面關羽、張飛、孫乾、簡雍緊緊相隨——這幫人掩護劉備撤退之後都投到夏侯惇的連營來了。別人倒也罷了，曹操的眼睛始終盯著關羽，他太喜歡這員將了。眾人走至近前，一齊向曹操跪倒：「末將等參見明公！」

曹操連忙伸手相攙：「恭喜玄德重招舊部，大家安然無恙便好。」

劉備臉上陪笑，神色恭敬至極：「這全是賴曹公所賜啊！現在末將部屬齊聚，就是折了幾千人馬。」他言下之意是來要兵的。

曹操早有打算。如果這次能滅掉呂布，也就用不著劉備屯駐小沛了，戰後將他們拉回許都，到那時再調撥兵馬給他，所以根本沒搭這個茬：「招兵之事暫且不忙，等滅了呂布再說。」

劉備何等聰明，一聽便明白了八九分，趕緊順杆爬：「在下身為朝廷將軍之任，久鎮小沛不見天子，心中頗為掛念。倘若這次東征大功告成，在下願率部隨明公西歸，拱衛許都以盡職責。」知道無法抗拒，不如大膽面對，這就是聰明人。

「很好很好……還有一件事，我聽說昔日玄德在徐州時曾錄用過陳群，可有此事啊？」曹操瞇起眼睛緊緊逼視著劉備。

劉備面容坦蕩直言不諱：「確有此事。」

曹操見他承認，便沒有生氣，只道：「這可就是玄德你的不對啦！那陳長文是陳仲弓之孫、陳元方之子，乃潁川的望族名士，朝廷必要徵召任用的。前番到許都，你怎麼對我隻字不提呢？」

「唉……」劉備把頭一低以袖遮面，「在下雖任用陳長文，卻不納其言失手徐州，使其被呂布所虜，有什麼臉面跟您提起啊！」

曹操見他這副狼狽舉動，不禁發笑：「哈哈哈……原來玄德是怕羞啊！沒關係，勝敗乃兵家常事，可發現賢才向朝廷舉薦乃臣子本職，以後不要因為顧及臉面而誤事了。」

「是是是。」劉備諾諾連聲，又扯過關羽道：「雲長有件事想親自向您單獨稟報。」

「哦？」曹操頗感詫異。

關羽也是一愣，趕緊反手拉劉備：「這件事還是將軍您……」

劉備一把推開他，笑道：「我不管，你答應的事情你自己去做。」說罷竟朝曹操一揖，帶著張飛等人笑嘻嘻去了。

關羽張著手呼道：「將軍，您別走啊！我張不開這嘴呀……」

曹操還沒見過威風凜凜的關羽似這般慌張過：「雲長！有什麼難言之事你但說無妨，只要我能辦到，一定為你辦。」

關羽喊了半天，見劉備還是走了，便轉身跪倒在曹操面前：「啟稟明公，是這麼一回事……末將在小沛之時與呂布麾下諸將有些來往，其中有個秦宜祿自稱以前曾在明公帳下為吏。」

「哼！」曹操冷笑一聲，「那個小人啊！」

「吾觀此人也頗為諂媚。」關羽抱拳道：「他知我家將軍歸順朝廷，便也有意棄呂布而復歸明公。所以，他跟末將說……」關羽似有難以啟齒之言。

「那小子跟你說什麼了？」秦宜祿已然不年輕了，但在曹操心目中他還是當年跟隨自己當差時的模樣。

關羽頓了一會兒，深吸口氣道：「他說呂布敗亡之日，倘若明公饒他不死，他願將美妾杜氏獻於明公。」

「什麼？」曹操聽罷火起，想要破口大罵，忽然腦子一轉——秦宜祿怎麼會有信心憑一個女子就能讓我饒了他呢？莫非這女子有傾國傾城之貌？想至此投石問路道：「這廝也真痴心妄想，就憑一個尋常女子就想讓老夫饒他性命嗎？」

「明公有所不知，當年呂布刺董卓，曾派秦宜祿往來司徒王允處謀劃事宜。後來大功告成諸人皆有封賞，唯獨秦宜祿不願升官，但求王允府中一個捧貂蟬冠的婢女。王允念及他出力不少便未見怪，就把那美貌丫鬟賞給他為妻了，正是現在下邳城中的杜氏。」

「既然是正室妻子，豈可隨意送人，真真荒唐！」曹操把衣袖一甩，佯裝怒色。

關羽又道：「此中另有隱情。秦宜祿隨呂布至徐州後，曾奉命到淮南聯絡僭逆袁術。那袁公路素來驕縱，秦宜祿脅肩諂笑那一套很是受用，就把劉氏宗親之女賞給他為妻。那女子雖相貌平平，卻是袁術所賜身分高貴，秦宜祿不敢怠慢，立刻休杜氏為妾改易了正室夫人。」

「小人就是小人，反覆無常，連一個女子都要辜負！」曹操撚髯思量，「不過當初他不肯加官，單向王允要這個杜氏，莫非此女有傾國傾城之貌？」

「確是絕色美人。」關羽低聲道：「聽說還被呂布霸占過。」

曹操一聽秦宜祿、呂布都曾染指，甚是厭惡，但瞧關羽一本正經，笑盈盈問道：「雲長莫非見過？」

關羽把頭壓得低低的：「有……有一面之識。」

「哈哈哈……」曹操拍了拍關羽的肩膀，「雲長可喜歡此女？」

「不不不……」關羽驚慌失措連連搖手。

「隨我進來講話。」曹操一把拉住關羽，將他帶進大帳。曹操自結識關雲長以來，所見的都是關羽威風凜凜、驍勇善戰、不苟言笑，何曾知他也有難以啟齒、兒女情長的一面，笑呵呵問道：「雲長連聲稱不，是不敢還是不愛？」

幸虧關羽天生一張赤紅面孔，若不然不知臉要紅成什麼樣了！他連連擺手：「大丈夫征戰天下，何愛區區一女子。」

「差矣！」曹操是風月場上的老手了，「豈不聞《詩經・周南》有云：『關關雎鳩，在河之洲，窈窕淑女，君子好逑』？豈不知《邶風》有云：『靜女其孌，貽我彤管。彤管有煒，說懌女美』？孔仲尼都道那是思無邪，雲長又何故如此薄情。食色，性也……」

關羽是憨直之人，羞得以袖遮面，倉皇道：「秦宜祿之事末將現已稟報明公，准與不准，明公自作定奪！」說罷轉身就走。

「雲長且住！」片刻之際曹操已有決斷——關雲長世之虎將，惜乎屈侍大耳劉備，提起那杜氏女他似有愛慕之心，我何不賣一個順水人情，城破之日將杜氏贈與雲長為妾。關雲長得此佳人必感念我恩，有朝一日捨棄劉備轉而輔保於我，豈不又得一股肱？

「明公還有何吩咐？」雖口上詢問，但關羽偏著臉不敢再看他。

曹操娓娓道來：「想那秦宜祿本是我手下叛奴，奸猾媚上素無德行可言，與那袁術、呂布之流倒是相得益彰。我本不該放過此人，但雲長既然開了口，我便看在你的面子上饒他狗命。」

關羽連忙抱拳：「在下受人之託忠人之事，並非與秦宜祿有何瓜葛，明公大可不必以末將薄面為慮。」他不想沾曹操一丁點兒人情。

「哎！」曹操含笑搖頭道：「不看將軍之面，需看美人之面。面若桃花，豈能不看？」

關羽聽他為老不尊言語輕佻，越發難以忍受：「末將告退了……」

「忙什麼？老夫的話還未說完呢！」曹操見他要走，趕忙拉住他，「俗話說『好漢無賢婦，賴男娶美妻』，那杜氏女跟了秦宜祿實在是大大的罪孽。我觀雲長相貌堂堂英氣十足，又有馬武、岑彭之勇，若能配此麗人，豈不是美女英雄珠聯璧合？」

「這……這萬萬不可。」關羽恨不得找個地縫鑽進去，連忙抽袖欲去。曹操死死不放：「是不可還是不敢？秦宜祿言道將此女獻於老夫，老夫再將其賞賜與將軍又有何不可？待攻破下邳之日，我將此女賜予雲長，再擇綾羅綢緞、簪環首飾以為嫁妝，一併送至雲長營內，此事可好？」

九尺高的關西漢子，豈有臉面答應這等事？關羽一甩衣袖，抱拳施禮，含羞帶愧而去——這就算是默認了吧！

曹操捋髯大笑，眼望關羽背影呼道：「雲長慢走，休要辜負老夫美意啊！」定下這件事，曹操更覺說不盡的舒暢，順水推舟竟促成這樣一宗美事，日後關羽必然感念他的厚待。兀自笑了一會兒，見程昱、李典、呂虔等紛紛來到，曹操將眾人讓進帳內，敘過故舊之誼，又議戰場上的安排。

彭城大捷

建安三年（西元一九八年）十月，曹操與夏侯惇所部、劉備以及兗州諸部合兵一處，越過徐州地界向呂布發難。

對於曹操這一次的侵犯，呂布其實是有所準備的。早在攻打小沛之際，他就與陳宮等人詳細計議了一番，依舊遵循當初濮陽之戰的策略，以逸待勞籠城而戰。有所不同的是，如今呂布的地盤大了，他不再僅以大本營下邳城為據點。而是自己與陳宮鎮守下邳，以部將高順、魏續、成廉等會合各部人馬集結於徐州西端的彭城，意欲將曹軍阻擋在徐州之外。

曹呂兩軍在彭城以西各列陣勢進行會戰。特別有趣的是，這一次雙方所部的陣勢竟與當年濮陽之戰幾無差別。

曹操依舊在曠野上將大軍分作四隊，自己統領著長年跟隨的沛國嫡系部隊、曹純的虎豹騎當中列隊；左翼乃程昱、李典、呂虔等率領的兗州軍；右翼則是夏侯淵、韓浩、劉若等暫領的夏侯惇部隊以及劉備那些殘兵；而在最前面，是于禁、樂進、朱靈、徐晃四員悍將率領的騎兵精銳。前軍抵禦敵鋒，左右兩翼包抄，後面中軍跟進，他們的打法顯而易見。

可呂布那一邊則麻煩許多。雖然他們總兵力與曹操在伯仲之間，但分屬於各個派系，只是同歸在呂布這個軍事聯盟。經過反覆協商，最終組成了一個尖刀陣型。刀鋒是高順、魏續統領的陷陣營，往後是成廉督率的其他并州軍與曹性督率的河內兵；最後面則是昔日跟隨呂布叛亂的山陽太守毛暉、東平太守徐翕率領的兗州叛軍，還有許耽率領的丹陽兵和徐州本土兵，他們也算是呂布的直轄部隊。而出人意料的是，廣陵太守陳登竟主動請纓，甘願率五千廣陵兵作為第二主力，生生隔在了這兩支呂布嫡系的中間。

至於豪強騎都尉臧霸，還有孫觀兄弟、吳敦、尹禮、昌霸那些小割據的兵馬，則由張遼組織起來，在尖刀陣之後或南或北鬆鬆散散地列出一個半圓。他們不是呂布的親信，還因私自攻殺琅邪相蕭建跟呂布鬧過衝突，不會一心一意為之賣命。但曹操代表著朝廷，一旦歸屬朝廷也就意味著失去自主武裝，相對而言呂布縱容他們搞割據，擁護呂布自己的路能走得更長遠些。所以這些人不打算率先投入戰鬥，但會在兩軍難分勝負的情況下出手幫高順一把，將曹軍趕出徐州。

勢均力敵的兩方軍馬自上午巳時列陣完畢，旌旗蔽日刀槍如林，可是作為入侵一方的曹操卻始終無法傳令攻擊。他心裡很清楚，自許都拉來的人馬是疲兵，夏侯惇的隊伍吃過敗仗是怯兵，兗州各地集結的隊伍是散兵，莫看湊在一起像模像樣，可要是真刀真槍幹上就不成了。曹操希望這個時候陳登能有所舉動，只要廣陵兵鬧起來，對方陣型勢必打亂，那樣自己就可以趁火打劫了。想至此曹操下令狠敲軍鼓卻不進軍，想要以此給陳登一個訊號，可不知是陳登不理解還是有別的緣故，敵人的陣型始終無絲毫混亂。

曹操不動也就罷了，可作為呂布這邊總指揮的高順也陷入了深深的思考。他倒不是洞悉陳登有問題，而是顧忌身邊的幾個人。原來呂布在到達徐州後曾爆發過一場叛亂，那場叛亂是由河內兵統帥郝萌引起的。郝萌原為張楊的部下，當年呂布寄居張楊處的時候，張楊將其撥給呂布調遣。呂布圖謀兗州失敗，被曹操逐往徐州，而郝萌卻想帶著自己的隊伍回歸河內老家，於是率兵趁夜包圍呂布宅邸，意欲弒主西歸。幸而呂布在屋中聽到喊殺聲，自被窩裡爬起來，袒胸露背突出後門逃到軍營中。郝萌偷襲失敗，被其副將曹性殺死，自此河內兵歸曹性統領。而高順與郝萌平素交情不錯，呂布又生猜疑，剝奪了高順的兵權，交與另一親信魏續統領。魏續偏偏不善攻戰，每有戰鬥陷陣營仍由高順指揮，打完了仗還是魏續帶。這樣長此以往，高順、曹性、魏續三人就有了矛盾。

高順始終有疑慮，今日大戰在即，魏續與曹性能不能全心全意輔助他呢？而後面諸部人馬也是皆有異心，萬一衝鋒不勝，魏續、曹性再不出力，大軍馬上就會崩潰。他考慮再三，畢竟己方是被侵犯的，只要能抵禦住敵人就算是勝利。所以高順也不下令衝鋒，聞聽曹軍鼓響，也傳令擊鼓助威。

殺氣騰騰的戰場上，交相呼應的鼓聲似萬馬奔騰一般，連大地都被震得瑟瑟抖動。雙方刀槍劍戟密排成林，兵鋒對敵不敢有絲毫鬆懈，但誰也不願釁自我開，陰森可怖的對峙場景竟持續了將近半個時辰！

曹操焦急地立在大纛旗下，眺望對方陣營，腦海裡瞬息不停地思考著。如果臨時有變，陳登不作出回應，這場仗又該怎麼打呢？對方戰鬥力強，但是人心不齊；自己這邊齊心協力是不成問題的，但戰鬥力卻遠不如敵人。真要是硬碰硬地打，結果必然兩敗俱傷，縱然可以擊敗高順，自己也將元氣大挫，莫說翻過身來打袁紹，連兵進下邳都成問題了。他思來想去心裡沒數，額頭已冒出涔涔的汗水。

就在這時，忽見本陣南邊一陣騷亂，軍兵閃躲之間奔來一騎戰馬。那馬上之將頂盔貫甲，鸚哥綠戰袍；赤紅臉，臥蠶眉，丹鳳眼，五綹長髯飄前胸；手擎著青龍偃月刀——正是關雲長！

「站住！」有虎豹騎橫住大戟趕忙喝止，「大帥本陣豈容擅闖？」

關羽一撥戰馬不再向前，猛然對曹操喊道：「明公何故還不傳令？兩軍相逢勇者勝，此時不戰更待何時！」

這聲大喊懾得曹操心下一陣翻滾。他一咬牙一狠心，拔出青釭寶劍傳令：「前軍出擊！」

前軍出擊……前軍出擊……前軍出擊……傳令官一聲接一聲喊著。關羽一擺掌中大刀，竟不歸右軍，逕自往前助陣而去。

對面高順緊握轡繩立在隊伍的最前沿，屏息凝神觀望曹軍一舉一動。猛然間，見肅立的前軍忽然一聲大喊：「殺啊……」數千騎兵如潮水般湧了過來。「來得好！」高順右手一豎長矛，左手二指銜入口中。耳輪中只聞一陣尖銳的口哨聲，陷陣營騎兵已經搭弓在手。密密麻麻的箭支似飛蝗般射去，衝鋒的曹軍落馬的落馬、撥打的撥打、閃避的閃避。高順抓住時機再鳴口哨，陷陣營將士也好似那離弦之箭，催動戰馬直撲曹軍。

所謂陷陣營，其實只有七百人。并州騎兵本就是精銳，陷陣營可堪精銳中的精銳，這隊兵能征慣戰騎射精湛，又統一以長矛為武器，加以強弓硬弩優良馬匹，無不以一當十，實為天下戰鬥力最強的武裝。曹軍騎兵還在忙於招架弓箭，卻見對手似閃電般奔到眼前，還未來得及舉起兵刃，冷森森的長矛已經插入了胸膛！眨眼間，一排騎兵當即落馬，有的撲地而亡，有的就地翻滾被鐵蹄踏為肉醬。

曹操的前軍也是精挑細選的，但他們的本事在陷陣營面前猶如兒戲，衝鋒立時停頓下來，只有招架之功毫無還手之力。高順親率兵將奮力而戰，長矛似鬼魅銀蛇般竄來竄去，三突兩突之間就攻破了曹軍的防線。川壅一潰，傷人必多！陷陣營突騎長矛連聳，像扎蛤蟆一樣將蜂擁而至的曹軍刺死，生生從前軍陣營貫穿而過，駁過馬來翻身再殺。多虧陣中尚有于禁、樂進、朱靈、徐晃四員悍將，再添上一個憤然加入戰團的關羽，雖然陣勢已亂卻未潰散。五員將各揮兵刃奮力搏殺，但一人之勇怎敵群魔交織，只不過是斬一兩個對手落馬而已。

曹操在後面看得清清楚楚，這樣打下去，前軍早晚會徹底垮掉，而後面的軍兵瞧在眼裡，這仗立時便沒法打了。他趕緊傳令全軍突擊，務必要在前軍潰敗之前鞏固住陣腳。

號令一出，左中右三陣步兵齊上，似浪頭般將前軍與陷陣營一併捲在人潮之中。對面的成廉、魏續、曹性見狀，唯恐敵眾我寡，趕緊招呼全軍出動，剩下的并州騎、河內兵也迅速加入了搏殺。霎時間戰馬狂嘶兵刃相交，殺了個昏天黑地鬼哭神嚎。

就在這人聲鼎沸的衝鋒之際，呂布那一方出了大問題！

前軍已然盡數出動，按理說後面的部隊應該疾速跟進乘勢掩殺。但陳登所部的廣陵兵卻突然變陣，原本四四方方隊形迅速列開，變成了一字長蛇陣！後面的兗州叛軍、徐州兵本來躍躍欲試，忽見前面變陣，以為陳登突發靈感有了破敵之計，便暫且等候。哪知等了一段時間，廣陵兵將穩穩站立絲毫不動，而後面的軍隊卻被這道人牆堵了個嚴嚴實實。

曹軍剛一交鋒略有不支，疲憊的疲憊、怯陣的怯陣，但眼見對方衝鋒而來的人數有限，大家穩住心神齊舉兵刃，一排排長槍大戟緊密刺去，并州騎被掀了個人仰馬翻。只不多時，曹軍竟像包餃子一般把敵人圍在了垓心①。

陳登穩坐雕鞍觀望著圍殲的場景，臉上帶著得意的微笑。為了這一天他已經準備了很久，一邊在廣陵收拾民心、招降海盜、秣馬厲兵，一邊三天兩頭給呂布寫逢迎感恩的書信。因為博取了信任，所以當他主動請纓作為第二主力插在中間時，竟沒一個人站出來反對。陳登的心計實比曹操預料的更加狠毒，若是交鋒之前他就倒戈一擊，結果是這場大戰高順失敗，并州軍潰亂而逃；但若是誆騙并州主力以寡擊眾，那就意味著呂布的本錢將在這一戰中全部折盡，以後再也無法打啦！而他自己的廣陵兵的損傷也會大大減少。

時至午時，萬里無雲紅日晃目，戰場也一片揚塵朦朦朧朧。曹軍密密麻麻團團將敵包圍，關羽、張飛、夏侯淵、樂進、徐晃、朱靈等勇將各揮兵刃反攻過來，後面的小兵以多欺少精神大長。只可憐這幫凶悍無比的并州騎，進行的竟是一場毫無勝算的戰爭，在強大的圍攻下漸漸不支，斬斷的臂膀、削掉的腦蓋滿天飛，時而迸發的鮮血似霧氣般蒸騰而起，把一陣陣悲壯的死前哀嚎籠罩其中。

但陷陣營的人個個都是孤膽英雄，雖然明知不敵，卻兀自死鬥，有的翻倒在地臨死前還把長矛擲向曹兵，有的已經沒了頭顱屍身依舊抱著馬脖子不放，有的失了馬匹竟赤手空拳撲向曹軍……

面對這樣觸目驚心的場景，陳登竟視而不見。在他心目中，呂布和這幫人不過是一群強盜，既沒有統一天下的志願，也沒有治國安邦的才能，除了殺人劫掠什麼也不會，殺死他們跟殺死野獸實是沒什麼區別。

正在他漠視戰場之際，忽然身後一亂，丹陽兵統帥許耽縱馬闖了過來，急得放聲大吼：「陳元龍！你他媽的幹什麼！并州軍就快完了，為什麼還不進攻？」

陳登微微一笑：「許將軍，你別急嘛！過來過來，主公有隱祕之事交代與我，我告訴你。」呂布陣營派系雜亂，各部將領都是鈎心鬥角慣了的，許耽聞聽這般鬼話竟信以為真，策馬趕到陳登旁邊：「主公說什麼了？」

陳登湊到許耽耳畔低聲道：「我家主公命我在陣前倒戈。」

許耽一怔，還在思索這句話是什麼意思，突覺背後一涼，好幾個廣陵兵已將長槍刺入他脊梁！許耽一個跟頭栽下馬來，嘴裡還在回應陳登的話：「你的……主子究竟……是、是誰……」話未說完，口中鮮血湧出，已絕氣身亡。

陳登不住搖頭，對著屍體喃喃道：「你問我主子是誰？許耽你自己呢？你身為丹陽之將，原本該是周昕的部下，卻隨著陶謙北上，叛劉備迎呂布，你的主子又究竟是誰呢？朝三暮四反覆無常，誰叫咱們趕上這世道呢……」說罷他歎了口氣，忽覺胸腹間甚是憋悶。陳登不知何時染上一種怪病，時而憋氣疼痛，這會兒又犯起來了，他生怕耽誤大事，趕緊吩咐部下：「曹公那邊必勝無疑，咱們

---

① 垓心，戰場上重重圍困的中心。

不用管了。傳我將令，全軍將士轉過頭給我向後殺！」

廣陵軍陣前倒戈，這可把整個戰局都給攪亂了。後面的徐州兵、并州叛軍正紛紛伸著脖子試圖越過前面的人觀看戰勢，忽見人牆轉身，長槍大戟奔自己而來，這一擊出乎意料，頓時死傷無數。丹陽兵連自己的統帥都找不到了，哪有交戰之心，紛紛丟盔棄甲而逃。至於臧霸、孫觀、吳敦、尹禮、昌霸的雜牌軍，交頭接耳亂成了一鍋粥。

曹操在對面看得真真切切，不禁讚歎：「陳元龍真好手段！」傳令大軍就勢掩殺。

喊殺聲、哀號聲、馬嘶聲、告饒聲響徹雲天，呂布後軍陣營已被衝得大亂。高順尚在包圍圈中掙命，身邊連一個親兵都沒有了。渾身是鐵能打幾根釘？左衝右突之間，他漸覺膀臂酸麻呼吸不暢，情知已不能再戰，趕緊調轉馬頭，一連刺死幾個曹兵，這才與魏續、曹性、成廉會合一處。但大隊并州兵都已戰死，幾員將身邊只有數十人跟隨，大部分還身被數創。而四下的曹軍兵層層甲層層，圍了個風不透雨不漏，無數的刀槍兵刃在日頭下轉來轉去泛著紅光，照得人頭暈目眩，這時再想要突圍勢比登天還難。

猛然間一道黃影閃過，一員并州大將自曹軍周邊突了進來。此人身長八尺開外，膀闊腰圓，鎧甲鮮明，坐騎黃膘戰馬；一張淡金臉膛，黃焦焦的鬍鬚，大寬腦門，鼻直口正，下巴像個鏟子般往外撇著，手舞一柄象鼻子大刀，威風凜凜勇不可當——正是張遼張文遠！

張遼為人粗獷豪爽，與臧霸、孫觀等人的私交甚篤，因而呂布派他將那幫人組織起來作為援手。但是眼見戰事突變，張遼已覺取勝無望，便帶領親兵奮力突過廣陵軍、曹軍兩道阻隔前來救人。高順等都已筋疲力盡，見張遼如見救命稻草，趕緊隨他往外逃。正逃間，只見關羽橫刀攔住道路。

關羽一眼看到了張遼，他這兩年在小沛久與呂布手下打交道，把張遼當個朋友，因而高喝道：「文遠！事已至此還不歸降？曹公那裡自有愚兄前去美言。」

「要打便打！今日之事各為其主耳！」張遼左右奮戰還不忘答話。

「文遠看刀！」關羽畢竟看中此人，動手前竟先喊了一聲。

張遼不敢怠慢，劈死身邊一個曹軍小校，趕忙回刀招架。象鼻刀對偃月刀，一碰之間各自用力，一個掀一個壓，兩件兵刃在半空中畫了個弧才拆開。高順手疾眼快，矛鑽打馬，竟從兩件兵刃下低頭鑽過，大喝一聲：「關羽看招！」矛尖卻不奔關羽，突襲他身後兵丁，刺倒幾人闖出道口子。

關羽暗罵高順狡猾，欲要追趕卻見張遼大刀又到，只得二次對刀。張遼這一刀實是使盡平生之勁，關羽也是全力架住，一聲巨響，兩杆大刀架於半空之中。成廉一見照方抓藥，催馬自下面鑽過，又逃了一個。

眼見後面曹性、魏續也欲走，關羽趕緊收刀，在空中一擺橫著朝曹性劈去。曹性猝不及防無法招架，趕緊撥馬躲避——人是躲開了，但見紅光迸現，馬腦袋已被偃月刀齊頸斬去！張遼方才主動出擊用力甚猛，關羽陡然收刀，他卻收拾不住，可眼見形勢一變，曹性馬死栽倒，自己刀落下去的位置竟是曹性的腦袋；他趕緊調轉馬頭刀走偏路，這才招式走空。

張遼也真了得，眨眼間又提起大刀穩住心神，意欲再戰關羽，就聽曹性坐在地上衝他喊道：「他媽的！我們完了，你還不快跑！」他甩臉觀瞧，曹性大腿帶傷已站不起來，後面的魏續滿臉懼色，全靠身邊十幾個兵士保護；而曹營諸班勇將都已圍攏過來——這二人已是救不出來了！張遼一咬牙，舞動大刀橫掃一招，趁勢撥馬，逐高順、成廉突圍而去。

三員將來了個馬頭銜馬尾，似一條蜈蚣般張牙舞爪衝出重圍，舉目東望自己那邊的陣營，不禁毛骨悚然——原本浩浩蕩蕩的隊伍早已不復存在，陳登率部早把徐州兵、兗州兵打散，向著彭城的方向追趕下去。而那些幫兵助陣的隊伍，各帶各的人馬偃旗息鼓揚長而去……

血淋淋的戰場漸漸沉寂下來，擂鼓之士也都停下了手。所剩的十幾個并州兵盡皆跌落馬下，一個個渾身是血氣息奄奄，雖兀自握著長矛，已毫無還手之力。外面的曹軍圍了一層又一層，千萬件兵刃冷森森指向他們。這時軍兵閃開一道人胡同，曹操在虎豹騎的拱衛下信馬至近前，掃視了他們一眼，微笑道：「還有沒有領兵之將？」

「罪將參……參見曹公！」魏續一見曹操嚇得體似篩糠跪倒在地。

曹性一見此景捂著傷腿不住喝罵：「無恥小人！怎能向老賊卑躬屈膝！虧你還是陷陣營的統帥，真真折辱我們并州漢子！」

後面的許褚聽曹性罵出「老賊」就要上前結果他性命，曹操橫鞭擋住，笑盈盈道：「事已至此，你們還不歸降嗎？」

曹性扯著嗓子喝道：「不降！不降！若不是陳元龍陣前倒戈，你這老兒焉能得勝？陰謀詭計勝之不武！」

曹操撚鬚道：「這叫陰謀詭計？豈不聞兵法有云：『非聖智不能使間，非仁義不能使間，非微妙不能得間之實』？那呂布以怨報德反復無常，為功名利祿弒丁原、刺董卓、反袁紹、棄張邈、襲劉備，這等朝秦暮楚唯利是圖的小人，早把人心失盡啦！廣陵陳登倒戈陣前，青徐豪強捲甲而散。就剩你這執迷不悟的愚鈍武夫了，難道還想為他殉葬嗎？」

「哼！我們并州武士天下聞名，絕不投降！」

「何其痴也！」曹操搖了搖頭，「你們本并州良民，若非因為呂布，何至於輾轉征殺流亡到徐州來啊……難道就不想家鄉親人嗎？」

這句話真的觸動了曹性，鋼筋鐵骨的漢子禁不住淚如泉湧。呂布在對他們說有朝一日帶大家打回并州故鄉，但是從長安到河內，從河內到兗州，從兗州又到徐州，一路向東離家鄉越來越遠，或許這輩子永遠都回不去了……

曹軍將士見此情景無不淒然；曹操也覺傷感，又低沉地問了一聲：「降還是不降？」

曹性抹了一把眼淚，道：「并州勇士有死不降！」

魏續驚得面如土色，連連磕頭：「曹公饒命！他不降我降……」

這一語未畢，但見曹性猛地抽出腰刀，刀鋒閃耀在空中畫出一道弧線，已將魏續砍死在血泊中。四圍曹軍未及驚呼，曹性又已橫刀在項，猛地一拉，咽喉處血噴如柱，喃喃了一聲：「回家了……」便倒在魏續的屍身上。

「唉……可惜嘍……」曹操方歎息一聲，又見寒光陣陣，那十幾個敗兵擎矛在手，有的認準夥伴互刺胸膛，有的自刺咽喉，彷彿一陣西風吹倒了麥稈，橫七豎八殉葬在沙場之上。

「此亦勇士，好生安葬他們吧！」曹操掉轉馬不忍再看，心下一陣茫然——呂布把這些淳樸的漢子都歷練成殺人劫掠的禽獸了，似乎不打仗他們就不知該為什麼而活，真是悲哀啊……

抬頭間又見呂昭打馬而來：「啟稟主公，陳登追擊敵人大獲全勝。彭城守將侯楷不敢開門，敗兵已向下邳方向逃竄。」

「好！」曹操精神一振，「傳令三軍，給我包圍彭城！我要誘呂布親自來戰！」

第十六章

曹操對陣袁紹，生死決戰一觸即發

困獸猶鬥

彭城以西一場血戰，呂布帳下的并州精銳幾乎全軍覆沒，陷陣營更是盡數戰死，又折曹性、魏續、許耽三將。徐州部、兗州部、丹陽兵遭陳登追擊，死走逃亡不計其數，最終回到下邳的只有千餘人。

曹操趁勢包圍彭城，意欲誘呂布出戰。但呂布記取當年在兗州的教訓，死守下邳不發救兵，並傳令徐州各城的守軍堅壁清野。曹操鑒於河北的形勢不敢拖延，連續攻城三晝夜，將彭城攻破，俘獲呂布任命的彭城相侯楷。為了動搖徐州局勢，曹操使出殺手鐧，下令將城內之人全部屠殺；並向整個徐州散布消息，主動獻城投降者可免死，堅守頑抗再破者屠城。

呂布輾轉流亡到徐州，一路上吸納了各個地方的軍隊，這些軍隊各有統帥難以合併，加之徐州自陶謙時代便割據紛亂，因而呂布的統治並無嚴謹的體系，更近乎一個軍事聯盟。在這聯盟中，各個派系既互相合作也鈎心鬥角，但絕對主力的并州兵起著震懾作用，因為有他們在，其他派系才會俯首帖耳。現在呂布的左將軍頭銜已被曹操以朝廷名義撤銷，并州精銳又死傷殆盡，被圍城者得不到救援，負隅頑抗者只有死路。呂布既沒有統治徐州的名分，又沒有保護大家的實力，誰還跟隨他呢？東海、彭城、琅琊、下邳所屬的各個縣紛紛開門投降，下邳竟在霎時間變成了孤城！

呂布這才明白堅守解決不了問題，再次差出張遼去聯絡沿海割據的臧霸、吳敦、孫觀等人，意欲合兵一處；又派兗州叛將許汜、王楷趕往淮南，答應袁術結為兒女親家，向昔日的敵人搬請救兵。

可曹操根本不給他喘息的餘地，自彭城火速進軍，數日光景已踏入下邳界內。一旦圍城便戰無可戰，呂布來不及等候救援，只得集結殘兵敗將勉強出兵，試圖阻擊曹操的進程。

對於這一戰，曹操早有防備。布置行軍隊形時，已派史渙、呂昭、王圖、蔡楊、賈信、扈質、牛蓋、牛金、張喜等一干小將各率親兵在前面帶隊，又喚程昱、陳登二人授以破敵計策。考慮到呂布英勇難當，敢於突襲主帥，曹操特意將虎豹騎移到了隊伍最尾。所以一得到斥候的稟報，大家有條不紊各行其是——各隊人馬分散列開，呈扇面狀讓出空地以備交戰；程昱、陳登帶領隨從依計行事，虎豹騎護衛曹操登上後方一個高坡，俯瞰整個戰場。

隨軍士卒中不乏經過濮陽之戰的老兵，他們向同伴訴說著呂布的威風，簡直把他形容成了神兵天將，彷彿他一出現立刻飛沙走石地動山搖。哪知真等呂布率兵來到近前，所有人都洩氣了——呂布還是那身裝扮：頭戴三叉束髮紫金冠，身披赤金獸面連環鎧，外罩西川紅錦百花戰袍，肩挎金漆畫雀弓，腰繫玲瓏獅蠻帶，腿縛銀絲護膝甲，足蹬虎頭戰靴，跨著寶鞍金韂的赤兔馬；掌中的方天畫戟一晃，十分的人才，八面的威風。可是，形影不離的并州鐵騎已經不復存在了。

跟隨呂布而來的士兵太慘了，服色不同高矮不一，手裡長短傢伙都有。并州兵、徐州兵、兗州兵都已打亂了建制，權且編到了一起，只有百十個騎著馬的，更有甚者是從下邳城中臨時抓來的壯丁。這一路行來，不少人已經吁吁帶喘萎靡不振，督隊的高順、成廉二將不得不連聲呵斥以保持隊形——這場仗還沒打，勝敗已經一望便知了。

曹操懷抱令旗坐在山頭，一見此等光景不禁捋髯而笑：「即便身負霸王之勇，用此殘兵敗將，結果還不是自刎烏江？」哪知曹操笑紋未收，呂布竟高舉畫戟，下令全軍衝鋒——這不是打仗，是玩命啊！

那些雜兵聞聽號令，連個「殺」字都懶得喊，各舉兵刃戰戰兢兢往前擁，沒跑幾步隊形就全亂了。而列於曹軍前鋒的清一色都是新近提拔的小將，歸屬於各個將軍帳下聽用，今日曹操把他們單提出來打衝鋒，這幫人都爭著殺敵立功搏前程呢！一見來了這麼熊的兵，各催坐騎帶領親兵就往前衝。

兩軍相遇之際，呂布那邊立刻齊刷刷倒下一大片。後面的人一見前頭的已然送死，怵生生哭爹喊娘地就要散，往後逃的倒比往前衝的多。

眼看這場戰就要立時結束了，忽然一道紅影衝入了戰團。呂布掌中方天畫戟往左一揮，十幾件兵刃立刻劈劈啪啪打飛；畫戟就勢往右回掃，衝在最前面的幾個曹兵登時命喪黃泉！呂布畢竟是呂布，單憑一人一騎，就夠大群曹兵忙活的了。但見方天畫戟忽上忽下忽左忽右，已把身旁曹兵殺得人仰馬翻，他馬前丈許之內竟無人敢近。繼而又聞他大吼一聲，竟躍起赤兔馬跳入曹軍陣中，在人群中一躥一躍，似砍瓜切菜般殺人，形似魔鬼狀若瘋癲，把曹兵嚇得四處躲避。高順、成廉也到了，兩杆長矛神出鬼沒刺入陣中；緊接著，僅有的百名騎兵迅速跟至，都是一副不要命的架勢，哪管對面有多少曹兵，舉著傢伙閉眼就刺，殺一個夠本，殺兩個就有賺！將有必死之心，士無貪生之念，就是這少數的兵馬，竟將曹軍的攻勢抵禦住了。他們這麼一殺，原本後退的雜兵也看傻了，突覺這場仗還有獲勝的可能，紛紛舉著傢伙又衝回來助陣。

曹操在山上看得有些發傻，萬沒料到勝券在握的仗會打成這樣。那廝殺緊張得叫人透不過氣來，兵刃相交激起一陣陣令人膽寒的碰撞聲，戰馬嘶鳴著衝撞往來。鮮血似火焰般時不時地噴發怒竄，兩軍前鋒肉搏之處，所有人都殺得血葫蘆一般，倒地的死屍被戰靴、馬蹄踩成一塊塊爛泥。

曹操俯低身子收攏目光單尋呂布。只見他此刻已殺紅了眼，臉上身上全是黏稠的鮮血，一邊呼喊著「殺啊！」一邊揮動大戟劈刺掃砍。恰見一個騎兵揮刀向他當胸砍來，呂布身子一閃，順手將畫戟刺入他肚子，雙膀一使勁，將那兵生生舉起，就勢一通濫掃，借死人撥倒一大片曹兵，然後在半空中一甩，將血肉模糊的屍體擲入人群中，又砸倒了一大片……此刻小將蔡楊正殺到他近前，見呂布高舉畫戟摜出屍體，舉槍就往他腋下刺去；呂布不及收戟探左手一抓，竟將槍尖握在手裡，卯足力氣往回一拉──連槍帶人都被扯翻在地，所幸幾個親兵忘死相救，把蔡楊從赤兔馬蹄邊拖開，這才撿回一條命。

呂布方扯落蔡楊，另一邊牛金、牛蓋兩把大刀又到了；他趕忙回身用戟杆一搪──兩把刀立時脫手，飛得無影無蹤！二將失了兵刃，驚得撥馬就跑。呂布還未收戟，忽覺腦後金風驟至，原來諸小將中以張喜最靈，竟闖了條血路，繞至他身後下手。料想這一槍已避無可避，哪知呂布突然一揪赤兔馬的鬃毛──赤兔頓時壓低腦袋、撩起後蹄。張喜的槍擦著呂布頭頂而過，赤兔馬的後蹄卻踢在了張喜坐騎的脖子上。那畜生疼得四蹄亂蹦，竟載著張喜朝自己兵的方向趟殺過去。

曹操再也看不下去了，猛然站起來，喊道：「後隊放箭！」

命令傳下，曹軍後隊立時放出一陣箭雨，落點恰好是兩軍相接之處。不管是呂布的兵還是曹兵都有不少中箭的，兩邊士卒莫名其妙，自然而然各退了兩步。

就在這一愣之間，曹操舉起令旗在空中左右搖擺──戰場東面的小山頭立時鼓樂大作，丘陵上豎起一面白旗，上寫著「兗州人來降」五個大字。程昱、李典、呂虔立於旗下，四圍全都是兗州兵士，扯著嗓門喊著家鄉土話。

呂布軍中有不少兗州人，是當年跟著陳宮投奔過去的。這些兵被并州人欺壓已久，但懾於呂布之威不敢逃亡。這會兒在戰場上忽聞鄉音，又看到了家鄉的將軍，眾人大感回家的時機來了，有幾個腦子靈的立時向東奔去。有一個跑就有一幫跟著的，兗州兵源源不斷地脫離戰陣。

「不許走！」呂布勃然大怒，揮戟殺了身邊兩個想跑的人；見還止不住逃兵，意欲衝上山頭斬旗殺人。這時又聞西首山頭上又是一陣亂，豎起一面「徐州人來降」的白旗。陳登、陳矯、徐宣立於旗下，新近降曹的徐州士兵敲鑼打鼓也在招呼老鄉——霎時間，呂布帳下的徐州逃兵也開了閘！

兗州人東逃，徐州人西竄。呂布突覺一陣涼意，彷彿渾身的血都被抽乾了，回頭再看——只剩下一群殺得氣喘吁吁的并州老鄉了。

本來就是敵眾我寡，現在又跑了一大半，呂布實在是打不下去了。眼見曹軍又已攻殺過來，他撥轉赤兔喊了聲「撤退！」當先縱馬奔出了戰陣。他這一逃，所剩將士趕緊跟隨，曹軍兜著屁股一陣趕殺，不少筋疲力盡的并州兵被亂槍刺於馬下。

雖然勝了，曹操卻一點兒也高興不起來，手中令旗頹然落地，長出了一口氣：「唉……總算是打完了，驚出我一身汗……咱下山吧！」虎豹騎保著他還未下到山腳，又見史渙縱馬拖著一個渾身是血的俘虜迎面馳來，離著老遠就喊道：「啟稟曹公，末將擒獲成廉！」

「快放開他！」有了上次的曹性自盡的教訓，曹操趕緊下馬，站在山坡上拱手道：「成將軍，辛苦你了。」

成廉大腿中槍，又被史渙拖了一陣，臉上模模糊糊都是血，站是站不起來了，費了九牛二虎之力才勉強坐穩。他不似曹性那般倔強，只是歎息道：「唉……此乃天意啊……」

「不是天意，這是人心！」曹操牽著馬信步走下山坡，「呂奉先雖有項羽之勇，但士卒百姓又何曾真的歸心與他？不修仁德單憑武力，昔日在兗州失敗了，今天在徐州也一樣會失敗。」

成廉半晌無語，最後抬起頭來緩緩道：「誠如曹公所言，我家將軍實非命世之才。說句掏心窩子的話，想起這些年我們的所作所為，末將時常感覺如芒在背啊！」的的確確，呂布的這支人馬反覆無常又劫掠百姓，已殘害了太多的人。

曹操見他頗有悔意，笑道：「呂布既逃，回至下邳定會緊守不出；我若攻城，士卒死傷必多。上天有好生之德，老夫實不忍再看兩家兵將無謂犧牲。將軍能不能在城下喊話，讓呂奉先開門投降呢？老夫保證，絕不害城中將士性命！」曹操向陳登打聽過，下邳是徐州第一堅城，攻堅戰勢必不好打。

「非是在下不肯，下邳恐難招降。」成廉的口氣很堅決。

「未必吧？」曹操冷笑一聲，「我觀呂布所作所為並無恆心。」

成廉搖頭道：「呂布易說，陳宮難撼啊！」

曹操立時語塞——當年日害三賢，陳宮負氣而叛，還蠱惑張邈、張超、李封、薛蘭、許汜、王楷、毛暉、徐翕一大幫人造反。呂布胸無大志八成會投降，但陳宮恐怕是不可能了。

成廉喃喃道：「曹公有所不知，并州、兗州兩部素有矛盾。如今城裡并州兵只剩宋憲、侯成帳下數百，統籌之事已落入陳宮等人之手。即便呂布回到下邳，他也管不住那幫人啦！」

「聽說潁川陳元方父子也在城中，他們可安好？」曹操忽然想起了陳紀、陳群。

成廉血糊糊的臉一抽動，似乎是笑了：「好著呢，陳宮一直照顧著他……還有畢諶、魏種也是。」曹操為兗州刺史時，舉魏種為孝廉、任畢諶為別駕，對二人十分重用。哪知陳宮之叛，魏種貪生投敵，畢諶因老母被挾，竟棄他而去——這又是兩筆糊塗帳！

曹操沉吟半晌才道：「不論如何，先圍了下邳再說。」低頭又問成廉，「將軍可願歸降喊話？」

成廉搖搖頭：「在下出身并州，當效本主。若我家將軍歸降，在下即刻也降。我家將軍不降，在下唯有一死。」

曹操點點頭：「呂布不才，然帳下皆是好漢……史渙，暫將他收押軍中，待得了下邳再作理會。」

經過這一場大戰，曹操的心思又活動了：呂布驍勇天下無雙，又沒什麼遠大志向，若是能招降過來用為先鋒，何樂而不為呢？

水淹下邳

下邳縣乃徐州下邳國首縣，漢初韓信受封楚王曾以此處為都。縣南有泗水自西向東流淌，縣東又有沂水自北向南注入泗水，形成三岔河口，是為天然屏障；縣城方圓十二里，內外三重城牆，皆高四丈有餘，白色磐石堆砌，外郭南門最為雄偉，民間稱之為「白門樓」。

曹軍大隊趕到時，陳登已率廣陵兵為先鋒，將下邳城包圍起來。索性大包圍套小包圍，二萬多兵將城池困了個水洩不通。曹操穿過人群來到近前，仰望著這座大城，心頭頓生憂慮——要破這座城可太難啦！縱然強攻硬打能破外郭，裡面還有兩層城牆，一層一層打下去，既折損兵馬又耗費時日。想至此，命兵士連聲呼喊，喚呂布出來答話。

呂布此刻就在城上，他被眼前的包圍驚住了。昔日兗州之役，他幾次大破曹軍，甚至以方天畫戟敲過曹操的頭盔，嚇得曹阿瞞跪倒告饒、巧言誆騙才撿了條性命。可今天一切都變了，那個沛國譙縣的矮子竟有了這麼雄厚的實力，茫茫大軍圍了個裡三層外三層。再往人群中細打量，劉備、陳登的旗號皆在其中，敵人聯手部下背叛，呂布怒火中燒，聽到下面的人呼喊自己的名字，他手扶女兒牆兀自口硬：「本將軍未死！現就在此，曹賊能奈我何？」

陳登一馬趟出人群，嘲笑道：「呂奉先，你反叛朝廷，已被割去官職，有何臉面再稱將軍？還有一件事相告，你派出去向袁術求救的許汜、王楷，見你大勢已去，已經轉投荊州劉表去了！張遼雖到海濱，然臧霸等人忌憚天威不敢發兵。呂布，你完啦！」

「呸！」呂布破口大罵，「陳登豎子！反覆小人！忘恩負義！寡廉少恥！」他恨不得把自己知道的所有惡言都用到陳登身上。

陳登仰面大笑：「呂布啊呂布，你對我有何恩義可言？拍拍胸脯想一想，我這廣陵太守是你給的還是朝廷給的？」

呂布被他頂得啞口無言……是啊！人家的官本就是曹操給的呀！

陳登仰著面直視著呂布：「你說我是反覆小人，我倒要問問你，你這半生又都幹了些什麼！你本五原郡一武夫，出身卑賤，被丁建陽收留，視為心腹用為主簿，對你情真意重。後來董卓進京以錢財官爵賄賂與你，你便賣主求榮手刃丁原，轉而認賊作父！保了董卓不過數載，災星未退色心又起，與其小妾私通，為防醜事敗壞，投靠王司徒刺董，轉眼間也成了救國忠良。

「棄暗投明本是正理，李傕、郭汜打破長安，你就當隨王允死節，卻懷揣賊父人頭投靠袁術，袁術怨你無情不願收留，你翻臉不認人，立刻又轉投袁紹。跟隨袁紹倒也罷了，放縱部下強搶民女劫掠財物。袁本初將你逐出冀州，你再投昔日同僚張楊。張楊待你推心置腹，你卻勾結張邈又犯兗州，棄朋友於不顧。惜乎你那點兒德行鬥不過神威赫赫的曹公，轉而逃至徐州劉玄德麾下。劉玄德供你糧草給你輜重，反而成全你這餵不熟的狼！劉備、袁術交鋒之際，你奪人之地誘人之兵，把徐州搶占過來，又翻過臉來打袁術！」陳登句句誅心，行雲流水一般把呂布種種不義之事抖落了一遍，「呂布！你朝三暮四兩面三刀，所過之處戕害黎民，老百姓恨不得戮爾屍、食爾肉、寢爾皮！似你這等不忠不孝不仁不義之徒，人人得而誅之！」

呂布被他罵得又羞又愧又恨又惱，白臉轉紅五官倒豎，手扒女牆一陣怪叫：「哇呀呀……氣煞我也！」

「氣有何用？」陳登一甩衣袖，回頭掃向兵士，「廣陵兵將聽真！爾等皆是徐州之民，若有人受過并州武夫欺壓劫掠之苦，恨此殘暴之徒，就喊三聲『殺』叫他聽聽！」

殺……殺……殺……

吶喊聲震天動地響徹雲霄，喊到第三聲時，莫說是徐州人，就連兗州人、豫州人都跟著扯著嗓門大吼。

呂布瞪大眼睛看著這驚心動魄的情景，蓋世的英武霎時間消失得無影無蹤……完了！徹底完了！呂布的心死了……原本他還可憑胯下赤兔掌中畫戟奪條血路，可是現在他不行了，他顫抖了……即便逃出去又能怎樣？再往東就是大海了，北面的袁紹恨他入骨，南面的袁術也已得罪，往西投奔老朋友張楊，可從兗州到豫州都是曹操的地盤；臧霸、孫觀、尹禮等按兵不動，條條道路都已堵死，天下雖大哪裡有立錐之地……呂布只感頭暈目眩，身子一晃伏倒在女牆之上。

曹操在下面看得分明，揮舞手臂示意大家收聲，輕催坐騎出了兵群，放聲道：「呂將軍！呂將軍！」

呂布聽他還叫自己為將軍，強打精神往下張望。曹操似乎歎了口氣，緩緩道：「將軍莫要灰心，棄惡從善尚有一線希望。將軍曾刺殺賊臣董卓、攻戰僭逆袁術，這些功勞當今天子至今不忘，老夫也時刻掛懷。今既已兵敗，與其困守孤城，何不順天應人主動歸降呢？」

一言點醒夢中人，呂布藍隱隱的眼睛一亮，似乎感到一線生機，方要應允，忽聞背後一聲斷喝：「城可破，頭可殺，誓死不降曹賊！」

連城上的帶城下的，所有人盡皆吃驚，放眼望去見一中年文生衣冠不整滿面憔悴探出女牆——正是陳宮！

曹操心頭一凜，抱拳拱手：「公台，別來無恙？」

陳宮悲怒交加：「呸！曹操老賊素無恩義。昔日袁仲甫、邊文禮、桓文林與爾何仇，一時恚怒三家滿門斃命！金元休被你逐出兗州，終被袁術屠戮！你攻打陶謙之時，屠殺東海五城，現在還有何臉面自稱得徐州之民心？」

剛才呂布被陳登罵得又羞又惱，這會兒陳宮的幾句話又把曹操說得無地自容。做過的事賴也賴不掉，日殺三賢、驅逐金尚、屠戮徐州，這都是曹操一生都洗不去的罪過，面對著深知底細的陳宮，他還能有什麼辯白？陳登見狀趕緊接過話茬：「陳公台少要賣狂！何謂民心不附？倘若人心不附，怎有這許多徐州將士前來圍城！」

忽見城頭又躥出一人：「住口！陳元龍，你臨陣倒戈害死我并州無數兄弟，有我高順三寸氣在，寧可魚死網破決不投降！」

「助紂為虐咎由自取！」陳登立刻反唇相譏。

你一句、我一句、他一句，陳登與陳宮、高順罵了個不可開交。呂布身為主帥竟插不上話，彈壓也彈壓不住，看著已經失控的局面，一點辦法也沒有，頹然歎息而去，索性把城樓丟給他們不管了……

剛開始還是對罵，後來高順惱怒至極，奪過兵士弓箭就往下射。眾親兵連忙保著曹操、陳登歸隊。緊接著上面的箭支、落石稀裡嘩啦一來一大片，底下的曹兵又是咒罵又是還射——儼然又開了仗！

曹操帶著親兵一路後退，撤出包圍圈，眼望著一片喧鬧的白門樓歎息不已。荀攸、郭嘉、程昱三人也脫離戰場縱馬尾隨而至。程昱是從兗州時代經歷過來的，深知剛才陳宮那幾句話刺痛了曹操，陪笑道：「明公不必著急，我看下邳戰事且付與三軍小兒。此處乃昔日風雲之地，咱們信馬由韁去西邊遊覽遊覽可好？」

「好吧。」曹操失落地點點頭。四個人撥馬向西，望三岔河口而去，只有曹純、許褚督百名虎豹騎相隨。

曹軍此番圍城，各路兵馬匯集，營寨紮下數里。四人帶隊一一穿過，每過一寨，都有留守的將官出來跪迎。曹操也不說話，只揚手示意他們起來，繼續向西而行。眼瞅著到了最周邊，正是劉備的寨子，關羽率領親兵在寨門施禮相送。

曹操一見威風凜凜、五綹長髯的關羽，心下頗感寬慰，便開了口：「雲長快快請起。」關羽手托長髯站起身來：「明公辛苦了。」

「將軍等才是真正辛苦。待回朝之日我定要犒賞三軍。」

關羽低下頭，結結巴巴道：「望明公勿忘秦宜祿之事。」

「哦？」曹操一愣，隨即哈哈大笑，「此事老夫記得。」見關羽又有愧色，當著眾人的面也不好再說什麼，帶著程昱他們繼續前行。這已經是關羽第二次提起這件事了，曹操心下稱奇，關雲長鐵骨錚錚，怎會對那個杜氏如此傾心呢？想至此打定主意，將來一定要先見見這個貂蟬女！

離了大營，諸人抬頭觀看。時近隆冬哪有什麼迷人景致？望不見霸王項羽雄武遺跡、望不見智勇韓信瀟灑餘光、望不見青草百花爭相怒放、望不見裡面百姓往來營生。但見漫天陰雲不透斜陽，荒原淒涼四下蕭索，遍地都是秋霜肅殺的枯茅，被西北風吹得顫顫抖動，泗水、沂水嘩嘩流淌，河畔老樹枯萎扭曲……曹操一陣悲從中來。

程昱卻興致不減，指向遠處泗水之上一處古舊的石橋道：「明公精通兵法，著錄節要，可知這是什麼地方嗎？」

「嗯？」曹操一愣，仔細打量眼前的石橋流水，還是搖了搖頭。

程昱笑道：「此乃泗水橋啊！」

一聽此言曹操也笑了：「原來是留侯得遇黃石公之地。」

留侯乃大漢開國名臣張良。他本七雄中韓國的遺臣，年輕時便有志推翻大秦復立韓國，於是結交力士倉海君，在博浪沙行刺秦王嬴政。不料行刺失手，倉海公遭擒，張良逃亡下邳。傳說他路過泗水橋時見一老翁坐於橋上垂釣。恰好那老翁鞋子掉落水中，喚張良下水撈取，言語刻薄殊無禮數。但張良念及他老邁年高，撲入水中為他撿鞋，哪知老翁又叫他趨身把鞋給自己穿上，張良並不違拗一概遵從。老翁口稱「孺子可教也！」命其五日後復來，當有要書相付。五日之後張良來到，老翁竟不與，又推五日為期。如此再三，老翁才授予兵書三卷。張良讀此書智謀大長，輔佐高祖劉邦平定天下。此老翁即黃石公，所授兵書三卷即《三略》。

郭嘉湊趣道：「既是張子房得書之處，咱們不妨踏上去看看。」

曹操點頭應允，三人下馬信步來到小橋上。卻見四下荒蕪、石橋殘破、北風陣陣、泗水湍急，全然尋不到先賢的影跡。曹操歎息一聲：「我看民間傳言未必是實啊……」

曹孟德手扶石橋連嗟歎，逝者如斯似水流淌，轉眼間四十五歲將來到，所奮鬥的事業仍舊蒼茫！這世間萬物蒼生的疾苦何時才有個頭？回頭再往下邳望，如此堅城何日能破？河北袁紹磨刀霍霍似豺狼！

程仲德眼望流水心潮澎湃，壯士胸懷動衷腸。生於亂世自當建功立業，將來名標青史著錄蘭台，留得威名後世揚。回首又看下邳城，果然是龍爭虎鬥好戰場！

荀公達閉目凝思自悲涼。憶往昔張子房本意復興韓國，到頭來稱孤道寡的卻是那劉季兒郎！想今朝自己身為漢臣，縱然勞苦一生大功告成，還不知將來是姓劉的還是姓曹的坐朝堂！睜眼又見下邳城，那本楚王韓信都城，那韓信立下不世之功，到頭來未央宮呂后刀下一命亡！

郭奉孝緊緊衣襟暗自罵，天寒地凍北風涼。這三個老傢伙閒來無事瞎轉悠，還不如回至營中研究戰事細商量。回首再望下邳城，陳宮、高順怎麼還不降……

四人各懷心思，呆立良久，最後還是曹操先開了口：「仲德，你膝下現有幾子？」

程昱一愣，不知他為何想起問這個，笑道：「在下不才，只有犬子程武一人。」

「生兒子有什麼才與不才的？」曹操擺擺手。雖這麼說，他心中卻有小算盤，他與程昱年紀相仿，程昱只有一子，而他除曹真、曹彬、何晏不算，現今膝下有五個兒子，曹丕、曹彰、曹植、曹玹、曹沖，最近宛城所納周氏小妾又已身懷有孕，出征之際曹操曾有囑咐，倘若生男取名曹均……四十五歲的年紀，南征北戰還能生兒育女，這說明身體還很健朗啊！

曹操感到一絲欣慰，眼望著下邳城喃喃道：「黃石公《三略》有云：『端末未見，人莫能知；天地神明，與物推移；變動無常，因敵轉化；不為事先，動而輒隨。』世間又有誰能達到這種境界呢？」他反覆吟誦著，「不為事先，動而輒隨……不為事先，動而輒隨……」忽然一臉無奈對三人道，「我觀呂布兵勢衰微，想必無力為害了。下邳城堅難以攻克，不如暫且班師回朝吧……」

「主公萬萬不可草率收兵。」荀攸表示反對，「呂布勇而無謀，今三戰皆北，其銳氣衰矣。三軍以將為主，主衰則軍無奮意。夫陳宮有智而遲，今及布氣之未復，宮謀之未定，進急攻之，布可拔也！倘公主收兵，是為遺禍，現有張繡、袁術兩路末路之賊，今再遺呂布，雖皆窮蹙至極，然則三人可成虎也！」這種淺顯的軍事道理曹操自然曉得，但是他現在怕的是袁紹攻克易京驟然南下，他要是掛在下邳一年半載脫不開身，許都便危險了。荀攸已把他心思參透，手撚鬍鬚道：「我知主公所思，但以在下之見，下邳並不難破。」

「哦？軍師有何妙計？」

荀攸手指橋下：「破敵之法就在咱們腳下。」

郭嘉第一個反應過來：「引水灌城！」「妙矣！有這泗水、沂水兩條大河，不亞於十萬雄兵。」

曹操連拍額頭，「子和，速速傳令，命軍士掘河引渠，水淹下邳城！」

「諾！」曹純在橋下應了一聲，即刻馳馬而去。

郭嘉見曹操下了決定，趕忙接著道：「許都的喜訊列位聽說沒有？李傕、郭汜完了！」尚書僕射裴茂持節入關，段煨為先鋒攻克長安，殺死李傕及子姪同黨李應、李別、李暹等人；郭汜僥倖而逃，又被其部將伍習斬殺。

「嗯。」荀攸連連點頭，「不日之間，那兩個賊子的人頭就將送至許都。另外此次立功最大的段煨主動請求入朝覲見，他可給關中諸將歸順開了個好頭啊！」

曹操頗有感觸：「只要歸順朝廷，又何必錙銖必較呢？我有意派人前往海濱，遊說臧霸、孫觀、吳敦、尹禮等青徐豪強歸順，仍叫他們統領舊地。只要不作亂，且由他們聽調不聽宣吧！」這是權宜之計，目前他最大的危機是袁紹，只等下邳一破就迅速備戰河北，可沒時間跟那些地頭蛇計較寸土。

荀攸、郭嘉、程昱盡皆領會，齊聲道：「明公寬宏！」

曹操轉過身眼望北方——袁本初，你的易京之戰還順利嗎？我可已經有破下邳之計了。我眼睜睜看著你從社稷之臣變成河北霸主，二十年的朋友走到今天這一步，悲也！痛也！恨也！雖然我兵力遠不如你，但我可要搶先一步啦！你河北帶甲之士不下十萬，我東拼西湊也不過是三四萬人……但是我身後還有天子，還有正義，還有百姓！我就靠我的正義鼓舞士氣，跟你的十萬大軍拚上一拚吧！看是你這四世三公厲害，還是我這宦豎遺醜得勝！老朋友，我等著你……曹孟德屹立在泗水橋頭，任凜冽北風迎面襲來，他手握劍柄巍然不動！

無獨有偶

就在曹操傳令水淹下邳的時候，他並不知道，河北易京的攻城戰也到了關鍵時刻。

袁紹集結河北四州部隊，將易京堡壘圍了個風雨不透，並在南面搭起一丈的高臺。袁紹身披鎧甲親自坐鎮指揮，但即便是坐在臺上，遠處那個可怖的建築群，依舊是令人頭暈目眩。

早在董卓作亂時期，幽州孩童之間就流傳著一首兒歌「燕南垂，趙北際，中央不合大如礪，唯有此中可避世」，想來戰國燕趙曾以易水為界。公孫瓚應讖而尋，終於在易水上游四里處找到了一座巨大平整的山頭。於是派遣帳下酷吏關靖，強徵漁陽等郡民夫，用皮鞭與棍棒威嚇無辜百姓，建起了易京城堡。

易京城方圓六里，城牆達六七丈高，以磐石堆砌，上備強弓硬弩滾木檑石，時刻有衛兵把守。城牆以外深挖土塹數十重，土塹之間還有鹿角丫杈攔截道路、滾石突門阻塞衝要，守軍可以在掩護下出來扼守，進攻方卻難以跨進一步。

就算是攻到城下，更棘手的還在後面。墨子有云：「備城門，百步一樓，二百步一大樓」公孫瓚還真是謹遵先賢戰法，在城內大大小小修造了數百座箭樓，無論從哪個方位逼近城池，都可將敵人亂箭攢身。而他自己與妻妾居住的主樓更是高達十餘丈，磐石為料鑄鐵為門，裡面囤積糧食達三百萬斛，足夠堅守數年。

堅固的城堡最容易從內部攻破，所以公孫瓚格外注意自身安全。沒有重要軍務他絕不出樓一步。鐵門緊緊關閉，裡外皆有心腹武士護衛，凡有軍報不得開門遞交，皆由繩索吊籃傳遞。另外公孫瓚特意訓練了一幫嗓門洪亮的僕婦，每當要向將士布置軍令時，就由她們站在十丈高樓上喊話傳達。這樣的部署面面俱到，可謂大兵圍城而難摧。

袁紹此刻正端坐帥臺之上，審配、郭圖、田豐、沮授四位智士左右相陪，台下斥候如流水般往來不絕。連續兩個多月的交戰，莫說攻破城池，就連幾道溝塹都突不過去，死去的兵卒都快將最外面的溝塹填平了。袁紹心急如焚，但還竭力矜持著不發作。

這時淳于瓊縱馬自前敵趕來，未到近前便甩鐙離鞍，三步並作兩步跪倒在帥臺邊：「啟稟大將軍，有細作來報，公孫瓚之子已到黑山，張燕已召集所有人馬救援易京！」此時淳于瓊早就不是與袁紹平起平坐的西園校尉了，已變成了袁紹帳下部將。

「烏合之眾有何能為！」袁紹一笑而置之，「速調高覽、張郃率部轉西，把這幫臭賊給我打回黑山去！」

「諾！」淳於瓊領令而去。

站在袁紹身邊的三軍總監沮授跨出一步施禮道：「二將此去必能得勝！然此間連續強攻數月，將士皆已疲憊，不能再這樣打了。」

袁紹一蹙眉，也現出了疲憊之色：「那怎麼辦？不除掉公孫瓚這個禍根，幽州的戰亂永遠結束不了。你們還有沒有其他辦法呢？」

田豐始終站在沮授身邊默默無言。他因為袁紹沒有採納奇襲許都的戰略而頗感不快，所以數日來一直沒提什麼建議。但這會兒瞧袁紹愁苦不堪，還是忍不住開了口：「昔日董卓建郿塢，自以為可以堅守以待天下安定，最終還不是一時疏忽身死長安嗎？可見在德不在力。公孫瓚暴虐無端殘害黎民，河北吏民無不痛恨。咱們既然用兵不克，倒不如班師回去，廣修仁德撫慰百姓，人心若得則天下披靡，到時候無干戈攻戰，公孫瓚為百姓所孤，必會窮途末路頹散而終。」

袁紹苦笑一陣：「元皓這話倒是正理，不過那需要多長時間呢？三年五載還是十年八載？還要讓公孫瓚再苟延殘喘這麼久嗎？」說著話他托起胸前花白的鬍鬚，「我可不想等這麼長時間！」或許是因為年已五旬，袁紹這些日子感到精神大不如前。滅掉公孫瓚固然就可以統一河北，但以後的日子還長著呢，他憧憬自己能在有生之年統一華夏，時間可耽誤不起了。

田豐見自己的提議又被駁回，諫道：「恕在下直言，大將軍急於消滅公孫，豈不聞欲速則不達？即便能成大功，只恐士卒疲憊，再不堪驅使，百姓也會有所怨言。」

「這種空話不要再說了！」袁紹甚是不悅，口氣冷冷的，「若公孫瓚不滅，總有羈絆在後，怎麼渡河南下消滅曹操？」頓了片刻覺得這話說得還不夠冠冕，又補充道：「當今天子受制於曹操之手，若不設法拯救，為臣子者於心何安？」

他把調子定得那麼高，誰還能反駁？一臉嚴肅的郭圖突然跨出來道：「關於攻城之事，在下有一個不成熟的建議。」

「哦？」袁紹一愣，「但說無妨。」

「易京四圍地勢較低，咱們能不能著手挖幾條地道，從地下攻入堡壘呢？」

「地下……地下……」袁紹思索了一會兒，「可那幾道溝塹怎麼通過呢？」

「挖到溝塹時，在地下用土填平，敵人從上面看不見的。」郭圖指著前方解釋道，「只要把地道挖進易京城，即便士兵不能從裡面突出，也可鬆動地基，使那些箭樓坍塌損壞。咱們不妨從四面八方同時下手，一邊挖一邊用木柱頂，把整個易京城的地基架空，然後將所有木柱一齊斬斷，那這座城堡立時就完了！」

「這個辦法真是笨得不能再笨了！」沮授嘲諷道：「要從數里之外動手挖掘，還得填平溝壑、豎立木柱，整個工程幹下來又費時又費力。挖一條就已經夠麻煩的了，要是從四面八方同時動手，豈不要把三軍將士活活都累垮嗎？」

郭圖也不與沮授爭辯，默然環視諸人道：「此計雖拙，可目前還有更好的辦法嗎？」一句話把所有人都問住了。袁紹腦海中不停思索著：是啊，這個主意固然笨拙，但確乎也沒有其他的辦法可以嘗試了。雖然耗時耗力，但總比強攻硬打損兵折將要強……更重要的是，只有剷除了公孫瓚，才有餘力消滅心腹大患曹操，不論多苦多累也得把這座城堡端掉！

想至此袁紹一咬牙，騰地站了起來，決然地揮手道：「就依公則之計！叫顏良、文醜即刻帶兵勘察，選好了地方馬上給我挖！所有士兵輪番上，務必爭取在最短時間內攻克城堡！告訴所有人，我不聽怨言不計代價，只要易京城！」

「諾。」郭圖領命下臺。

田豐、沮授見他如此固執，不禁皺眉。軍師審配出班問道：「大將軍，易京攻破之後，閻柔、鮮于輔那幫幽州舊將怎麼辦？」

袁紹瞪著眼睛想了想，忽然笑了：「怎麼辦？原來什麼樣還什麼樣！為大事者不拘小節，不就是幽州幾個縣嘛，繼續叫他們屯駐，只要他們不搗亂，且由他們聽調不聽宣。」袁本初、曹孟德真可謂心意相通，為了日後的決戰，連處置地方小割據的態度都如出一轍！

說完這句話，袁紹轉過身，遙望著一片蒼茫南方——曹孟德，昔日的朋友，今天的冤家對頭，我已訂下搗毀易京的計畫，你在下邳那邊怎麼樣了？這短短十年間，我親眼目睹了你的崛起，看著你從討董大軍中一個沒有立錐之地的部將變成朝廷主宰，你絕對是我統一天下的最大窒礙！所以我不再等了，咱們必須及早來一場決戰！論用兵之才，我自認不及你；逢迎天子之事，又讓你搶先了一步。不過沒關係，我用我的毅力兼併了冀、青、幽、并四個州，帶甲之士不下十萬，力量還是比你強得多！老朋友，你有你的志向，我也有我的志向，也分不清誰對誰錯，大事當前舊日情義只能忍痛割捨了。你少待一時，我這就來……袁本初矗立帥臺之上，看著下面密密麻麻似蟻群的士兵列隊而過川流不息，臉上毫無表情傲然矜持！

建安三年（西元一九八年）冬，袁紹將公孫瓚圍困在易京，曹操把呂布圍困在下邳，兩場攻堅戰都進入了最後階段。曹操與袁紹雖遠隔數千里卻心有靈犀，都把對方視為下一個目標，誰能先一步消滅眼前之敵，誰就可以在對決中先發制人。

北方大地黃河流域，一場驚心動魄的大戰已拉開帷幕……

從前 32

卑鄙的聖人 曹操4

作者 王曉磊
總編輯 初安民
導讀 陳明哲
責任編輯 孫家琦 陳健瑜
美術編輯 陳淑美 黃昶憲 林麗華
校對 孫家琦 陳健瑜

發行人 張書銘
出版 INK 印刻文學生活雜誌出版有限公司
新北市中和區建一路249號8樓
電話：02-22281626
傳真：02-22281598
e-mail:ink.book@msa.hinet.net
網址 舒讀網 http://www.sudu.cc

法律顧問 巨鼎博達法律事務所
施竣中律師
總代理 成陽出版股份有限公司
電話：03-3589000（代表號）
傳真：03-3556521
郵政劃撥 19785090 印刻文學生活雜誌出版有限公司
印刷 海王印刷事業股份有限公司

港澳總經銷 泛華發行代理有限公司
地址 香港新界將軍澳工業邨駿昌街7號2樓
電話 852-2798-2220
傳真 852-2796-5471
網址 www.gccd.com.hk

出版日期 2018年6月 初版
ISBN 978-986-387-209-2
定價 360元

國家圖書館出版品預行編目(CIP)資料

卑鄙的聖人：曹操. 4：挾天子以令諸侯，獨攬大權 / 王曉磊著. -- 初版 --新北市：INK印刻文學，2018. 06
面； 17×23公分. --（從前；32）
ISBN 978-986-387-209-2（平裝）

1.（三國）曹操 2.傳記 3.三國史

782.824 10602133